DÉCOUVERTE
DU SECRET DE LA SALETTE

COMMENT EST NÉ CE LIVRE ?

L'abbé Michel Corteville a découvert le secret officiel de La Salette, et quantité d'autres pièces qui renouvellent la connaissance de l'apparition : le quart des documents qu'il publie actuellement chez Téqui est inédit, notamment sur les stigmates, la Règle de vie donnée à Mélanie, etc. L'abbé Laurentin, qui a suivi l'élaboration de sa thèse monumentale (1 104 pages), a conçu ce nouveau livre pour répondre en bon ordre aux questions d'un large public sur cette apparition controversée, car les réponses, entièrement renouvelées, sont aussi réconciliatrices, au-delà des polémiques, espérons-nous.

L'ouvrage a été mis au point en collaboration continue pendant un an. R. Laurentin a conçu l'ordonnance, et identifié les questions clés. Michel Corteville a fourni les documents en majeure partie inédits. Les deux auteurs ont mis au point la rédaction en dialogue constant et stimulant, avec leurs ressources complémentaires en théologie, spiritualité et histoire des apparitions. R. Laurentin les a rédigées en constant dialogue et confrontation mutuelle. Il arrive à chacun des auteurs d'exprimer son point de vue et ses conclusions sur les domaines qui engagent leurs compétences respectives.

[Au] plus tard aux années 2000,
La foi s'éteindra dans la France...
[viendra] un pontife que personne n'attend...
on lui tirera dessus, on voudra le mettre à mort,
mais on ne lui pourra rien.
(Extraits des secrets inédits de Maximin et Mélanie [ci-dessous p. 48-49]).

Nihil obstat
Abbaye Notre-Dame de Tournay
13 février 2002
Dom Bernard Billet

Imprimatur
Évry, le jour de Pâques 2002
+ Mgr Michel Dubost

Michel Corteville – René Laurentin

Un an après la révélation
du troisième secret de Fatima

DÉCOUVERTE DU SECRET DE LA SALETTE

Au-delà des polémiques,
la vérité sur l'apparition et ses voyants

Fayard

Évocation de l'unique apparition

Le 19 septembre 1846, Mélanie Calvat (14 ans) et Maximin Giraud (11 ans), deux bergers de Corps, montent ensemble dans les alpages du village de La Salette. Ils cueillent des fleurs, bâtissent une maisonnette de pierres, déjeunent « *de pain et de tome* », puis s'endorment... contre la règle et l'habitude.

Vers 15 heures, Mélanie se réveille en sursaut : où est le troupeau ? Sortant du vallon, ils aperçoivent leurs vaches couchées plus haut ; puis retournent à leurs sacs. Mélanie aperçoit alors une vive clarté, elle appelle Maximin. Il vient près d'elle et la voit à son tour : tous deux y discernent progressivement une dame. Elle est assise, la tête dans les mains ; mais elle redresse la tête, tout en pleurs, et les regarde :

– *Avancez, dit-elle, n'ayez pas peur ! Je suis ici pour vous annoncer une grande nouvelle.*

Elle se lève, son costume est insolite : un crucifix resplendit sur sa poitrine. Puis, c'est le message, dont voici l'essentiel :

Vous, les paysans, vous travaillez le dimanche ; vous, les charretiers, vous jurez par le nom de Dieu. Et vous, les autres, durant le carême, vous allez à la boucherie comme des chiens. Votre péché sera la perte de vos récoltes : déjà le blé se gâte, les pommes de terre pourrissent... Je vous préviens comme votre mère : Ne semez pas votre blé cette année, il se perdrait et vous n'auriez plus rien. La famine s'en vient, avec la maladie : elle fera des morts parmi vos enfants. D'où mes larmes :

– *Depuis le temps que je souffre par vous autres [...] et vous n'en faites pas cas [...] C'est ce qui appesantit tant le bras de mon Fils.*

La suite dépend des hommes. La Dame le dit dans un langage imagé :

– *S'ils se convertissent, les pierres et les rochers se changeront en blé et les pommes de terre se trouveront ensemencées.*

Au cœur de ce message « public », elle confie aux enfants le « secret », objet de ce volume : ils devront le garder jusqu'à nouvel ordre.

Elle conclut :

– *Eh bien, mes enfants, vous le ferez passer à mon peuple.*

Le soir même, les enfants racontent l'apparition à leurs maîtres. Dès le lendemain, ils les envoient en parler au curé : l'abbé Perrin, qui l'annonce dans son prêche. Le pèlerinage commence l'après-midi. Il sera discuté. L'évêque de Grenoble, Mgr de Bruillard, attend prudemment. Son métropolite, le cardinal de Bonald, archevêque de Lyon, est contre. Après l'envoi du secret à Pie IX, qui l'accueille positivement, Mgr de Bruillard reconnaît l'apparition en novembre 1851.

L'APPORT OUVERT DE CE LIVRE

Ce livre apporte du nouveau : le dossier récemment ouvert à Rome, et d'autres inédits.

Les huit rédactions conservées du secret et leur évaluation tiennent une grande place dans ce volume, mais cela ne diminue pas l'importance primordiale du message fondateur du pèlerinage, diffusé en premier (1846). Les secrets viennent en second lieu : comme à Fatima, ils montrent l'importance et les enjeux de la conversion demandée. Les voyants se sont longuement fait prier pour les communiquer : ce n'était donc pas l'essentiel. Du moins ne peut-on plus considérer désormais comme tardives et subjectives les prédictions que l'on trouve dès les premières rédactions officielles, ignorées jusqu'à ce jour.

On peut s'étonner des variantes considérables entre ces rédactions. Elles s'expliquent pour plusieurs raisons : chacune, sauf la dernière (1878), fut rédigée à neuf, sans que les voyants disposent des précédentes. D'autre part, tandis que le message fondamental est tout en paroles, le secret fut accompagné d'images complexes, sujettes à interprétation. Les voyants ont été dépassés par la vision et la difficulté de la traduire, ce que Mélanie analyse avec finesse (p. 216). Pour chaque rédaction, ils se jettent donc à l'eau courageusement, tantôt développant, tantôt retranchant, selon les circonstances et le destinataire. Les deux rédactions officielles de 1851 sont primordiales, la discussion restant ouverte sur les autres. Au fil du temps, Mélanie précise les affirmations qui lui reviennent en propre : elle retranche des dates (p. 29) ; enfin, le moment venu, elle publie le texte intégral de son secret (1879).

Le plus clair au-delà des discussions, c'est la fidélité des voyants au message reçu, et le souci de bien remplir leur mission : « Vous les ferez passer à tout mon peuple ! » Ils l'ont assumée sans défaillance jusqu'à leur mort. On les a assiégés pour les influencer, mais nous avons relevé leur résistance, plus importante qu'on ne le supposait. On peut tenter de serrer de plus près ces influences, mais sur analyse précise des textes pris dans l'ordre, non sur des amalgames ou suppositions.

Ce livre est attentif au substrat humain des voyants : leur authentique culture de montagnards, et la richesse limpide des pauvres, enseignée par l'Évangile et reconnue par tous les serviteurs des pauvres : de Vincent de Paul à Mère Teresa ou Sœur Emmanuel, ils se sont laissés instruire par ceux qu'ils dépannaient. La prédilection divine pour les enfants des « prolétaires », c'est d'abord, douze ans avant Lourdes, la leçon de La Salette.

Rejetés et bourlingués à tant de reprises, ses voyants ne sont pas gyrovagues. Leur ténacité sur l'essentiel fut indéfectible. Leurs tempéraments contrastés, qui les tinrent séparés, donnent un relief stéréoscopique à leur témoignage. L'existence de Mélanie se caractérise par un service constant et généreux du message et de son prochain, dans une contemplation profonde et le don totalement sacrifié d'elle-même, mais pas par un repli maladif. Puisse-t-on en finir avec la projection, sur la voyante, de schémas de confection empruntés à des psychanalyses inadéquates !

Depuis l'invention de la photo, l'Histoire a pris une nouvelle dimension. Les visages de Socrate ou Sénèque, de Jésus-Christ et des apôtres n'étaient livrés qu'à notre imagination. Depuis le XIXe siècle, les personnages historiques ont un visage, les sites sont observables dans leur état primitif.

Les voyants de La Salette ont été photographiés très tôt, dans leur jeunesse, et les sites ont été fixés par des clichés, à différents stades de leur transformation. C'est très instructif. C'est pourquoi dans ce livre historique il est bon de prendre un premier contact figuratif avec l'événement. Dans notre civilisation de l'image, on pense beaucoup avec les yeux. De nombreux lecteurs seront heureux d'un premier contact global qui les familiarisera déjà avec les personnages, dont ils verront apparaître les noms au cours de ce volume. Notre parcours va du site ancien et des voyants, au long de leur vie, aux papes, évêques, personnages célèbres qui les ont connus ou soutenus au cours de débats historiques particulièrement contrastés. Puisse ce livre y apporter une solution, audelà des polémiques et des passions !

Nous terminerons l'album par l'aréopage d'écrivains prestigieux conquis par La Salette, puis la dernière demeure et la tombe de Mélanie.

Vue générale de la paroisse de La Salette,
Album du pèlerin de N.-D. de La Salette,
Nantes, Charpentier, 1855.

Vue du bourg de Corps depuis le couvent de la Providence et de l'entrée de la gorge de La Salette, *Album du pèlerin de N.-D. de La Salette,* Nantes, Charpentier, 1855.

La Salette, album gravé par A. Maugendre, Paris, 1863.

De 1 à 4, *Album du pèlerin de N.-D. de La Salette*, Nantes, Charpentier, 1855.

1. Le sommeil des jeunes bergers un instant avant l'apparition.

2. Apparition de N.-D. de La Salette dans le ravin de la Sezia.

3. N.-D. de La Salette s'entretenant avec les deux bergers.

4. Assomption de N.-D. de La Salette,
sur le plateau appelé Mont-sous-les-Baisses.

Daguerréotype de 1848 (1847).

Photo prise en 1861 à Digoin par l'abbé Lapalu.

Zouave pontifical (1865).

Dernière photo.

Daguerréotype de 1848.

Sœur Marie de la Croix.

À Castellammare (1860-1870).

À Messine (1898).

Maison de Maximin à Corps.

Maison de Mélanie à Corps.

Aux Ablandins, hameau de la paroisse de La Salette.

Extérieur, avec le père Charpin, m.s.

Intérieur : le 20 septembre 1846, c'est là que fut dicté le premier récit des bergers.

La Providence de Corenc, où Mélanie fut postulante à 19 ans, puis novice.

L'ancienne chapelle, devenue réfectoire.

La table où Mélanie a écrit son secret pour Pie IX.

L'abbé Mélin, archiprêtre de Corps, et l'abbé Louis Perrin, curé de La Salette, nommé huit jours après l'apparition en remplacement du vieux curé, Jacques Perrin.

Mgr de Bruillard, le chanoine Gerin, qu'il envoya avec son collègue Rousselot porter le secret des voyants au pape, et Pie IX lui-même.

Mgr Ginoulhiac (évêque de Grenoble de 1853 à 1870), et Mgr Fava (1875-1899) qui s'opposa au dessein de Léon XIII sur Mélanie.

N.-D. de La Salette : images de missel.

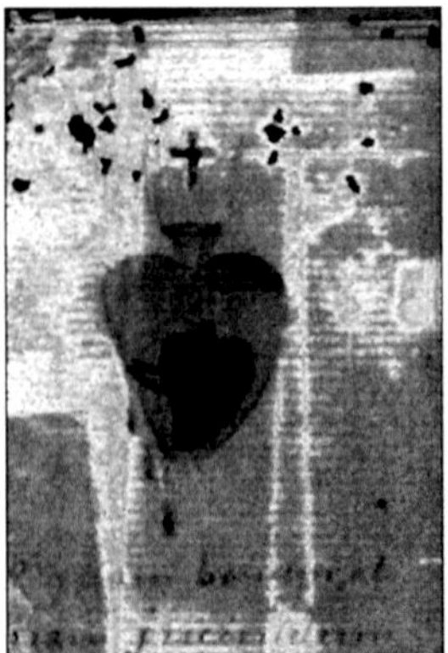

Dessins de Mélanie : ce qui compte pour elle c'est le Cœur et la Croix ; surtout le Cœur.

Quelques défenseurs du secret de La Salette

Le chanoine de Brandt, 1903.

L'abbé Combe, curé de Diou (Allier).

Le serviteur de Dieu
Pierre Semenenko, supérieur
du Séminaire polonais de Rome.

Le chanoine Thierry,
professeur à l'université
de Louvain, héritier des archives
de l'abbé Combe.

L'abbé Gouin, curé d'Avoise,
historien de Mélanie, 1948.

Premières cabanes (1847) et l'équipée des premiers pèlerins.

Anniversaire de l'apparition, 19 septembre 1853.

Le sanctuaire actuel.

J.K. Huysmans et Léon Bloy.

Paul Claudel et Louis Massignon, son correspondant, grand islamologue devenu discrètement prêtre melchite sur ses vieux jours.

Maritain dans un groupe où l'on voit de droite à gauche Vera (sœur de Raïssa), l'abbé Gouin, sa mère, Raïssa et Jacques Maritain, M. et Mme Van den Meer.

Mgr Francisco Petagna, évêque de Castellammare, qui l'accueille de 1867 à sa mort (1878).
C'est là que Mélanie trouva compréhension et paix, jusqu'en 1884. Léon XIII,
qui reçut Mélanie en longue audience privée, et Mgr Zola, évêque de Lecce,
qui autorisa la publication des secrets avec l'imprimatur de son vicaire général, 1879.

Les saints, aujourd'hui béatifiés, qui accueillirent et soutinrent Mélanie :
le père Jacques Cusmano, de Palerme, fondateur de La bouchée des pauvres,
béatifié par Jean-Paul II en 1983, et le bienheureux Annibale di Francia (en 1897).

Mélanie parmi les sœurs au monastère du Saint-Esprit à Messine en 1898.
À sa droite, debout, le bienheureux Annibale di Francia.

La maison d'Altamura où elle est morte.

Sa tombe, érigée par le bienheureux Annibale di Francia. Il prononça son oraison funèbre dans les cathédrales d'Altamura et de Messine : il la considérait comme cofondatrice de son ordre. La tombe a été transférée dans la chapelle de l'orphelinat des Religieuses du Divin Zèle à Altamura : d'abord dans la nef, ensuite dans un oratoire latéral où elle est visitée (à titre privé).

ELOGIO FUNEBRE

IN MORTE DI

SUOR MARIA DELLA CROCE

NATA MELANIA CALVAT

LA PASTORELLA DELLA SALETTE

MORTA IN ALTAMURA LA NOTTE DEL 15 DICEMBRE 1904

RECITATO DAL

CAN.co ANNIBALE MARIA DI FRANCIA

DA MESSINA

MESSINA

TIPOGRAFIA DEL SACRO CUORE

presso l'Orfanotrofio del Can. A. M. Di Francia

1905

Extrait de l'oraison funèbre
que le bienheureux Annibale di Francia prononça
dans les cathédrales d'Altamura et de Messine.

Toutes les illustrations sont extraites de la photothèque de R. Laurentin.

Avant-propos

Dévoilement du secret de La Salette : est-ce un événement, et quel événement ?

Après la troisième partie du secret de Fatima, révélée par le pape Jean-Paul II, le 13 mai 2000, voici le secret de La Salette dévoilé à son tour, avec bien d'autres documents ignorés.

La toute première rédaction des deux bergers, adressée au pape Pie IX, semblait perdue, selon la réponse de la Congrégation de la Foi au père Jean Stern, alors archiviste des Missionnaires de La Salette, qui n'avait pas ménagé ses efforts pour retrouver cette version officielle, recueillie en 1851 par Mgr de Bruillard et remise au pape Pie IX par deux chanoines de son évêché.

Depuis lors, en 1998, Mgr Bertone, secrétaire de cette congrégation, a ouvert aux chercheurs les archives antérieures à la mort de Léon XIII (20 novembre 1903). C'est ainsi que l'abbé Michel Corteville, qui faisait sa thèse à Rome, a le premier consulté ce dossier, et retrouvé le secret perdu.

Pour le découvrir, il fallait y être préparé. Michel Corteville avait été familiarisé avec cette apparition si discutée, dès son enfance. Son père, Fernand Corteville, s'y était intéressé depuis la fondation, en 1958, d'un groupe de recherche dans le sillage de Jacques Maritain, dont le travail monumental sur La Salette n'a pas encore été publié. L'abbé Corteville avait donc été instruit de La Salette jusqu'à satiété. Après avoir passé sa licence d'espagnol, puis de théologie à Rome, il se passionne pour La Salette, il y consacre son mémoire de licence, puis sa thèse de doctorat. Après quatre ans de ministère en Afrique et neuf au Mexique, il soutient cette thèse avec succès à la faculté de l'Angelicum, à Rome. Elle compte plus de mille pages. L'édition a commencé chez Téqui sous le titre *La Grande Nouvelle des bergers de La Salette.* Le premier volume vient de paraître en mai 2001, le second, consacré à la vie de Mélanie et à la *Règle* qui lui a été révélée, sera publié ultérieurement. Il met en évidence l'intérêt de ce texte méconnu, qui a inspiré depuis plusieurs fondations religieuses.

Cette thèse est une mine de documents, le non-spécialiste peut se trouver dépassé, d'où ce livre plus court, pour répondre aux questions soulevées passionnément depuis lors. J'avais conseillé Michel au long de ses travaux, j'ai craint que sa découverte, d'octobre 1999, ne lui soit volée par quelque entreprise médiatique. Dès que possible, j'ai publié un numéro spécial de *Chrétiens Magazine* pour lui assurer publiquement la paternité de sa découverte : trop de chercheurs sont subrepticement dépouillés par d'autres de leurs découvertes originales, car l'antériorité de la publication fait foi.

La connaissance fragmentaire des documents laissait place à de multiples interrogations. Les nombreux textes découverts renouvellent la question, si discutée. La tendance critique mettait en lumière le côté fruste, les limites et faiblesses des voyants (surtout Maximin). Mais une large palette d'auteurs chrétiens de renom – Léon Bloy, Maritain, Claudel, Massignon et d'autres – ont discerné et admiré la sincérité ou même la sainteté des deux bergers, (surtout Mélanie). Le débat a été ouvert par la hiérarchie même. Car, à la différence de Mgr de Bruillard qui reconnut l'apparition, et tenait en estime les deux voyants, son successeur Mgr Ginoulhiac, qui se devait de continuer La Salette, sacrifia cependant les voyants. « La mission des bergers est finie, celle de l'Église commence », déclarait-il lapidairement le 19 septembre 1855.

Ce programme critique s'imposait donc aux Pères de La Salette comme au clergé du diocèse, et c'est dans cet esprit qu'ils approfondirent le côté négatif de la vie des voyants. La matière ne manquait pas, à l'heure où la psychologie révolutionnait unilatéralement la spiritualité. Ceux qui croyaient discerner la valeur profonde des deux bergers faisaient alors figure d'outsiders : aussi Maritain n'ose-t-il plaider la cause de Mélanie devant Dom Delatte, abbé de Solesmes, qu'en se qualifiant lui-même de « laïc ignorant, indigne chrétien, pauvre philosophe » (lettre du 2 mars 1912, ci-dessous p. 219).

Selon l'hypothèse dominante, les voyants étaient « depuis 1847 » sous la mouvance d'illuminés et d'intrigants royalistes. Les documents mis au jour relativisent au contraire les influences politiques. Maximin dissuada le comte de Chambord (« Henri V ») de briguer la royauté, et Mélanie accepta le principe du Ralliement des catholiques à la république prôné par Léon XIII. Ces exemples laissent entrevoir à quel point les clichés et les généralisations hâtives sont à revoir.

Mais le fond du problème, objet de la conclusion, c'est la *sainteté des pauvres* dont parle l'Évangile. Elle est souvent déconcertante et méconnue, malgré d'heureux efforts récents pour faire admettre, à côté des canonisations de papes, évêques, docteurs, fondateurs, rois ou héros nationaux, celles du mendiant saint Benoît Labre et autres quidams : humbles mères de famille, laïcs de la base et enfants, selon le vœu de Daniel Ange.

Le présent volume va donc tenter de répondre en bref aux questions brûlantes, et controversées à tout niveau, selon le plan suivant :

1. D'abord, le récit indispensable de l'apparition ;

2. On verra le père Michel Corteville raconter sa découverte et ses principales conclusions en réponse aux questions de l'abbé Laurentin (interview dont *Chrétiens Magazine* du 15 mars 2002 a donné la primeur).

3. On examinera ensuite les problèmes que pose le message fondamental de Fatima : le particularisme apparent qui l'a desservi.

4. On lira ensuite le texte intégral des « secrets » sous les six formes successives qui ont été conservées. Nous y ajouterons ce qu'en disent les principaux interlocuteurs des voyants.

Puis nous répondrons aux grandes questions discutées depuis un siècle et demi :

5. Que penser de cette *apparition* – « reconnue » – qui a suscité tant de ferveurs, Joris Karl Huysmans, Léon Bloy, Claudel, Maritain, Massignon, mais aussi de critiques ? Qu'en disent les papes ?

6. Que penser des *voyants*, constamment soumis à de terribles assauts contradictoires : ferveurs indiscrètes, contradictions et diffamations ? Sont-ils stupides, ou intelligents ? Équilibrés ou non ? Instables ou constants ? Confus ou cohérents ? Médiocres ou saints ?

7. Que penser des *secrets* et d'une douzaine de prédictions si diversement jugées ? Leurs variantes tiennent-elles à une confusion d'esprit ou à la diversité des circonstances dans lesquelles ils ont exprimé à neuf ce souvenir, plus riche d'images que de paroles ? La forme longue, propre à Mélanie, est-elle une extrapolation tardive et subjective des années 1860-1879 : « La Salette II », après « La Salette I » ? Serait-ce une extrapolation hétérogène ? Est-ce au contraire un témoignage de sa fidélité à graduer la divulgation selon les consignes de Notre-Dame, comme il est arrivé à Fatima et ailleurs ?

8. Enfin, il est indispensable de présenter la *Règle de La Salette*, charte reçue de la Vierge par Mélanie, le 19 septembre 1846, mais rédigée seulement en 1853 sous forme brève, et complètement en 1876. C'est, en quelque sorte, un complément du secret en ses dimensions pratiques et eschatologiques : sa face positive, constructive, évangélique.

On y retrouve (thèmes et termes) la prophétie de Grignion de Montfort sur les *apôtres des derniers temps* (cette expression n'étant explicite que dans le texte de 1876). Mélanie n'ayant pu fonder l'ordre qu'elle souhaitait selon cette règle à elle révélée, elle semblait une utopie sans intérêt ni fruits. Mais Léon XIII l'a prise en considération en 1878, et depuis lors elle a inspiré, à divers degrés, plusieurs congrégations : celles des bienheureux Jacques Cusmano et Annibale di Francia. Plus récemment, les Frères de Saint-Jean ont fait leurs premiers pas dans son esprit. Une communauté mexicaine a été fondée, à Merida, selon cette règle limpide et contemplative, apostolique et eschatologique, bref évangélique. Le père Hurtubise, canadien, avait entrepris dans le même sens une fondation où les vocations affluaient, mais sa mort impressionnante, en pleine prédication devant 2 000 personnes, arrêta son projet naissant, en 1990. Elle suscite actuellement un intérêt en Haïti, au Canada, en France même.

Les amis de La Salette et les spécialistes des apparitions ou de l'histoire de l'Église seront reconnaissants à l'abbé Corteville d'avoir renouvelé par ses découvertes l'histoire et la problématique de La Salette. Il ne s'agit pas d'en éluder les aspects particuliers, voire particularistes, ni les influences subies par les voyants ni les flottements dans la transmission d'un message dont la richesse en paroles et images les dépassaient. Ces illettrés de bonne souche paysanne avaient tout reçu en une seule apparition, en moins d'une heure. Ils l'ont rédigé fidèlement, sans consulter les rédactions antérieures, durant trente ans, en de très diverses conditions, pour divers destinataires et demandeurs, en puisant dans leur souvenir, selon la lettre et plus encore selon l'esprit. Leurs rédactions successives sont plus ou moins explicites selon le temps et les circonstances. On devra se demander si les variantes relèvent de leur interprétation, ou d'extrapolations, mais la substance est plus constante qu'on ne le pensait en l'état de la documentation antérieure [1].

La réalisation des prophéties (toujours symboliques et polyvalentes depuis les prophéties bibliques, insiste le cardinal Ratzinger) est plus précise à La Salette que dans la troisième partie du secret de Fatima, dont la seconde partie était plus importante et plus adéquate.

Les travaux de Michel Corteville confirment la valeur, la cohérence et même l'actualité du message de La Salette, et la valeur trop méconnue des voyants, vite sacrifiés sur l'autel de la critique politique, puis rationnelle ou rationaliste.

René Laurentin

1. On peut reprocher à Mélanie des confusions ou erreurs de date ou prédictions, mais la prophétie biblique de Jonas ne s'est pas réalisée, et le troisième secret de Fatima ne comprend pas moins d'inexactitudes littérales. Maximin, moins mûr que Mélanie, et dont la vision fut moins précise, a été quelquefois victime de son imagination fertile, voire d'influences étrangères. Il a clarifié ses confusions juvéniles avec le temps, d'où l'importance de son récit de 1866 (ci-dessous p. 14).

CHAPITRE PREMIER

L'apparition du 19 septembre 1846

I. Le plus ancien récit (20 septembre 1846)

Le lendemain même de l'apparition, dimanche soir 20 septembre, les patrons de deux bergers, Baptiste Pra et Pierre Selme, recueillent le message de Maximin et Mélanie (JS p. 47-48) [1]. Nous respectons leur style fruste, en suppléant les rares mots manquants et en rétablissant un minimum d'orthographe, d'accords et de ponctuation.

Lettre dictée par la Sainte Vierge à deux enfants sur la montagne de La Salette-Fallavaux

Avancez, mes enfants n'ayez pas peur, je suis ici pour vous conter une grande nouvelle. Si mon peuple ne veut pas se soumettre, je suis forcée à laisser aller la main de mon fils : elle est si forte et si pesante que je ne peux plus la maintenir. Depuis le temps que je souffre pour vous autres ! Si je veux que mon fils ne vous abandonne pas, je suis chargée de le prier sans cesse moi-même ; pour vous autres, [vous] n'en faites pas de cas. Vous auriez beau faire, jamais vous ne pourrez récompenser la peine que j'ai prise pour vous autres.

Je vous ai donné six jours pour travailler, je me suis réservé le septième, et on ne veut pas me l'accorder, c'est ça qui appesantit tant la main de mon fils ; et aussi, ceux qui mènent les charrettes ne savent pas jurer sans mettre le nom de mon fils au milieu, c'est [là] les deux choses qui appesantissent tant la main de mon fils.

Si la récolte se gâte ce n'est rien que pour vous autres, je vous l'avais fait voir l'année passée par les pommes, mais vous n'aviez pas fait cas. [...] C'était au contraire : quand vous trouviez des pommes de terre gâtées vous juriez et vous mettiez le nom de mon fils au milieu.

1. Pra et Selme ont déjà traduit en français la deuxième partie du message, reçue en patois par les enfants.

Elles vont continuer : [...] cette année, pour la Noël, il n'y en aura plus. Vous ne comprenez pas mes enfants ? Je m'en vais vous le dire autrement...

Si vous avez du blé, il ne faut pas le semer : tout ce que vous sèmerez, les bêtes le mangeront. Et ce qu'il restera encore que les bêtes n'auront pas mangé, l'année qui vient, en le battant, tombera en poussière.

Il viendra une grande famine. Avant que la famine arrive, les enfants au-dessous de sept ans prendront un tremble[ment, et] mourront entre les mains des personnes qui les tiendront.

Les autres feront leur pénitence en famine. Les noix viendront boffes, et les raisins pourriront. Et s'ils se convertissent, les pierres et les rochers deviendront des amas de blé, et les pommes de terre seront ensemencées (pour l'année qui vient). L'été, [il] ne va que quelques femmes un peu vieilles à la messe le dimanche, et les autres travaillent ; et l'hiver, les garçons, lorsqu'ils ne savent pas que faire, [ne] vont à la messe que pour se moquer de la religion. Le monde ne fait point de carême : ils vont à la boucherie comme les chiens. Faites-vous bien votre prière, mes enfants ?

– Pas beaucoup, madame.

– Il faut bien la faire soir et matin, et dire au moins un *Pater* et un *Ave* quand vous ne pourrez pas mieux faire. N'avez-vous point vu du blé gâté, mes enfants ?

– Non, madame.

– Mais, mon enfant, vous en devez bien avoir vu une fois que vous étiez allé avec votre père au Coin, [...] il y avait un homme qui dit à votre père de venir voir son blé qui était gâté ; puis votre père y est allé et il prit quelques épis dans sa main, il les frotta et [ils] tombèrent en poussière. Puis, en s'en retournant, comme ils étaient encore une demi-heure loin de Corps, votre père vous donna un morceau de pain et vous dit : Tiens, mon enfant, mange encore du pain, cette année, que nous ne savons pas qui en va manger l'année qui vient, si ça continue comme ça.

Allons, mes enfants, faites-le bien passer à tout mon peuple.

Pra Baptiste, J. Moussier, Selme Pierre.

II. Le récit détaillé de Maximin (1866)[1]

Le 2 février 1866, mûri par les épreuves, Maximin (35 ans) rédige et publie ainsi son propre récit de l'apparition. Il l'introduit par une prière :

Très-Sainte Vierge Marie Immaculée,
Notre-Dame de La Salette.

Permettez-moi de venir déposer à vos pieds ces quelques pages ; faites qu'aujourd'hui que je suis devenu homme, ma voix soit aussi pure, aussi

1. Maximin Giraud, *Ma profession de foi sur l'apparition de N.-D. de La Salette, ou réponse aux attaques dirigées contre la croyance des témoins...*, Paris, Charpentier, 1866, p. 4, 17-32.

véridique que le 19 septembre 1846, quand je descendis de votre Sainte Montagne pour annoncer, à *tout Votre peuple,* la grande nouvelle dont vous m'avez chargé.

Je n'aurais jamais écrit, bonne et très excellente Mère, si l'on ne mettait point en doute mon témoignage, si l'on ne le tournait point contre vous-même, si l'on ne me prêtait point des paroles lorsque je garde le plus profond silence.

Je vous prie et vous supplie, ô très sainte Vierge Marie, implorée sous votre titre de *Notre-Dame de La Salette*, de m'accorder, jusqu'à la fin de mes jours, la grâce de confesser votre apparition, comme tous les témoins de l'Église ont fait pour la divinité même de Notre-Seigneur Jésus-Christ.

Il est midi. Ce n'est point l'heure des ténèbres, si favorable aux illusions ; le ciel est serein ; les nuages dans leurs formes étranges ne nous feront voir aucun fantôme ; le soleil brille du plus vif éclat ; il sera facile aux deux témoins de comparer sa splendeur avec celle de la très sainte Vierge.

Je dis ces choses, car, pour le plaisir de nous combattre, quelles hypothèses n'a-t-on pas inventées ?

Assis au sommet de la Sainte Montagne, sur des pierres placées les unes sur les autres et formant une espèce de banc, près d'une fontaine tarie qui a coulé le jour même, qui depuis coule toujours et porte le nom de fontaine miraculeuse, Mélanie et moi faisons notre frugal repas. Nos vaches boivent et se dispersent. Fatigué, je m'étends sur le gazon et je dors. Quelques instants après j'entends la voix de Mélanie m'appelant :

– *Mémin [diminutif de Maximin], Mémin, viens vite, que nous allions voir où sont nos vaches.*

Je me réveille en sursaut, je saisis mon bâton et je suis Mélanie qui me servait de guide. Nous franchissons la Sézia, nous gravissons rapidement le versant d'un monticule et nous apercevons sur l'autre versant, nos bestiaux qui reposaient tranquillement. Nous revenions vers le banc de pierre où nous avions laissé nos panetières quelques instants auparavant, quand tout à coup Mélanie s'arrête, son bâton lui échappe des mains ; effrayée, elle se tourne vers moi en disant :

– *Vois-tu là-bas cette grande lumière ?*

– *Oui, je la vois, lui répondis-je ; mais va, prends ton bâton.*

Et alors, brandissant le mien avec menace :

– *Si elle nous touche, ajoutai-je, je lui en donnerai un bon coup.*

Cette lumière, devant laquelle celle du soleil semble pâlir, paraît s'entrouvrir et nous distinguons dans son intérieur la forme d'une dame encore plus brillante. Elle avait l'attitude d'une personne profondément affligée ; elle était assise sur l'une des pierres du petit banc, les coudes appuyés sur ses genoux et le visage caché dans ses mains.

Quoique à une distance de vingt mètres environ, nous entendons une voix douce comme si elle sortait d'une bouche voisine de nos oreilles, disant ;

– *Avancez, mes enfants, n'ayez pas peur ; je suis ici pour vous annoncer une grande nouvelle.*

La crainte respectueuse qui nous avait tenus en arrêt s'évanouit ; nous courons à elle comme à une bonne et très excellente mère. La Belle Dame s'avance aussi, et, suspendue à dix centimètres du sol, en face de nous, commence ainsi son discours :

– Avancez, mes enfants, n'ayez pas peur, je suis ici pour vous annoncer une grande nouvelle. Si mon peuple ne veut pas se soumettre, je suis forcée de laisser aller le bras de mon Fils ; il est si lourd et si pesant que je ne puis plus le retenir.

Depuis longtemps que je souffre pour vous autres, si je veux que mon Fils ne vous abandonne pas, je suis chargée de le prier sans cesse ; et, pour vous autres vous n'en faites pas de cas.

J'ai donné six jours pour travailler, je me suis réservé le septième, et on ne veut pas me l'accorder. C'est cela qui appesantit tant le bras de mon Fils.

Aussi ceux qui mènent les charrettes ne savent plus jurer sans y mettre le nom de mon Fils ; ce sont les deux choses qui appesantissent tant son bras.

Si la récolte se gâte, ce n'est rien que pour vous autres, je vous l'ai fait voir l'an dernier par les pommes de terre, et vous n'en avez pas fait de cas c'est au contraire, quand vous en trouviez de gâtées, vous juriez et vous y mettiez le nom de mon Fils ; elles vont continuer qu'à la Noël il n'y en aura plus.

Mélanie ne comprenait pas ce que signifiait le mot pommes de terre, la Belle-Dame devina sa pensée ; elle reprit ainsi :

– Ah ! vous ne comprenez pas le français, mes enfants ; attendez, je m'en vais vous parler autrement.

Alors elle continua son discours dans notre patois.

PATOIS	TRADUCTION EN FRANÇAIS
Si la récolta sé gasta, éïré qué per vous aoutrés ; vous l'aï ou fa vïiré l'an passa per las truffas, n'aïa pas fa cas ; era oou countrairé ; quant n'ëin troubava dé gasta, jurava é l'y bitava luu nouc dé moun Garçou, van countinua qué per Chalendas, n'y oouеré plus.	Si la récolte se gâte, ce n'est rien que pour vous autres, je vous l'ai fait voir l'an dernier par les pommes de terres et vous n'en avez pas fait de cas ; c'est au contraire quand vous en trouviez de gâtées, vous juriez et vous y mettiez le nom de mon Fils ; elles vont continuer qu'à la Noël, il n'y en aura plus.
– Oh ! non, Madama, à quo n'eïn pas véraï.	– Oh ! non, Madame, cela n'est pas vrai !
– Si, moun marri, leu véïré.	– Si, mon enfant, tu le verras.
Elle continua son discours :	Elle continua son discours :
– A quéou qua dé bla, dé pas lou séména, las bestias lou meïgearein, si n'ein veïn eincarà quaoqua planta, ein l'èïn couant toumbaret tout eïn poussiera.	– Que celui qui a du blé ne le sème point, les bêtes le mangeront et s'il en vient encore quelques plantes, en le battant il tombera tout en poussière.
Vaï véni una granda famina, d'avant qué la famina véné, lous marinous marris ooun-déssous dé sept ans prëindrëin un tremblé, é murirein eintré lous braaïchs dé las persoûnas qué lous teindrein, é lous grands farein lour pénitança dé fam.	Il va venir une grande famine ; avant que la famine vienne, les petits enfants au-dessous de sept ans prendront un tremblement et mourront entre les bras des personnes qui les tiendront, et les grands feront leur pénitence par la faim.

Lous ragis purirein, é las nouzés dèveindrein boffas.

Les raisins se gâteront et les noix deviendront mauvaises.

C'est à cet endroit que la Belle-Dame nous donna son secret; quoique conservant le même ton de voix, quand Elle parlait à Mélanie, je n'entendais rien; et lorsqu'Elle me confiait mon secret, Mélanie est devenue complètement sourde. Cette surdité de circonstance disparut, et Elle reprit son discours par ces mots :

– Si sé counvertissoun, las peïras é lous routchas veïndreïn eïn bla é las truffras sé troumbârein einsémeinça per las terras

Puis elle nous demanda;

– Fasa bian vouatra priéra, mous marris?

Tous les deux nous répondons :

– Oh non, Madama, pas gaïré.

– Ah! mous marris la chooun bian fa vépré é mati; quanté n'oouré pas lou teims, disa soulament un Pater é un Ave Maria, é quant oouré lou teims, chooun n'eïn maï diré.

Vaï qué quaouqua féna un paou diadgé à la messa é lous aoutrés, trabailloun tout l'estioû; é peï van, l'hivert à la Méssa rian que per sé moûqua dé la rélégioun.

Van à la boucharïa, la Caréïma, couma lous chis.

Ensuite elle nous demanda :

– Nava gi végu dé bla gasta, mous marris?

Je répondis :

– Non, Madama, n'aï gi végu.

Alors, la Belle-Dame reprit :

– Mé tu, moun marri, n'ein dëvé bian avé végu, un viagé, véë lou Couïn oombé toun papa, qué l'hômé dé la péça dicet à toun papa; Véna veïré couma moun bla sé gasta! L'éï anéra, péï toun papa preïnguet dous ou treis eïpias, d'eïn sas mas las frëttet, è toumberoun touta eïn poussiera, peï eïn vous eïn rétournant, quand n'eïra plus qu'à una diméïa houra dé Couarp, toun papa té dounet una péça dé pa, ein té disant; té, moun marri, meïngea a quéint an, car çaoun pas qui méingearet, l'an qué vein si lou bla sé gasta couma quo.

– S'ils se convertissent, les pierres et les rochers deviendront en blé et les pommes de terre se trouveront ensemencées dans la terre.

Puis elle nous demanda;

– Faites-vous bien votre prière, mes enfants?

Tous les deux nous répondons :

– Non, Madame, pas beaucoup.

– Ah! mes enfants, il faut bien la faire soir et matin; quand vous n'aurez pas le temps, dites seulement un *Pater* et un *Ave Maria*, et quand vous aurez le temps, il faut en dire davantage.

Il ne va que quelques femmes un peu âgées à la Messe, les autres travaillent tout l'été puis ils s'en vont l'hiver à la messe rien que pour se moquer de la religion.

Ils vont, le Carême, à la boucherie comme les chiens.

Ensuite elle nous demanda :

– N'avez-vous point vu du blé gâté, mes enfants?

Je répondis :

– Non, Madame, je n'en ai point vu.

Alors, la Belle-Dame reprit :

– Mais toi, mon enfant, tu dois bien en avoir vu une fois vers le Coin, avec ton père, que l'homme de la pièce dit à ton père; Venez voir mon blé comme il se gâte. Vous y allâtes; puis ton père prit deux ou trois épis de blé dans ses mains, les frotte, et ils tombèrent en poussière, puis en vous retournant, quand vous n'étiez plus qu'à une demi-heure de Corps, ton père te donna un morceau de pain, en te disant; Tiens, mon enfant, mange cette année, car je ne sais qui mangera l'an prochain si le blé se gâte ainsi.

Je répondis : – Eï bian véraï, Madama, mais meïn rappélavou pas.	Je répondis : – C'est bien vrai, Madame, mais je ne m'en rappelais pas.

Elle termina son discours en français et par ces paroles;

– *Eh bien! mes enfants, vous le ferez passer à tout mon peuple.*

La Belle-Dame traversa la Sézia en effleurant ma droite, continuant sa route sans se retourner vers nous, et, comme un dernier adieu, elle nous répéta de nouveau ces mots :

– *Eh bien! mes enfants, vous le ferez passer à tout mon peuple.*

[...] Lorsque nous eûmes le sentiment de nous-mêmes, Mélanie et moi nous nous regardions sans pouvoir prononcer un seul mot, tantôt levant les yeux vers le ciel, tantôt les portant à nos pieds et autour de nous, tantôt interrogeant du regard tout ce qui nous environnait. Nous semblions chercher le personnage resplendissant que je n'ai plus revu.

Ma compagne, la première, interrompit le silence et dit :

– Cela doit être, Mémin, le bon Dieu ou la Sainte Vierge de mon père, ou peut-être quelque grande sainte.

– Ah! lui répondis-je, si je l'avais su, je lui aurais bien dit de m'emmener avec elle au ciel.

Lorsque je dois parler de la Belle-Dame qui m'est apparue sur la Sainte Montagne, j'éprouve l'embarras que devait éprouver saint Paul en descendant du troisième ciel. Non, l'œil de l'homme n'a jamais vu, son oreille n'a jamais entendu ce qu'il m'a été donné de voir et d'entendre. [...]

C'était une lumière, mais lumière bien différente de toutes les autres; elle allait directement à mon cœur sans passer par mes oreilles et cependant avec une harmonie que les plus beaux concerts ne sauraient reproduire. Que dis-je? avec une saveur que les plus douces liqueurs ne sauraient avoir. [...]

Le soleil était sur son déclin; Mélanie et moi rassemblons nos vaches qui n'avaient presque pas bougé. À côté de mes bêtes qui cheminent une à une dans un étroit sentier, je rentre rêveur et pensif au village des Ablandins. Je parle le premier de la Belle-Dame à la maîtresse de Mélanie. Les mots de Dame en feu, de second soleil, lui firent croire que j'avais perdu la tête. Elle me pria de lui raconter ce que j'avais vu et entendu sur la Sainte Montagne, ce qui la surprit beaucoup, et moi-même j'étais tout étonné de ce qu'elle n'avait pas vu comme moi cette lumière si éclatante, placée au sommet de la Montagne, et visible par conséquent à une très grande distance. Je ne pouvais me figurer que j'avais reçu une grâce particulière.

Le lendemain, je rentrai chez mon père, à Corps; Mélanie continua la garde de son troupeau. Nous fûmes ainsi séparés providentiellement, trois mois environ, racontant, chacun de notre côté, ce que nous avions vu et entendu, répondant à toutes les difficultés que l'on nous adressait, et cela en français, nous qui ne le savions point le matin même du 19 septembre 1846. Telle fut cette mémorable journée.

On trouvera plus loin (p. 56-70) le récit définitif de Mélanie, qui comprend son secret complet.

III. Enquête et reconnaissance de l'apparition

1. Premiers pas

Le lendemain de l'apparition, dimanche 20 septembre, Baptiste Pra envoie Maximin et Mélanie au presbytère de La Salette. Le curé, Jacques Perrin, est impressionné par leur récit. Il parle de l'apparition dans son homélie. Le soir, Pra résume tout sous forme de la *Lettre dictée par la Sainte Vierge à deux enfants sur la montagne de La Salette* que nous avons lue (p. 13). C'est seulement le dimanche 4 octobre que l'abbé Mélin, archiprêtre de Corps, rend compte à l'évêque.

2. L'enquête officielle

Tout en mettant en garde son clergé contre toute publication hâtive de l'événement, Mgr de Bruillard commence discrètement l'enquête.

Le 15 juillet 1847, il désigne deux prêtres diocésains à cet effet; M. Orcel, supérieur du grand séminaire, esprit critique, et un de ses professeurs, le chanoine Rousselot, qui va jouer dans la suite un rôle important et positif. Le 4 novembre, le rapport des deux chanoines est soumis à une commission de seize prêtres. Le 22 novembre, lors de la cinquième session, douze se prononcent déjà favorablement. Cependant le pèlerinage privé grandit. La commission se réunit jusqu'en décembre 1847 et retient deux guérisons survenues le 16 avril et le 15 août 1847.

L'évêque avait annoncé qu'il reconnaîtrait l'apparition si la commission concluait en sa faveur. Mais il s'abstient. Pourquoi ? C'est que le cardinal de Bonald, archevêque de Lyon, son métropolitain, soutient les deux derniers opposants de la commission.

Le 19 septembre 1850, Maximin est présenté au Curé d'Ars par son vicaire, l'abbé Raymond, sous un mauvais jour. Il vient consulter le saint sur son projet d'entrée chez les maristes, mais Jean-Marie Vianney le renvoie à son évêque. À la deuxième entrevue, la brusquerie agressive de Maximin suscite un malentendu : l'abbé Vianney passe de la foi au doute. L'abbé Raymond annonce la nouvelle : le cardinal de Bonald est confirmé dans son opposition. Il a mauvaise impression des secrets que les voyants ne veulent pas livrer. À la faveur de la contestation nouvelle, il demande à Mgr de Bruillard d'exiger des deux enfants qu'ils les écrivent, pour les communiquer au pape.

À la demande de l'évêque, Maximin rédige le sien le 3 juillet 1851, et Mélanie le 6. Le soir même, deux envoyés de Mgr de Bruillard, les chanoines Gerin et Rousselot, partent pour Rome; le 18 juillet ils remettent les secrets en mains propres à Pie IX. Le cardinal Lambruschini, préfet de la Congrégation des Rites, qui a lu à son tour les secrets, et l'avocat du diable, Mgr Frattini, donnent un avis favorable à l'apparition. Mgr de Bruillard met au point son mandement ébauché en 1848. Il le communique au préfet des Rites. Le document « n'a rien laissé à désirer », répond le cardinal : l'examen de l'événement « a été poussé avec [une] édifiante, et tout à fait louable rigueur ».

L'évêque fait encore interroger Maximin par deux évêques et le prieur général de la Chartreuse, puis signe le mandement : il le date symboliquement du 19 septembre 1851, cinquième anniversaire de l'apparition. Il ordonne de le lire dans toutes les paroisses : le 9 novembre à Grenoble, puis, le 16, dans le reste du diocèse. Le concours « immense et spontané » des fidèles sur « le lieu de l'apparition » et les « prodiges » apportant « un nouveau degré de certitude », conclut-il : « L'apparition de la Sainte Vierge [...] porte en elle-même tous les caractères de la vérité [...] Les fidèles sont fondés à la croire indubitable et certaine. »

3. Suite des événements

Le 1er mai 1852, l'évêque annonce la pose de la première pierre du sanctuaire le 25. Il crée un corps de missionnaires pour y exercer « le ministère de la réconciliation », selon la finalité même de l'apparition. Ainsi furent fondés les Missionnaires de La Salette.

Il y a des oppositions. L'évêque le sait, mais n'impose pas son discernement. Il admet la discussion, sa décision n'étant pas un dogme, mais un jugement autorisé proposé et non imposé à la liberté chrétienne.

Le 2 juillet 1852, à l'âge de 86 ans, il remet sa démission au nonce Garibaldi. Sur le conseil du cardinal Mathieu, de Besançon, qui anime le clan gallican, il demande pour successeur Mgr Ginoulhiac, vicaire général d'Aix-en-Provence, fort apprécié du nouveau régime. Le secrétaire d'État Antonelli rejette ce candidat gallican, mais le nonce, alerté, ne peut empêcher sa nomination maintenue par le gouvernement, et son installation à Grenoble en mai 1853. Mgr de Bruillard s'est assuré que son successeur confirmerait son jugement sur La Salette, mais Mgr Ginoulhiac appréhende l'opposition de Napoléon III et de son gouvernement, qui l'a proposé pour l'épiscopat.

En juillet 1854, l'abbé Jean-Pierre Cartellier, curé de Saint-Joseph de Grenoble, remet au cardinal de Bonald, à l'intention du pape, un mémoire infamant contre La Salette et Mgr de Bruillard. Pie IX n'a pas fini de le lire qu'il paraît dans la presse, dépourvu d'autorisation ecclésiastique. Forcé d'intervenir, Mgr Ginoulhiac, le nouvel évêque, envoie au pape une lettre favorable à l'apparition ; il y dénonce les procédés de l'abbé Cartellier et demande la conduite à tenir. Pie IX le renvoie au droit canon en même temps qu'il l'invite à confirmer l'apparition déjà reconnue.

Le 4 novembre 1854, dans sa lettre au clergé sur La Salette, Mgr Ginoulhiac réprouve le livre. L'abbé Cartellier se soumet extérieurement, le 26 février 1855.

Les deux voyants, Maximin et Mélanie, mènent indépendamment leur existence difficile, aussi piégée par l'admiration et les sollicitations des uns que par les contradictions et les brimades des autres : notre chronologie finale retrace leurs épreuves. Aimable et insouciant, Maximin est desservi par son enfance orpheline, sa naïveté et sa générosité ; Mélanie gêne davantage par sa gravité. Ses sacrifices héroïques, sa fermeté incorruptible, ses témoignages à temps et contretemps sont incompris et critiqués.

Maximin, courageux témoin laïc tandis que l'Église ne voyait que par les prêtres et les religieux, fut *souvent calomnié.* Il mourut avant ses 40 ans, dans la misère où il était né.

Mélanie fut bien accueillie par les sœurs de Corenc qui l'avaient formée. Mais Mgr Ginoulhiac l'en écarta, et la réduisit à l'exil en Angleterre, puis, cahin-caha, à Marseille, en Grèce, en France et en Italie, où elle passa ses plus heureuses années et où elle meurt, seule et pauvre, à 72 ans. Maximin fut également écarté de plusieurs séminaires. On suivra les péripéties de la vie des voyants dans la Chronologie (p. 229).

Au travers de ces périples, leur fidélité fut indubitable. Ils sont restés normalement dépassés par ce message, venu de la Vierge, et reçu par le pape, à travers plusieurs évêques et cardinaux, en trois étapes successives (1851, 1858, 1878). À la dernière, Léon XIII rencontra Mélanie en privé. Les témoignages des bergers de La Salette sont plus cohérents et plus en accord l'un avec l'autre que ne le font paraître les critiques souvent systématiques des adversaires.

Chapitre II

Une découverte

Interview de Michel Corteville par René Laurentin

J'ai devant moi, ce jeudi 8 février 2001, l'abbé Michel Corteville, prêtre originaire de Beaupréau (prononcez Bopro malgré l'accent, qui vient du mot préau*). Il a dépassé la quarantaine depuis mai 1996. Après des études à l'Université dominicaine de l'Angelicum, il a été ordonné prêtre à Rome le 11 juin 1985, il a servi en Côte-d'Ivoire (1986-1990). Il est revenu à Rome soutenir son mémoire de licence en spiritualité sur la règle reçue par Mélanie pour la fondation des Missionnaires de la Mère de Dieu, appelés aussi, selon Montfort, apôtres des derniers temps. Après huit années au Mexique (ministère paroissial et enseignement au séminaire), il est revenu deux ans à Rome (1998-2000), pour achever sa thèse de théologie, soutenue avec succès, le 26 octobre 2000, à l'Angelicum. C'est au terme de son exploration d'une dizaine de dépôts d'archives qu'il a découvert, dans celles de la Congrégation pour la Doctrine de la foi, récemment ouvertes par S.E. Mgr Bertone, le texte autographe porté au pape Pie IX. Je l'ai interrogé au seuil d'un nouveau départ en Amérique centrale. Voici ses réponses :*

R.L. – Votre père Fernand était un fervent de La Salette et un chercheur assidu depuis longtemps. Il était venu m'en parler dès 1953. Vous n'étiez pas né. Dans son sillage, et avec mes encouragements, vous avez pris deux années pour votre thèse monumentale sur La Salette (800 pages). En arrivant à Rome, pensiez-vous découvrir les secrets autographes envoyés au pape Pie IX par l'évêque de Grenoble ?

M.C. – Non, car l'archiviste de la Congrégation avait déjà répondu il y a dix ans au père Jean Stern, archiviste émérite des Missionnaires de La Salette, que ces pièces ne figuraient pas au dossier. Chacun en avait fait son deuil. Mon propos était une thèse d'ensemble sur les voyants de La Salette, si discutés, et sur Mélanie en particulier. La découverte de ces textes, presque à la fin de mes recherches, m'a fait revoir ma copie.

R.L. – Cette découverte met fin à de vaines et obscures discussions, faute de connaître les premières et principales pièces du dossier. Quand et comment avez-vous trouvé les secrets ?

M.C. – Ayant appris aux Archives vaticanes, que certaines pièces que je recherchais avaient été transférées à la Congrégation pour la Doctrine de la foi, dont les archives sont désormais ouvertes jusqu'à la fin du pontificat de Léon XIII (1903), j'ai demandé la démarche à suivre. C'était en juillet et l'on m'a renvoyé en septembre. Une lettre de mon patron de thèse justifiait la recherche au cardinal Ratzinger, et le patronage supplémentaire d'un théologien romain m'a ouvert les portes, mais il fallait attendre trois semaines une place en salle de consultation. Entre-temps, une religieuse italienne sceptique sur Mélanie m'avait mis la puce à l'oreille en déclarant : « Si vous trouviez les fameux secrets, on y verrait plus clair ! »

Il me fallut environ dix jours pour faire le tour des fonds d'archives de la Congrégation de la Foi (anciennes Congrégations de l'Index, de l'Inquisition, etc.) sur les questions en rapport avec l'apparition, et je fis quelques trouvailles. Mais le dossier principal de La Salette n'apparaissait pas, et pour cause ; le catalogue de la section n'existait plus ! Enfin, l'archiviste indiqua de mémoire la place du dossier, providentiellement classé aux années 1879-1883, et je commençai à dépoussiérer des liasses qui n'avaient pas été touchées depuis dix ou vingt ans. La documentation était intéressante. Le samedi 2 octobre 1999, jour des anges gardiens – la circulation étant facile en week-end – j'arrivai plus tôt au Vatican. L'idée me vint d'aller prier devant la Confession de Saint-Pierre, au-dessous du maître-autel de la basilique, et de promettre quelque chose si, par hasard, je trouvais la trace des secrets. Je parcourus des liasses de papiers toute la matinée ; les bords de certaines chemises partaient en lambeaux.

Au beau milieu de la dernière, au moment où la cloche de la sortie retentissait, j'aperçois, sur papier à lettre bleuté, il me semble, l'écriture de Mélanie, et j'ai à peine le temps de lire, en date du 6 juillet 1851, quelques affirmations prophétiques... L'époque et le propos me font bientôt penser au secret, et, surtout, l'enveloppe qui l'accompagne, avec la trace du sceau et les signatures des témoins de l'évêché de Grenoble. Un texte d'une autre écriture et une deuxième enveloppe achèvent de me faire croire que j'ai en main les précieux autographes des voyants, portés à Pie IX par les envoyés de Mgr de Bruillard, le vicaire général Rousselot et le saint curé de la cathédrale Gerin, mais je n'ai pas le temps de les lire. En sortant, je partage la nouvelle avec l'archiviste et les compagnons de recherche, et je téléphone à la religieuse italienne qui n'accorde plus aucune importance aux secrets : « C'est pour ça que vous me téléphonez ! »

R.L. – Quelle est l'importance du dossier de La Salette conservé aux archives du Saint-Office, y compris les pièces longtemps restées aux mains du pape ?

M.C. – Il se compose d'une dizaine de gros dossiers extensibles ficelés, de 10 à 20 cm d'épaisseur, essentiellement des manuscrits. Mais les secrets, transférés depuis le fonds privé du pape Pie IX, en 1946, sont dans une chemise de quelques millimètres d'épaisseur.

R.L. – Découvrir le secret, c'était donc comme chercher une aiguille dans une meule de foin ? Et c'est depuis lors que vous avez accompli votre vœu du matin qui était..

(L'abbé Corteville ne s'est pas empressé de répondre, mais lorsque nous avons ensuite déjeuné ensemble, il a refusé le vin que je lui offrais et n'a bu que de l'eau. « Est-ce votre vœu ? » lui ai-je dit alors en souriant. « Ça lui ressemble », a-t-il répondu. Cela me rappelle un vieil archevêque octogénaire de Chine, avec qui j'ai voyagé de nuit. Il n'a pas pris de petit déjeuner au matin, parce qu'il avait fait le vœu de jeûner tous les matins si ses diocésains étaient sauvés de l'incendie auquel il était accouru...)

M.C. – Les voyants ont longtemps hésité à communiquer le secret, « même au pape » répondit Maximim à l'abbé Auvergne, qui lui exprimait les volontés du cardinal de Bonald : « La Sainte Vierge m'a défendu de le dire » (L. Bassette, p. 205). Avant 1851, Mélanie s'inquiétait : « Ce n'est pas le pape qui demande le secret, ce sont d'autres personnes qui lui ont dit de le demander. » Avant la visite décisive de l'abbé Rousselot, elle n'était pas décidée à changer d'avis : « Je ne pourrais lui dire autre chose que ce que je vous ai dit. »

Elle disait encore : « Je n'ai la permission de le dire à personne, et le pape est une personne. » Elle n'a changé d'avis qu'au dernier moment, « entre un soir et un matin », sans doute sur une nouvelle intervention de la Sainte Vierge. « Vous ne le direz à personne, vous ne le direz pas. Si vous devez le dire un jour, vous ne direz pas ce que ça regarde, enfin vous ne direz rien jusqu'à ce que je vous dise de le dire » : telles sont les dernières paroles de Marie dans le deuxième secret découvert. Quand une institutrice de Nantes a demandé à la voyante si elle avait revu la Vierge, celle-ci a répondu par le silence, en avouant toutefois qu'elle savait maintenant qu'elle pouvait le révéler au pape. Mélanie n'avait pas un service de renseignement pour savoir comment le pape demandait son secret. Or elle dit vrai en affirmant qu'il ne le fait pas de lui-même ; son interlocuteur, qui ne le sait pas, en est étonné. Qui lui donne cette certitude ?

R.L. – Quels étaient les derniers motifs de la réserve des voyants, au moment de livrer leur secret ?

M.C. – D'après une lettre de 1855 et les propos notés quand elle écrivait ce secret, Mélanie craignait de faire trop de peine au pape, car Mgr de Bruillard, qui le lut le premier, en pleura... un peu comme l'apparition. C'est pourquoi elle n'en a écrit qu'une petite partie. Le moment de la véritable révélation ne viendra qu'en 1858.

R.L. – Après avoir révélé le secret au pape en 1851, les voyants le confièrent à nouveau. Ces confidences orales et écrites sont de longueurs diverses. Le secret, écrit et publié en 1879 par Mélanie, avec l'imprimatur d'un évêque italien, Mgr Zola, est beaucoup plus long. Comment expliquez-vous ces différences ?

M.C. – Contrairement à Maximin, qui écrit au pape ce qu'il sait du secret, la rédaction soignée de Mélanie pour Pie IX est une version abrégée. En 1858, d'Angleterre où elle résidait, elle a envoyé sous scellés, par l'intermédiaire de l'évêque d'Exham, un nouveau texte, perdu, certainement proche de celui qu'elle réécrivit après son arrivée à Marseille en 1860, et qu'elle révéla dès lors progressivement.

R.L. – Quel était le sentiment de Pie IX sur ce secret qu'il avait désiré connaître, mais qu'il n'a pas publié ?

M.C. – Il s'en est tenu à une extrême prudence, comme les prédécesseurs de Jean-Paul II sur le troisième secret de Fatima. Pourtant ses paroles, prononcées en 1851, lors de leur lecture, soigneusement notées par les émissaires de Mgr de Bruillard, démontrent sa foi aux secrets des bergers. Si le texte de Maximin l'a rassuré, celui de Mélanie l'a profondément ému. Là où l'évêque de Grenoble avait pleuré, il a blêmi puis rappelé combien l'Église était militante : « J'en suis le capitaine... L'indifférence chrétienne lui est plus dommageable que la persécution ouverte », précisait-il en substance. Face au recul de la foi annoncé en France pour le xxe siècle, une prédiction aujourd'hui vérifiée, et aux menées subversives contre l'Église, grosses de conséquences pour la paix en Europe, il prônait le combat spirituel. Après l'étude des secrets et la reconnaissance diocésaine de l'apparition, il a confirmé sa conviction, en accordant des privilèges liturgiques à son sanctuaire. En 1860, ses propos rejoindront même le secret complet de Mélanie, qui le mettait en garde, depuis 1858, contre l'hypocrisie de Napoléon III.

R.L. – Quelle était la position de Mgr de Bruillard, évêque de Grenoble, qui approuva l'apparition malgré des oppositions ?

M.C. – Avec les curés de La Salette et de Corps, puis les principaux membres de son clergé, réunis en commission, il a cru à La Salette. Il tenait Mélanie en grande estime, mais avant de s'engager, il vérifia patiemment les fruits bénéfiques et même miraculeux de l'apparition. Après avoir lu et transmis ses secrets, puis consulté Rome, il l'a reconnue, officiellement, le 9 novembre 1851. Cependant le décret porte la date du 19 septembre 1851.

Connaissant donc les secrets, il a présenté La Salette comme un signe du ralliement pour les croyants, un « serpent d'airain » au milieu des crises européennes, un secours providentiel pour l'Église et la France. Pour l'évêque, qui avait exercé le ministère sacerdotal à Paris sous la Terreur, la grâce de La Salette ne se résumait pas à une dévotion locale ou privée ; elle avait des résonances sociales importantes.

La principale objection faite contre La Salette fut le jugement d'abord négatif du Curé d'Ars. Il s'agissait en fait d'un quiproquo survenu avec Maximin, que les enquêteurs ont éclairci ; saint Jean-Marie Vianney revint lui-même à la foi en l'apparition. Ce malentendu fut exploité par l'archevêque de Lyon, le cardinal de Bonald. Jaloux de son sanctuaire de Fourvière comme Mgr Depéry de celui du Laus, il soutint deux opposants du diocèse de Grenoble, les abbés Cartellier et Déléon, contre l'apparition de La Salette dont il ne savait pas grand-chose, puisqu'il appelait Maximin « Marcellin », et prenait Mélanie pour sa sœur.

R.L. – Quelle fut la position du successeur de Mgr de Bruillard, Mgr Ginoulhiac ? Opposant au dogme de l'infaillibilité au concile Vatican I, cet évêque fut de ceux qui refusèrent d'assister à sa promulgation par cohérence avec leur opinion, mais se soumirent ensuite. Il semble avoir été moins favorable que son prédécesseur.

M.C. – Installé sous Napoléon III, en mai 1853, le nouvel évêque avait été proposé à Mgr de Bruillard par le cardinal Mathieu, chef du parti gallican de l'époque. C'était une forte tête théologique. Mgr de Bruillard s'assura qu'un tel successeur sauvegarderait l'apparition reconnue, mais Mgr Ginoulhiac adopta d'abord un profil bas.

Il ne soutenait pas tant l'authenticité de l'apparition que la légitimité de la dévotion mariale qui en résultait, et les bons fruits que ses avertissements suscitaient dans le peuple. Il constata cependant l'aversion des voyants pour le soi-disant protecteur de l'Église, Napoléon III, et ce prince lui-même s'en émut. Ami du ministre des Cultes et thuriféraire du régime, Mgr Ginoulhiac voulut tirer la chose au clair. Il exigea des deux bergers une nouvelle rédaction de leur secret ; une copie authentique de la rédaction faite par Maximin, ignorée, m'a été révélée par la Congrégation de la foi. Le blâme de Napoléon l'indisposa, et il se fit une opinion médiocre et sévère des voyants : « rêverie » de Maximin, orphelin dépourvu d'affection et « débordements mystiques » de Mélanie encoururent sa réprobation. Il défendit théologiquement la dévotion de La Salette en accord avec Pie IX, tout en laissant transparaître ses doutes.

Il couvrit par ailleurs le viol de la correspondance de Mélanie lorsqu'elle était en Angleterre, en menaçant son ancien confesseur d'interdit s'il ne lui remettait pas ses lettres, puis il ferma à la voyante exilée la porte du retour. Il n'a vraiment pas compris sa vie spirituelle profonde, ni la nature de certaines épreuves ; il rejetait sa stigmatisation, attestée bientôt par des témoignages solides. Mal conseillé, il entendit de l'une des fausses mystiques qui firent concurrence aux voyants, la comtesse de Nicolay, la sentence qui résume sa position : « La mission des voyants est terminée, celle de l'Église commence. » Menant grand train de vie, il ne se soucia pas de la misère de Maximin, réduit à la mendicité au sortir du séminaire. Archevêque de Lyon en 1870, il n'y brillera pas, d'après le nonce.

R.L. – Le plus embarrassant dans cette affaire, ce sont les multiples rédactions ultérieures et leurs différences. Comment débrouiller cette pléthore ?

M.C. – En schématisant, au total, Maximin a rédigé son secret trois fois, et Mélanie cinq...

La toute première rédaction fut celle destinée à Pie IX, en 1851 ;

1. Maximin, le 3 juillet;
2. Mélanie, le 6 juillet.

Maximin l'a rédigée deux autres fois :

3. Le 12 août 1851, il partage son secret avec un grand ami, Benjamin Dausse, non sans erreur. Saint Pierre Julien Eymard connaîtra cette copie.

4. Le vendredi 5 août 1853, à la demande de Mgr Ginoulhiac, il écrit un texte plus long. Sous l'image d'un aigle, il ose évoquer le triste sort prédit à Napoléon III : « Un aiglon s'élèvera [...] plus haut [...] puis il tombera sur des poignards. Il arrivera après sa mort le chaos » (la révolution de la Commune, après sa chute mais avant sa mort).

Mélanie, de son côté, a laissé quatre rédactions ultérieures :

5. Le 14 août 1853, à Corenc, elle le réécrit pour Mgr Ginoulhiac. Elle l'a prudemment expurgé des allusions politiques de Maximim.

6. Nouvelle rédaction à Darlington, en 1858, sous scellés, pour Pie IX, dont le manuscrit a disparu.

7. À Marseille, fin 1860 ou courant 1861 (avant son départ pour la Grèce), elle fit la rédaction complète du secret (cinq pages). Il fut publié en France à partir de 1870, à Grenoble notamment, par l'avocat Girard.

8. La dernière rédaction, en date du 21 novembre 1878, comble les vides signalés par des « etc. » dans la précédente rédaction. Mélanie en a obtenu la publication en 1879 à Lecce, avec l'imprimatur de Mgr Zola. Elle en défendra jusqu'à la mort la scrupuleuse authenticité.

9. À ces textes s'ajoutent des confidences orales de Mélanie sur le « dernier âge du monde ». Elles ont été notées en 1904 par l'abbé Combe, curé de Diou, village de l'Allier qu'elle habita au début du XXe siècle. Elles recoupent le « deuxième secret sur la fin des temps » mentionné dans la rédaction d'août 1853, commandée par Mgr Ginoulhiac.

R.L. – Plus d'un lecteur se perdra un peu dans toutes ces rédactions que les voyants ont reprises et réinterprétées. Qu'apporte la découverte des deux textes rédigés pour Pie IX par Maximin et Mélanie ?

M.C. – Les textes officiels de 1851, plus proches des événements, plus sobres, écrits pour le pape avec un grand souci d'exactitude, sont les textes officiels, considérés par le pape et l'évêque pour juger de l'apparition. Ils fixent les thèmes essentiels de la prophétie de La Salette, y compris des points tenus jusqu'ici comme apocryphes : la ruine de Paris et Marseille, l'Antéchrist, les persécutions contre la foi, enfin la réforme de l'Église, après les grandes défaillances des prêtres et des âmes consacrées.

À sa rédaction de 1851, Maximin ajoute, dès 1853, la description de la vision qui avait accompagné les paroles du secret (l'image de l'aiglon, etc.), puis son application très subjective aux événements d'alors. Littérairement parlant, pour Maximin, le texte pur est celui du 3 juillet 1851, reçu par Pie IX. Chez Mélanie, au contraire, la formulation complète du secret (qu'elle publie en 1879) est plus convaincante que celles de 1851 ou de 1853. Ainsi, l'expression finale « ne passera pas deux fois 50 ans (ou 40 ans) » des premiers textes disparaît de la rédaction définitive ; la voyante avoue en 1870 qu'elle l'avait ajoutée d'elle-même, sans doute d'après la vision. Mais les secrets de La Salette sont déroutants par leur caractère concret en même temps que théologique, symbolique et apocalyptique.

R.L. – Quelles sont les principales additions ou omissions qui différencient les rédactions ?

M.C. – Le texte de Maximin pour Mgr Ginoulhiac illustre à l'avance la chute de Napoléon III, soutien de Garibaldi dans sa conquête des États du pape, que le voyant défendra comme zouave pontifical, en 1865. Mélanie dit de même dans sa dernière rédaction : « Dieu se retirera de lui. » Et elle met le pape en garde. En 1853, elle écrit avoir reçu de l'apparition une règle de vie apostolique pour les « apôtres des derniers temps ».

R.L. – Quels sont les principaux points communs à toutes ces rédactions des secrets ?

M.C. – Les différentes rédactions du secret de Mélanie, très inégales en longueur, coïncident en substance avec les rédactions de Maximin ; même alternance de troubles et de paix, d'apostasie, de persécutions et de conversions, et une même conclusion : la victoire de Dieu, car la grâce surmonte le péché. Là où Maximin parle abstraitement de la France, Mélanie mentionne des villes particulières (Paris, Marseille, plus tard Rome). Quant au « monstre » dont parle Maximin, Mélanie l'appelle « l'Antéchrist », avec saint Paul.

R.L. – Ce qui a rehaussé le secret de La Salette, c'est l'adhésion apportée par Léon Bloy, son filleul Jacques Maritain, ainsi que Massignon, Huysmans et Claudel ?

M.C. – Les auteurs que vous citez étaient lucides à l'égard de la bonne conscience bourgeoise qui avait hérité de la Révolution, et d'un clergé plus brillant dans les salons qu'auprès des pauvres. Ainsi, le cardinal Perraud, académicien hostile à Mélanie, combattait le christianisme social au nom de « l'alliance des presbytères et des châteaux ». Les historiens du XIXe siècle déplorent le manque d'évangélisation profonde en France. La règle de Mélanie programme le renouveau profond d'un combat spirituel libre des vieux levains.

R.L. – Qu'est-ce que le message de La Salette vous apporte personnellement ? A-t-il joué un rôle dans votre vocation sacerdotale ?

M.C. – Il me semble que La Salette, dont les Missionnaires attitrés parleraient bien mieux que moi, est une invitation à l'humilité devant Dieu, à la pauvreté, dans l'action de grâce, pour l'alliance du ciel et de la terre. C'est aussi un appel à la compassion, celle du Christ, celle qu'expriment les larmes de Marie pour ses membres souffrants, enfin à la solidarité et à l'unité chrétienne ; une nouvelle actualisation de la lumière et de l'amour divin adressée au monde comme un défi prophétique.

R.L. – Avant votre naissance, votre père a vécu le mystère de La Salette, réfléchi, travaillé et publié. Est-ce son influence qui a déterminé vos recherches ?

M.C. – Durant mon adolescence j'ai été baigné, puis lassé par l'engagement paternel, mais j'en ai retrouvé l'intérêt en répondant à l'appel du Christ prêtre. Dès lors, depuis mon séminaire, j'ai partagé avec lui plusieurs démarches à Rome, y compris des rencontres avec Jean-Paul II où nous avons échangé sur l'apparition : « Je la prie tous les jours... », « Nous sommes au cœur des prophéties », nous a-t-il dit.

R.L. – Combien de fonds d'archives avez-vous consultés ?

M.C. – Outre les nombreuses archives du Vatican, j'ai bénéficié d'un accueil sans pareil auprès du Cercle d'études J. et R. Maritain, des pères de La Salette et des pères rogationnistes à Rome, ainsi que des bénédictins de Solesmes où j'ai consulté le fonds Paul-Gouin et la correspondance de Maritain avec Dom Delatte. Les Servantes des Pauvres de Palerme et les Sœurs des Sacrés-Cœurs de Castelammare, les évêchés d'Altamura et de Grenoble m'ont ouvert leur porte avec une grande sollicitude et, bien sûr, les archives de l'Association des Enfants de La Salette et de Grignion de Montfort.

R.L. – Si je comprends bien, le fonds Gouin est celui que détient votre père ?

M.C. – C'est avec l'abbé Paul Gouin, ami de Maritain en Notre-Dame de La Salette, que mon père a travaillé et publié les trois premiers volumes de *Documents pour servir à l'histoire réelle de La Salette*. Après la mort de ce prêtre, il a publié trois autres recueils de documents et sa biographie de Mélanie : *Sœur Marie de la Croix, bergère de La Salette*, traduite en cinq langues. L'Association a réédité *La Vie de Mélanie écrite par elle-même*, divulguée par Léon Bloy, et le journal de l'abbé Combe, intitulé : *Dernières Années de sœur Marie de la Croix*. Mon père a rédigé trois autres livres sur Pie IX et les secrets, Mélanie et Mgr Zola, le père Semenenko...

R.L. – Le secret de La Salette prête à critique ; Paris n'a pas été détruit.

M.C. – La prophétie de Mélanie sur Paris peut être rapprochée de celle de Jonas ; Ninive ne fut pas détruite après quarante jours, car elle s'était convertie. Le cardinal Ratzinger élude ainsi les points faibles du troisième secret de Fatima : le pape n'est pas mort, il n'était pas sur une montagne, ni au milieu d'une foule hostile. Une prédiction n'est pas une fatalité, c'est un avertissement qui invite à la prière et à la conversion pour détourner le danger. L'écoute du message peut changer le cours des événements. Paris n'a pas été détruit en 1870, mais assiégé, dévasté par la famine et la souffrance, et, pour finir, par une révolution.

Dès les années 1850, Mélanie avait écrit « Prussiens 1870 » et, au tableau, la formule « P S B 1871 » ; ses consœurs comprirent sans peine, d'autres paroles aidant, « Paris Sera Brûlé 1871 ». Contrairement à d'autres mystiques, la bergère de La Salette n'a pas parlé d'une destruction absolue de la capitale, comme si elle percevait les limites du désastre. Dans sa vision de l'Épiphanie (1870), saint Jean Bosco annonçait trois châtiments successifs sur Paris, et quatre sur Rome. Mélanie a parlé de la destruction de plusieurs autres villes. En septembre 1870, elle écrivit à un prêtre : « Que nos prières ne cessent pas ; sinon, je me perds en voyant arracher jusqu'aux racines des grandes villes. » « Paris brûle-t-il ? » demandait Hitler en 1944... La grande menace atomique a reculé ces dernières années, mais la bombe se vulgarise peu à peu ; d'autres pays se menacent ; l'Inde et le Pakistan par exemple. « On n'arrête pas le progrès », dit-on.

Là où Don Bosco note dans sa vision : « les événements se succèdent inexorablement », Mélanie dit : « Paris sera détruit infailliblement. » Les prophéties emploient-elles les grands mots pour rien ? J'ai peur qu'il ne faille rapprocher les pleurs de Marie à La Salette de celles du Christ sur Jérusalem ; des penseurs chrétiens l'ont déjà fait.

« Paris vaut bien une messe », aurait dit Henri IV. Toutes les pierres de la capitale, toutes les belles maisons et les monuments du monde ne valent pas le corps et l'âme d'un homme ; blanc ou noir, Palestinien ou juif, riche ou pauvre. Dieu nous rappellera cela « infailliblement ».

R.L. – On a reproché à Mélanie ses paroles sur la négligence ou l'apostasie des prêtres.

M.C. – Les termes hyperboliques du secret ressemblent à ceux des prophètes. Marie compare les chrétiens infidèles à des chiens. Cela fait écho à bien des formules de l'Écriture, y compris dans le Nouveau Testament : « Ne donnez pas aux chiens ce qui est sacré » (Mt 7, 6) « Prenez garde aux chiens » (Phil 3, 2), et à la maxime sévère sur « la chienne qui revient à son vomissement » (Prov. 26, II ; 2 Pi 2, 22).

R.L. – Permettez-moi de revenir sur quelques difficultés. Au début de la toute première rédaction du secret en 1851, Maximin dit : « Je ne sais pas si c'est la Sainte Vierge. » Elle ne l'avait pas dit ?

M.C. – Non. Bernadette n'a reçu qu'après plus d'un mois et demi la révélation « Je suis l'Immaculée Conception ». À La Salette, seule Mélanie avait la certitude que c'était « Dieu [...] la Sainte Vierge [...] ou quelque grande sainte ». C'est par Mélanie (15 ans) que Maximim (11 ans) est entré dans la vision. Elle l'a appelé pour venir voir, toute proche, l'éblouissante clarté qu'il ne voyait pas. Il ne l'a aperçue qu'auprès d'elle, au moment où il lui secouait l'épaule. Il s'est un peu passé pour Maximin ce qui se passera à Fatima pour François. Maintenant, c'est à notre tour de nous approcher de Marie à leur suite. Humble et vrai, Maximin se garde d'anticiper le jugement de l'Église. Son secret prédit d'ailleurs la conversion de l'Angleterre...

R.L. – Au début du XXe siècle, le cardinal Mercier avait noué un dialogue très avancé avec lord Halifax et l'Église d'Angleterre. Il pressait Rome de pousser à la réconciliation. Il y avait alors peut-être une possibilité. Mais Rome a déclaré juridiquement l'invalidité des ordinations anglicanes. Cela jeta un froid sévère et durable. Mais il y eut une heureuse conséquence : les anglicans se sont souciés de valider leurs ordinations par la présence d'évêques vieux-catholiques ou de confessions ayant gardé la succession apostolique. Bien d'autres faits sont positifs en ce sens. Le catholicisme est devenu la confession la plus nombreuse aux États-Unis, de mouvance anglicane, et l'Allemagne protestante a connu une évolution analogue.

M.C. – Saint Dominique Savio, dans les années 1850-1860, avait révélé plus explicitement la conversion de l'Angleterre, et saint Jean Bosco prit son bâton de pèlerin pour aller exposer cette prophétie à Pie IX, qui renforça la hiérarchie catholique sur l'île.

R.L. – Le 6 juillet 1851, Mélanie a écrit : « Le pape sera persécuté de toutes parts, on lui tirera dessus. » La formule s'est vérifiée pour Jean-Paul II dans des termes plus exacts que le troisième secret de Fatima où le pape est tué. Le secret de La Salette n'est donc point inférieur en exactitude à celui de Fatima. Mélanie parle d'un pape sur qui l'on tirera, mais qui triomphera, et Maximin d'un pape « que personne n'attendra », et qui « ne sera pas romain », (selon le secret pour M. Dausse). Telle fut l'élection de Jean-Paul II. Nul journal n'avait préparé la biographie du cardinal Wojtyla parmi la dizaine de « papabile » entre lesquels la fumée blanche de l'élection devait trancher. Lucie de Fatima a constaté les déficiences du clergé de son époque, exhorté les évêques espagnols et portugais à entreprendre sa réforme. Elle a souligné la douleur de Marie face à la crise sacerdotale. Les prophéties de La Salette et de Fatima (du moins la troisième partie du secret, la plus en vue mais la moins exacte) n'ont pas la précision étonnante des *Prédictions d'Yvonne Aimée de Malestroit*, auxquelles j'ai consacré un volume unique en son genre.

M.C. – La prophétie de Mélanie sur le vicaire du Christ réunit au moins deux papes ; des coups de feu furent tirés contre le palais du Quirinal où résidait Pie IX, alors chef d'État, et Jean-Paul II s'écroula place Saint-Pierre.

Lorsqu'en 1851 Maximin parle d'un pape à venir qui ne sera pas romain, l'ingénieur Dausse comprend qu'il sera « étranger » à cette partie de l'Italie comprise dans les États pontificaux.

Mais toutes les « images » des secrets ne sont pas à prendre à la lettre ; les genres sont à distinguer. La « grêle » apocalyptique d'effroyables « animaux » dont parle Mélanie peut signifier le déchaînement pluriforme, discret mais efficace, du démon en nos temps. Repassant sa vision prophétique, Maximin a distingué, théologiquement et historiquement, la venue d'un Antéchrist collectif d'abord, puis personnel. Surfant sur les vagues de fond des philosophies athées, les dictateurs sataniques (Hitler, Staline, Pol Pot, etc.) ont en effet succédé aux idéologies collectives. Maritain a encore noté que le terme de roi (qui règnera quelques années en France, selon Mélanie) est d'abord à prendre dans le sens générique et biblique de chef.

Quant à mère Yvonne, c'est peut-être elle qui nous réunit. Elle croyait au secret de Mélanie, qu'elle déclarait « une grande mystique méconnue », comme elle peut-être. Avec la bergère de La Salette et Thérèse de Lisieux, elle s'est offerte pour la sanctification des prêtres, dont elle eut aussi à souffrir. Là où un signe eucharistique venait de se produire, elle a prédit une source pour la purification des prêtres... Certes, La Salette est une grâce mariale, mais d'abord ecclésiale et sacerdotale; essentiel est le crucifix vivant porté par Marie à Pontmain qu'elle montrera dans ses mains.

R.L. – Votre livre est une recherche considérable. Il contient des centaines de textes inédits. Il prolonge et complète les « Documents authentiques » du père Stern, qui s'arrêtent au 4 novembre 1854. C'est une véritable mine de documents. Ils permettent une nouvelle évaluation de la portée des secrets.

Merci de votre découverte. Elle met fin à un siècle et demi d'incertitudes et de controverses; elle permettra de serrer de plus près le sens et la valeur du message de La Salette, appel toujours actuel à la conversion et à la solidarité chrétienne prolongé depuis lors par d'autres messages. Les larmes de Notre-Dame, à Syracuse, Akita, Naju et ailleurs, sont toujours d'actualité. Ce sont au-delà du message des larmes d'amour sur un monde qui prépare son autodestruction en s'enfonçant dans le péché.

CHAPITRE III

Le message de La Salette : est-il étrange, ou particulariste ?

I. Parole profondément incarnée

Le message de La Salette a étonné, surpris, choqué nombre d'intellectuels. « Absurde, ridicule, impossible[1] », se serait exclamé Lacordaire, célèbre prédicateur et leader dominicain, grand intellectuel.

À Lourdes, où il faisait son dernier pèlerinage, le cardinal Saliège (1870-1955), formidable défenseur des Juifs pendant la guerre, me fusilla du regard durant le repas à la Maison des Chapelains, en répétant inlassablement une question que je n'arrivais pas à comprendre, car il était paralysé jusqu'au-dessus de la mâchoire (il disait parfois, avec un geste expressif : « Saliège, jusque-là ! »). Il n'existait plus que par le cerveau, le regard, et l'aboiement inarticulé qui était son seul moyen d'expression oral. Ses secrétaires, habitués à son élocution indistincte, finirent par déchiffrer, au dessert, après de multiples répétitions : « Et les pommes de terre de La Salette ? Qu'en pensez-vous ? » On discernait l'ironie du cardinal.

De fait, la Vierge a parlé aux paysans d'alors un langage terre à terre, proche de leurs préoccupations. Cela paraissait voler bas : au niveau de voyants frustes et incultes. On méprisait alors la culture paysanne, liée à la culture de la terre et de la vie, mais elle est plus humaine, et par bien des côtés supérieure à la culture livresque. La paysannerie a été longtemps matrice de héros et de grands esprits. Aujourd'hui encore, des enfants élevés à la campagne gardent une supériorité sur les autres, jusque dans leurs études universitaires. Ils restent plus équilibrés, mieux branchés sur le réel, sans être inférieurs techniquement.

Notre-Dame de La Salette parle selon les préoccupations quotidiennes et vitales des paysans d'Isère : vignes et fruits de la terre, comme la Bible décrit le bonheur du sage « dans sa vigne et sous son figuier »

1. JS III, p. 253.

(Mi 4, 4), c'est-à-dire en paix. Elle les motive aussi par la menace de récoltes désastreuses et des promesses de prospérité.

Ce langage fut vérifié l'année suivante. En 1847, pommes de terre et vignes pourrirent. Ce signe frappant stimula un large mouvement de conversions.

À l'heure où la théologie était abstraitement scolastique, où certains prédicateurs apprenaient par cœur les sermons de Bossuet ou de Massillon, le langage maternel de Notre-Dame de La Salette reprenait le langage de la Bible : prophétique, concret, symbolique, étroitement lié à la vie terrestre des hommes, y compris politique.

On a reproché aux voyants de prédire l'écroulement du Second Empire devant les Prussiens, et la révolution de la Commune (Mélanie donne des dates exactes) ; et encore, dans un futur lointain, la venue d'un grand roi, ou chef, garant de paix. Les prophètes d'Israël s'engageaient de même. Ils admonestaient les rois et touchaient à la politique, mais sans faire de politique (comme les évêques polonais sous la férule communiste). Ils rappelaient aux puissants les fondements de la morale, Dieu premier en toutes choses : les négociations avec les grands empires dominateurs menaient à la ruine par oubli de Dieu, seul espoir du quotidien et de l'avenir.

Dans leur sillage, Notre-Dame de La Salette rappelle aux paysans d'alors la priorité de Dieu, qu'offensent leurs stupides blasphèmes, leur négligence de la messe, du repos dominical, de l'abstinence et du jeûne pendant le carême. Elle flétrit les complots de Napoléon III contre le pape, et surtout, l'effondrement de la foi chrétienne. Mais savons-nous encore reconnaître ces accents, dans la Bible même, souvent réduite à l'histoire et à l'anthropologie ?

Le message de La Salette nous rappelle essentiellement que Dieu ne nous est pas indifférent : Lui qui a partagé notre vie et donné sa vie pour nous en manifestant ainsi qu' « il n'y a pas de plus grand amour que de donner sa vie pour ceux qu'on aime » (Jn 15, 13).

II. Lettre tombée du ciel ?

L'invraisemblance de toute communication céleste a conduit à la recherche d'une explication naturelle :

– création subjective de l'imagination du voyant ;
– influence d'un texte ou d'un manager trompeur.

Il n'est donc pas étonnant qu'à La Salette, comme ailleurs, on ait mis en doute cette communication. Les uns l'attribuent, surtout pour les secrets, à l'imagination des voyants ; les autres, à l'influence externe d'une personne où d'un texte.

Le père Delehaye, doyen des bollandistes, ces jésuites de haut niveau scientifique qui ont mission, depuis le XVIIIe siècle, de débarrasser les vies de saints des légendes et des miracles de pacotille, se devait d'appliquer à La Salette leur méthode critique. Comme le père Dhanis, autre jésuite de haute réputation, à propos de Fatima, il chercha la clef qui réduirait l'apparition à un phénomène naturel.

Le père Delehaye a été frappé par le titre donné par les tout premiers enquêteurs, (ci-dessus p. 13) en date du 20 septembre 1846 : *Lettre dictée par la Ste Vierge à deux enfants sur la montagne de La Salette.* Car ce titre ressemble à celui de prospectus que des colporteurs distribuaient depuis le début du XIXe.

Ces « lettres tombées du ciel » étaient des menaces divines pour la désaffection à l'égard de la prière et de la messe dominicale, avec l'annonce de calamités agricoles, ou des promesses de protection à qui prendrait l'avis au sérieux. Étant donné qu'en bonne critique, un texte antérieur est la source d'un texte ultérieur analogue, il y avait donc à penser que le message de La Salette n'était que l'écho d'un de ces tracts plus ou moins dramatiques recherchés par la police, gardienne de la tranquillité publique. Mais avant de conclure à une influence, il faut y regarder de plus près.

1. Quant à l'existence d'un prospectus d'après le père Delehaye, et plus précisément le père Stern – JS I p. 383-392 –, les archives de l'Isère en conservent trois, « saisis en février 1818, sur un colporteur dans le nord du département » et d'autres à Gap, à une quarantaine de kilomètres de Corps, mais rien autour de Corps. Autant nous possédons l'évidence des enquêtes concordantes par lesquelles a été établi le témoignage constant des voyants, autant manquent les prospectus qui expliqueraient l'origine du message complet, et surtout des secrets. Les feuilles saisies et d'autres textes antérieurs relèvent du même genre littéraire, mais sont loin de comporter des prédictions d'une telle teneur et portée.

Ces différences sont significatives. Les lettres tombées du ciel parlent sans indication précise d'origine ni de date ; tout au plus est mentionné un lieu lointain et sacré : « Lettre miraculeuse trouvée à Jérusalem par un prêtre », commence sans plus le document saisi par la police le 23 janvier 1844 (JS I p. 389-390), alors que le message de La Salette est recueilli auprès de jeunes bergers avec des précisions historiques incontestables. Leurs patrons, qui, avec leur autorité, veulent les désillusionner, recueillent de manière concise le procès-verbal de leurs témoignages cohérents.

2. Le titre qu'ils ont donné à leur relation : *Lettre dictée par la Ste Vierge à deux enfants...* est visiblement factice. Il ne répond en rien à leur relation quasi judiciaire, confirmée par les interrogatoires ultérieurs, minutieux et concordants. Le titre ne vient assurément pas des bergers, il est plaqué par les enquêteurs ; et c'est là que la formule bien lancée par les colporteurs fournit l'explication : non du résultat de l'enquête, mais du titre populaire qui lui est donné.

3. S'il y a probable réminiscence, le rédacteur a senti la nécessité de modifier le titre usuel : *Lettre miraculeuse trouvée* ou *Lettre du ciel* par

ces termes précis : *Lettre dictée par la Ste Vierge à deux enfants.* C'est une dictée et non un document céleste, comme le Coran dans la tradition islamique, ou les Tables de la loi mosaïque.

4. Le message n'a pas le caractère autoritaire et menaçant des fameuses lettres. Il confirme, dans la ligne des prophètes, que l'abandon de Dieu entraînera des catastrophes, y compris matérielles. Leur message n'est même pas un dictat du ciel, ni une exhortation, c'est un appel maternel, une confidence en direct. Leur mystérieuse interlocutrice se fait pédagogue comme une maman qui fait comprendre à ses enfants ce qui les dépasse, ou comme Jésus face à des disciples parfois bornés et bouchés. Elle leur dit : « Vous ne comprenez pas, mes enfants ? Je m'en vais vous le dire autrement » (Relation Pra, JS I p. 47).

Elle ne procède pas de manière autoritaire, elle use de la méthode maïeutique de Socrate et des pédagogues modernes. Elle ne dit pas, comme le prospectus n° 1 (JS I p. 385) : « Vous *devez* sanctifier le saint jour du dimanche », mais fait prendre conscience, progressivement, de ce qu'elle veut dire, à partir de questions qui mettent sur la piste : « Faites-vous bien votre prière, mes enfants ? » ; « N'avez-vous jamais vu du blé gâté ? » (JS I p. 28, 34, *cf.* 381).

Bien plus, ce n'est pas une mise en demeure, c'est le langage d'une mère qui souffre du mal où se précipitent ses enfants. Elle leur demande de prendre pitié d'elle : « Depuis le temps que je souffre pour vous ! » (JS I p. 47).

Cette relation profondément personnelle et maternelle d'un autre monde va marquer les deux bergers pour toujours, et devenir la référence majeure de leur vie. Leur bouleversement profond est l'écho des larmes de Marie : elle veut le « faire passer » dans « tout » le « peuple ». C'est cela l'essentiel du message de La Salette ; il ne procède pas d'un écrit mystérieux, mais d'une personne, dans une intimité inouïe. C'est tout d'abord un cœur à cœur. Tout part des larmes silencieuses qui ont inculqué aux voyants l'importance de s'ouvrir à Dieu, et de ne pas se laisser obnubiler par les préoccupations de la terre.

Malgré les rapprochements découverts par le père Delehaye, développés par C. Brunel et L.E. Halkin, l'explication de La Salette n'est point littéraire, livresque, abstraite. Elle part d'une solidarité profonde, posée en actes et en paroles par la messagère. L'analogie et l'influence se situent au niveau de l'expression laborieuse des voyants, qui cherchent des mots pour exprimer la réalité, surnaturelle, de l'apparition, selon les limites de leur intelligence et de leur mémoire, qui est médiocre, et leur créera tant de difficultés au catéchisme. Leur mince vocabulaire religieux, ils le tiennent de quelque parent plus pratiquant que les leurs. Quand au thème *avertissement, châtiment, conversion, protection offerte,* il répond sans doute à un genre littéraire existant, mais familier au peuple.

On peut conclure avec le père Stern : il y a donc similitude sinon influence des prophéties populaires des colporteurs, proches des sermons simples des curés de campagne, avec le message de La Salette, dans l'expression des enfants et des deux enquêteurs tributaires du langage des schémas d'alors. De la même façon, les auteurs bibliques ont coulé la révélation et l'inspiration divine dans les mots et schémas de leur époque (une toile de fond que Maritain désigne comme « l'inconscient de l'esprit », ci-dessous, p. 225). Ces schémas expliquent d'ailleurs pour une bonne part la structure même du thème qu'ils formulent : théophanie, annonce d'une naissance (d'Isaac, de Samson, ou de Jésus à la Vierge Marie). Mais le vocabulaire commun et le genre littéraire apparenté n'expliquent pas l'originalité du message.

Dans la Bible, impossible d'expliquer la révélation transcendante de Dieu et de son nom (si souvent réduite aux mots et structures d'époque), sans lier le prologue de Jean à l'influence du *logos* platonicien (JS I p. 382) ni le précepte nouveau du Christ, « aimez vos ennemis ! » (Mt 5, 44) au précepte antérieur de l'Ancien Testament sur l'*agapè* : c'est-à-dire l'amour tel qu'il est en Dieu. Le message du Christ fait ici une étape qui est la pointe extrême de l'Évangile.

S'il est légitime de travailler en scribe ou expert littéraire des sources, il faut se garder par déformation professionnelle de réduire à la pensée antécédente les nouveautés géniales de la révélation divine ou même du génie humain, littéraire ou scientifique. C'est tout de même Newton qui a renouvelé la physique de son époque, avant qu'Einstein la renouvelle au deuxième degré.

III. Le langage des larmes

Le message de La Salette, en image autant et plus qu'en parole, est donc un cœur à cœur fondateur, un peu comme la première rencontre d'un homme et d'une femme qui va re-fonder toute leur vie. Ces larmes silencieuses traduisent la douleur maternelle de la Vierge et la douleur de Dieu intimement meurtri par nos offenses. Ces larmes sont un langage puissamment expressif, au-delà du langage articulé. C'est la dernière arme des mères quand elles sont à bout de ressources, pour vaincre l'ingratitude et faire comprendre l'essentiel. Parfois, il arrive qu'un grand amour commence lorsqu'un homme ou une femme consolent occasionnellement l'autre en détresse.

Dans notre monde, où Dieu est relégué, où le péché surabonde, où des lois institutionnalisent meurtres et vices, la Vierge a repris ce langage : puissamment expressif à Syracuse, en Sicile : un grand sanctuaire populaire visité par les papes depuis Pie XII ; et dans la ville d'Akita, au Japon, et ailleurs.

Les pleurs d'une mère sur ses enfants ont touché plus que tout autre argument la dureté des paysans d'alors, soumis au labeur de l'agriculture alors manuelle : ce langage du cœur a touché les hommes et obtenu des réponses.

On est plus déconcerté par le costume singulier de Notre-Dame, étranger aux modèles iconographiques : ni paysan ni royal. Sa coiffure n'est ni bonnet ni couronne. Son caractère hiératique l'a fait identifier à la coiffure des grands prêtres d'Israël. L'interprétation sacerdotale de l'apparition hiératise le costume populaire dauphinois. La coiffe évoque encore celle de Notre-Dame-du-Conseil, en Avignon. Les chaînes[1] qui pendent à ses épaules figurent les préceptes de la Sagesse. Épousés par les hommes, ils resplendissent comme des bijoux (Sir 6, 23-32). Cette silhouette insolite pique utilement l'attention des chrétiens et des théologiens, comme les *mashal* bibliques de l'Ancien Testament.

Le plus clair, c'est la croix, en plein centre. Au début de l'apparition, la Vierge pleure assise, la tête dans ses mains. Lorsqu'elle se redresse pour parler aux bergers, elle découvre la croix centrale, sur sa poitrine. Les larmes de Marie expriment la mystérieuse douleur de Dieu, liée à l'effusion de son sang durant la Passion : agonie, flagellation, couronnement d'épines, transpercement des mains, des pieds et du cœur : preuve qu'il nous a aimés « jusqu'au bout » (Jn 13, 1). C'est le langage muet de l'amour méconnu et blessé.

Les larmes de la Vierge, aujourd'hui dans la gloire, manifestent à notre terre que la Passion du Christ (comme chaque instant de sa vie terrestre) lui restent présents, car son éternité divine rassemble toute durée en son meilleur. Le sang du Christ et les larmes de Marie enseignent leur éternelle solidarité. En deçà des spéculations théologiques, elles inculquent le mystère de notre intime relation avec Dieu.

Ce langage, à fleur de peau et à fleur de corps, prolonge tout simplement le langage essentiel de l'Incarnation : « Le Verbe s'est fait chair » (Jn 1, 14) pour partager notre vie; il a pris la nôtre pour nous donner la sienne. Pourtant, Jésus dit plus loin : « La chair ne sert de rien » (Jn 6, 53). De fait, la chair seule n'est rien, et souvent la Bible en parle en mauvaise part, là où elle symbolise les côtés sordides et concupiscents de l'animal raisonnable. Mais quand le Créateur se fait créature, quand Dieu transcendant assume la chair humaine, elle en est transfigurée, purifiée, divinisée autant qu'il s'est humanisé. « Le Verbe s'est fait chair », ne nous invite pas au matérialisme charnel, mais à vivre notre condition animale et ses inéluctables vicissitudes dans l'amour divin : cet amour qui est l'essence même de Dieu, nous divinise et nous transfigure pour réaliser la dernière demande du Christ à son Père avant sa mort : « Qu'ils soient un comme nous sommes un ! » (Jn 1, 17, 21-22).

1. Les symboles de l'apparition – montagne, feu, chaînes – sont classiques en spiritualité : « Ô mon Dieu, quel bonheur et quelle gloire que d'être uni à vous par des chaînes d'amour, et de brûler dans le même feu d'amour et dans la même forge que vous ! Quand aurons-nous des cœurs consumés dans votre amour ? [...] Qu'est-ce que je demande à Dieu sinon le pur et saint amour de mon Sauveur ? » (saint François de Sales, *Traité de l'Amour de Dieu*).

C'est à ce niveau, concret mais profond, que le message de La Salette a touché, non seulement des paysans et des gens simples, mais aussi de grands esprits selon ce monde : écrivains comme Huysmans et Bloy, philosophe comme Maritain, poètes comme Claudel ; des hommes de cœur qui n'étaient étrangers ni à l'amour humain ni à l'amour de Dieu, et n'étaient point prisonniers du rationalisme; ils s'étaient libérés des cadres étroits de leur temps, ce qui en a fait des prophètes et de grands témoins, bien au-delà des frontières de l'Église.

« Dieu ne parle pas le langage des sages et des savants », répète l'apôtre Paul (1 Co 1, 25; *cf.* 3, 18; Rm 1, 14). Il parle un langage de la Croix, à la fois plus humain et divin.

Les voyants ont su vivre dans cette ligne, malgré l'instruction tardive qu'ils ont reçue : d'abord à l'école des sœurs de Corps. Maximin a fréquenté ensuite plusieurs petits et grand séminaires, presbytères, collèges et faculté; et Mélanie, le noviciat de la Providence à Corenc, et divers milieux internationaux qu'elle a traversés. Ils ont gardé un langage direct, concret, abrupt parfois chez Maximin. Leur formation n'a pas altéré leurs racines paysannes ni leur naturel. Ils parlent droit et clair, souvent en poètes. En cela aussi, ils sont restés fidèles au message de La Salette.

Sans doute ce message est-il particulariste : pour un temps passé, pour un lieu restreint? Est-il au contraire « pour tout le peuple », comme l'apparition le répète?

Le Christ lui-même, le « Galiléen », fut déprécié par l'*establishment* de son époque : on l'affubla de cette épithète comme d'un sobriquet (Mt 26, 69). Grands prêtres, scribes et pharisiens méprisaient ses origines trahies par son accent régional et campagnard. De cette province marginale, nul prophète ne pouvait venir (Jn 7, 41, 52), et de Nazareth, rien ne pouvait sortir de bon (Jn 1, 46). Mais son particularisme, bien incarné comme le reste, est la racine de son universalisme. C'est aussi à ce titre qu'il est le plus universel des hommes. N'opposons pas le particulier à l'universel, la symbolique à l'essentiel qu'elle traduit. Ils se pénètrent et se conditionnent plus profondément qu'il n'y paraît.

Par sa teneur concrète et palpable, le message de La Salette se démarque du passé. Il bouleverse la hiérarchie et les classes, il prend à contre-pied la ségrégation sociale, l'élitisme de l'argent et des diplômes. Il anticipe les préoccupations des générations actuelles : déçues par les idéologies et qui s'investissent dans le concret, l'économique, le social, et s'inquiètent d'écologie.

La Vierge de La Salette nous rappelle que Dieu s'intéresse au cadre de la vie quotidienne et au labeur des hommes, dans lequel et par lequel ils ont à réaliser leur stature divine, par l'amour, intégral et vrai.

CHAPITRE IV

Les huit rédactions conservées du secret

Rédactions et sources

Lisons maintenant les huit rédactions du secret, enfin au complet. Celles qui ont été officiellement enregistrées et transmises par ambassade spéciale au pape Pie IX (rédactions 1 et 2) sont les premières, donc le prototype, la norme officielle et la clef de toutes les autres. Il y eut au total onze rédactions, mais

– les deux premières, brouillons respectifs de Maximin et de Mélanie, ont été volontairement détruites, après avoir été vérifiées et copiées au propre. Une phrase seulement y a été modifiée, par Mélanie ;

– le premier autographe de la version longue, envoyé par Mélanie à Pie IX en 1858, est perdu, mais Mélanie en a fait une nouvelle rédaction, à Marseille, entre fin 1860 et septembre 1861 (rédaction 7) ;

– la huitième (1878) en est la copie littérale et complétée (d'environ un tiers de texte), présentée dans un ordre un peu différent. Elle a bénéficié de l'imprimatur de la curie de Lecce, diocèse de Mgr Zola.

L'interprétation de ces huit rédactions autographes peut être éclairée par diverses « interviews » recueillies de 1848 à 1900, qui les recoupent.

La première, antérieure à la rédaction de 1851, résume en trois mots tout le « secret » de La Salette confié aux deux enfants. Elle a été transcrite par un historien éminent de La Salette, le père Antoine Bossan, sous la dictée de Mlle Dastarac :

> Aujourd'hui, 8 juillet 1871, Mlle Dastarac me dit que vers 1847, 1848 et suivants, elle a entendu dire ceci aux deux bergers, lorsqu'elle les questionnait sur leurs secrets de cette manière :
>
> 1° Mélanie :
>
> – Je ne veux pas savoir ton secret, mais ne pourrais-tu pas m'en dire quelque chose ?
>
> – Non mademoiselle je ne puis rien dire...
>
> Pourtant à la fin elle lui dit et répéta souvent :

– Paris et le pape ! Paris et le pape. Oh ! malheureux Paris !...
2° Maximin. [...]
– Eh bien ; de 1860 à... il y aura d[e]s révolutions et des révolutions, toutes les unes sur les autres... des guerres... de grands combats... La religion sera persécutée. Il y aura des combats pour la religion... ensuite toutes les religions, la protestante et toutes les autres, viendront en une seule religion (évidemment la religion catholique)... puis la fin du monde » (MC p. 109).

Comment les voyants perçoivent le message

La plus neuve de ces interviews, qui concerne les derniers temps, a été recueillie par l'abbé Combe en 1900 (éditée ci-dessous, p. 70). Ces confidences des voyants à leurs intimes (B. Dausse, M. Prud'homme, etc.) sont étudiées dans la thèse de M. Corteville (MC, p. 175-177, 203-205). On pourra s'étonner de la diversité des rédactions. Elle tient à la pluralité des demandes, des influences, des événements, et aux aléas de la mémoire qui n'altèrent pas leur unité foncière : les voyants se réfèrent au même souvenir, l'unique apparition. Elle reflète la structure de la révélation, qui se déroule devant les enfants sur deux plans distincts : message et images.

Paroles et vision divine

Les voyants ne transcrivent pas seulement le souvenir de paroles, mais de visions qui accompagnèrent la révélation des secrets : une révélation en *image* plus qu'en parole. Mélanie l'a précisé à l'abbé Bliard, dans la lettre du 26 décembre 1870, publiée ci-dessous, page 216. La vision était imagée, symbolique, au-delà des « paroles » : « Un grand voile s'était levé, les événements se découvraient à mes yeux et à mon imagination à mesure qu'elle prononçait toutes les paroles et un grand espace se déroulait devant moi. Je voyais les événements. [...] Et plus loin on voit mille et mille fois plus de choses que ce que les oreilles entendent. »

Il y a donc plus dans la vision que dans les paroles. Et tout cet ensemble paroles-visions, les voyants le saisissaient dans la lumière de Dieu. Ils se réfèrent à cette lumière, à cet éclairage transcendant dont les voyants de Fatima, Francisco, Jacinta et Lucia, disent pareillement : « La lumière, c'était Dieu » (Lucie dans la troisième partie du secret).

Mélanie l'exprime à sa façon : « Je voyais les changements d'opération de la terre, et Dieu, immuable dans sa gloire, regardait la Vierge qui s'abaissait à parler à deux pâtres. [...] On s'élève [ainsi] à une hauteur qui n'est pas le ciel, peut-être même on ne change pas de place ["était-ce dans mon corps ou sans mon corps", dit pareillement saint Paul en 2 Co 12, 2] ; mais on voit et on entend *tout*. On comprend sans rien dire et l'on s'oublie soi-même entièrement » (ci-dessous p. 216).

Mélanie, malgré son peu d'instruction intellectuelle, analyse donc fort exactement la perception fondamentale à laquelle Maximin comme elle se réfèrent constamment, en improvisant nécessairement le langage qui tente de traduire, à l'échelle humaine, dans l'imprécision symbolique de l'avenir entrevu, ce qu'ils ont perçu dans l'intense lumière de Dieu.

Les images sont bien concrètes : « On voit les rois de la terre [...] s'agiter, faire, défaire ; on voit la jalousie des uns, l'ambition des autres, etc. : et tout cela dans une seule parole qui s'échappe des lèvres de Celle qui fait trembler l'enfer, la Vierge Marie » (*cf.* p. 216).

À ceux qui la critiquent en disant : « La Vierge [...] n'a pas tant dit de choses » elle répond en substance : « *nos rédactions, pour dire cela, sont à la fois trop et trop peu ; impossible de dire tout.* [...] Je suis une grande ignorante ; mais si j'étais une lettrée des plus savante, je ne pourrais rien écrire des choses d'en-haut, parce que les expressions des plus grands savants n'arrivent pas à l'ombre de la vérité des expressions dont on se sert là-haut pour se parler. Le langage [intuitif et immédiat] d'en-haut est un mouvement de l'âme, des souhaits de l'âme, des élans de l'âme ; et les yeux vifs de l'âme se comprennent. »

En définitive cette lumière où tout s'unifie, c'est tout simplement l'amour, car « Dieu est amour ». Mélanie conclut très précisément et très profondément, que tout cela est ineffable, inexplicable en langage humain : « Et moi surtout, pauvre vile poussière, je suis encore à naître pour parler de ces choses-là. Aimons le bon Dieu de tout notre cœur : voilà notre science et notre richesse. Oh ! il faut être fou de l'amour de Celui qui a été, le premier, fou d'amour pour nous. »

Comme tous les vrais mystiques, elle s'identifie profondément à l'amour, selon la plus intime confidence du Christ : « Qu'ils soient un comme le Père et moi nous sommes un » (Jn 17, 21-22 et *passim*) car l'amour des trois Personnes, qui ne sont qu'amour, don et altruisme, est le principe à la fois personnel, interpersonnel et objectif de toute la création, sa lumière et son sens.

C'est dans cette lumière, donc dans cet amour, que s'entendent et se comprennent ces derniers mots de Mélanie à l'abbé Bliard : « Je voyais le monde entier, je voyais l'œil de l'Éternel ; c'était un tableau en action : je voyais le sang de ceux qui étaient mis à mort, et le sang des martyrs [comme Lucie à Fatima] ; mais l'amour de cette douce Vierge [identifiée dans l'amour de Dieu] s'étendait sur moi, il prenait la place de tout le reste [et de moi-même], il me faisait fondre ; je ne pensais plus, je n'avais pas le pouvoir de faire une réflexion ; j'étais bien savante alors, je parlais, mais je ne parlais pas avec des paroles ; et quand la douce Vierge marchait, elle n'eut pas besoin de me dire de la suivre, certes non ! je ne savais pas que j'étais, je ne pensais pas que j'avais des pieds pour marcher ; j'étais attirée, j'étais collée à cette beauté ravissante : Marie ! » (p. 217).

Elle percevait en Dieu par Marie, comme les voyants de Fatima voyaient jusqu'au fond de l'enfer la lumière et l'amour absolus : Dieu même qui est la source, le sens et la finalité de toutes choses, en qui nous sommes tous appelés à devenir un par amour, selon Jn 17, 21-22. C'est pourquoi Mélanie conclut cette lettre par ces mots qui justifient et limitent son langage d'un autre monde : « Si je voulais expliquer tout cela, jamais je n'arriverai à dire la vérité. »

La qualité profonde de ce texte atteste une vraie mystique, et non la mythomane qu'on a voulu en faire, en multipliant ses épreuves. Pour elle et pour Maximin, comme pour les bergers de Fatima saisis par la gloire de Dieu, locution et vie, union et amour sous-tendent leur vision et leur expression. C'est la source inépuisable de paroles nécessairement symboliques, toujours inadéquates qu'ils improvisent à neuf à chaque fois (sauf rédactions 7 et 8). Enfin, pour eux-mêmes, la vision prophétique reste énigmatique avant ses réalisations historiques.

Cela explique à la fois la valeur et les limites de leurs témoignages, leurs variantes aussi, d'autant qu'ils se sont retenus de faire des rédactions fleuves où ils se seraient perdus. Ils ont tenté d'exprimer, selon leur mission et la demande du moment, ce qui leur a paru le plus nécessaire, sans en être pour autant satisfaits. Parmi les mystiques et voyants, il en est qui perdent parfois profondément et radicalement le souvenir de ces perceptions et états seconds. Il y en a qui les revivent avec une extraordinaire intensité qui les transfigurent. (J'en ai rencontré plusieurs, notamment Jacqueline Aubry, de l'Île Bouchard.) C'est à la fois à travers leurs épreuves concrètes et leurs fruits, à travers leur rayonnement et leur transparence, leur cohérence et certaines paroles coulant de source qu'on identifie leur authenticité. Voilà à quelle mesure divine et humaine, transcendante à la source, pauvre en parole humaine, Maximin et Mélanie, chacun avec ses limites et ses ressources, ont dit, à la suite des prophètes d'Israël, comment Dieu voit et sent le monde de leur temps, selon son vrai sens, créé par amour, et finalisé par l'amour, qui est la mesure de l'œuvre et du jugement de Dieu.

I. Les deux rédactions de 1851 pour le pape Pie IX (3-6 juillet 1851)

Les deux rédactions de juillet 1851 s'accordent sur l'essentiel, mais diffèrent dans leurs développements et même leur tonalité ; le secret de Maximin est plus court, plus simple, moins grave. Mélanie a le souci du destinataire : s'en faire comprendre, et ne pas lui faire trop de peine, dit-elle, ce qui n'empêcha pas les larmes de Mgr de Bruillard.

1. Rédaction du secret par Maximin, le 3 juillet 1851[1]

Maximin écrivit son secret à l'évêché, devant les proches de Mgr de Bruillard, avec une parfaite insouciance, le 3 juillet au soir. On le lui fit recommencer sur-le-champ à cause de taches d'encre. L'autographe souillé fut brûlé. Enfin, M. Dausse tendit le secret à Mgr de Bruillard, pour qu'il soit sûr de son importance avant d'y apposer son propre sceau, et de l'envoyer au pape. L'enveloppe scellée fut contresignée par deux témoins, à 19 heures.

Dans la thèse, les secrets sont édités de manière rigoureusement exacte, ligne par ligne, avec les fautes d'orthographe et de ponctuation des jeunes bergers, pour qui écrire en français est un exploit. Pour ce livre destiné à un large public, nous présentons l'édition littérale, mais avec l'orthographe, la ponctuation et la disposition qui la rendent plus lisible. Comme toutes les prédictions, celle-ci est un appel à la vigilance. Elle met en garde pour l'avenir, sans satisfaire la curiosité. Les voyants interprètent comme ils peuvent les termes imagés qu'ils ne connaissent pas. Ils extrapolent, confondent les plans logiques et temporels (comme l'apôtre Paul dans l'épître aux Thessaloniciens). Nous tentons de démêler les témoignages au chapitre VII. Ici, nous prenons contact avec les textes dans l'ordre chronologique.

Le 19 septembre 1846, nous avons vu une belle Dame.
Nous n'avons jamais dit que cette dame fut la Sainte Vierge
mais nous avons toujours dit que c'était une belle Dame.
Je ne sais pas si c'est la sainte Vierge ou une autre personne.
Moi, je crois aujourd'hui que c'est la sainte Vierge.
Voilà ce que cette Dame m'a dit :

« *Si mon peuple continue,*
ce que je vais vous dire arrivera plus tôt,
s'il change un peu, ce sera un peu plus tard.
La France a corrompu l'univers, un jour elle sera punie.
La foi s'éteindra dans la France :
trois parties de la France ne pratiqueront plus de religion, ou presque plus, l'autre partie la pratiquera sans bien la pratiquer.
Puis, après [cela], les nations se convertiront,
la foi se rallumera partout.
Une grande contrée dans le nord de l'Europe, aujourd'hui protestante, se convertira : par l'appui de cette contrée
toutes les autres contrées[2] *du monde se convertiront.*

1. MC p. 152. (Les deux *secrets* sont reproduits ligne par ligne.)
2. Répétition : « *des autres contrées* ». « Des » est écrit en surcharge sur « les ». Maximin a dû répéter l'expression par erreur.

Avant que tout cela arrive, de grands troubles arriveront,
dans l'Église, et partout.
Puis, après [cela], notre Saint-Père le pape sera persécuté.
Son successeur sera un pontife que personne [n'] attend[1].
Puis, après [cela], une grande paix arrivera,
mais elle ne durera pas longtemps.
Un monstre viendra la troubler.
Tout ce que je vous dis là arrivera dans l'autre siècle,
[au] plus tard aux deux mille ans. »
Maximin Giraud[2]
(Elle[3] [']a dit de le dire quelque temps avant).
Mon Très Saint-Père,
votre sainte bénédiction à une de vos brebis,
Grenoble, le 3 juillet 1851.

2. *Rédaction du secret par Mélanie*[4]

Elle rédigea une première fois le secret, le 3 juillet, à Corenc, chez les Sœurs de la Providence. Elle le cacheta à 10 heures, et on l'emporta à l'évêché. Le lendemain, elle déclara s'être mal exprimée sur les malheurs qui devaient arriver à deux villes (Paris et Marseille) : ils paraissaient synchroniques, alors qu'ils étaient successifs. Le chanoine Rousselot lui fit réécrire son secret, le 6 juillet, puis l'ingénieur Dausse la conduisit à l'évêché, où Mgr de Bruillard lut le document avant de le cacheter.

J.M.J.
secret que m'a donné la Sainte Vierge sur la Montagne de La Salette le 19 septembre 1846
Secr[e]t.
Mélanie, je vais vous dire quelque chose que vous ne direz à personne :

Le temps de la colère de Dieu est arrivé !
Si, lorsque vous aurez dit aux peuples ce que je vous ai dit tout à l'heure, et ce que je vous dirai de dire encore,
si, après cela, ils ne se convertissent pas,
(si[5] *on ne fait pas pénitence,*
et si on ne cesse pas de travailler le dimanche,
et si on continue à blasphémer le Saint Nom de Dieu),

1. « Que personne s'y attend ».
2. Maximin répète sa signature en bas de la page.
3. Elle : la Dame. Maximin témoigne sans ambages de consignes reçues de la Vierge peu avant d'écrire ce secret. Mélanie, sans vouloir l'avouer, laissera entendre cette intervention.
4. MC p. 153-154.
5. Litt : « Qu'on ne fait pas pénitence. »

en un mot, si la face de la terre ne change pas,
Dieu va se venger[1] *contre le peuple ingrat et esclave du démon.*
Mon Fils va faire éclater sa puissance !
Paris, cette ville souillée de toutes sortes de crimes, périra infailliblement. Marseille sera détruite en peu de temps.
Lorsque ces choses arriveront, le désordre sera complet sur la terre,
Le monde s'abandonnera à ses passions impies.
Le pape sera persécuté de toutes parts :
on lui tirera dessus, on voudra le mettre à mort,
mais on ne lui pourra rien,
le Vicaire de Dieu triomphera encore cette fois[-là].
Les prêtres et les religieuses, et les vrais serviteurs de mon Fils seront persécutés, et plusieurs mourront pour la foi de Jésus-Christ.
Une famine régnera en même temps.
Après que toutes ces choses seront arrivées,
beaucoup de personnes reconnaîtront la main de Dieu sur elles[2]*,*
se convertiront, et feront pénitence de leurs péchés.
Un grand roi montera sur le trône, et régnera pendant quelques années.
La religion refleurira et s'étendra par toute la terre
et la fertilité sera grande, le monde content de ne manquer de rien recommencera ses désordres, abandonnera Dieu, et[3] *se livrera à ses passions criminelles.*
[Parmi] les ministres de Dieu, et les Épouses de Jésus-Christ, il y en a qui se livreront au désordre, et c'est ce qu'il y aura de [plus] terrible.
Enfin, un enfer régnera sur la terre.
Ce sera alors que l'Antéchrist naîtra d'une religieuse ; mais, malheur à elle ! Beaucoup de personnes croiront à lui,
parce qu'il se dira le venu du ciel,
malheur à[4] *ceux qui le croiront !*
Le temps n'est pas éloigné, il ne passera pas deux fois 50 ans.
Mon enfant, vous ne direz pas ce que je viens de vous dire.
(Vous ne le direz à personne,
vous ne direz pas si vous devez le dire un jour,
vous ne direz pas ce que cela[5] regarde),
enfin vous ne direz rien jusqu'à ce que je vous dise de le dire !
Je prie Notre Saint-Père le Pape de me donner sa sainte bénédiction.
Mélanie Mathieu, Bergère de La Salette
Grenoble 6 juillet 1851.

J.M.J.+

1. Anthropomorphisme prophétique... Théologiquement : Dieu va cesser de protéger, etc.
2. Litt : « sur eux. »
3. Mélanie a assigné cette conjonction à la proposition précédente.
4. Litt : « pour. »
5. Litt : « ça. »

3. Rédaction de Maximin pour Benjamin Dausse, le 11 août 1851

Ce jour-là, l'ingénieur Dausse lui demande : « T'en souviens-tu bien ? » Et Maximin, toujours généreux (il donnait jusqu'à ses vêtements), le lui écrit et le lui donne, en guise de réponse. L'autographe a été retrouvé aux archives de la Congrégation de la foi. Il avait été édité par J. Stern (JS III p. 190) d'après une copie de B. Dausse. Il est très semblable au texte du 3 juillet, mais avec des variantes ; nous en respectons l'orthographe.

> Le 19 septembre 1846, j'ai vu une Dame brillante comme le soleil, que je crois être la Ste Vierge. Mais je n'ai jamais dit que ce fut la Sainte Vierge. J'ai toujours dit que j'avais vu une belle Dame mais jamais la Sainte Vierge. C'est à l'Église à juger par ce que je vais dire si c'est véritablement la Ste Vierge ou une autre personne par ce que je vais dire ici-après. Elle me l[']a dit au milieu du récit, après les resins se pourrirons et les nois de viendront mauvaises Elle a commencé par me dire
>
> Si mon peuple ne se convertit ce que je vais dire arrivera plus tot, S'il ne change pas cela arrivera plus tard. Les trois quarts de la France perdront la foi et l'autre quart ne la pratiquera que tièdement. puis après la foi se rallumera en France.
>
> Une contrée aujourd[']hui protestante au Nord se convertira et par l'appui de cette contrée les autres nations se convertiront. Il viendra une paix et après que la paix sera venu[e] un monstre viendra troubler cette paix et la paix viendra quand toutes les nations seront converties. Le successeur du Pape sera quelqu'un que personne ne s'y attend. <Il ne sera pas romain>[1] Le monstre viendra pendant la paix et la paix et le monstre viendront au 19 siècle ou au vaingtième[2] pour le plus tard. Vous ne direz ceci à personne. Vous ne direz ceci à personne. Voilà tout ce qu'Elle m'a dit.
>
> Maximin Giraud berger
> Le 11 aou[t] 1851 à Grenoble[3].

II. Nouvelles rédactions à la demande de Mgr Ginoulhiac

Pourquoi Mgr Ginoulhiac a-t-il demandé cette nouvelle rédaction, de la manière autoritaire qui a impressionné Mélanie (MC p. 186) ?

1. Addition marginale.
2. Au moment de traduire en « siècles » les années « 2000 », Maximin les rapproche d'un siècle pour son lecteur. L'ingénieur Dausse constate qu'en 1851, il se croit au XVIIIe siècle. D'où ces nouvelles dates à sa propre échelle, signe d'une connaissance non livresque.
3. MC p. 178.

Il avait de sérieuses questions à trancher.

1. Selon sa conviction intime, plus que réservée sur La Salette, et sa responsabilité d'évêque, jusqu'à quel point devait-il assumer le jugement de Mgr de Bruillard, et la pastorale du pèlerinage florissant ?

2. Quel crédit et quelle place devait-il accorder aux voyants, aimés de son prédécesseur, populaires et parfois vénérés (non sans risques), quoique si pauvres et déconcertants ?

3. Enfin, comment concilier à la fois les directives de Mgr de Bruillard, puis du pape Pie IX en faveur de l'apparition, avec celles, toutes contraires, de l'Empire, avec lequel il était en harmonieux accord[1] ?

La connaissance de cette confidence d'abord destinée au pape, qu'on ne lui avait pas transmise, lui paraissait nécessaire pour régler les discussions en cours.

4. Maximin, 5 août 1853

Dans ces conditions, Maximin, soucieux de révéler le secret tout entier, parle bille en tête de « l'Aiglon ». Ce nom symbolique du duc de Reichstadt († 1832) désigne alors son demi-frère, Napoléon III, dont le règne commence, et sa chute annoncée. La « vipère » désigne de façon symbolique le régime suivant, et les persécuteurs de la IIIe République, mais aussi les mouvements anarchistes et révolutionnaires de la Commune (1871). Le régime marxiste se réclamera lui-même de la Commune, plus que de la Révolution de 1789.

Nous avons divisé sa rédaction continue en trois alinéas :

1. Le premier contient des éléments nouveaux : principalement l'empereur. Les rédactions plus tardives de Mélanie préciseront qu'il « voudra être à la fois pape et empereur ». Elles indiquent symboliquement qu'à l'instar de son père, il s'efforcera de circonscrire le pape au gré de sa politique, en aidant Garibaldi et Victor Emmanuel à faire du chef de l'Église, selon le mot de Pie IX, le « prisonnier du Vatican ».

2. Le deuxième traduit en termes différents l'essentiel de ce qu'il a écrit en 1851, pour Pie IX.

3. Le troisième mêle l'un et l'autre par association d'idées nullement

1. La police de l'empereur avait appris que les voyants blâmaient Napoléon III. Mgr Ginoulhiac, avisé des propos de Maximin par l'archevêque de Lyon, et bientôt interrogé par le préfet de l'Isère (qualifié de « recteur »), répond directement au ministre des Cultes, le 8 mai 1854. Pour le satisfaire, il stigmatise les « phantasmes prophétiques » et les « mensonges » de Maximin : « Je l'ai chassé du séminaire », conclut-il (JS III, p. 229). Quant à Mélanie, si elle « s'est moins avancée » que son compagnon, il « l'a placée sous une surveillance sévère », et menacée de renvoi de sa communauté religieuse.

C'est en dissociant les jeunes voyants, rigoureusement sanctionnés, de l'apparition qu'il se doit de défendre, que Mgr Ginoulhiac pourra contenter le pape et l'empereur. Grâce à cette dissociation, lapidairement exprimée après son actualisation progressive sur le terrain, Mgr Ginoulhiac maintenait la continuation du pèlerinage, et le jugement favorable à l'apparition. Les étapes de cette politique humainement cohérente sont rassemblées dans la Chronologie, 1853-1855 (ci-dessous p. 236-237).

synthétique, mais intuitive. Sa mémoire actualise ainsi des visions difficiles à interpréter en fonction des événements récents, selon l'interprétation qu'ont pu lui suggérer des pèlerins royalistes. Là où Mélanie parle d'un roi à venir, Maximin dit « le fils de Louis XVI »; mais il ignorait tout de ce roi au lendemain de l'apparition. La rédaction est fâcheusement interférée et, par cet équivoque, l'inventif Maximin se met dans la gueule du loup.

L'autographe, aujourd'hui perdu, est connu par une copie du dossier de la Congrégation de la foi, jusqu'à ce jour inédite. C'est la dernière rédaction de Maximin (nous en avons harmonisé la disposition typographique).

> Un aiglon s'élèvera.
> Quand il sera devenu un peu grand,
> il tournera sur lui-même,
> ensuite il s'élèvera plus haut.
> Puis ses plumes lui tomberont.
> Enfin, sans plume, il tombera sur des poignards.
> Il arrivera, après sa mort, le chaos.
> Ensuite [viendra] une vipère, qui est aujourd'hui dans le sein de la France. Puis elle mourra.
> Ensuite le fils de Louis XVI arrivera;
> il régnera très peu de temps.
> Un grand homme lui succédera;
> puis, après avoir rétabli toutes choses, il se retirera.
> L'Orient châtiera l'Occident.
> Il arrivera de grands malheurs à la France dans cette guerre. Mais elle fleurira...
> Puis la France : Trois quarts de sa population perdront la foi; l'autre quart l'aura, mais très faiblement.
> Ensuite deux grandes nations se convertiront.
> L'Angleterre sera l'instrument par qui toutes les nations de l'univers se convertiront.
> Tout ceci arrivera entre 1850 et 1860.
> Le monstre passera l'an 60.
> Mais les guerres, révolutions, etc. entre 50 et 60.
> La France recouvrera la foi; puis il arrivera un grand roi.
> Le pape mourra; un pape français lui succédera,
> et ce roi et ce pape ne feront qu'un.
> Il n'y aura qu'une seule religion et qu'un royaume.
> Ensuite il arrivera un monstre, qui ravagera cette paix, et qui troublera l'Église. Un grand nombre [d'hommes] seront sa victime.

5. et 6. Mélanie, 12 et 14 août 1853

Mélanie, animée du même souci que Maximin, a été plus prudente. Elle n'a pas dévoilé ce qu'elle avait reçu sur l'empereur (dont elle parlera si explicitement dans les rédactions de 1860 et 1878). Elle se contente d'une vague allusion globale aux régimes blâmables ci-dessus évoqués : « Un mauvais homme régnera sur la France. » Le gouvernement de Napoléon III ne fut point anticlérical : il rehaussa sa popularité en faisant discrètement ouvrir la grotte de Lourdes, fermée par le préfet, au début de l'automne 1858. Dans les Pyrénées, son image restera celle d'un ami de la Vierge et fera oublier qu'il fut ennemi du pape. Mélanie a entrevu l'éphémère anticléricalisme de la Commune, et le gouvernement persécuteur Combes, à la fin du XIXe et au début du XXe, qui confisqua les biens de l'Église de France et acheva l'expulsion des religieux.

Mais la demande de l'évêque – révéler le secret « tout entier » – posait à Mélanie un problème spécifique, car à la différence de Maximin, elle était consciente de sa mission : révéler plus complètement le secret quand la Vierge le lui dirait (soit en 1858). En 1853, elle a tenté d'en dire, allusivement, un peu plus qu'en 1851, mais sans expliciter les questions politiques et religieuses, les guerres et persécutions.

Sa rédaction entremêle donc tout ce qu'elle avait déjà dit ou laissé entendre à ses proches sur les malheurs dus à l'impénitence, dont elle confond les plans successifs, comme font souvent les prophéties. Elle rassemble par exemple l'attentat contre le Quirinal où résidait Pie IX, et (plus précisément) l'attentat qui faillit tuer Jean-Paul II.

Mélanie a rédigé deux fois le secret, les 12 et 14 août (la première avec un lapsus de date). Le père Stern a publié le deuxième texte, (JS III p. 319) d'après une copie de l'abbé Ginon qui fut conservée à l'évêché de Grenoble. Nous reproduisons le premier texte, en imprimant en italiques les propositions absentes du texte 6, et en respectant son orthographe.

> J.M.J. Secret que la Sainte Vierge m'a dit sur la Montagne de la Salette, le 19 septembre 1853[1].
>
> Mélanie Mathieu[2], je vai[s] vous dire quelque chose que vous ne direz à personne jusqu'à ce que je vous dise de le dire.
>
> Si après que vous aurez dit au peuple tout se que je vous ai dis et tout ce que je vous dirai encore de dire, après se que je vous défants de dire ; si après cela le monde ne se convertit pas, si en un mot la fasse de la terre ne change pas en bien, il arrivera de grands malheurs ; il viendra une grande famine et en même temps une guerre, dans toute la France en premier lieu ; puis, dans la Russie et dans l'Angleterre ; après ces révolutions, il viendra une grande famine dans trois parties du monde, en l'année 1863 pendant laquelle famine, il se cometra beaucoup de crimes partout et surtout dans les villes ; mais, malheur aux Écclésiastiques, aux religieux et religieuses, car se sont eux qui attirent les plus grands maux qui arrivent sur la terre, aussi, mon Fils les punira d'une manière terrible ; après ces guerres et ces famines les peuples, pour un peu de temps, reconnaîtront les mains du Dieu tout puissant qui les frappe, ils revien-

1. Note au crayon : « *Lapsus calami* pour 1846. »

2. Mathieu était le surnom de son père, qui s'appelait Calvat par sa mère, dont il était enfant naturel (H. Dion, *Mélanie Calvat, étapes humaines et mystiques,* Téqui, 1984, p. 50.). C'est sous le surnom paternel de Mathieu que Mélanie fut inscrite à l'état civil et au registre des baptêmes (*Cf.* JS I p. 20.).

dront à leurs devoirs religieux; et le calme sera rendu, mais il sera de peu de duré.

Les personnes consacrées à Dieu, oublieront leurs devoirs de religion et tomberont dans un grand relâchement et presque dans l'oubli de Dieu, enfin tout le monde oubliera son créateur[1] *se sera alors que commenceront de nouveaux châtiments,* Dieu irrité contre tout le monde, les foudroiera infailliblement de la manière que je vai dire; *un mauvais homme régnera sur la France, il persécutera la religion, on fermera les Églises, on les brûlera;* une grande et longue famine viendra, accompagnée de la peste et d'une guerre civile; dans ce même temps, Paris sera détruite, Marseille sera inondée, et se sera pendant ce temps que les vrais serviteurs de Dieu recevront la couronne du Martyre; le Pape et les ministres seront persécutés, mais pars qu'ils auront été fidèles, Dieu sera avec eux, et le chef de l'Église remportera la Palme du Martyre, ainsi que des religieux et religieuses; que le souverain Pontife tienne ses armes et qu'il soit prêt à marcher et à défandre la religion de mon Fils, qu'il demande sans cesse la Force du Saint-Esprit, ainsi que toutes les personnes consacrés à Dieu; [car on persécutera la religion de toutes part, beaucoup de prêtres, religieux et religieuses renonceront à leur foi, oh! que mon Fils sera offensé par les ministres et les épouses de Jésus-Christ] *après cette persécution il y en aura plus qu'une avant la fin du monde.*

Il y aura 3 ans de calme, puis surviendra la naissance et le Règne de l'Anthe-christ, qui sera plus que terrible, il naîtra d'une religieuse d'un ordre fort austère. Cette religieuse sera considérée comme la plus sainte du monastère, [le père de l'Anthé-c. sera Évêque, etc. etc. Ici la Sainte Vierge me donnna la règle, puis elle dit un autre secret sur la fin des temps.] *et les religieuses qui demeureront dans le même couvent seront aveuglées jusqu'à ne pas reconnaître que l'enfer les conduit.*

La fin du monde ne passera pas deux fois 40 ans.

Sœur Marie de la Croix née Mélanie Mathieu[2]

Corenc le 12 Août 1853

Dans ces dernières rédactions courtes, les deux voyants insistent sur les persécutions. Mélanie élargit l'horizon.

III. Rédactions longues de Mélanie (1858-1878)

[7]. En 1858, Mélanie envoie au pape le secret complet : rédaction perdue

C'est en septembre 1858 qu'elle l'expédie à Pie IX, complété par tout qu'elle n'avait pu encore lui révéler en 1851.

1. Formulation un peu différente le 14 : « Les peuples oublieront leurs devoirs religieux, les personnes consacrées à Dieu tomberont dans un relâchement et presque dans l'oubli de Dieu, et plusieurs commettront de grands crimes. »

2. Signature postérieure, d'une grosse écriture malhabile. Mélanie semble souffrante.

Le 3 septembre 1858, l'ordinaire de Darlington, Mgr Hogarth, écrit donc à Mgr Talbot, supérieur du collège anglais :

> Sœur Marie de la Croix m'a informé qu'une partie du secret qui lui a été remis par Notre-Dame à La Salette, devait être réservée jusqu'à la présente année. Elle a par conséquent écrit une lettre à Sa Sainteté, lui remettant le reste du secret. Elle n'est pas satisfaite d'envoyer ce document par poste, mais vous prie humblement d'en être le porteur à Sa Sainteté[1].

Peu après, il lui écrit encore :

> La lettre à Sa Sainteté qui vous est jointe est un profond secret dont sœur Marie de la Croix me dit qu'elle l'a reçu de Notre-Dame à La Salette, *mais qui ne devait pas être remis à personne avant l'année de Notre-Seigneur 1858.* Personne n'a rien eu à voir avec cet écrit ou composition, personne n'en a vu le contenu ou n'en a rien entendu d'autre, que ce qui est établi plus haut. Je l'ai vu sceller par elle en la présence de la Rév. Mère Prieure et du Très Rév. Chan. Brown le Père confesseur des Carmélites.

Ce secret est assurément parvenu à la connaissance de Pie IX, avant de disparaître du Vatican.

7. Premier manuscrit connu (Marseille, vers 1860 : 5 pages)

Fin septembre 1860, Mélanie arrive à Marseille; elle y réécrit le secret pour ses supérieurs, mais on ne l'autorise pas à le divulguer. Son manuscrit (désormais perdu) a pourtant été copié à Castellammare, fin janvier 1870, et publié par l'abbé Félicien Bliard, avec l'imprimatur de l'archevêché de Naples, en 1873, puis retrouvé par l'abbé Combe en 1902. Il a été photographié par l'abbé Gouin. Communiqué par l'abbé Bliard, il fut publié en France de manière moins précise à partir de 1870, notamment par l'avocat Girard, à Grenoble (qui a reçu pour ses opuscules les bénédictions autographes de Pie IX).

8. L'édition définitive de Lecce (1878-1879)

À Castellammare, le 21 novembre 1878, soit onze ans après l'édition de Maximin, (ci-dessus, p. 13), Mélanie consigne son propre récit, soigné et détaillé, de l'apparition. À l'endroit du récit où la Vierge lui donne son secret, là où, en 1866, Maximin n'écrit rien, elle le transcrit intégralement, en complétant définitivement le texte de Marseille. Puis à Lecce, avec l'imprimatur de Mgr Zola du 15 novembre 1879, elle publie ce récit. En 1904, l'année de sa mort, avant de quitter la France, elle fera

1. Les deux citations : MC I p. 207.

rééditer cette brochure (Lyon, Librairie du Sacré-Cœur, et Paris, Vic et Amat).

Ce récit d'un style impeccable a été dénoncé en France comme une extrapolation subjective de Mélanie : le fruit d'une « révolution copernicienne » égocentrique (JS III p. 128-129). Mais les grands thèmes, réputés nouveaux, sont déjà dans les rédactions antérieures. Comme Maximin adulte, la voyante reste enthousiasmée par la vision qui l'a ravie, et que personne ne saurait exprimer à sa place[1].

Aux parties du récit, numérotées par Mélanie, nous avons ajouté des sous-titres, et imprimé en italique les additions qui ne figurent pas dans la rédaction de Marseille (notre n° 7)[2]. Voici ce récit, intitulé par la voyante :

L'apparition de la Très-Sainte-Vierge sur la Montagne de La Salette le 19 septembre 1846[3]

I. [Prise de contact des deux bergers]

Le 18 septembre, veille de la Sainte Apparition de la Sainte Vierge, j'étais seule, comme à mon ordinaire, à garder les vaches de mes Maîtres. Vers les onze heures du matin, je vis venir auprès de moi un petit garçon. À cette vue je m'effrayai, parce qu'il me semblait que tout le monde devait savoir que je fuyais toutes sortes de compagnies. Cet enfant s'approcha de moi et me dit : « Petite, je viens avec toi, je suis aussi de Corps. »

À ces paroles, mon mauvais naturel se fit bientôt voir, et, faisant quelques pas en arrière, je lui dis : « Je ne veux personne, je veux rester [p. 6] seule. »

Mais cet enfant me suivait en me disant : « Va, laisse-moi avec toi, mon Maître m'a dit de venir garder mes vaches avec les tiennes : je suis de Corps. »

Moi, je m'éloignai de lui, en lui faisant signe que je ne voulais personne, et, après m'être éloignée, je m'assis sur le gazon. Là, je faisais ma conversation avec les petites fleurs du bon Dieu. Un moment après, je regarde derrière moi, et je trouve Maximin assis tout près de moi. Il me dit aussitôt : « Garde-moi, je serai bien sage. »

Mais mon mauvais naturel n'entendit pas raison. Je me relève avec précipitation et je m'enfuis un peu plus loin sans rien lui dire, et je me remis à jouer avec les petites fleurs du bon Dieu. Un instant après, Maximin était encore là, à me dire qu'il serait bien sage, qu'il ne parlerait pas, qu'il s'ennuierait d'être tout seul, et que son Maître l'envoyait près de moi, etc.

Cette fois, j'en eus pitié, je lui fis signe de s'asseoir, et moi, je conti-

1. Dans son recueil sur *Les Plus Beaux Textes sur la Vierge Marie*, (La Colombe, 1946) le père Régamey insère sa description de la Vierge.

2. Des « etc. » les y remplaçaient.

3. Tipo-Litografia Editrice Salentina, Lecce, 1879. Sur la couverture, ce titre est suivi de la parole du message : « Eh bien ! Mes enfants, vous le ferez passer à tout mon peuple. »

nuai avec les petites fleurs du bon Dieu. Maximin ne tarda pas à rompre le silence, il se mit à rire (je crois qu'il se moquait de moi), je le regarde et il me dit : « Amusons-nous, faisons un jeu. »

Je ne lui répondis rien, car j'étais si ignorante que je ne comprenais rien au jeu avec une autre personne, ayant toujours été seule. Je m'amusais avec les fleurs, toute seule, et Maximin, s'approchant tout à fait de moi ne faisait que rire en me [p. 7] disant que les fleurs n'avaient pas d'oreilles pour m'entendre et que nous devions jouer ensemble. Mais je n'avais aucune inclination pour le jeu qu'il me disait de faire. Cependant je me mis à lui parler, et il me dit que les dix jours qu'il devait passer avec son Maître allaient bientôt finir et qu'ensuite il s'en irait à Corps chez son père, etc. Tandis qu'il me parlait, la cloche de La Salette se fit entendre, c'était l'Angélus ; je fis signe à Maximin d'élever son âme à Dieu. Il se découvrit la tête et garda un moment le silence. Ensuite je lui dis : « Veux-tu dîner[1] ? – Oui, me répondit-il. Allons. »

Nous nous assîmes, je sortis de mon sac les provisions que m'avaient données mes Maîtres et, selon mon habitude, avant d'entamer mon petit pain rond, avec la pointe de mon couteau je fis une croix sur mon pain, et, au milieu, un petit trou, en disant : « Si le diable y est qu'il en sorte, et si le bon Dieu y est qu'il y reste ! », et vite, vite, je recouvris le petit trou. Maximin partit d'un grand éclat de rire et donna un coup de pied à mon pain, qui s'échappa de mes mains, roula jusqu'au bas de la montagne et se perdit. J'avais un autre morceau de pain ; nous le mangeâmes ensemble ; ensuite nous fîmes un jeu ; puis, comprenant que Maximin devait avoir besoin de manger, je lui indiquai un endroit de la montagne couvert de petits fruits. Je l'engageai à aller en manger, ce qu'il fit aussitôt ; il en mangea [p. 8] et en rapporta plein son chapeau. Le soir nous descendîmes ensemble de la montagne et nous nous promîmes de revenir garder nos vaches ensemble.

[Deuxième rencontre : le jour de l'apparition]

Le lendemain, 19 septembre, je me retrouvai en chemin avec Maximin. Nous gravissions ensemble la montagne. Je trouvais que Maximin était très bon, très simple, et que volontiers il parlait de ce dont je voulais parler, il était aussi très souple, ne tenant pas à son sentiment ; il était seulement un peu curieux, car, quand je m'éloignais de lui, dès qu'il me voyait arrêtée, il accourait vite pour voir ce que je faisais et entendre ce que je disais avec les fleurs du bon Dieu ; et s'il n'arrivait pas à temps, il me demandait ce que j'avais dit. Maximin me dit de lui apprendre un jeu. La matinée était déjà avancée. Je lui dis de ramasser des fleurs pour faire le « Paradis ». Nous nous mîmes tous les deux à l'ouvrage ; nous eûmes bientôt une quantité de fleurs de diverses couleurs. L'Angélus du village se fit entendre, car le ciel était beau, il n'y avait pas de nuages. Après avoir dit au bon Dieu ce que nous savions, je dis à Maximin que nous devions conduire nos vaches sur un petit plateau près du ravin, où il y aurait des pierres pour bâtir le « Paradis ». Nous conduisîmes nos vaches au lieu désigné, et ensuite nous prîmes notre petit repas ; puis nous nous

1. Repas du midi. Le soir, c'était le souper.

mîmes à porter des pierres et à construire notre petite maison, – qui consistait en un rez-de- [p. 9] chaussée qui, soi disant, était notre habitation, puis un étage au-dessus qui était selon nous le « Paradis ». Cet étage était tout garni de fleurs de différentes couleurs, avec des couronnes suspendues par des tiges de fleurs. Ce « Paradis » était couvert d'une seule et large pierre que nous avions recouverte de fleurs ; nous avions aussi suspendu des couronnes tout autour. Le « Paradis » terminé nous le regardions ; le sommeil nous vint, nous nous éloignâmes de là à environ deux pas, et nous nous endormîmes sur le gazon.

La belle Dame s'assied sur notre Paradis, sans le faire crouler.

II. [Début de l'apparition]

M'étant réveillée et ne voyant pas nos vaches, j'appelai Maximin et je gravis le petit monticule. De là, ayant vu que nos vaches étaient couchées tranquillement, je redescendais, et Maximin montait, quand tout à coup je vis une belle lumière plus brillante que le soleil et à peine ai-je pu dire ces paroles : « Maximin vois-tu là-bas ? Ah ! mon Dieu ! » en même temps je laissais tomber le bâton que j'avais en main. Je ne sais ce qui se passait en moi de délicieux dans ce moment, mais je me sentais attirée, je me sentais un grand respect plein [p. 10] d'amour, et mon cœur aurait voulu courir plus vite que moi.

Je regardais bien fortement cette lumière qui était immobile, et comme si elle se fut ouverte, j'aperçus une autre lumière bien plus brillante et qui était en mouvement, et, dans cette lumière une très belle dame assise sur notre Paradis, ayant la tête dans ses mains.

Cette belle Dame s'est levée, elle a croisé médiocrement ses bras en nous regardant et nous a dit : « Avancez, mes enfants, n'ayez pas peur, je suis ici pour vous annoncer une grande nouvelle. »

Ces douces et suaves paroles me firent voler jusqu'à elle, et mon cœur aurait voulu se coller à elle pour toujours.

Arrivée bien près de la belle Dame, devant elle à sa droite, elle commence le discours, et des larmes commencent aussi à couler de ses beaux yeux : « Si mon peuple ne veut pas se soumettre, je suis forcée de laisser aller la main de mon Fils. Elle est si lourde et pesante que je ne puis plus la retenir.

« Depuis le temps que je souffre pour vous autres ! Si je veux que mon Fils ne vous abandonne pas, je suis chargée de le prier sans cesse. Et, pour vous autres, vous n'en faites pas cas. Vous aurez beau prier, beau faire, jamais vous ne pourrez récompenser la peine que j'ai prise pour vous autres. [p. 11] Je vous ai donné six jours pour travailler, je me suis réservé le septième, et on ne veut pas me l'accorder. C'est ce qui appesantit tant le bras de mon Fils.

« Ceux qui conduisent les charrettes ne savent pas parler sans y mettre le nom de mon Fils au milieu.

« Ce sont les deux choses qui appesantissent tant le bras de mon Fils. Si la récolte se gâte, ce n'est qu'à cause de vous autres. Je vous l'ai fait voir l'année passée par les pommes de terre, vous n'en avez pas fait cas ; c'est au contraire quand vous en trouviez de gâtées, vous juriez, et vous mettiez le nom de mon Fils. Elles vont continuer à se gâter, à la Noël il n'y en aura plus. »

Ici je cherchais à interpréter la parole : pommes de terre ; je croyais comprendre que cela signifiait : pommes. La belle et bonne Dame, devinant ma pensée reprit ainsi : « Vous ne comprenez pas, mes enfants, je vais vous le dire autrement. »

La traduction[1] en français est celle-ci :

« Si la récolte se gâte, ce n'est rien que pour vous autres ; je vous l'ai fait voir l'année passée par les pommes de terre, et vous n'en avez pas fait cas ; c'était, au contraire, quand vous en trouviez de gâtées, vous juriez et vous mettiez le [p. 12] nom de mon Fils. Elles vont continuer à se gâter et, à la Noël, il n'y en aura plus.

« Si vous avez du blé, il ne faut pas le semer.

« Tout ce que vous sèmerez les bêtes le mangeront et ce qui viendra tombera tout en poussière quand vous le battrez. Il viendra une grande famine. Avant que la famine vienne, les petits enfants au-dessous de sept ans prendront un tremblement et mourront entre les mains des personnes qui les tiendront ; les autres feront pénitence par la faim. Les noix deviendront mauvaises ; les raisins pourriront. »

Ici, la belle Dame, qui me ravissait, resta un moment sans se faire entendre ; je voyais cependant qu'elle continuait, comme si elle parlait, de remuer gracieusement ses aimables lèvres. Maximin recevait alors son secret. Puis, s'adressant à moi, la Très Sainte Vierge me parla et me donna un secret en français. Ce secret, *le voici tout entier et tel qu'elle me l'a donné :*

III. [Rédaction complète du secret]

« Mélanie, ce que je vais vous dire maintenant ne sera pas toujours secret ; vous pourrez le publier en 1858.

[Une cause secrète des malheurs : l'indignité des ministres]

« Les prêtres, ministres de mon Fils, les [p. 13] prêtres, par leur mauvaise vie, par leur irrévérence et leur impiété à célébrer les saints mystères, par l'amour de l'argent, l'amour de l'honneur et des plaisirs, *les prêtres sont devenus des cloaques d'impureté.* Oui, les prêtres demandent vengeance, et la vengeance est suspendue sur leurs têtes. Malheur aux prêtres et aux personnes consacrées à Dieu, lesquelles par leur infidélité et leur mauvaise vie crucifient de nouveau mon Fils ! Les péchés des personnes consacrées à Dieu crient vers le Ciel et appellent la vengeance, et voilà que la vengeance est à leur porte, car il ne se trouve plus personne pour implorer miséricorde et pardon pour le peuple ; il n'y a plus d'âmes généreuses, il n'y a plus personne digne d'offrir la Victime sans tache à l'Éternel en faveur du monde.

« Dieu va frapper d'une manière sans exemple. Malheur aux habitants de la terre ! Dieu va épuiser sa colère, et, personne ne pourra se soustraire à tant de maux réunis.

« *Les chefs, les conducteurs du peuple de Dieu ont négligé la prière et la pénitence, et le démon a obscurci leur intelligence ; ils sont devenus ces*

1. Du discours de la Vierge en patois (tel que reproduit dans le récit de Maximin).

étoiles errantes que le vieux diable traînera avec sa queue pour les faire périr. Dieu permettra au vieux serpent de mettre des divisions parmi les régnants, dans toutes les sociétés [p. 14] et dans toutes les familles. On souffrira des peines physiques et morales ; Dieu abandonnera les hommes à eux-mêmes et enverra des châtiments qui se succéderont pendant plus de trente-cinq ans.

« La société est à la veille des fléaux les plus terribles et des plus grands événements ; on doit s'attendre à être gouverné par une verge de fer et à boire le calice de la colère de Dieu.

[Avis pour le pape. De l'apostasie à la guerre]

« Que le vicaire de mon Fils, le Souverain Pontife Pie IX ne sorte plus de Rome après l'année 1859 ; mais qu'il soit ferme et généreux, qu'il combatte avec les armes de la foi et de l'amour ; je serai avec lui. Qu'il se méfie de Napoléon ; son cœur est double, et quand il voudra être à la fois pape et empereur, bientôt Dieu se retirera de lui ; il est cet aigle qui, voulant toujours s'élever, tombera sur l'épée dont il voulait se servir pour obliger les peuples à se faire élever.

« L'Italie sera punie de son ambition en voulant secouer le joug du Seigneur des Seigneurs ; aussi, elle sera livrée à la guerre, le sang coulera de tous côtés ; les Églises seront fermées ou profanées ; les prêtres, les religieux seront chassés ; on les fera mourir, et mourir d'une mort cruelle. Plusieurs abandonneront la foi, et le nombre des prêtres et des religieux qui se sépareront de la [p. 15] vraie religion sera grand ; parmi ces personnes il se trouvera même des évêques.

« Que le pape se tienne en garde contre les faiseurs de miracles ; car le temps est venu que les prodiges les plus étonnants auront lieu sur la terre et dans les airs.

« En l'année 1864, Lucifer avec un grand nombre de démons seront détachés de l'enfer ; ils aboliront la foi peu à peu et même dans les personnes consacrées à Dieu ; ils les aveugleront de telle manière, qu'à moins d'une grâce particulière, ces personnes prendront l'esprit de ces mauvais anges ; plusieurs maisons religieuses perdront entièrement la foi et perdront beaucoup d'âmes.

« Les mauvais livres abonderont sur la terre, et les esprits de ténèbres répandront partout un relâchement universel pour tout ce qui regarde le service de Dieu ; ils auront un très grand pouvoir sur la nature ; il y aura des églises pour servir ces esprits. Des personnes seront transportées d'un lieu à un autre par ces esprits mauvais, et même des prêtres, parce qu'ils ne se seront pas conduits par le bon esprit de l'Évangile qui est un esprit d'humilité, de charité et zèle pour la gloire de Dieu. On fera ressusciter des morts et des justes. (C'est-à-dire que ces morts prendront la figure des âmes justes qui avaient vécu sur la terre, afin de mieux séduire les hommes ; [p. 16] ces soi-disant morts ressuscités, qui ne seront autre chose que le démon sous ces figures, prêcheront un autre Évangile contraire à celui du vrai Christ Jésus, niant l'existence du Ciel) ; soit encore les âmes des damnés. Toutes ces âmes paraîtront comme unies à leur corps. Il y aura en tous lieux des prodiges extraordinaires, parce que la vraie foi s'est éteinte et que la fausse lumière éclaire le monde. *Malheur aux princes de l'Église qui ne seront occupés qu'à entasser richesses sur richesses, qu'à sauvegarder leur autorité et à dominer avec orgueil !*

« Le Vicaire de mon Fils aura beaucoup à souffrir, parce que pour un temps l'Église sera livrée à de grandes persécutions ; ce sera le temps des ténèbres ; l'Église aura une crise affreuse.

« *La sainte foi de Dieu étant oubliée, chaque individu voudra se guider par lui-même et être supérieur à ses semblables. On abolira les pouvoirs civils et ecclésiastiques ; tout ordre et toute justice seront foulés aux pieds ; on ne verra qu'homicides, haine, jalousie, mensonge et discorde sans amour pour la patrie ni pour la famille.*

« Le Saint-Père souffrira beaucoup. Je serai avec lui jusqu'à la fin pour recevoir son sacrifice.

« Les méchants attenteront plusieurs fois à sa vie *sans pouvoir nuire à ses jours ; mais ni lui [p. 17] ni son successeur... ne verront le triomphe de l'Église de Dieu.*

« Les gouvernants civils auront tous un même dessein qui sera d'abolir et de faire disparaître tout principe religieux, pour faire place au matérialisme, à l'athéisme, au spiritisme et à toutes sortes de vices.

« Dans l'année 1865, on verra l'abomination dans les lieux saints ; dans les couvents, *les fleurs de l'Église seront putréfiées* et le démon se rendra comme le roi des cœurs. Que ceux qui sont à la tête des communautés religieuses se tiennent en garde pour les personnes qu'ils doivent recevoir, *parce que le démon usera de toute sa malice pour introduire dans les ordres religieux des personnes adonnées au péché,* car les désordres et l'amour des plaisirs charnels seront répandus par toute la terre.

« La France, l'Italie, l'Espagne et l'Angleterre seront en guerre ; le sang coulera dans les rues ; le Français se battra avec le Français, l'Italien avec l'Italien ; ensuite il y aura une guerre générale qui sera épouvantable. Pour un temps, Dieu ne se souviendra plus de la France ni de l'Italie parce que l'Évangile de Jésus-Christ n'est plus connu. Les méchants déploieront toute leur malice ; on se tuera, on se massacrera mutuellement jusque dans les maisons. [p. 18]

[Première intervention divine]

« Au premier coup de son épée foudroyante, les montagnes et la nature entière trembleront d'épouvante parce que les désordres et les crimes des hommes percent la voûte des cieux. Paris sera brûlé et Marseille englouti ; plusieurs grandes villes seront ébranlées et englouties par des tremblements de terre ; *on croira que tout est perdu ; on ne verra qu'homicides, on n'entendra que bruits d'armes et que blasphèmes.*

« Les justes souffriront beaucoup ; leurs prières, leur pénitence et leurs larmes monteront jusqu'au Ciel, et tout le peuple de Dieu demandera pardon et miséricorde, et demandera mon aide et mon intercession. Alors Jésus-Christ, par un acte de sa justice et de sa grande miséricorde pour les justes, commandera à ses Anges que tous ses ennemis soient mis à mort. Tout à coup, les persécuteurs de l'Église de Jésus-Christ et tous les hommes adonnés au péché périront et la terre deviendra comme un désert. Alors se fera la paix, la réconciliation de Dieu avec les hommes ; Jésus-Christ sera servi, adoré et glorifié ; la charité fleurira partout. Les nouveaux rois seront le bras droit de la sainte Église, qui sera forte, humble, pieuse, pauvre, zélée et imitatrice des vertus de Jésus-Christ. L'Évangile sera prêché partout, et les hommes feront de grands progrès dans la foi, parce qu'il y aura unité

parmi les ouvriers de [p. 19] Jésus-Christ et que les hommes vivront dans la crainte de Dieu.

[Deuxième et grande épreuve]

« *Cette paix parmi les hommes ne sera pas longue; vingt-cinq ans d'abondantes récoltes leur feront oublier que les péchés des hommes sont cause de toutes les peines qui arrivent sur la terre.*

« Un avant-coureur de l'Antéchrist, avec ses troupes de plusieurs nations, combattra contre le vrai Christ, le seul Sauveur du monde ; il répandra beaucoup de sang, et voudra anéantir le culte de Dieu pour se faire regarder comme un Dieu.

« La terre sera frappée de toutes sortes de plaies (outre la peste et la famine qui seront générales) ; il y aura des guerres jusqu'à la dernière guerre qui sera alors faite par les dix rois de l'Antéchrist, lesquels rois auront tous un même dessein et seront les seuls qui gouverneront le monde. Avant que ceci arrive, *il y aura une espèce de fausse paix dans le monde ; on ne pensera qu'à se divertir ; les méchants se livreront à toutes sortes de péchés ; mais les enfants de la sainte Église, les enfants de la foi, mes vrais imitateurs, croîtront dans l'Amour de Dieu et dans les vertus qui me sont les plus chères. Heureuses les âmes humbles conduites par l'Esprit-Saint ! Je combattrai avec elles jusqu'à ce qu'elles arrivent à la plénitude de l'âge.*

« La nature demande vengeance pour les [p. 20] hommes et elle frémit d'épouvante dans l'attente de ce qui doit arriver à la terre souillée de crimes. Tremblez, terre, et vous qui faites profession de servir Jésus-Christ et qui, au-dedans, vous adorez vous-mêmes, tremblez, car Dieu va vous livrer à son ennemi, parce que les lieux saints sont dans la corruption ; beaucoup de couvents ne sont plus les maisons de Dieu, mais les pâturages d'Asmodée et des siens. Ce sera pendant ce temps que naîtra l'Antéchrist d'une religieuse *hébraïque, d'une fausse vierge qui aura communication avec le vieux serpent, le maître de l'impureté* son père sera Ev. ; en naissant il vomira des blasphèmes ; il aura des dents, en un mot, ce sera le diable incarné ; il poussera des cris effrayants, il fera des prodiges, il ne se nourrira que d'impuretés. Il aura des frères qui, quoiqu'ils ne soient pas comme lui des démons incarnés, seront des enfants de mal ; à douze ans ils se feront remarquer par leurs vaillantes victoires qu'ils remporteront ; bientôt ils seront chacun à la tête des armées, assistés par des légions de l'enfer.

« *Les saisons seront changées, la terre ne produira que de mauvais fruits, les astres perdront leurs mouvements réguliers, la lune ne reflétera qu'une faible lumière rougeâtre ; l'eau et le feu donneront au globe de la terre des mouvements [p. 21] convulsifs et d'horribles tremblements de terre qui feront engloutir des montagnes, des villes, etc.*

« *Rome perdra la foi et deviendra le siège de l'Antéchrist.*

« *Les démons de l'air avec l'Antéchrist feront de grands prodiges sur la terre et dans les airs, et les hommes se pervertiront de plus en plus. Dieu aura soin de ses fidèles serviteurs et des hommes de bonne volonté, l'Évangile sera prêché partout, tous les peuples et toutes les nations auront connaissance de la vérité.*

[Appel aux apôtres des derniers temps, victoire de la foi]

« J'adresse un pressant appel à la terre ; j'appelle les vrais disciples du Dieu vivant et régnant dans les Cieux ; j'appelle les vrais imitateurs du Christ fait homme, le seul et vrai Sauveur des hommes ; j'appelle mes enfants, mes vrais dévots, ceux qui se sont donnés à moi pour que je les conduise à mon divin Fils, ceux que je porte pour ainsi dire dans mes bras, ceux qui ont vécu de mon esprit enfin j'appelle les apôtres des derniers temps, les fidèles disciples de Jésus-Christ qui ont vécu dans un mépris du monde et d'eux-mêmes, dans la pauvreté et dans l'humilité, dans le mépris et dans le silence, dans l'oraison, et la mortification, dans la chasteté et l'union avec Dieu, dans la souffrance et inconnus du monde. Il est temps qu'ils sortent et viennent éclairer la terre. Allez et montrez-vous comme mes [p. 21] enfants chéris ; je suis avec vous et en vous, pourvu que votre foi soit la lumière qui vous éclaire dans ces jours de malheurs. Que votre zèle vous rende comme des affamés pour la gloire et l'honneur de Jésus-Christ. Combattez, enfants de lumière, vous, petit nombre qui y voyez ; car voici le temps des temps, la fin des fins.

« *L'Église sera éclipsée, le monde sera dans la consternation. Mais voilà Énoch et Élie remplis de l'Esprit de Dieu ; ils prêcheront avec la force de Dieu, et les hommes de bonne volonté croiront en Dieu, et beaucoup d'âmes seront consolées ; ils feront de grands progrès par la vertu du Saint-Esprit et condamneront les erreurs diaboliques de l'Antéchrist.* Malheur aux habitants de la terre ! Il y aura des guerres sanglantes et des famines, des pestes et des maladies contagieuses ; il y aura des pluies d'une grêle effroyable d'animaux ; des tonnerres qui ébranleront les villes, des tremblements de terre qui engloutiront des pays ; on entendra des voix dans les airs ; les hommes se battront la tête contre les murailles, ils appelleront la mort, et d'un autre côté la mort fera leur supplice ; le sang coulera de tous côtés. Qui pourra vaincre *si Dieu ne diminue le temps de l'épreuve ? Par le sang, les larmes et les prières des justes Dieu se laissera fléchir – Énoch et Élie [p. 23] seront mis à mort ; Rome païenne disparaîtra* ; le feu du ciel tombera et consumera trois villes ; tout l'univers sera frappé de terreur, et beaucoup se laisseront séduire parce qu'ils n'ont pas adoré le vrai Christ vivant parmi eux. Il est temps le soleil s'obscurcit ; *la foi seule vivra.*

« Voici le temps l'abîme s'ouvre. Voici le roi des rois des ténèbres, voici la Bête avec ses sujets, *se disant le Sauveur du monde. Il s'élèvera avec orgueil dans les airs pour aller jusqu'au ciel ; il sera étouffé par le souffle de saint Michel Archange. Il tombera, et la terre qui, depuis trois jours sera en de continuelles évolutions, ouvrira son sein plein de feu ; il sera plongé pour jamais avec tous les siens dans les gouffres éternels de l'enfer. Alors l'eau et le feu purifieront la terre et consumeront toutes les œuvres de l'orgueil des hommes et tout sera renouvelé ; Dieu sera servi et glorifié.* »

IV. [La règle... Derniers avis]

Ensuite, la Sainte Vierge me donna, aussi en français, la règle d'un nouvel ordre religieux.

Après m'avoir donné la règle de ce nouvel ordre religieux, la Sainte Vierge reprit ainsi la suite du discours : [p. 24] « S'ils se convertissent, les pierres et les rochers se changeront en blé et les pommes de terre se trouveront ensemencées dans les terres.

« Faites-vous bien votre prière, mes enfants ? »

Nous répondîmes tous les deux : « Oh ! non, Madame, pas beaucoup. »

« Ah ! mes enfants, il faut bien la faire, soir et matin. Quand vous ne pourrez pas mieux faire, dites un *Pater* et un *Ave Maria* ; et quand vous aurez le temps et que vous pourrez mieux faire, vous en direz davantage.

Il ne va que quelques femmes un peu âgées à la messe ; les autres travaillent tout l'été le dimanche ; et l'hiver, quand ils ne savent que faire, ils ne vont à la messe que pour se moquer de la religion. Le carême, ils vont à la boucherie comme des chiens.

N'avez-vous pas vu du blé gâté, mes enfants ? »

Tous deux, nous avons répondu : « Oh ! non Madame. »

La Sainte Vierge, s'adressant à Maximin :

« Mais toi, mon enfant, tu dois bien en avoir vu une fois vers le Coin, avec ton père. L'homme de la pièce dit à ton père : "Venez voir comme mon blé se gâte." Vous y allâtes. Ton père prit deux ou trois épis dans sa main, il les frotta, et ils tombèrent en poussière. Puis, en vous en retournant, quand vous n'étiez plus qu'à une demi-[p. 25] heure de Corps, ton père te donna un morceau de pain en te disant :

"Tiens, mon enfant, mange cette année, car je ne sais pas qui mangera l'année prochaine si le blé se gâte comme cela." »

Maximin répondit : « C'est bien vrai, Madame, je ne me le rappelais pas. »

La Très Sainte Vierge a terminé son discours en français.

« Eh bien ! mes enfants, vous le ferez passer à tout mon peuple. »

La très belle Dame traversa le ruisseau, et, à deux pas du ruisseau, sans se retourner vers nous qui la suivions (parce qu'elle attirait à elle par son éclat et plus encore par sa bonté qui m'enivrait, qui semblait me faire fondre le cœur), elle nous a dit encore : « Eh bien ! mes enfants, vous le ferez passer à tout mon peuple. »

Puis elle a continué à marcher jusqu'à l'endroit où j'étais montée pour regarder où étaient nos vaches. Ses pieds ne touchaient que le bout de l'herbe sans la faire plier. Arrivée sur la petite hauteur, la belle Dame s'arrêta, et vite je me plaçai devant elle pour bien, bien la regarder, et tâcher de savoir quel chemin elle inclinait le plus à prendre ; car c'était fait de moi, j'avais oublié et mes vaches et les maîtres chez lesquels j'étais en service je m'étais attachée pour toujours et sans conditions à ma Dame oui, je voulais ne plus jamais, [p. 26] jamais la quitter ; je la suivais sans arrière-pensée, et dans la disposition de la servir tant que je vivrai. Avec ma Dame, je croyais avoir oublié le paradis ; je n'avais plus que la pensée de la servir en tout ; et je croyais que j'aurais pu faire tout ce qu'elle m'aurait dit de faire, car il me semblait qu'elle avait beaucoup de pouvoir. Elle me regardait avec une tendre bonté qui m'attirait à elle ; j'aurais voulu, avec les yeux fermés, m'élancer dans ses bras. Elle ne m'a pas donné le temps de le faire. Elle s'est élevée insensiblement de terre à une hauteur d'environ un mètre et plus ; et, restant ainsi suspendue en l'air un tout petit instant, ma belle Dame regarda le ciel, puis la terre à sa droite et sa gauche, puis elle me regarda avec des yeux si doux, si aimables et si bons que je croyais qu'elle m'attirait dans son intérieur, et il me semblait que mon cœur s'ouvrait au sien. Et tandis que mon cœur se fondait en une douce dilatation, la belle figure de ma bonne Dame disparaissait peu à peu ; il me semblait que la lumière en mouvement se multipliait ou bien se condensait autour de la Très Sainte Vierge, pour m'empêcher de la voir plus longtemps. Ainsi la lumière prenait la place des parties du corps qui disparaissaient à mes yeux; ou bien il me semblait que le corps de ma Dame se changeait en lumière en se fondant. Ainsi la lumière en forme de globe s'élevait doucement en direction droite. [p. 27]

Je ne puis pas dire si le volume de lumière diminuait à mesure qu'elle s'élevait, ou bien si c'était l'éloignement qui faisait que je voyais diminuer la lumière à mesure qu'elle s'élevait; ce que je sais, c'est que je suis restée longtemps la tête levée et les yeux fixés sur la lumière, même après que cette lumière, qui allait toujours s'éloignant et diminuant de volume, eût fini par disparaître. Mes yeux se détachent du firmament, je regarde autour de moi, je vois Maximin qui me regardait, je lui dis : « Mémin, cela doit être le bon Dieu de mon père, ou la Sainte Vierge, ou quelque grande sainte. »

Et Maximin, lançant la main en l'air, il dit : « Ah! si je l'avais su. »

V. [Retour au bercail et première enquête]

Le soir du 19 septembre, nous nous retirâmes un peu plus tôt qu'à l'ordinaire. Arrivée chez mes maîtres, je m'occupais à attacher mes vaches et à mettre tout en ordre dans l'écurie. Je n'avais pas terminé que ma maîtresse vint à moi en pleurant et me dit : « Pourquoi, mon enfant, ne venez-vous pas me dire ce qui vous est arrivé sur la montagne? »

Maximin, n'ayant pas trouvé ses maîtres qui ne s'étaient pas encore retirés de leurs travaux, était venu chez les miens et avait raconté tout ce [p. 27] qu'il avait vu et entendu. Je lui répondis : « Je voulais bien vous le dire, mais je voulais finir mon ouvrage auparavant. »

Un moment après, je me rendis dans la maison, et ma maîtresse me dit : « Racontez ce que vous avez vu, le berger de Bruite (c'était le surnom de Pierre Selme, maître de Maximin), m'a tout raconté. »

Je commence, et, vers la moitié du récit, mes maîtres arrivèrent de leurs champs. Ma maîtresse, qui pleurait en entendant les plaintes et les menaces de notre tendre Mère, dit : « Ah! vous vouliez aller ramasser le blé demain (dimanche); gardez-vous en bien, venez entendre ce qui est arrivé aujourd'hui à cette enfant et au berger de Pierre Selme. »

Et, se tournant vers moi, elle dit : « Recommencez tout ce que vous avez dit. »

Je recommence et, quand j'eus terminé, mon maître dit : « C'est la Sainte Vierge ou bien une grande sainte, qui est venue de la part du bon Dieu, mais c'est comme si le bon Dieu était venu lui-même; il faut faire ce que cette sainte a dit. Comment allez-vous faire pour dire tout cela à tout son peuple? »

Je lui répondis : « Vous me direz comment je dois faire, et je le ferai. »

Ensuite il ajouta en regardant sa mère, sa femme et son frère : « Il faut y penser. »

Puis chacun se retira à ses affaires.

C'était après le souper. Maximin et ses maîtres vinrent chez les miens pour raconter ce que Maximin leur avait dit et pour savoir ce qu'il y avait [p. 29] à faire.

« Car, dirent-ils, il nous semble que c'est la Sainte Vierge qui a été envoyée par le bon Dieu ; les paroles qu'Elle a dites le font croire. Et Elle leur a dit de le faire passer à tout son peuple ; il faudra peut-être que ces errants parcourent le monde entier pour faire connaître qu'il faut que tout le monde observe les commandements du bon Dieu, sinon de grands malheurs vont arriver sur nous. »

Après un moment de silence, mon maître dit, en s'adressant à Maximin et à moi : « Savez-vous ce que vous devez faire, mes enfants ? Demain, levez-vous de bon matin, allez tous deux à M. le curé, et racontez-lui tout ce que vous avez vu et entendu ; dites-lui bien comment la chose s'est passée, il vous dira ce que vous avez à faire. »

[Visite au curé]

Le 20 septembre, lendemain de l'apparition, je partis de bonne heure avec Maximin. Arrivés à la cure, je frappe à la porte. La domestique de M. le curé vint ouvrir et demanda ce que nous voulions, Je lui dis (en français, moi qui ne l'avais jamais parlé) :

« Nous voudrions parler à M. le curé. »

« Et que voulez-vous lui dire ? » nous demanda-t-elle.

« Nous voulons lui dire, Mademoiselle, qu'hier nous sommes allés garder nos vaches sur la montagne des Baisses, et après avoir dîné, etc., etc. »

Nous lui racontâmes une bonne partie du discours de la Très Sainte Vierge. Alors la cloche de l'église sonna ; c'était le dernier coup de la [p. 30] messe. M. l'abbé Perrin, curé de La Salette, qui nous avait entendus, ouvrit sa porte avec fracas ; il pleurait ; il se frappait la poitrine ; il nous dit : « Mes enfants, nous sommes perdus, Dieu va nous punir. Ah ! mon Dieu, c'est la Sainte Vierge qui vous est apparue ! »

Et il partit pour dire la sainte messe. Nous nous regardâmes avec Maximin et la domestique ; puis Maximin me dit : « Moi, je m'en vais chez mon père à Corps. » Et nous nous séparâmes.

N'ayant pas reçu d'ordre de mes maîtres de me retirer aussitôt après avoir parlé à M. le curé, je crus ne pas faire mal en assistant à la messe. Je fus donc à l'église. La messe commence et après le premier Évangile, M. le curé se tourne vers le peuple, et essaie de raconter à ses paroissiens l'apparition qui venait d'avoir lieu, la veille, sur une de leurs montagnes, et les exhorte à ne plus travailler le dimanche ; sa voix était entrecoupée par des sanglots, et tout le peuple était très, très ému.

Après la sainte messe, je me retirai chez mes maîtres. M. Peytard, qui est encore aujourd'hui maire de La Salette y vint m'interroger sur le fait de l'apparition, et, après s'être assuré de la vérité de ce que je lui disais, il se retira convaincu.

Je continuai de rester au service de mes maîtres jusqu'à la fête de la Toussaint. Ensuite je fus [p. 31] mise comme pensionnaire chez les religieuses de la Providence, dans mon pays, à Corps.

VI. [Description de la Vierge]

La Très Sainte Vierge était grande et bien proportionnée. Elle paraissait être si légère qu'avec un souffle on l'aurait fait remuer, cependant elle était immobile et bien posée. Sa physionomie était majestueuse, imposante, mais non imposante comme le sont les seigneurs d'ici-bas. Elle imposait une crainte respectueuse. En même temps que Sa Majesté imposait du respect mêlé d'amour, elle attirait à elle. Son regard était doux et pénétrant; ses yeux semblaient parler avec les miens, mais la conversation venait d'un profond et vif sentiment d'amour envers cette beauté ravissante qui me liquéfiait. La douceur de son regard, son air de bonté incompréhensible faisaient comprendre et sentir qu'elle attirait à elle et qu'elle voulait se donner; c'était une expression d'amour qui ne peut s'exprimer avec la langue de chair ni avec les lettres de l'alphabet.

Le vêtement de la Très Sainte Vierge était blanc argenté et tout brillant. Il n'avait rien de matériel : il était composé de lumière et de gloire, variant et scintillant; sur la terre il n'y a pas d'expression ni de comparaison à donner. [p. 32]

La Sainte Vierge était toute belle et toute formée d'amour, en la regardant je languissais de me fondre en elle. Dans ses atours comme dans sa personne tout respirait la majesté, la splendeur, la magnificence d'une Reine incomparable. Elle paraissait blanche, immaculée, cristallisée, éblouissante, céleste, fraîche, neuve, comme une Vierge; il semblait que la parole, Amour, s'échappait de ses lèvres argentées et toutes pures. Elle me paraissait comme une bonne Mère, pleine de bonté, d'amabilité, d'amour pour nous, de compassion de miséricorde.

La couronne de roses qu'elle avait mise sur la tête était si belle, si brillante qu'on ne peut pas s'en faire une idée; les roses de diverses couleurs n'étaient pas de la terre; c'était une réunion de fleurs qui entouraient la tête de la Très Sainte Vierge en forme de couronne; mais les roses se changeaient et se remplaçaient, puis, du cœur de chaque rose il sortait une si belle lumière qu'elle ravissait, et rendait les roses d'une beauté éclatante. De la couronne de roses s'élevaient comme des branches d'or et une quantité d'autres petites fleurs mêlées avec des brillants.

Le tout formait un très beau diadème, qui brillait tout seul plus que notre soleil de la terre.

La Sainte Vierge avait une très jolie croix suspendue à son cou. Cette croix paraissait être [p. 32] dorée, je dis doré pour ne pas dire une plaque d'or; car j'ai vu quelquefois des objets dorés avec diverses nuances d'or, ce qui faisait à mes yeux un bien plus bel effet qu'une simple plaque d'or. Sur cette belle croix toute brillante de lumière était un Christ, c'était Notre-Seigneur, les bras étendus sur la croix. Presque aux deux extrémités de la croix, d'un côté il y avait un marteau, de l'autre une tenaille. Le Christ était couleur de chair naturelle, mais il brillait d'un grand éclat; et lumière qui sortait de tout son corps paraissait comme des dards très brillants qui me fendaient le cœur du désir de me fondre en lui. Quelquefois, le Christ paraissait être mort; il avait la tête penchée et le corps était comme affaissé, comme pour tomber, s'il n'avait été retenu par les clous qui le retenaient à la croix.

J'en avais une vive compassion, et j'aurais voulu dire au monde entier son amour inconnu, et infiltrer dans les âmes des mortels l'amour le plus senti et la reconnaissance la plus vive envers un Dieu qui n'avait nullement besoin de nous pour être tout ce qu'il est, ce qu'il était et ce qu'il sera toujours; et pourtant, ô amour incompréhensible à l'homme, il s'est fait homme et, il a voulu mourir, oui, mourir, pour mieux écrire dans nos âmes et dans notre mémoire l'amour fou qu'il a pour nous! Oh! que je suis malheureuse de me trouver [p. 34] si pauvre en expressions pour redire l'amour de notre bon Sauveur pour nous; mais, d'un autre côté, que nous sommes heureux de pouvoir sentir mieux ce que nous ne pouvons exprimer !

D'autre fois, le Christ semblait vivant; il avait la tête droite, les yeux ouverts, et paraissait être sur la croix par sa propre volonté. Quelquefois aussi, il paraissait parler : il semblait montrer qu'il était en croix pour nous, par amour pour nous, pour nous attirer à son amour, qu'il a toujours un amour nouveau pour nous, que son amour du commencement et de l'année 33 est toujours celui d'aujourd'hui et qu'il sera toujours.

La Sainte Vierge pleurait presque tout le temps qu'elle me parla. Ses larmes coulaient une à une, lentement jusqu'à ses genoux, puis, comme des étincelles de lumière, elles disparaissaient. Elles étaient brillantes, et pleines d'amour. J'aurais voulu la consoler et qu'elle ne pleurât plus. Mais il me semblait qu'elle avait besoin de montrer ses larmes pour mieux montrer son amour oublié des hommes. J'aurais voulu me jeter dans ses bras et lui dire : « Ma bonne Mère, ne pleurez pas ! je veux vous aimer pour tous les hommes de la terre. » Mais il me semblait qu'elle me disait : « Il y en a tant qui ne me connaissent pas ! »

J'étais entre la mort et la vie, en voyant d'un côté tant d'amour, tant de désir d'être aimée, et [p. 35] d'un autre côté tant de froideur et d'indifférence... Ô ma Mère, Mère toute belle et tout aimable, mon amour, cœur de mon cœur !

Les larmes de notre tendre Mère, loin d'amoindrir son air de Majesté, de Reine et de Maîtresse, semblaient au contraire l'embellir, la rendre plus belle, plus puissante, plus remplie d'amour, plus maternelle, plus ravissante, et j'aurais mangé ses larmes qui faisaient sauter mon cœur de compassion et d'amour. Voir pleurer une mère, et une telle Mère sans prendre tous les moyens imaginables pour la consoler, pour changer ses douleurs en joie, cela se comprend-il ? Ô Mère plus que bonne, vous avez été formée de toutes les prérogatives dont Dieu est capable; vous avez comme épuisé la puissance de Dieu; vous êtes bonne et puis bonne de la bonté de Dieu même. Dieu s'est agrandi en vous formant son chef-d'œuvre terrestre et céleste.

La Très Sainte Vierge avait un tablier jaune. Que dis-je, jaune ? Elle avait un tablier plus brillant que plusieurs soleils ensemble. Ce n'était pas une étoffe matérielle, c'était un composé de gloire, et cette gloire était scintillante et d'une beauté ravissante. Tout en la Sainte Vierge me portait fortement et me faisait comme glisser à adorer et à aimer mon Jésus dans tous les états de sa vie mortelle. [p. 36]

La Très Sainte Vierge avait deux chaînes, l'une un peu plus large que l'autre. À la plus étroite était suspendue la croix dont j'ai fait mention plus haut. Ces chaînes (puisqu'il faut leur donner le nom de chaînes) étaient comme des rayons de gloire. d'un grand éclat, variant et scintillant.

Les souliers (puisque souliers il faut dire) étaient blancs, mais d'un blanc argenté, brillant; il y avait des roses autour. Ces roses étaient d'une beauté éblouissante, et du cœur de chaque rose sortait une flamme de lumière très belle et très agréable à voir. Sur les souliers il y avait une boucle en or, non en or de la terre, mais bien de l'or du paradis.

La vue de la Sainte Vierge était elle-même un paradis accompli. Elle avait en elle tout ce qui pouvait satisfaire, car la terre était oubliée. La Sainte Vierge était entourée de deux lumières. La première lumière, plus près de la Très Sainte Vierge, arrivait jusqu'à nous; elle brillait d'un éclat très beau et très scintillant. La seconde lumière s'étendait un peu plus autour de la belle Dame et nous nous trouvions dans celle-là; elle était immobile (c'est-à-dire qu'elle ne scintillait pas) mais bien plus brillante que notre pauvre soleil de la terre. Toutes ces lumières ne faisaient pas mal aux yeux et ne fatiguaient nullement la vue.

Outre toutes ces lumières, toute cette splendeur, il sortait encore des groupes ou faisceaux de [p. 37] lumière ou des rayons de lumière, du corps de la Sainte Vierge, de ses habits et de partout.

La voix de la belle Dame était douce; elle enchantait, ravissait, faisait du bien au cœur; elle rassasiait, aplanissait tous les obstacles, elle calmait, adoucissait. Il me semblait que j'aurais toujours voulu manger de sa belle voix, et mon cœur semblait danser ou vouloir aller à sa rencontre pour se liquéfier en elle.

Les yeux de la très Sainte Vierge, notre Tendre Mère, ne peuvent pas se décrire par une langue humaine. Pour en parler, il faudrait un séraphin, il faudrait plus, il faudrait le langage de Dieu même, de ce Dieu qui a formé la Vierge immaculée, chef-d'œuvre de sa toute-puissance. Les yeux de l'auguste Marie paraissaient mille et mille fois plus beaux que les brillants, les diamants, les pierres précieuses les plus recherchées; ils brillaient comme deux soleils, ils étaient doux, de la douceur même, clairs comme un miroir. Dans Ses yeux, on voyait le paradis. ils attiraient à elle, il semblait qu'elle voulait se donner et attirer. Plus je la regardais, plus je la voulais voir; plus je la voyais, plus je l'aimais et je l'aimais de toutes mes forces.

Les yeux de la belle Immaculée étaient comme la porte de Dieu, d'où l'on voyait tout ce qui peut [p. 38] enivrer l'âme. Quand mes yeux se rencontraient avec ceux de la Mère de Dieu et la mienne, j'éprouvais audedans de moi-même une heureuse révolution d'amour et une protestation de l'aimer et de me fondre d'amour. En nous regardant, nos yeux se parlaient à leur mode, et je l'aimais tant que j'aurais voulu l'embrasser dans le milieu de ses yeux qui attendrissaient mon âme et semblaient l'attirer et la faire fondre avec la mienne. Ses yeux me plantèrent un doux tremblement dans tout mon être; et je craignais de faire le moindre mouvement qui pût lui être désagréable tant soit peu.

Cette seule vue des yeux de la plus pure des Vierges aurait suffi pour être le Ciel d'un bienheureux; aurait suffi pour faire entrer une âme dans la plénitude des volontés du Très-Haut parmi les événements qui arrivent dans le cours de la vie mortelle; aurait suffi pour faire faire à cette âme de continuels actes de louange, de remerciement, de réparation et d'expiation. Cette seule vue concentre l'âme en Dieu, et la rend comme une morte vivante, ne regardant toutes les choses de la terre, même les choses qui paraissent les plus sérieuses, que comme des amusements d'enfants; elle ne voudrait entendre parler que de Dieu et de ce qui touche à sa Gloire. [p. 39]

Le péché est le seul mal qu'elle voit sur la terre. Elle en mourrait de douleur si Dieu ne la soutenait. Amen.

Castellammare, 21 novembre 1878.

***

Marie de la Croix, Victime de Jésus,
née Mélanie CALVAT, Bergère de La Salette.

***

Nihil obstat : imprimatur.
Datum Lycii ex Curia Ep.li die 15 Nov. 1879.
Vicarius Generalis
Carmelius Archus Cosma.

IV. Confidences sur la fin des temps : l'« autre secret » de Mélanie?

« Ici la Sainte Vierge me donna la règle, puis elle dit un autre secret sur la fin des temps. »

Cette affirmation de Mélanie, dans le secret écrit le 14 août 1853, n'a pas été prise en compte par les historiens de La Salette. Pourtant, Mélanie s'y réfère, en répondant à la question : « Pourquoi ne pas dévoiler tout le secret de La Salette ? », « Parce qu'il contient de tels secrets de la miséricorde divine, qu'en les apprenant, les hommes, au lieu de prier pour conjurer les événements, auraient hâte de les voir arriver afin de jouir plus vite du triomphe inouï de l'Église[1]. »

Et l'abbé Bliard de préciser : « Personne au monde ne connaît donc encore tout le secret de la bergère. D'après ce que nous avons là, je suis porté à penser que le secret dans son entier doit former un ensemble admirable, renfermant l'histoire anticipée des principaux événements qui doivent arriver jusqu'à la fin du monde. Le reste sera-t-il communiqué plus tard? J'ai tout lieu de le croire[2]. »

Le curé de Diou, qui connut Mélanie dans les dernières années de sa vie, a relevé les affirmations suivantes[3] :

> L'*Antéchrist*, dit Mélanie, publiera par toute la terre le jour qu'il s'élèvera au Ciel, et de partout les foules se rendront à Jérusalem... Il s'élèvera au milieu d'un pompeux cortège de faux anges de lumière. Déjà il sera haut et jouira des acclamations de ces millions de témoins et d'adorateurs ; lorsque *saint Michel Archange* apparaîtra avec une armée d'Anges d'une splendeur sans égale et au cri de :

1. D'après une lettre d'un ecclésiastique non nommé du 20 juin 1872 : MIL V p. 44, note 27.
2. F. Bliard, *Lettres à un ami sur le secret de La Salette,* Ancora, Naples, 1873, p. 32.
3. E. Combe, *Le Secret de Mélanie et la crise actuelle*, Jonquières et Dati, Rome, 1906, p. 138-139.

« Qui est semblable à Dieu ? *Quis ut Deus ?* »

Instantanément les démons perdront leur éclat d'emprunt et leur force, et s'écarteront de l'Antéchrist qu'ils soutenaient par leur vertu. Un feu immense sort de la terre, entrouverte jusque sous les pieds des spectateurs des premiers rangs, placés là selon leur dignité et leur opulence ; ils sont, avec l'Antéchrist et les démons, engloutis dans ce vaste cratère, qui se referme sur eux. Alors et aussitôt les Juifs se convertiront et seront des plus fidèles et des plus fervents chrétiens. Toute la terre sera catholique.

Jusqu'à la fin du monde les lois resteront chrétiennes il n'y aura plus de persécution légale. Pendant un assez grand nombre de générations tous les hommes seront bons chrétiens ; mais peu à peu ils recommenceront à se laisser aller à la tiédeur, puis à l'oubli de Dieu et enfin à de grands crimes. Les lois chrétiennes, que le bras séculier aura d'abord fait observer avec une grande sévérité, finiront, peu à peu, par n'avoir plus de sanction, par suite d'une fausse miséricorde pour ceux qui les violeront. Les bons ne seront donc plus protégés ; ils deviendront l'objet de toutes les humiliations, de toutes les railleries ; ils souffriront beaucoup de la société et de l'oppression des méchants et seront peu nombreux.

Dieu poursuivra les hommes de sa colère. Les fléaux célestes seront épouvantables ; les eaux seront empoisonnées, les *tremblements de terre* et les embrasements seront plus destructeurs que tout ce que le monde avait vu, le soleil ne donnera plus sa lumière ; enfin le monde finira dans l'épouvante de DIEU. Les pauvres, les humbles, destitués de tout secours, lèveront les yeux et les mains pour appeler le secours de DIEU... La venue du Christ sera soudaine... Tous les hommes mourront.

– Quelques-uns ne seront-ils pas « réservés » pour la « rénovation » ?

– La rénovation aura lieu, mais pas comme certains bons prêtres le croient ; tous les hommes sans exception mourront.

Les élus ressusciteront les premiers et avec eux les détenus des limbes... DIEU est meilleur que vous ne pensez ; dans sa miséricorde il aura fait connaître à ces âmes leur origine, la révolte de notre premier père ; elles se seront humiliées, anéanties devant DIEU, et DIEU les aura réhabilitées dans l'innocence, par le sang de Notre-Seigneur qu'elles se seront appliqué. Les ressuscités des limbes n'auront pas cependant la gloire des élus ; ils seront dans une obscurité par rapport aux élus. Les élus, ayant souffert avec Notre-Seigneur, ont une gloire très supérieure à celle que le genre humain dans l'état d'innocence aurait eue...

Quand les « réhabilités » verront passer les réprouvés, ils s'anéantiront encore davantage. Ils n'assisteront pas au jugement.

Le jugement des élus se fera comme un éclair ; ils seront emportés au devant du Christ pour juger les réprouvés. Notre-Seigneur présidera au jugement avec sa croix, celle sur laquelle il est mort ; mais c'est l'archange saint Michel qui prononcera le jugement.

Aussitôt après l'engloutissement des réprouvés au centre de la terre et l'assomption des élus, se réalisera cette ligne du secret : « *L'eau et le feu purifieront la terre et consumeront toutes les œuvres de l'orgueil des hommes.* » La surface de la terre sera réduite en boue brûlante, pour ainsi dire en bouillie bouillante, jusque bien au-delà des profondeurs où l'homme est parvenu ; *toutes les œuvres des hommes* seront pulvérisées, dispersées dans cette boue de feu ; il n'en restera pas de traces ; ce sera un cataclysme semblable au chaos ; et la surface de la terre, disposée autrement, sera un paradis terrestre.

Les ressuscités des limbes seront réservés pour habiter la terre renouvelée... Ils seront immortels, impeccables, parfaitement heureux[1], n'auront aucune souffrance, verront DIEU, converseront avec DIEU, seront pleinement satisfaits selon l'étendue, à des degrés divers, de leurs facultés. Les agréments de leur séjour ne seront rien en comparaison de leur joie à servir et à honorer DIEU. Ainsi « *DIEU sera servi et glorifié* ».

– Les astres sont-ils habités ?

– La terre seule, maintenant, est habitée[2]...

1. Question de l'abbé Comte (JAC p. 29) : « "Ces ressuscités dont vous parlez pourront-ils avoir des enfants ? – Pourquoi pas ?" Ce mot me semble décisif ; mais elle n'a pas voulu y revenir. Est-ce oui ? »

2. Nous avons vu les secrets de La Salette peu à peu dévoilés par leurs porteurs ; tel était leur sort. Ces nouvelles informations de Mélanie complètent les dernières lignes du secret publiées en 1879 ; « Voici le temps l'abîme s'ouvre [... jusqu'à] Dieu sera servi et glorifié ». (Nous avons signalé en italiques les termes du secret.)

Chapitre V

Que penser des voyants ?

Les bergers de La Salette ont été calomniés. « Il y a bien longtemps, que pour tuer le fait de La Salette, on cherche à tuer moralement les deux enfants » écrivait le vicaire général Rousselot (MIL V p. 138).

On a souligné leur côté inculte, gyrovague :

– Maximin, l'impulsif, en déplacement perpétuel, en projets manqués (séminaire, médecine, commerce d'un élixir sous son nom, qui ne lui procure que dettes et critiques) ;

– Mélanie, fausse mystique, dont l'égocentrisme aurait vicié le témoignage et la spiritualité.

Grâce à nombre de données nouvelles, nous sommes mieux armés aujourd'hui pour répondre.

I. Les voyants sont-ils incultes et stupides ?

Les jeunes bergers de La Salette, comme Bernadette de Lourdes, n'avaient guère été à l'école. Ils ne savaient ni lire ni écrire. Ils parlaient patois et savaient à peine le français. Ces pâtres de la montagne avaient gardé une naïveté désarmante. L'abbé Combe, qui avait accueilli Mélanie à Diou et dans les environs, de 1900 à 1903, s'est étonné de son peu de capacité à raisonner mathématiquement.

> Elle était venue me faire une bassine de gelée de coings. Le jus avec la bassine pesait environ 8 kilos.
>
> – Maintenant dit-elle, il faut y mettre un poids égal de sucre.
>
> Il me fut impossible, absolument impossible, de lui faire entendre que des 8 kilos je devais déduire le poids de la bassine, c'est-à-dire 3 kilos et 250 grammes. Elle répétait doucement :
>
> – Mon père, il faut le même poids de sucre que de jus.
>
> Je finis par m'impatienter ; elle vit ma pensée :
>
> – Je suis bien bête, dit-elle en souriant.

– Oui, [...] Comment ne voyez-vous pas que le poids de la bassine n'est pas celui du jus et qu'il faut le déduire ? Il n'y a pas 8 kilos de jus ; il y en a à peine 5. Vous ne comprenez pas cela ?

– Non.

Le lendemain matin elle arriva toute joyeuse :

– Mon père, je comprends ce que vous me disiez hier.

– Vous y avez mis le temps, chère sœur ! Sans doute que vous en avez causé avec « votre petit Frère », et vous le comprenez toujours, Lui.

Elle sourit.

Il cite ce trait pour montrer que l'intelligence dont elle fait preuve dans la vie courante, mais surtout quand elle parle des apparitions, est surnaturelle : « [Ce] fait étrange d'inintelligence dans une personne si intelligente semble confirmer que c'est bien de son "petit Frère" qu'elle a appris tout ce qu'elle sait » (JAC p. 157).

Ce « petit Frère », qui continua à se manifester à elle après son enfance, elle ne l'identifia comme l'Enfant Jésus qu'à l'âge de 22 ans, lorsqu'il se manifesta dans sa gloire.

Maximin, dont le robuste bon sens était bien au contact des réalités, avait néanmoins une imagination débordante. Il aimait inventer, raconter des coups. Sœur Valérie, son institutrice de Corps, raconte : « Maximin avait beaucoup d'imagination ; nous l'avons toujours remarqué. Tout enfant, il me disait ce qu'il ferait quand il serait pape... Ou bien, il se voyait roi, sur un trône, alors, il voulait maman Thècle à sa droite et tante Valérie serait son ministre. Riez, M. le curé : combien de fois il nous faisait ces contes, assis par terre, entre notre Mère et moi pendant les récréations[1] ! »

Maximin acquit une culture au petit séminaire, puis chez l'abbé Champon, son tuteur, qui prépara son accès au grand séminaire d'Aire, où il fit deux ans d'études (24 février 1856 à juillet 1858). Une lettre de cette année-là montre la maturité de sa réflexion :

> C'est maintenant un jeu pour moi de rapprocher ma raison et ma foi ; de comparer les lettres humaines à la théologie, la société civile à l'Église.
>
> Je vois de plus en plus profondément combien ces grandes choses s'appellent et s'unissent harmonieusement. Je le vois avec la dernière évidence et je devrais bien acquérir toujours, plus de science et de vertu pour épargner les défaillances et les amertumes du doute aux âmes, dont peut-être je serai le lien, le point qu'elles regarderont en vue de s'affermir et de se consoler.
>
> Si vous saviez combien j'aime de plus en plus une religion qui, joie douce et pénétrante, remue toutes les fibres de mon âme, agrandit mon intelligence et fortifie ma volonté, donne de l'élévation et de la fermeté à mon caractère, met plus d'unité dans ma vie ! Combien j'aime ma religion qui m'inspire le respect de moi-même et me montre en même

1. Lettre de sœur Valérie à l'abbé Le Baillif du 4 septembre 1879, ENS.

temps, ce qu'il y a de bon et d'aimable dans les autres ; une religion qui fait que, à l'image de cette Providence en qui la force se marie à la douceur, deux qualités rares : celle d'un cœur tendre, dans une raison ferme, seront de jour en jour mieux équilibrées en moi. Pour marcher et faire marcher les autres dans le difficile chemin du devoir ! Doué d'une âme ardente remplie d'aspiration généreuse ; Dieu m'avait de bonne heure et sous votre garde, cher et vénéré M. le curé, soigneusement préservé des séductions et des entraînements du monde, fidèle à m'en montrer la vanité et le péril, il m'avait, comme si je devais être prêtre avant l'âge, inspiré des pensées plus hautes, des goûts plus sérieux, tenant mon esprit et mon cœur toujours plus élevés. J'ignore si je ferai bien son œuvre, puisque de moi-même, je ne puis absolument rien ! Ce que je sais c'est que de toutes parts, on demande de bons prêtres qui aient l'esprit d'en haut : un grand esprit de foi pour ramener avec la lumière de Dieu le bonheur chrétien dans les conditions et la paix, la concorde, la charité de son Évangile au sein des familles, comme de la société. On demande des apôtres qui travaillent et usent volontiers leur esprit et leur corps au service du Seigneur, se jetant à travers tous les hasards pour soutenir sa religion si méconnue, si persécutée. N'était-ce pas là, un rôle de soldat tout à fait en rapport avec mon humeur passablement belliqueuse ? Aussi serai-je soldat ? Monsieur, soldat quand même d'une Patrie meilleure ; soldat combattant pour l'église de Jésus-Christ pour le triomphe de sa croix et de ma chère Salette dans le monde ; soldat qui rencontrera d'autant plus d'ennuis, qu'il sera plus semblable au divin Maître, qu'il aura plus de science et de vertu à leur opposer.

Tel est toujours le fond de ma volonté, si toutefois le bon Dieu m'appelle au sacerdoce et ne me repousse pas loin des Pyrénées, comme vous m'avez éloigné de nos Alpes.

Je vous en préviens, si sa Grandeur Mgr Ginoulhiac a l'intention de me paralyser à l'avance, de ne me laisser ni agir, ni parler, ni écrire, suivant que ma mission d'apôtre de La Salette m'obligera, veuillez y réfléchir pour me donner votre avis. Une telle intention dans mon supérieur serait un signe positif de non vocation.

Dieu ne saurait me faire une vocation sacerdotale, diamétralement opposée à la vocation qui me vient de Marie : celle de faire passer en tout lieu et toujours, selon les circonstances, ses avertissements à son peuple. Je n'aurai plus alors qu'à faire partie de la nouvelle milice religieuse qui combat volontairement et sans entrave mais aussi à ses risques et périls, sans engager en rien la responsabilité des pasteurs.

Pardonnez-moi en finissant de vous poser une question aussi grave ! Mais il y va de la destinée de votre élève qui, tout en se reconnaissant les aptitudes et le goût des sciences et des choses ecclésiastiques, ne veut que la volonté de Dieu.

Et vous ne pouvez que la manifester sûrement à votre bien affectionné et très obéissant Maximin (Lettre copiée par É. Le Baillif, ENS).

Au sortir du séminaire, Maximin va chercher un emploi à Paris, comme tant de jeunes de son époque, mais n'en trouve pas et tombe dans la misère. Secouru par l'intervention de la Providence, il complète ses études secondaires au collège de Tonnerre, de mars 1860 à août 1861. Il se rend au Havre, rentre malade à Paris, où il est soigné à l'hôpital Saint-Louis. Il prend goût à la médecine et fait deux ans d'études (fin septembre 1861 et 1862) pour devenir officier de santé.

En même temps, il suit des cours dans un pensionnat catholique parisien, rue d'Enfer, et se présente au bac, en vain. Il n'est pas malhabile pour rédiger ses mémoires (en 1863 et en 1865), compilées et publiées après sa mort (citées en annexe, p. 196). En 1866, il répond avec à-propos à une satire de *La Vie parisienne,* et profite de l'occasion pour publier son récit de l'apparition (ci-dessus p. 14).

Mélanie a moins étudié, comme les femmes de son temps. Malgré ses lacunes en mathématiques, elle maîtrise parfaitement la calligraphie. Elle a appris le métier d'institutrice à Corenc, et fait la classe aux enfants dans trois pays différents (France, Grèce, Italie). Elle n'est pas érudite, mais, si on définit l'intelligence, avec nombre de psychologues, comme une faculté d'adaptation, elle est fort intelligente. Elle s'est accoutumée, au gré des changements qui lui ont été indiqués à divers milieux et couvents, pays et langues (français, anglais, grec, et italien qu'elle parlait et écrivait fort bien). Elle a su dialoguer à tous niveaux : enfants de l'orphelinat qu'elle dirigeait en Grèce et en Sicile, évêques, cardinaux, et Léon XIII lui-même. Au cours de son audience privée, seule à seul avec lui, elle s'exprima de manière avisée, responsable. Elle lui fit comprendre que son conseil confiant d'aller à La Salette pour y faire mieux comprendre le message et fonder l'Ordre de la Mère de Dieu ne serait pas accepté, ce qui était absolument vrai. Elle sut composer avec souplesse, entre ses desseins et les possibilités (sans cesse contrariées) qui s'offrirent successivement. Depuis cette audience (dont on lira le récit p. 171) jusqu'à sa mort, on ne voit pas qu'elle ait fait d'erreur de jugement, côté cœur. Elle a quitté l'Italie où tout allait bien (comme jamais auparavant), pour soigner sa mère dont elle avait beaucoup souffert dans son enfance.

Elle revint en Italie, en 1892, à la demande de Mgr Zola, un de ses soutiens.

Le 18 septembre 1897, le bienheureux Annibale di Francia l'appelle à prendre la direction de la communauté des Sœurs du Divin Zèle et de leur orphelinat à Messine. Il la tiendra pour cofondatrice de cette nouvelle famille religieuse. C'est sur son ordre qu'elle écrivit alors son autobiographie où elle exprime avec élégance et sûreté de doctrine ses expériences spirituelles, quoique sans formation particulière[1].

1. Mélanie a émerveillé de grands écrivains. Elle avait le style que son vécu lui inspirait. Correspondante infatigable pour « faire passer » à tous le message de Marie, elle a vu certaines de ses lettres publiées, même par Don Bosco. Pierre Arrou fit la critique littéraire enthousiaste de son autobiographie : « En ce temps où le surnaturel apparemment nous boude, ou, du moins, nous ne savons plus le pressentir, le deviner autour de nous, quel rafraîchissement nous procure le récit de la bergère de La Salette, racontant son enfance merveilleuse ! [...] Ce livre fait pénétrer son lecteur dans un monde surprenant. Pourtant, ils sont simples, naïfs – savoureux aussi –, les souvenirs de la vieille religieuse, ignorante des effets littéraires et même, à certains moments, du vocabulaire nécessaire à l'expression de ses sentiments. N'écrit-elle pas, pour traduire son trouble devant le Christ qui lui apparaît : "À la vue de cette majesté inappréciable, je me profondais dans mon rien." L'enthousiasme d'un Léon Bloy s'explique [...]. Dans la narration de Mélanie Calvat, l'anecdotique se mêle à l'édifiant,

Bref, pour Maximin et Mélanie, la culture du milieu naturel et la sagesse paysanne d'alors n'ont pas été un vain mot. Ce fut, la grâce aidant, la racine de leur adaptation à une vie constamment contrariée, comme nous allons le voir maintenant.

La qualité stylistique et poétique de leurs écrits, la justesse de leur propos, surtout quand ils parlent de l'apparition et de leur mission, témoignent d'une profonde lumière et intelligence de foi, et du charisme qui les guide à divers degrés, de manière plus profonde, plus cohérente, plus suivie, pour Mélanie.

II. Sont-ils instables ?

On a reproché aux voyants de ne s'être point fixés, d'avoir été gyrovagues. Maximin à travers la France : le Midi, l'Ouest, le Havre, Tonnerre, Paris, son voyage en Italie et ses six mois comme zouave pontifical, à Rome, où son ami L.-M. Similien l'avait déjà emmené en 1854.

Mais ce n'est pas de son chef qu'il ne s'est pas fixé ; son tempérament primesautier n'est pas le seul motif de son « instabilité » : « J'ai renvoyé Maximin du petit séminaire », écrit Mgr Ginoulhiac au curé Mélin, le 5 février 1854 (ACDF, LS 111).

C'est sur le conseil de ses professeurs qu'il quitte le séminaire pour la vie civile, sa très haute idée du sacerdoce et sa difficile condition de voyant ne cadrant pas avec la vie ecclésiastique qu'il connaissait.

C'est un de ses professeurs, le docteur Chassaignac, chirurgien en chef de l'Hôtel-Dieu, qui l'a dissuadé de terminer la carrière médicale en lui disant en substance : « Les gens ne s'adresseront pas à vous comme médecin mais comme voyant, guérisseur et faiseur de miracle. Vous serez toujours en porte-à-faux. »

Là encore, il a suivi des conseils et considérations raisonnables. Il n'est pas parti par impulsion.

De même, lors de son engagement militaire à Rome, où il veut donner

les besognes quotidiennes se dénouent dans le miracle, les visions célestes escamotent ou illuminent les nuits d'hiver des pâturages. En la lisant, on pense aux Fioretti, à la Légende dorée ; on pense également – et c'est là son charme imprévu – à quelque ancien et pieux recueil d'histoires paysannes, à quelque chapitre désuet de roman populaire à l'usage des campagnes. Mais, par-dessus tout cela, ou plutôt, dans la trame de cette étoffe rugueuse, il y a ce fil bleu qui serpente, [...] ce souffle angélique de la narratrice. [...] Dévorée d'amour, bouleversante de candeur, familière de l'Invisible, elle doit lutter sans cesse. [...] Mais non, elle ne lutte pas – elle s'abandonne, elle souffre avec ravissement, elle en redemande, elle souhaite, pour la gloire de Jésus, d'être davantage rejetée, détestée, battue. [...] Pour réintégrer le monde des vivants, c'est-à-dire des aveugles, il lui faut s'ébrouer, secouer cette poussière lumineuse de surnaturel, dans laquelle la voyante de La Salette a plongé comme dans un brouillard d'or », *Ecclesia* n° 85, avril 1956, p. 31-32.

Cela peut expliquer l'adhésion passionnée d'écrivains qui ont reconnu en elle une sœur de génie, étrangère aux vaines conventions. Ils admiraient surtout l'inspiration spirituelle sans laquelle il n'y a pas d'écriture, et qui fait parfois jaillir le style de la plume des pauvres.

sa vie pour le pape et le défendre contre Garibaldi. Le 24 mai 1865, il s'engage dans les zouaves pontificaux en cachant son identité de voyant, jusqu'à ce qu'un autre zouave, Le Chauff de Kerguennec, la découvre par le registre d'inscription. Mais en 1865, on ne se battait pas. La vie des zouaves était plus ou moins édifiante et ne répondait pas à son idéal. À l'heure de « rempiler », il n'a pas renouvelé son engagement.

C'est donc sa situation de voyant et l'action pour l'écarter de La Salette qui l'ont fait osciller tant bien que mal entre divers choix intelligents ou généreux, secondés par l'hospitalité de prêtres ou de laïcs : l'abbé Champon le reçut au presbytère de Seyssins (1854-1856) après qu'il eut été « chassé » du petit séminaire, les Jourdain l'adoptèrent pendant douze années (1863-1875).

Avec sagesse, il comprit qu'il n'était pas davantage appelé à l'état de prêtre qu'au mariage. Il géra honnêtement son célibat dans la chasteté. Sa cohérence, sa lucidité, son intelligence lorsqu'il s'agissait de l'apparition et de Notre-Dame à qui il avait voué sa vie, sont restées sans reproche.

Sans ressources après la guerre de 1870, rejoint par l'infirmité (séquelle des nuits passées aux intempéries à Paris), en 1860, il tente de gagner sa vie en s'associant à un liquoriste qui l'exploite, en donnant son nom à un élixir. On le lui reprocha vertement, dans la presse bien-pensante, alors qu'on ne culpabilisait pas les élixirs des moines, « Bénédictine » ou « Chartreuse », que ces religieux irréprochables ont inventés pour les mêmes raisons : subvenir à leurs besoins.

Sa dernière année à Corps est un chemin de croix, qui se termine par une sainte mort, le 1er mars 1875.

On trouvera ici en annexe (p. 196-207) des extraits autobiographiques publiés en 1881 par l'abbé Le Baillif, et des lettres à ses parents adoptifs, les époux Jourdain, tombés avec lui dans la misère. Elles manifestent sa vie souvent difficile : vaine quête d'une place, d'un emploi, de subside du sanctuaire et, surtout, la qualité de ses sentiments, comme de son écriture.

L'instabilité reprochée à Mélanie, qui n'avait pas le tempérament primesautier de Maximin, s'explique de la même manière, que retrace à grands traits la Chronologie (p. 235-240).

« Je saurai bien la renvoyer de la communauté de la Providence », continuait Mgr Ginoulhiac, le 5 février 1854 (ACDF, LS 111). Ce qu'il fait effectivement, bien que les Sœurs l'aient admise unanimement aux vœux (octobre 1853).

Après cela, il l'envoie d'autorité chez les Filles de la Charité de Vienne, pour y prendre l'habit. Comme elle refuse, on la tient enfermée, inactive, jusqu'à ce qu'elle appelle au secours en jetant un billet par la fenêtre. On retrouve ici l'allergie de la bergère des montagnes à la claustration. Mais c'était aussi la défense de sa vocation, de sa mission et de sa liberté au service de Notre-Dame, avec qui elle se sentait profondément liée.

Si elle est partie, et restée six ans en Angleterre, ce n'est pas de son seul chef, mais en raison d'une ferme et persévérante volonté de la tenir au loin et au secret.

Au début de cet exil, elle établit de bons contacts, pour la fondation de l'ordre dont elle avait reçu mission, le 19 septembre 1846. Des aides, vocations et soutiens se présentaient : Mgr Ginoulhiac intervint. On la mit assez vite en clôture, alors qu'en 1850, lors d'une élection mûrie, elle avait *exclu la vie cloîtrée* en raison de sa mission, et opté pour la vie apostolique. (Réflexions du 31 mai 1850, ci-dessous p. 233.)

Voici comment elle annonce à ses chères sœurs de Corenc son entrée en noviciat, au Carmel anglais :

> Aujourd'hui [...] semblerait être un jour de fête, parce que c'est aujourd'hui que les religieuses ont donné leur voix pour moi, afin que je sois reçue ; c'est le jour où je pense le plus à vous, et cela est naturel. C'est le jour qui me fait penser que je dois vous quitter pour toujours, que je ne dois plus vous revoir ici-bas !... mais dans le ciel, nous nous reverrons, espérance !... Me séparer de vous, c'est un grand sacrifice, vous savez combien je vous aime, mon amour n'est pas changé, oh ! parlons d'autre chose, mon cœur se brise ! ! !... *fiat* !...
>
> Je trouve que de se faire carmélite, c'est un grand avantage pour moi, qui suis bien paresseuse. D'abord je n'ai pas la peine de tourner le matelas de mon lit, ni la peine de brasser la paillasse ; il y a quinze jours que je couche dans le bon lit des carmélites, je dors bien, je ne bouge pas trop quand je suis couchée, parce que mes draps m'enlèveraient la peau ; ensuite vous savez combien je n'aimais pas changer de linge à Corenc ; ici je n'ai pas cette peine, on ne change de tunique que tous les quinze jours, et sans que l'on ait de démangeaisons, cette tunique vous gratte sans repos ; ensuite, le matin, on ne prend pas la peine d'aller déjeuner ; oh ! mais voici une chose qui ne me plaît pas, je crois que vous savez la manière dont les carmélites prennent la discipline : voilà une chose pénible pour moi, quand il me faudra la prendre comme elles [1], et pendant trois *Miserere* psalmodiés très lentement, et puis beaucoup de prières après cela ; mais si le bon Dieu le veut, il me donnera le courage.
>
> Dans la règle il est défendu de courir, de sauter même les jours de récréation qui sont au nombre de cinq par an, je trouve cela un peu fort, et le jour que monsieur l'aumônier m'a examiné de la part de l'évêque pour que je sois carmélite, et dans une question qu'il me fit, c'est-à-dire si je pourrais observer la règle dans tous ces points et si je veux demander la dispense de quelque chose ? À cela, j'ai répondu, pour le faire rire et aussi pour lui ôter un peu la trop grande bonne opinion qu'il a de moi, je lui ai dit qu'il me faut courir, que j'ai l'habitude de courir, de galoper après les vaches, qu'il faut qu'il me permette les jours de grande récréation d'aller au jardin pour courir et sauter seule (Mélanie, Lettre à plusieurs sœurs de Corenc, 13 février 1855, EG 7).

1. La discipline, c'est un petit fouet de cordes. Ce n'est pas la pénitence corporelle qui effraie Mélanie, au contraire, mais la manière particulière des carmélites de le faire. (À Corenc, Mélanie critiquait aussi leur « confession » – ou compte rendu de conscience – à leur supérieure, abrogée dans tous les ordres en 1890.)

La voici contrainte à l'opposé de sa vie en plein air, de son tempérament entreprenant et intrépide, de sa vocation et sa mission. En 1856, elle fit ses vœux, comme on l'y poussait, mais avec hésitation et restriction mentale sur la clôture.

Quatre ans plus tard, elle rejette cette claustration qui s'éternise au détriment de sa mission, dont une nouvelle étape commence en 1858 : de nouveau elle lance par-dessus le mur nombre de billets d'appel au secours pour être libérée, ce que le *fair-play* anglais et la peur du tapage des anglicans font exécuter rapidement, et sans bruit. Voici la deuxième version de ces billets, adressés au maître de poste de Darlington :

> Désirant depuis plusieurs années de sortir d'ici, Carmel House, il m'a été impossible d'y réussir, malgré tous les efforts que j'ai faits, on m'y tient par force, quoi qu'il m'en coûte je veux en sortir, je désire donc que la police de Darlington vienne ici et oblige les religieuses de ce couvent de me laisser sortir. Depuis plusieurs jours, je vous ai envoyé plusieurs billets sur ce sujet, ces billets ont été ramassés par une servante qui, au lieu d'envoyer la lettre à son adresse, l'a remise à des étrangères, lesquelles les ont décachetées et les ont lues. Je demande que cette faute soit punie selon les lois anglaises. Je connais les personnes coupables, j'ai encore beaucoup de choses à vous dire, mais je les dirai de vive voix. J'ai envoyé plusieurs autres lettres à la même adresse par le moyen de plusieurs oiseaux. Ces lettres doivent être tombées près de Darlington (copie : MSG 15-C-3).

Elle est accueillie ensuite par la congrégation de la Compassion, à Marseille, où elle prend l'habit; le pieux fondateur ne craint pas de l'envoyer avec l'assistante, mère Présentation, remettre bon ordre dans un orphelinat de l'île de Céphalonie en Grèce (21 novembre 1861-28 juillet 1863).

De retour à Marseille, on veut la réintégrer au Carmel. Elle y reste dix mois. On connaît sa détermination : « Elle voulut en sortir. On eut l'air de s'y opposer[1]. Elle se mit à faire du bruit, jusqu'à monter dans un donjon et à crier qu'on la tenait enfermée malgré elle » (Notes L. Beaup, MSG 16-C-4).

Elle revient alors à la Compassion, où on l'emploie à faire l'école dans la banlieue marseillaise, sous un strict anonymat, jusqu'en 1867.

Mgr Place, dévoué à Napoléon III, la congédie alors de son diocèse. Il est vrai que Mélanie est incompréhensible à ses supérieurs. Le père Beaup recueille ces avis :

> Impossible aux supérieurs de la plier, elle est toujours avec les mêmes défauts de caractère d'enfance. [...] Mais toujours, la réputation religieuse de Mélanie est intacte, sous le rapport de la foi, la piété et les mœurs. Voici une preuve de cette insoumission : on ne peut obtenir qu'elle se lève régulièrement avec les autres; et cependant elle ne dort pas, quoique cet alitement lui soit regardé comme nécessaire par sa bonne compagne, qui est on ne peut plus persuadée que Mélanie est parfois tourmentée par une influence diabolique.

1. Notez l'euphémisme.

À Marseille, comme à Corenc, l'influence satanique a été identifiée, avec ses conséquences, sans que les supérieurs la prennent au sérieux :

> Elle est alors dans une espèce d'engourdissement et parfois exaspérée si on la contrarie. Ce qui m'explique maintenant le bruit qu'on avait fait courir qu'elle avait passé quelquefois des années, sans faire ses pâques, c'est que sa supérieure, soit pour l'humilier, soit par respect pour le saint sacrement, l'avait condamnée à ne faire la sainte communion que lorsqu'elle se lèverait avec les autres pour pouvoir faire la méditation avant. Or comme la sainte messe se dit ordinairement le matin après la méditation, Mélanie restait ainsi longtemps sans communier. Mais cela n'a jamais dépassé huit jours, au plus quinze. Cette même dame [mère Présentation] m'assure que très souvent elle se plaint d'être fatiguée, et de passer de mauvaises nuits. Mais en quoi consistent ces fatigues, elle ne peut s'en rendre compte, puisque ce ne sont pas des souffrances physiques (Notes L. Beaup, MSG 16-C-4).

Faute d'examens officiels, on manque d'éléments pour discerner la part exacte des tentations démoniaques.

Conduite de Marseille à Grenoble par mère Présentation, mais rejetée par Mgr Ginoulhiac, Mélanie part avec cette sœur pour Castellammare di Stabia, en Italie, dont l'évêque, Mgr Petagna, avait été son confesseur à Marseille. Avec ses amis Mgr Zola et les cardinaux Sforza ou Guidi, il lui donne alors toute latitude pour accomplir sa « mission » : le dévoilement complet de son secret, et la fondation religieuse demandée par l'apparition. Ainsi s'établissent ses contacts directs avec le pape Léon XIII (ci-dessous, p. 171) et les congrégations romaines.

Dès lors, tous les symptômes inquiétants disparaissent. Mgr Petagna l'attribue à la situation de liberté, « *presque inaccoutumée* » pour elle, qu'il lui a offerte dans son diocèse (Lettre au cardinal Guidi du 3 décembre 1878[1]).

L'histoire de Mélanie est donc celle d'un équilibre conquis de haute lutte, depuis Corenc (1851) jusqu'à Castellammare (1868), à travers les difficultés extérieures et intérieures et à sa culture contraire à sa nature, qu'elle vivait intensément. Tout s'arrangea en Italie lorsqu'elle trouva compréhension et vie normale, malgré le dépaysement.

III. Sont-ils cohérents ?

Cette troisième question trouve sa réponse dans les précédentes. Dans leur vie semée de contradictions, sans pouvoir ni sans grandes ressources personnelles, ils ont été souvent ballottés, tant du fait de leurs limites que de ces oppositions. Le testament bien ordonné de Maximin manifeste le souci de gérer correctement sa vie, mort incluse.

1. Reproduite par G. C. Parascandalo : *Governo Ecclesiastico di Mons. F.S. Petagna,* Religiose S. Cuori, Castellammare, 1992, II, p. 46-47.

Lorsque l'abbé Crévoulin, de Rome, lui rendit visite un an avant sa mort, il lui dit : « Priez pour moi, pour que je fasse seulement le vouloir de la très sainte Vierge, car le reste n'a pas d'importance pour moi » (ACDF, LS 2).

Leur cohérence est remarquable, dans le don d'eux-mêmes, la disponibilité, la générosité, la grandeur d'âme étrangère à toute rancune. Ils ont gardé l'un et l'autre leur vocation propre, le souci de témoigner sans défaillance, et de servir le message crucial de La Salette sans arrière-pensée.

Maximin a souffert de ne pas trouver un poste ou moyen de consacrer sa vie à sa mission de voyant.

Mélanie a persévéré sans relâche, pour transmettre l'intégralité de son message, et a réussi finalement, sans arriver à la pleine réalisation de ses missions contrecarrées.

Ils ont maintenu l'un et l'autre, dans leurs existence ballottées, la cohérence de leur vocation malmenée.

IV. Que penser de leur équilibre psychique ?

Cette question n'a pas soulevé de problème pour Maximin. Il avait un bon naturel, sociable, joyeux, communicatif, généreux. Les petits à-côtés qu'on lui a reprochés comme voyant ne touchent pas son équilibre fondamental, au contraire.

Sœur Valérie, qui eut en pension les enfants à l'école de la Providence de Corps, confiait à l'abbé Le Baillif :

> Nous craignons que madame Jourdain ne l'ait traité comme le font les mères qui aiment trop leurs enfants et qui ne voient en eux aucun défaut. Je vous dis ceci bien confidentiellement et à l'insu de cette bonne dame, car elle m'en voudrait si elle savait que je ne vous ai pas dit du bien de son cher enfant. [...] Cet enfant avait un caractère léger, inconstant, très jovial ; cette inconstance, cette légèreté lui ont fait commettre des inconséquences qui le dépréciaient aux yeux du public ; de la part d'un autre jeune homme, on n'en aurait pas fait cas, sa conduite n'aurait pas été remarquée, mais ces légèretés chez un enfant aussi privilégié, malédifiaient. Vous me demandez peut-être : Quelle espèce d'inconséquence par exemple ?
>
> Eh bien ! il allait facilement au café, acceptait du vin dans les cabarets, en compagnie de jeunes gens qui aimaient sa compagnie ; toujours aimable et gai, mais ensuite, ils disaient : « Il est fait comme nous. » Je ne crois pas qu'il ait fait rien de bien coupable, jamais (Sœur Valérie à l'abbé Le Baillif, lettre du 4 septembre 1879, ENS).

C'est Mélanie qui a prêté aux soupçons les plus élaborés : « Hystérique, égocentrique », jusqu'à déformer et prolonger subjectivement le message. Plus introvertie, avec sa forte secondarité, elle a été la proie élective des psychologues, puis des psychanalystes, à l'heure où ces disciplines encore élémentaires se payaient le luxe de projeter leurs dogmes et schémas a priori sur quiconque, en dénonçant ses refoulements, ses actes manqués, en expliquant tout par les efflorescences subjectives de son inconscient. À la suite de l'hypothèse lancée par le jésuite anglais H. Thurston, le père Jaouen a tenté d'établir que l'autobiographie de Mélanie révèle une sorte de révolution égocentrique : elle aurait substitué au message de la Vierge les émanations de son ego totalitaire. Tout se serait produit, l'apparition à peine reconnue, lors des « années tournantes » 1852-1853. C'est là qu'il pense saisir « les symptômes progressifs » de « son complexe morbide » (*La Grâce de La Salette,* Cerf, 1946, p. 261). Mais la racine du mal remonterait à juillet 1847 : la supérieure de Corps ayant craint à cette date pour l'humilité de Mélanie[1]. Enfin, officiellement « attachée à son propre sens » par Mgr Ginoulhiac (*Instruction pastorale* du 4 novembre 1854), la voyante aurait sombré à jamais dans l'hystérie.

Maritain réagit. *La Vie spirituelle* ayant tronqué sa réponse, Massignon la publie intégralement dans sa revue *Dieu vivant* (n° 7, 1946, p. 17-33).

Le père Jaouen maintient sa thèse dans la refonte de son livre *La Grâce de La Salette au regard de l'Église* (Cerf, 1964), et l'aggrave en dénonçant le « délire mi-spontané mi-provoqué dans lequel la pauvre femme a terminé sa vie agitée[2] », en déformant tout « au gré de son imagination, au gré surtout de son affectivité » (p. 260).

En 1991, le père Jean Stern retient la thèse du père Jaouen, « mon maître », l'appelle-t-il avec reconnaissance. Il la résume avec clarté : « À force de rêver, il arrive à Mélanie de ne plus savoir distinguer le vrai de l'imaginaire [...]. Elle remodèle la réalité en fonction de son égocentrisme » (JS III p. 130-131).

Il précise : « L'égocentrisme qui est à l'origine de ce renversement explique la formation du fameux secret » (JS III, p. 129).

Léon Bloy, Maritain, Massignon et bien d'autres voient cependant dans l'autobiographie de Mélanie « un grand témoignage rendu à la lumière invisible que les ténèbres ne comprennent point » (Julien Green, *Journal,* Paris, 1946 p. 210).

Pour J. Stern, *la réalité est tout autre* (JS III p. 128), mais il nuance justement un propos excessif du père Jaouen : « Il n'y a pas lieu, croyons-nous de recourir au concept, d'ailleurs passablement élastique, d'hystérie, pour comprendre la psychologie de la voyante » (JS III p. 125).

1. Les témoignages sur l'humilité de Mélanie à cette époque (comme aux autres) sont très nombreux. Mais on sait que Mélanie n'acceptait pas que les sœurs battent les enfants. Est-ce sa faute ? La supérieure de Corps lave Maximin de tout soupçon : or selon Mgr Ginoulhiac (*Instruction pastorale* du 4 novembre 1854), c'est bien lui qui s'est laissé « infatuer de son importance ». Qui croire ?

2. L'affirmation a été reprise par H. Engelmann dans son livre : *Pèlerins de La Salette* (Cerf, 1987, p. 79) : « À partir de 1885, moment où Mélanie s'installe avec sa mère, seule à Cannes, et jusqu'à sa mort, solitaire, en 1904, à Altamura, c'est du domaine de la pure et simple psychiatrie que semble bien relever le rôle que se donne la "visionnaire". »

Lancée avec le centenaire de 1946, reprise par J. Stern, la thèse fait encore son chemin pour le cent cinquantenaire :

Mélanie avait été « transformée en une espèce d'objet de culte par les sœurs qui l'avaient accueillie à l'école [...], suggestionnée par les attentions de la maîtresse des novices et par les lectures de spiritualité apocalyptique qui lui ont été offertes comme textes de formation » (A. Avitabile et G. M. Roggio, *La Salette,* Éd. Paoline, Rome, 1996, p. 22).

Telle est l'accusation. Des faits s'y opposent. D'après le père Bossan, enquêteur et témoin exemplaire, les religieuses de Corps et leur supérieure, sœur Sainte-Thècle,

> s'étudiaient surtout à humilier Mélanie et Maximin, en particulier et même en public, pour les empêcher de s'enorgueillir de la faveur extraordinaire qu'ils avaient eue de voir et d'entendre la Ste Vierge. Elles ne leur parlaient jamais ou à peu près jamais de l'apparition. Et quand elles leur en parlaient en passant, c'était presque toujours pour leur adresser des reproches sur leur caractère, leur grossièreté, leurs défauts [1].

Les voyants acceptaient ces reproches, ils abondaient dans ce sens. Quant aux lectures apocalyptiques de Corenc, le chanoine Millon, historien comparable au père Bossan, a enquêté :

> En novembre 1935, j'avais écrit au couvent de Corenc au sujet des lectures possibles de Mélanie pendant son séjour au noviciat-postulat. J'avais joint à ma lettre une liste de quelques ouvrages de révélations privées, de prophéties visionnaires dans lesquels Mélanie *aurait* pu puiser tel ou tel paragraphe de son secret, telle ou telle de ses prophéties subséquentes. On m'a répondu : « Les ouvrages indiqués ne se trouvent pas dans la bibliothèque de la communauté de Corenc. De plus, les postulantes et novices ne peuvent lire un ouvrage sans y être autorisées par la maîtresse des novices. S[œur] Marie de la Croix [Mélanie] n'a certainement jamais eu la permission de lire des livres traitant de prophéties et de révélations [2]. »

Bien des saints, martyrs et confesseurs ont été, comme le Christ, soupçonnés d'artifices, d'illuminisme et de fausseté. Il était trop facile d'expliquer les déviances de la bergère par l'excès des hommages qu'elle reçut largement. On y veillait et ils furent compensés par tant d'humiliations, séquestrations et persécutions.

Pour y voir clair, les documents exhumés aidant, il faut aller aux faits et aux causes, au-delà des procès d'intention. Rappelons tout d'abord deux faits convergents :

1° Ses écrits de 1850, *Cahier de réflexions avant que de se faire religieuse*, et même son *Cahier de mortification*, témoignent d'une maturité spirituelle peu commune.

2° Après les épreuves de toutes sortes (humaines et sataniques, bien discernées par les sœurs, qui ont secoué sa vie de manière parfois

1. BOS III, v. 2 p. 67, n° 827.
2. MIL VII p. 11.

étrange), elle a trouvé à partir de ses séjours en Italie un équilibre facilité par l'endurance et la maîtrise qu'elle a progressivement acquises. C'est donc tout le contraire d'un déséquilibre qui s'instaure.

3° Les « inventions tardives » qu'on attribue à sa « schizophasie », inspiratrice des versions longues des secrets, ne sont ni inventées ni tardives. On les trouve pour l'essentiel dans la toute première rédaction de 1851, destinée au pape. Dès 1848, Mélanie parle des malheurs du pape (ci-dessus, p. 44) et de Paris ; elle en avertit B. Dausse dès 1849 (ci-dessous, p. 233).

Serrons les questions.

Parmi les gestes regrettables qu'on lui a reprochés, les uns relèvent de l'ordre naturel, d'autres du surnaturel.

Réactions de nature

Sur le premier plan, déjà traité, Mélanie eut des moments difficiles dans sa vie religieuse. Cela tient d'abord à ce que, bergère des Alpes, habituée à vivre par elle-même en plein air du matin au soir, elle supportait mal le confinement, l'immobilité. Elle était plutôt allergique à une règle de vie trop cadrée [1], celle du Carmel anglais auquel on la destinait malgré elle. Elle répugnait à la claustration, que rendent plus étouffante les suspicions et sanctions plus ou moins sévères (privation de communion, menaces, isolement, etc.). Mais quand cela devint, pour des raisons de convenance politico-religieuse, une sorte de séquestration incompatible avec la mission dont elle se sentait chargée, elle eut des réactions bien compréhensibles, où il n'est pas facile de démêler une légitime revendication de liberté humaine et chrétienne, face à un harcèlement moral nerveusement stressant, qu'aggravaient d'accablantes épreuves mystiques. Cela nous conduit au plan surnaturel, où elle se tira d'un parcours difficile.

Épreuves spirituelles

a. Redimensionnement mystique

Le surnaturel redimensionne l'homme, de l'intérieur, à la mesure de Dieu. Cette épreuve peut entraîner des phénomènes secondaires, positifs et négatifs : charisme, ascèse et tentations rudes chez les âmes d'élite. Mélanie, soucieuse de sa formation spirituelle, assuma de son mieux tout cela. Le 18 avril 1867, elle confie au père Giraud, supérieur de La Salette et grand expert spirituel engagé dans le courant des âmes victimes :

1. « La charité règle tout pour le mieux. La Sainte Vierge veut beaucoup d'amour et pas tant de pratique », écrit-elle au chanoine Joseph de Brandt, le 23 mars 1877, à propos de la règle qui lui a été donnée (PS IV p. 17).

> Permettez que je vous fasse connaître quelques-unes de mes misères, et vous verrez s'il ne m'est pas impossible de rentrer dans aucune communauté. J'étais novice à Corenc, le désir de souffrir me porta à demander à Dieu des souffrances, et des souffrances ne tardèrent pas à se faire sentir (mais, je ne sais comment j'étais dans ce temps-là) et ce que je sais c'est que plus je souffrais, plus je voulais souffrir. [*cf.* ci-dessous, p. 92]. Je demandais donc encore de souffrir davantage et de souffrir s'il était possible ce que souffrent les damnés dans l'enfer, etc.
>
> Je fus après quelques jours dans un tel état de souffrance qu'il m'est impossible d'exprimer, et il m'arrivait quelquefois de passer deux ou trois jours sans pouvoir me rendre compte si j'étais encore sur la terre ou dans l'enfer. Depuis environ six ans je souffre moins, cependant je souffre des pensées de désespoir, et quelquefois je ne sais trop ce que je ferais si j'étais seule, c'est assez là-dessus (Billet de Mélanie, copie MSG 16-C-2).

Elle ne s'appesantit pas. Elle coupe court à tout développement. Ce laconisme et la grave question qu'elle pose manifestent sa lucidité. Les phénomènes qu'elle éprouve sont classiques, bien connus des spirituels.

Mais son désir de souffrance prête au soupçon : est-elle masochiste ? Non, elle ne veut que s'identifier au Christ et continuer son œuvre par sa Croix victorieuse. Dans son apparition, Marie la lui a présentée, et elle l'a accueillie profondément : c'est l'instrument du salut de l'humanité, pécheresse et menacée, sur laquelle elle pleure. « Pensons à l'Amour, ne pensons pas à la douleur », dit Mélanie (Notes du bx Annibale di Francia du 14 avril 1925, copie MSG 15-C-1).

Avec saint Paul, les enfants de Fatima, et tant de chrétiens continuateurs de la libre souffrance du Christ pour notre salut, Mélanie a voulu continuer sa Passion. Elle retrouve sur cette route le père Giraud, théoricien éclairé du courant des âmes victimes qui fleurit dès le XVIIe et s'épanouit au XIXe. J'ai étudié ce mouvement dans ma thèse *Marie, l'Église et le Sacerdoce* (1952, p. 436-442). Et Paul Claudel, à qui ces mystiques avaient inspiré *L'Annonce faite à Marie* – son chef-d'œuvre –, *L'Échange* et même *Le Soulier de satin,* m'avait écrit après avoir décerné un prix de l'Académie à cet ouvrage. L'évêque Petagna, confesseur puis protecteur de Mélanie, prêchait de son côté le « martyre d'amour ». Il avait fondé dans cet esprit les religieuses *Victimes des Saints-Cœurs.* Il avait compris et soutenu Mélanie à Marseille. Elle respira enfin, humainement et spirituellement, dans son diocèse. (Quant à ses pénitences, nous en parlerons en détail p. 92-96.)

b. Sévices du démon

À la secousse intérieure du redimensionnement mystique s'ajoutait la secousse traumatisante des sévices du démon, bien attestée par sa maîtresse des novices, sœur Thérèse, qui comprit ces luttes, ce qui est rare, de même que l'aumônier Gérente. D'étranges assauts du démon perturbèrent sa vie au noviciat de Corenc.

> Il n'y avait qu'un mois que sœur Marie de la Croix avait pris l'habit des religieuses de la Providence, lorsqu'elle demandait à Marie de souf-

> frir ce que souffrent les damnés. Jésus et Marie ne lui permirent ces souffrances qu'après trois semaines, au bout desquelles la sœur commença à ressentir un dégoût complet pour la prière, l'oraison, les sacrements. Ce dégoût augmentait tous les jours, et il en vint jusqu'à la faire souffrir horriblement quand elle était obligée de faire usage des sacrements et de la prière. En même temps, de fortes pensées de désespoir vinrent l'assaillir, des pensées contre la foi, et bien d'autres encore, de telle sorte que la jeune novice croyait quelquefois être dans les abîmes de l'enfer. Elle souffrait de telle sorte qu'il est impossible de le faire comprendre aux personnes qui n'ont pas passé par là. Souvent on la trouvait perchée sur les murs ou sur une fenêtre, prête à se précipiter si on ne l'eût empêchée. Plus tard ses peines augmentèrent encore, de sorte qu'elle n'avait plus de liberté. Voulait-on lui parler de Dieu, elle n'entendait rien. Voulait-on lui faire expliquer de quelle manière le démon la tourmentait, elle ne pouvait plus parler. Elle était restée quelquefois cinq ou six jours sans pouvoir dire un seul mot, et plusieurs mois elle n'entendit rien ; et souvent elle ne reconnaissait plus les personnes avec qui elle était.

Ce témoignage paraît étrange et nombre d'exorcistes, qui reçoivent surtout des pécheurs possédés ou malmenés par le démon, ignorent ces assauts privilégiés sur les âmes de personnes saintes, dangereuses pour son règne. Celles-là ne sont point possédées, car la fine pointe de leur âme est préservée de son atteinte, mais il les assiège, comme l'ennemi attaquant de front la citadelle qui a déjoué toutes ses ruses. On parle alors d'une « obsession » au sens du mot latin *ob-sessio*, qui n'a rien à voir avec le sens psychologique, et signifie cette situation obsidionale, violente, qui n'atteint pas l'union profonde à Dieu. Aussi ressemblante que soit l'action du démon sur les possédés et sur ces assiégés (latin : *obsessi*) comme le Curé d'Ars, mère Yvonne Aimée et tant d'autres, Mélanie réagit en se moquant comme eux de l'adversaire.

> Allait-elle à l'église [ont noté les sœurs de Corenc], les démons lui apparaissaient visiblement et la faisaient tomber par terre. Si elle avait son livre d'office, les démons le lui enlevaient et le renvoyaient au milieu de l'église en faisant un grand bruit. Pendant plus d'un an, ils la frappaient sans ménagement, en quelque lieu que ce fût, mais surtout pendant la nuit ; et quand ils ne savaient plus que faire, ils traînaient son lit de côté et d'autre. Et quand la sœur ne bougeait plus, ils prenaient un autre lit qu'ils renversaient sur la sœur. Et quand les démons la frappaient fortement, elle se contentait de leur dire :
>
> – Ah ! mes beaux messieurs, je croyais que vous étiez quelque chose de bien remarquable, mais il paraît que vous n'êtes pas de grands seigneurs, puisque vous ne faites que ce que font les forgerons. Frappez, frappez fort ! Quand je serai à la fantaisie de celui qui m'a mise entre vos mains, et qu'il me trouvera assez polie, il saura me retirer, et j'aurai à vous autres une grande reconnaissance. Allons, soyez de bons ouvriers, travaillez pour moi.
>
> Cela les mettait dans une telle rage, que s'ils avaient pu donner la mort, ils l'auraient fait. Quelquefois, pour l'effrayer, ils se mettaient sous des formes d'animaux effrayants.
>
> Ces apparitions durèrent environ deux ans et quelques mois. Il est

impossible de raconter tout ce qui lui est arrivé ; mais on sait qu'en 1854 elle fut à La Salette, et que les démons ne lui apparurent plus[1].

L'épreuve continua, selon la confidence du père Burnoud rapportée par Mgr Ullathorne, archevêque de Birmingham, après son pèlerinage :

> Le supérieur de La Salette [...] lui-même était persuadé qu'elle était sujet à l'obsession [de Satan qui l'assiégeait psychologiquement] et que cela seulement pouvait expliquer certains états qu'elle montrait. Par exemple, elle se serait exclamée : « Il n'y a pas de Dieu », et ce n'était qu'avec de grands efforts que dans ces accès, il aurait pu l'induire à faire de brefs actes de foi (Lettre de Mgr Ullathorne du 3 avril 1855 à Mgr Hogarth, copie MSG 15-C-5[2]).

Ce qui arrive non seulement aux possédés mais à des saints, tels Gemma Galgani ou le père Pio, purifiés par de telles nuits de l'esprit que l'exorcisme ne les dissipe pas toujours. J'en connais de nombreux cas, historiques et actuels.

Ces épreuves, le Christ les a subies, selon l'Évangile (que nombre d'exégètes s'efforcent d'édulcorer). Au seuil même de son ministère, il fut sévèrement tenté au désert (Mt 4, 1-11, Lc 4, 1-12) et le démon s'éloigna, mais seulement « jusqu'au moment opportun » (*kairos* : Lc 4, 13), c'est-à-dire l'agonie, la nuit de la souffrance et de la déréliction qui lui fit dire : « Mon Dieu, mon Dieu, pourquoi m'as-tu abandonné ? » (Lc 15, 34).

Mélanie a connu cela, comme sainte Bernadette et Thérèse de Lisieux. Ces états sont difficiles à démêler, car l'épreuve mystique venue de Dieu interfère avec les sévices du démon... et des hommes.

Dieu tire de cette persécution un bien pour l'âme, ainsi trempée et purifiée, selon le livre de Job. Mais au moment où la souffrance tombe, même si elle a été demandée dans un élan de générosité, l'âme s'y perd car la douleur est un mal obnubilant et destructeur. Il est donc impossible d'aimer la souffrance comme telle, on peut seulement l'assumer par un amour plus fort. Même le Christ fit cette prière toute humaine, lors de son agonie : « Père, éloigne de moi ce calice », avant de consentir par pur amour : « Mais que ta volonté soit faite et non la mienne ! » (Mt 26, 39).

Jésus repousse d'abord le calice inacceptable, mais l'accepte aussitôt, par amour du Père. En espagnol, il n'y a qu'un mot pour dire *vouloir* et

1. *Notes complémentaires par les religieuses de Corenc,* publiées dans ENF, p. 167. Il est vrai que plus tard, à La Salette, mère Thérèse semble avoir cru en une pseudo-mystique qui singeait Mélanie, et la règle donnée par la Vierge, jusqu'à se gagner des pères du sanctuaire. Il n'est pas toujours facile de se garder, dans ses jugements, entre la crédulité naïve et la chasse aux sorcières qui diabolise les faits mystiques. Certains supérieurs ont pris pour de la simulation les luttes préternaturelles de Mariam de Bethléem, de Padre Pio, de Marie-Thérèse Noblet.

2. Le bx Annibale di Francia, directeur de Mélanie à Messine, note laconiquement, à propos de sa dirigée de 1898 : « Dix années d'enfer mystique. À la Grande Chartreuse : "Dieu n'existe pas." » (Notes du 14 avril 1925, copie MSG 15-C-1). Notez, à une distance de cinquante ans, la concordance des deux sources.

aimer. Mélanie achevait au plus court sa confidence au père Giraud en disant : « Assez là-dessus ! Point final ! » (billet du 18 avril 1867).

Comme toutes les âmes souffrantes, Mélanie ne s'attarde pas sur elle-même, ni sur sa souffrance. Elle rebondit aussitôt dans l'abandon, la distanciation et l'amour.

N'oublions jamais, comme le souligne Jean Stern, ce que Notre-Dame de La Salette a présenté aux voyants, après ses larmes : la Croix. Ce n'est pas un cas isolé. Entre autres, le Christ a présenté la Croix à sœur Yvonne Aimée, le 5 juillet 1922, pour lui signifier, après son mariage mystique (juin 1922), sa mission cruciale. La Croix n'est pas un vain mot : c'est le fondement nécessaire du salut des hommes en Jésus-Christ. C'est pour cela qu'il a poussé l'amour jusque-là, et qu'elle reste l'aujourd'hui du salut. Selon l'apôtre Paul, c'est le secret de toute sainteté et de tout apostolat efficace. C'est alors que la puissance de Dieu se manifeste dans la faiblesse ; la Vie, dans la mort (2 Co 11-12, 1-11). C'est ce que le pape Jean-Paul II vit héroïquement en ses dernières années.

Ce qui est remarquable chez Mélanie ce n'est pas le rejet de la souffrance. Elle y était plus entraînée que les derviches, et courait « après les occasions de souffrir comme les gourmands après les friandises » (lettre de Mélanie au père Sibillat du 16 mars 1854, EG 5), et si elle n'aimait pas prendre « la discipline » au Carmel (ci-dessus p. 79), c'est parce qu'il fallait se dévêtir pour cet exercice d'autoflagellation.

Ce qui authentifie les souffrances de Mélanie, c'est que ce joug intolérable l'a laissée debout et forte pour mener droit sa mission, à travers tant de contraintes et d'exils imposés, jusqu'au moment où elle trouva un accueil ouvert et compréhensif en Italie. C'est qu'elle ait su accorder ses souffrances avec sa continuité de vie et de projets, une créativité riche en initiatives, ainsi qu'une remarquable persévérance. Enfin, elle ne fut jamais tannante, collante, obsédante pour trouver remède à ses souffrances et soutien pour les projets qui lui tenaient à cœur. Dans sa vie sans cesse contrariée par des adversaires, elle a su accueillir les rencontres providentielles de deux prêtres italiens fondateurs d'ordres, aujourd'hui béatifiés, qui l'ont estimée au point de bénéficier de son aide (voir p. 174).

c. Stigmates de la Passion

Aux souffrances extérieures que provoquaient les tentations, sévices et attaques obsessionnelles du démon, s'ajoutaient des souffrances d'un tout autre ordre : les stigmates. Cette souffrance-là est toute différente des agressions hideuses ou lancinantes de l'enfer, car c'est une communion au Christ. Elle qualifie, de manière juste et limpide, ces « souffrances d'amour ».

Les stigmates de Mélanie furent considérés par ses critiques superficiels comme une pure invention ou automutilation. « Mgr Ginoulhiac a toujours déclaré que Mélanie n'avait pas de stigmates » (J.-A. Bossan,

Notes pour l'histoire de La Salette, 1863, p. 39-40, n° 58, MSG A-36). Cette opinion est largement répétée : le père U. Paiola range les stigmates de Mélanie parmi les « fantastiqueries historiques » (lettre du 23 janvier 1997 à Don A. Galli).

L'étude des stigmates de sœur Yvonne Aimée [1] et la rencontre de plusieurs stigmatisés m'ont enseigné les préventions qui sévissent à leur encontre de divers côtés, scientifiques et ecclésiastiques. Les médecins, mêmes chrétiens, engagés dans les commissions d'enquête, réagissent négativement quand on leur parle de stigmates. Ils disent « automutilation », sauf ceux qui, à San Nicolas au Brésil, et en d'autres lieux, ont vu sourdre inexplicablement le sang sous leurs yeux, dans un examen clinique attentif. C'est la seule observation qui peut créer la conviction chez un médecin, et j'en connais plus d'un qui a fait ce constat, depuis le docteur Imbert-Gourbeyre, pionnier en la matière avant 1900. Il mentionne d'ailleurs Mélanie dans son étude, *Les Stigmatisées* (vol. II, Palmé, Paris, 1873, p. 312).

Il a fallu tout le rayonnement et la sainteté joyeuse de saint François d'Assise pour que l'Église accepte ce phénomène paradoxal et répugnant (compréhensible seulement selon l'amour).

Qu'en penser pour Mélanie ? Je partageais le doute généralisé, mais l'enquête exhaustive de Michel Corteville a réuni, pour la première fois, vingt témoignages indépendants sur les stigmates de Mélanie, attestés à toutes les époques de sa vie : enfance et jeunesse en Isère, séjours successifs à Darlington en Angleterre, à Marseille, Castellammare (Italie, 1868-1882), Cannes (1885). Les stigmates devinrent invisibles de 1889 à 1897, mais elle endurait pareillement toutes les souffrances de la Passion sans effusion de sang.

Ils furent observés à nouveau à Messine (Italie : 1898) par Annibale di Francia, aujourd'hui béatifié, puis en France, par un familier de Mélanie : l'abbé Combe à Diou (1901), puis l'abbé Rigaux et sa tante, à Argœuves, en 1903.

Malgré le caractère ambigu des premiers témoignages qui laissent un doute pour l'enfance, ces observations sont incontournables. Le nombre et la convergence de tant de témoignages s'imposent et ne laissent place qu'à l'esquive. L'abbé Gérente les pense ni vu ni connu, mais cet *argumentum a silentio* prouve seulement une large ignorance de ce phénomène que Mélanie gardait le plus discrètement possible.

On a pu abuser de cette parole de Mélanie à l'abbé Combe : « Mon bourreau, c'est mon amour », qu'elle corrige aussitôt en l'appliquant au Christ : « Son bourreau, c'est son amour » (12 janvier 1901, JAC p. 56). Dans cette petite phrase il y a beaucoup de pudeur, et un peu d'humour : « Mon amour » peut personnifier le Christ, et c'est avec un mélange de tendresse et d'humanité, et de sens mystique de notre identification au

1. R. Laurentin, *Les Stigmates de mère Yvonne Aimée,* Paris, 1988, avec liste chronologique des stigmatisés (p. 19 *sq.*), et bibliographie (p. 163 *sq.*).

Christ, qu'elle unifie l'amour du Christ qui lui envoie la grâce des stigmates, et son amour à elle qui les reçoit de tout cœur.

On lira dans le dossier publié en annexe 1 à ce chapitre (p. 114-115) un résumé du témoignage de mère Présentation, assistante de la Compassion de Marseille, qui vécut longuement au contact immédiat de Mélanie.

Faut-il croire aux faits mystiques de l'enfance de Mélanie ?

Alerté par quelques indices de l'existence ancienne des charismes de Mélanie, son directeur spirituel François Sibillat lui a ordonné d'écrire, dès le noviciat de Corenc, ses souvenirs d'enfance. En septembre 1852, Mélanie a rédigé à la sauvette, avec une orthographe encore très déficiente, une première autobiographie, l'« abrégé » de son enfance [1] difficile : des premières apparitions de son « frère », de sa stigmatisation. Le document a suscité la perplexité de plusieurs critiques.

Mgr Ullathorne, qui en a eu communication à la Grande Chartreuse, formule deux objections qui suffisent, selon lui, à remettre en cause l'ensemble du récit :

1° Mélanie n'a pas reconnu immédiatement la Sainte Vierge à l'apparition,

2° et surtout, elle n'est pas une bonne élève au catéchisme [2].

> Elle avait été neuf mois à la paroisse, et cependant elle était inconnue au prêtre, et elle était rarement à l'église à cause de ses occupations. Elle était, dit la supérieure, incapable de dire l'acte de foi, d'espérance et de charité par cœur, une année après, bien qu'enseignée deux fois par jour [3]. Elle ne montrait seulement qu'une amélioration de caractère, après l'apparition ; cependant, dans ce document [autobiographique], elle avait eu des chants, et une conversation familière avec Notre-Seigneur dans des apparitions, depuis son enfance. Mais alors, si elle était familière avec les saintes apparitions de Notre-Seigneur, et qu'elle savait que c'était Notre-Seigneur, comment n'avait-elle pas su que c'était la Sainte Vierge ? (Lettre à Mgr Hogarth du 3 avril 1855, copie : MSG 15-C-5).

Quant aux apparitions de Notre-Seigneur, la réponse est dans le document même, si on le lit attentivement. L'enfant qui est apparu d'abord à

1. L'A[BRÉGÉ] D[E] L[A] V[IE] D[E] M[ÉLANIE], daté du 3 septembre 1852, compte 11 pages, inachevé (copie à Solesmes, fonds Gouin, My C 1-40). Il existe un autre manuscrit de Mélanie écrit pour Dom Mortaise, prieur de la Chartreuse, copié par B. Dausse le 3 novembre 1854 : BMG R 9670, 68. Autre copie : BMG, R 9716.

(Mère Thérèse de Maximy, maîtresse des novices de Corenc, a remanié cet écrit de Mélanie sous le titre de *Au bon père Sibillat, mes souvenirs,* et l'a fait suivre de notes complémentaires.)

2. Une troisième objection, celle du plagiat ou du copiage, a été présentée par d'autres. E. Millon l'a réfutée dans son enquête sur Mélanie à Corenc (ci-dessus, p. 84).

3. Ceci n'est pas normal. On doit admettre que quelque chose (de volontaire ou non) empêche Mélanie de redire ce simple « par cœur ». À ce rythme-là, même un perroquet aurait appris son catéchisme.

Mélanie dans les moments de détresse ne s'est pas présenté à elle comme « Notre-Seigneur », mais comme un petit « frère ». C'est incognito qu'il a complété peu à peu l'instruction spirituelle commencée par le père de Mélanie, Pierre Calvat, dans ses passages à la maison, en lui montrant le crucifix. (De même à Fatima, bien après les apparitions, sœur Lucie Dos Santos a eu une double apparition de l'Enfant Jésus, qu'elle n'a pas reconnu malgré son « expérience[1] ».)

D'autre part, Marie n'avait pas encore été représentée en larmes, et portant un crucifix. Aussi, Mélanie ne se trompe pas en indiquant à Maximin (qui ne reconnaît qu'une « belle Dame ») que c'est « une grande sainte, le bon Dieu [...] ou la Sainte Vierge ».

Que dire enfin du catéchisme et des prières que Mélanie n'arrive pas à apprendre par cœur ? Outre la difficulté que lui posait la langue française, la silencieuse bergère s'était habituée à une autre forme de prière. Le bienheureux Annibale, qui l'a interrogée, conclut :

> Mélanie, lorsque lui apparut la T. Ste Vierge à La Salette, à l'âge de 14 ans, était tout autre que la fillette rustre, idiote et incapable d'apprendre le *Pater Noster*, comme l'écrivent tous les historiens de cette apparition.
>
> Il est pourtant vrai qu'elle ne se rendait pas apte à apprendre les prières vocales parce que sa prière était toute mentale et surnaturelle. Elle m'a raconté que quand ses patrons, au temps où elle se trouvait en service, récitaient le chapelet de la T. Ste Vierge, elle s'en allait dans l'étable pour ne pas entendre sa récitation, car il lui paraissait que le Seigneur devait s'ennuyer de l'entendre.
>
> Puis, avec les années, elle connut l'excellence de la prière vocale, et elle l'adopta, et elle la fit toujours adopter par les autres ; et je me rappelle que je la trouvai parfois, avant la Ste Messe, avec le chapelet entre les mains (A. di Francia, Notes sur l'autobiographie de Messine, copie : MSG 15-C-1).

Mélanie fut-elle masochiste ?

Aux souffrances mystiques inspirées que nous avons examinées, s'ajoutent les souffrances volontaires auxquelles la voyante se sentait appelée d'en haut.

Elles sont déconcertantes, et peuvent faire mauvaise impression. Nos principes de *plaisir* et de *désir* (selon Freud), ou encore d'hygiène pour mieux servir le Seigneur, ont succédé à l'amour de la Croix (centrale à La Salette et à Pontmain) et à l'esprit de mortification, si estimé autrefois.

Pour bien juger Mélanie, produisons trois témoignages qui jalonnent sa vie pénitente.

1. Elle envoya prier un enfant nouveau venu, qui finit par se révéler Jésus (*cf.* J. M. Alonso, *Le Message de Fatima à Pontevedra,* Téqui, 1974, p. 14).

1° Le premier, c'est sa confidence au célèbre père Giraud sur les folies de sa jeunesse au temps où elle n'était qu'une bergère illettrée sur la montagne. Il lui a demandé ce qu'elle faisait pour Dieu. Elle répond en s'humiliant d'abord à l'excès : « Ma vie a été un tissu d'infidélité, de péchés et d'ingratitude ; j'aurais dû faire beaucoup pour Jésus-Christ, parce que le même Jésus-Christ, fou d'amour pour nous, a fait beaucoup pour la plus misérable de toutes les créatures » (Mélanie au père Sylvain Giraud, 18 avril 1877, copie MSG 16-C-2).

C'est à l'opposé de toute vantardise qu'elle situe ses efforts d'enfance pour compenser la médiocrité de son amour :

> Qu'ai-je fait ? Des folies et rien de plus, et si pour m'humilier je dois confesser et vous dire le petit peu que j'ai fait, et fait avec tant d'imperfection, je vous dirai que quand je reçus le bienfait de connaître Dieu, je fis toutes les choses qui me passaient dans l'imagination, je faisais des jeûnes et peut-être même le dimanche par ma grande ignorance ; ayant su que le Fou d'amour se mourait du désir d'être aimé, et qu'il avait soif des âmes, encore par ignorance je voulais mourir de soif... en ne voulant jamais boire ; ayant été grondée par le frère [Jésus, encore non identifié] je changeai de système par obéissance. Parvenue à l'âge de 7 ou 8 ans, je commençai un peu à prier, mais peu vocalement, et à faire quelque pénitence selon mon ignorance ; c'est-à-dire que je cherchais à me mettre presque entièrement dans quelque ruisseau d'eau et puis je restais ainsi avec les vêtements mouillés, je mettais sur moi des branches d'épines de roses et je faisais toutes les folies que je pouvais imaginer, mais comme je ne pouvais pas faire de grandes choses pour l'expiation de mes péchés et de ceux du monde entier, le Seigneur dans sa miséricorde pourvoyait au besoin, que je sentais en moi comme une nécessité absolue de souffrir, et il me donna des patrons favorables à mes sentiments et mon frère [Jésus] se contenta de ce peu, et il m'apprenait seulement à toujours prier et à m'offrir au Père éternel jour et nuit, et quand par faiblesse je défaillais, il me donnait les remèdes pour me traîner le mieux qu'il se pouvait.
>
> Mais je n'ai rien fait pour Dieu, telle est la vérité ; je ne sais que vous dire, mon très cher père, si je cherche ce que j'ai fait, tout s'évanouit, aidez-moi vous-même... (même lettre à S. M. Giraud).

Tout en notant le motif ardent de ces pénitences, par « pur amour » et pour « l'expiation des péchés », elle indique bien que le « frère », Jésus, son conseiller, l'avait grondée pour ses excès. Cette notation est importante. Certaines de ses pénitences au temps de l'apparition, son indifférence à dormir aux intempéries, à rester dans ses vêtements trempés, sont d'ailleurs recoupées par le témoignage de son maître, Baptiste Pra (R. Rousselot, *La Vérité sur l'événement de La Salette...*, Grenoble, 1848, p. 26).

2° Une seconde lettre se rapporte au temps où elle est encore sœur de la Providence. Elle se trouvait à La Salette, avant de redescendre à Corps puis d'être emmenée en Angleterre. Cette lettre à son père spirituel atteste ses effrayantes et inquiétantes pénitences, mais aussi sa prudence, car elle avait déjà rendu compte des mortifications que lui inspirait son amour du Christ souffrant. Faute de réponse, elle lui soumet le propos que son silence lui inspire :

> Votre silence m'autorise à continuer mes pénitences et même à ajouter d'autres disciplines : 2 fois par jour, cilice; bracelets tous les jours, etc. Souvent je couche par terre, d'autres fois, je mets une planche garnie de pointes dans le lit et tout cela n'est encore rien pour moi, je désirerais en faire davantage; mais je pense que cela viendra. Tous les jours je suis en construction en fait de pénitence, je cours après les occasions de souffrir comme les gourmands après les friandises; ce qui m'ennuie, c'est que quelquefois quand il y a beaucoup de souffrances, je ne sens rien, je suis comme une morte. Tous les jours je souffre de grands maux de tête, de cœur, etc., et le vendredi quand tout cela augmente, je ne sens presque rien et cela me fait mettre en colère contre notre frère [Jésus] et je suis furieuse contre moi-même, parce que je ne suis qu'une ombre de religieuse, je n'ose pas en porter le nom parce que je le défigure, dites-moi donc ce qu'il faut que je fasse pour devenir parfaite. Je ne puis pas devenir humble puisque je ne sais pas seulement ce que c'est que ça. Dimanche dernier, je voulais savoir combien j'avais acquis de vertus depuis que je suis entrée en religion, je fis mon examen particulier là-dessus, et, après un long examen, je me trouvai sans la moitié d'une vertu, et puis au lieu de m'en humilier devant Dieu, je me suis réjouie en pensant : eh bien si je n'en ai point, Dieu les a toutes. [...] La manière dont je vous écris ne doit pas vous faire penser que je suis triste, je n'ai jamais été si heureuse que depuis que je suis ici. Il me semble que c'est ici que le bon Dieu me veut (Mélanie au père Sibillat, 16 mars 1854, EG 5).

On notera son souci de ne rien faire sans en informer son père spirituel, son effort sincère de discernement, enfin la conclusion positive et profonde que Dieu lui inspire : elle a compris qu'elle n'est rien en elle-même, tout en Dieu, ce qui rejoint la spiritualité chrétienne, à commencer par saint Paul (Ph 4, 13; 2 Co, 11...).

3° Les pénitences sont excessives, les motivations, profondes et justes : Jésus « fou d'amour », sa Passion, l'expiation, dans une radicale humilité. Le dernier témoignage qui manifeste la continuité de ses pénitences à la fin de sa vie, en Italie (Messine, 1897-1898), c'est celui de la servante de Dieu Nazarena Majone, première fille du Divin Zèle du Cœur de Jésus.

> Durant tout le temps qu'elle resta chez nous à Messine, tous les vendredis elle s'enfermait et elle ne sortit jamais de toute cette journée. Et non seulement ça, mais ce jour était pour elle un jour de pénitence; elle ne goûtait jamais, pas même une gorgée d'eau, bien qu'elle souffrît tellement de la soif, et quand elle buvait, elle se mortifiait toujours et elle ne buvait qu'à petites gorgées. [... Cependant,] elle était pour nous d'une édification continuelle, sa vertu était toujours la même. Jamais nous ne l'avons vue se mettre en colère, mais toujours calme et sereine. Ses vertus étaient toujours cachées (Copie : MSG 15-C-1).

Elle semble avoir oublié les remontrances de son petit frère, Jésus, qui lui avait reproché de ne pas boire durant sa jeunesse (ci-dessus, p. 93) conformément aux règles les plus élémentaires d'hygiène, puisque le corps humain a besoin d'eau et meurt au bout de six jours, s'il en est privé. Elle n'a heureusement pas été jusqu'à cette extrémité, son bon sens la retenait. Par ailleurs, à côté d'un jeûne insoutenable, les stigmatisés puisent dans l'Eucharistie une mystérieuse énergie.

À cela, sœur Nazarena ajoute : « Nous avons vu les instruments de pénitence qu'elle faisait, ils mettaient dans l'étonnement de savoir comment elle pouvait les supporter. Elle avait une croix faite de clous, elle se la mettait derrière le dos et se jetait d'un coup [par terre], le visage vers le haut. Cela nous l'avons su après ; nous voyons cet instrument tout plein de sang » (même texte).

Était-elle donc masochiste ? Si l'on veut, en un sens, mais nous avons vu comment ces actes excessifs étaient inspirés par le fol amour de Jésus, souffrant pour nous en invitant ses disciples à le suivre, ce qui invite à réfléchir.

Sans grand conseil, elle improvise ces pénitences à la rencontre de Jésus souffrant, au plus haut niveau mystique. Elle est au-delà de son corps, comme elle le note parfois.

À cela, il faut ajouter l'explication historique. Après l'ère des persécutions, lorsque l'Église en paix devint une puissance dans l'Empire, le *martyre* fut relayé par l'ascèse des Pères du désert. Ils substituaient aux violences mortelles des persécuteurs, une débauche de pénitences corporelles volontaires, ce que l'Église ne cessa de cultiver par la suite. La lecture des Pères du désert devint classique dans les ordres religieux, et plus largement dans l'Église, jusqu'au milieu du XXe siècle,

Les instruments de pénitence, bien portés dans la société du XVIIe siècle, sont attestés chez les chrétiens zélés et chez les Tartuffes, immortalisés par la réplique de ce dernier dans la pièce de Molière qui porte son nom : « Laurent serrez ma haire, avec ma discipline ! »

L'usage d'instruments de pénitence était encore florissant au XVIIIe siècle chez saint Louis-Marie de Montfort[1], au XIXe chez le Curé d'Ars, au XXe, chez mère Yvonne Aimée de Malestroit entre les deux guerres mondiales, tous personnages rayonnants et dynamiques dans leur vie et leur action. (Sans parler des flagellants des XVIe et XVIIe siècles que l'Église modéra jusqu'à leur disparition, sauf en quelques coins d'Espagne.)

Dans tous les ordres monastiques, et d'autres, jusqu'au Concile, la flagellation avec la « discipline » (un fouet de cordes auquel certains substituaient un fouet à pointes de fer, comme pour la flagellation du Christ) était en usage de règle, le vendredi, pendant la durée d'un *Miserere* (le psaume 51, de 19 versets).

1. Saint Louis Marie de Montfort, par ailleurs équilibré par son obéissance et sa joie parfaite, usait de toutes sortes d'instruments, et traînait même un symbolique boulet de fer attaché à sa cheville avec une chaîne, durant ses déplacements, qu'il faisait à pied, ayant renoncé au cheval. Ses pénitences ont abrégé sa vie, mais sans altérer sa créativité littéraire, poétique et oratoire, ni son enthousiasme missionnaire et musical, durant ses missions harassantes et toujours parfaitement organisées.

Sans entrer dans ces artifices généreux aujourd'hui quasi disparus, sauf quelque ordre religieux, dans mon enfance, école et famille, nous étions formés à multiplier les sacrifices quotidiens : ce que nous faisions, sans masochisme, par souci de bien faire. Cette tradition biblique, multimillénaire, oubliée aujourd'hui, a été largement et officiellement cultivée dans l'Église jusqu'au-delà du milieu du XXe siècle. Chassée de la société occidentale, l'ascèse est aujourd'hui l'atout des sagesses orientales.

Cela dit, l'Église n'a pas retiré l'austère invitation du Christ à « se renoncer » et à « porter sa croix » (Mt 16, 24, Mc 8, 34 ; Lc 9, 23), ni celle de l'apôtre Paul à mourir à soi-même pour vivre le Christ (Col 3, 9-11 ; Gal 2, 19-20...). Comment cela ? De manière fort différenciée, selon les vocations, les personnes et les conditions de vie, car la sainteté entraîne, selon des voies diverses, à des excès charismatiques.

En dernier ressort, tout cela se juge du point de vue de l'amour, vrai et humble. Ce qu'il y a de plus clair dans les témoignages cités de Mélanie et d'autres, c'est que ces pénitences lui ont été inspirées par l'amour du Christ crucifié pour nous, avec le souci de « continuer en son corps ce qui manque à la Passion du Christ pour son corps qui est l'Église », selon l'apôtre Paul (Col 1, 24). Ainsi sont apparus, chez François d'Assise, les stigmates dont j'ai mieux pénétré le sens exceptionnel, mais authentique, par l'étude historique de bien des stigmatisés souvent canonisés, ou vivants cachés aujourd'hui, beaucoup plus nombreux qu'on ne le pense : j'en ai rencontré une bonne dizaine.

À l'objection constante : automutilation ! la seule réponse scientifique que je connaisse, ce sont les cas (multiples) où des médecins et des théologiens ont vu sourdre sous leurs yeux le sang de dessous la peau, sans aucun instrument intermédiaire, ou cause normalement possible, dans des conditions d'ailleurs très différentes. Tout cela demande à être pris en compte, avant d'accuser Mélanie de masochisme. Il existe dans l'Église une vocation à la souffrance, en union avec le Christ, dont le père Giraud, un de ses frères spirituels, a été l'un de grands théoriciens, au XIXe siècle.

Fut-elle égocentrique ?

Quant à l'égocentrisme et aux projections subjectives auxquelles on réduit l'essor spirituel de Mélanie, l'ensemble des textes défie cette hypothèse projetée sur elle, en donnant comme produit tardif de son imagination ce que les documents attestent antérieurement.

Les voyants sont très différents, et même contrastés : Maximin, extraverti, Mélanie, introvertie. Autant il était sociable, autant elle aimait la solitude avec Dieu. Elle était donc intérieure, contemplative, mais *nullement repliée.* Elle savait faire place aux relations sociales, mais sans se jeter à la tête d'autrui. Elle s'est fait des amis partout, à tous niveaux ; elle a énormément échangé, oralement et par correspondance. Elle a bien vécu dans les communautés où elle n'avait pas été projetée ou chambrée de force, et même dans celles-là, elle s'est adaptée parfois des années. Des sœurs de Corenc, où elle était heureuse, à l'exil de six ans en Angleterre (assumé jusqu'au nouvel appel de la Vierge à témoigner), puis en Grèce et en Italie. Elle fut une âme de consentement à « tout ce que Dieu voulait », et seulement « autant qu'il le voulait ».

Fut-elle antisémite ?

On a taxé Mélanie d'antisémitisme : Maritain, dont l'épouse était juive, ne l'aurait pas défendue s'il avait connu ses lettres au chanoine de Brandt au début de l'affaire Dreyfus, a-t-on dit. Il est vrai qu'on fit passer alors à Mélanie des articles de *La Libre Parole* où Drumont, antidreyfusard et antisémite notoire, étale son idéologie pour une France traditionnelle, contre un gouvernement anticlérical « Francs-Maçons, Carbonaros, Juifs, Protestants, Socialistes, Anarchistes », résume Mélanie (PS II, p. 80). Et elle y joint de sonores anathèmes.

Mais Maritain n'ignorait pas ses lettres à Brandt, imprimées par l'abbé Combe dès 1913. Elles ont été recopiées par Véra, sa belle-sœur, et il les cite. S'il n'a pas protesté, c'est que Mélanie, nullement antisémite, a réagi de son chef sur l'article qu'on lui avait soumis : « Je suis loin d'approuver les données de Drumont », écrit-elle à monsieur Schmid (26 juin 1896, copie ENS).

Au temps où Pie IX prêchait « Hors de l'Église, point de salut », sans y apporter les nuances importantes élaborées par le concile Vatican II, et dénonçait sans ménagement les adversaires de Dieu et de l'Église, Mélanie est logiquement sévère pour ces mêmes ennemis : les païens, les non-chrétiens. Elle est plus sévère encore pour les mauvais chrétiens (y compris Napoléon III) et pour les mauvais prêtres. Ses termes imagés sont tranchants, dans le style romantique et traditionaliste de l'époque. Les autorités ecclésiastiques lui ont reproché ses propos contre le clergé indigne. Dans le message même de La Salette (le message qu'on oppose aux secrets « excessifs »), la Vierge compare les mauvais chrétiens à des « chiens », comme Mélanie, dans sa jeunesse, comparait Napoléon III à un « cochon » et, dans sa vieillesse, le président Combes, auteur de l'expulsion des religieux et de la confiscation de leurs biens, à « Néron ou Attila » ; soit dit, une fois pour toutes, pour situer le langage prophétique et hyperbolique de Mélanie, qui n'est évidemment pas à prendre au pied de la lettre. C'est l'« erreur » qu'elle stigmatise, et non les personnes.

Quant aux Juifs, malgré l'opinion antisémite ambiante, y compris chez Mgr Fava et dans la presse catholique d'alors, elle prie pour eux et en parle avec une espérance qu'on dirait inspirée de l'apôtre Paul, dans ses grands chapitres de l'épître aux Romains (9-11), où il est prêt à être

« anathème » pour sauver son peuple et clame sa confiance en son avenir.

Elle en parle avec estime et respect : Jésus voulait être circoncis « afin de donner du mérite à la circoncision faite sur les Juifs », écrit-elle (JAC p. 116). Elle prophétise : « Après l'Antéchrist, les Juifs se convertiront et vivront une vie pénitente et exemplaire » (Lettre à J. de Brandt, 8 novembre 1890, PS IV).

Bien plus, quand les Français perdront la foi (voir p. 47), et qu'au rebours des origines, ce sont les Juifs qui remplaceront les chrétiens renégats qu'elle flétrit : « Il est possible et même certain que les Juifs reprendront le titre de "Peuple de Dieu" et que, peut-être, nous serons rejetés » (PS II, p. 65). « Le dernier pape sera hébreu, comme saint Pierre », conclut-elle (PS IV, p. 178).

Dans les trois sens de l'Apocalypse qu'elle discerne, elle fait bonne place au peuple hébreu :

> Le premier figure Jésus-Christ;
>
> Le second figure l'Église, Corps mystique de Jésus-Christ et qui doit lui ressembler en tout;
>
> Le troisième figure les Hébreux, ou plutôt, les générations jusqu'à la fin du monde, figurées par les Hébreux (PS IV p. 67).

Bref, si on peut relever chez Mélanie des jugements sévères sur tous ceux qui sont en dehors de l'Église ou infidèles à l'Église, on ne trouve point d'antisémitisme chez elle. Elle adresse de chaleureuses félicitations à Joseph de Brandt pour la béatification de son ami, le père Libermann, Juif devenu prêtre par son entremise, malgré leur différend au noviciat des Eudistes (10 octobre 1888, PS IV).

Les voyants furent-ils corrompus par des influences politiques ?

Quant à l'influence, sur Mélanie ou Maximin, de groupes royalistes ou ésotériques, à qui on a attribué un rôle considérable, nous en verrons les limites ci-dessous, p. 145.

V. Sont-ils saints ?

Mélanie

En contrôlant l'équilibre et le psychisme de Mélanie, nous avons déjà pénétré, dans sa vie tissée d'épreuves extérieures et intérieures, son élan mystique précoce vers la sainteté, reconnu par les supérieurs durant son noviciat où elle prend le nom de *Marie de la Croix* (9 octobre 1851) : choix et dédicace très significatifs.

Qu'il suffise d'appuyer les constats précédents par l'esquisse de quelques vertus maîtresses et par des témoignages sur sa sainteté.

On connaît l'importance fondamentale de l'*humilité*[1]. Après l'examen de tous les témoignages, il n'est pas seulement faux que les sœurs de Corps ou Corenc, ou bien son entourage le plus favorable, aient encouragé envers elle une espèce de culte. Deux réponses de Mélanie à l'abbé Lagier, vers février 1847, montrent encore son indifférence, tant pour les critiques que pour les louanges, critère de santé spirituelle. Il l'agresse pour l'éprouver :

> – Eh bien, ma pauvre Mélanie ! Il faut que ce soit le diable que tu aies vu [... Et comme elle ne réagit pas :]
> – Ce que je viens de te dire, ça t'a blessée ?
> – Non.
> – Bien sûr ?
> – Non, que voulez-vous que cela m'ait fait.
> (Elle dit cela avec un si grand calme et un air si angélique que les larmes me sont venues aux yeux [...][2].)
> – Quel honneur pour toi, ma chère enfant, d'avoir été choisie pour nous apprendre cette grande merveille ?
> – Je ne sais pas ce que vous voulez me dire[3].

Mélanie n'aime pas les gravures où on la représente avec la Vierge (et Maximin). Le 11 septembre 1849, Marie des Brulais lui présente une de ces images pour qu'elle la lui dédicace : Mélanie prend le crayon... et perce l'image à l'endroit de sa propre tête ! Marie des Brulais insiste, au moment du départ, pour « obtenir d'elle un léger souvenir » :

« Je lui en fis la demande.

– Je n'aime pas qu'on se souvienne de moi, me répondit-elle ; je ne suis pas une sainte pour qu'on pense à moi[4]. »

Le 31 mai 1849, L.-M. Similien, achevant ses prières sur le lieu de l'apparition, se trouve tout à coup en face de Mélanie, accompagnée d'une religieuse enseignante de la Providence :

> En considération de mes antécédents avec sa communauté, la maîtresse accepta affectueusement mes salutations, et me confia son élève qui se prêta volontiers à toutes mes perquisitions.
>
> Cette jeune fille, d'une taille ordinaire, était loin de porter le cachet de 16 ans qui lui étaient révolus. À cet âge, elle avait le visage ovale, la peau blanche, les joues vermeilles, les cheveux foncés, et les traits assez gra-

1. « Rien [...] ne témoigne plus nettement pour l'authenticité de [la révélation] qu'une profonde humilité. Tous les experts insistent sur cette vertu. [...] C'est tout à fait normal, selon la constatation du Seigneur lui-même [en Jn 7, 18] : "Celui qui parle de lui-même cherche sa propre gloire, mais celui qui cherche la gloire de celui qui l'a envoyé, celui-là est véridique ; il n'y a pas d'imposture en lui" » (L. Volken, *Les Révélations dans l'Église*, Salvator, Mulhouse, 1961, p. 167).

2. A. Bossan : *La Sainte Apparition de Notre-Dame de La Salette et ses suites*, Solesmes, fonds P. Gouin, MYC 1-75, p. 114, n° 290.

3. Même source, p. 115, n° 292.

4. Épisode du 11 septembre 1849, MB, p. 142.

cieux. Son port empreint de la plus belle candeur respirait une ravissante modestie. Toute sa personne indiquait une grande réserve. Aussi n'aimait-elle pas paraître, et recherchait-elle l'isolement. C'est pour ce motif qu'elle ne discourait sur l'apparition que par nécessité; et quand elle le faisait, c'était avec une voix basse, un ton grave, les yeux ordinairement baissés, et les mains tombantes et croisées un peu au-dessous de la poitrine. Sa pose répondait alors véritablement à la dignité de ses paroles. En un mot, tout en elle exprimait la sublimité de sa mission, et l'influence du Saint-Esprit.

Mais comme si, pour ternir le reflet des vertus, il y avait dans chaque créature mortelle quelques imperfections, conséquence du péché originel, les supérieurs de Mélanie l'accusaient de n'avoir pas le caractère assez ouvert, et craignaient en elle quelque tendance vers l'orgueil à cause de la haute faveur dont elle avait été l'objet. Sauf ces deux reproches, il n'y avait rien que de louable dans ses actes[1].

Marie des Brulais, autre témoin classique, interroge le guide qui la conduit à la montagne, et obtient pratiquement la même explication :

– Et la petite fille, est-il vrai qu'elle soit devenue orgueilleuse?...
– C'est pas vrai. Elle est pas si gaie, pas si gentille que Maximin, mais elle va bien. Lui est plus étourdi[2]...

Elle type bien les voyants : Mélanie, discrète, réservée, qui en porte lourd; Maximin, l'homme de l'instant qui vous provoque, mais avec une saine chaleur humaine.

Vers la fin de sa vie, le méfiant curé de Diou, qui songe à accueillir Mélanie dans sa paroisse, la soumet à un test en règle :

Vigile de la Pentecôte 20 [mai 1899]. Ma première impression ce matin à la gare; figure naïve d'une fillette de 6 ou 7 ans [elle en a 67,] dépaysée. [...]

Dès notre arrivée à la maison, j'ai voulu savoir si elle était humble, et j'ai opéré avec la cruauté d'un juge d'instruction! Levant constamment les yeux pour surprendre sur ses traits un sentiment de vanité, je lui lus d'un bout à l'autre ses *Souvenirs au bon père Sibillat.* J'en fus pour mes frais.

Alors, brusquement, je lui racontai les vilaines choses qu'on m'avait dites sur son compte, sans omettre les plus atroces, que je n'ose pas écrire. J'en fus également pour mes frais. Non seulement elle ne protesta pas contre ces calomnies, mais encore son visage garda tout le temps sa candeur enfantine, et, avec simplicité, elle répondait à toutes mes questions. [...]

Pendant que je lui racontais les vilaines choses qu'on dit d'elle, son regard semblait perdu en Dieu, ou bien elle n'en comprenait pas le sens. Je n'ai jamais vu l'ombre d'une telle humilité ni d'une telle pureté! (JAC p. 10-11).

1. L.M.U Similien, *Le Pèlerinage de La Salette,* Barassé, Angers, 1853 p. 205-206.
2. Conversation du 9 septembre 1847, MB, p. 15-16.

L'humilité de Mélanie, la conscience de sa petitesse par rapport à Dieu, à sa transparence, expliquent sa patience inépuisable dans les épreuves et les contradictions.

La *charité* envers le prochain, dans la vérité, fut le tissu même de sa vie, plus patent à certaines occasions, surtout à partir de 1860. Son service chez les Sœurs de la Compassion, jusqu'en Grèce, puis à l'école en banlieue de Marseille, où elle semble avoir donné satisfaction. Le service caractérise aussi sa vie en Italie, même lors de son séjour à la Visitation de Rome, pour faire le travail demandé par Léon XIII. La supérieure de ce couvent, qui accueillit la « si bonne Mélanie », écrit : « Elle est pour nous un objet d'édification par sa très vertueuse et très sainte conduite, et elle se prête aussi très charitablement pour une jeune sœur très malade qu'elle assiste nuit et jour, selon le besoin. Sa mortification est très remarquable aussi et je vous répète, nous sommes très édifiés par elle[1]. »

Si elle quitte l'Italie en 1884, c'est pour soigner sa mère pendant cinq ans, jusqu'à sa mort.

Dans son manuscrit inédit de 1917, Maritain enquête sur les *Vertus de Mélanie* et leur consacre une étude systématique. Le plus impressionnant, c'est le témoignage de ce grand philosophe, homme de confiance des papes, ambassadeur de France près le Saint-Siège, humble enquêteur et admirateur de « l'ignorante bergère » :

> J'ai demandé à ceux qui ont connu Mélanie, quelle impression produisait dès le premier abord, sa physionomie [...]. Ce qui frappait le plus en Mélanie, m'ont-ils répondu, c'est l'extraordinaire candeur qui paraissait sur son visage, c'est aussi son incomparable douceur et sa simplicité, mais avant tout, c'est son *recueillement.* Un document bien imparfait, une photographie prise à son insu, à La Salette, tandis qu'elle priait, nous permet de nous faire quelque idée de ce recueillement dont s'émerveillaient les gens, qui la voyaient à l'église. Elle était sans cesse en la vivante présence de Dieu, et sa prière était vraiment dans l'oubli complet de tout, un pur regard d'amour et de lumière.
>
> Mélanie était toujours très silencieuse et très douce. Elle répondait aux observations les plus aiguës et les plus blessantes avec une suavité tranquille et égale, que l'abbé Combe, dont le caractère est plutôt vif, trouvait à certains moments « exaspérante ». Si dans les premières années qui suivirent l'apparition, elle passait pour maussade, c'est que de nature elle était timide, et qu'elle n'avait été jusque-là qu'une *sauvage* formée à la contemplation divine, mais nullement à la civilité humaine ; c'est aussi qu'elle avait peur des hommes, peur de leurs yeux, peur de leur bruit, et qu'elle se repliait farouchement vers le Dieu de son cœur. Si d'autre part, elle nous paraît dans certaines paroles qu'on a conservées d'elle, et dans un grand nombre de lettres, comme revêtue d'une extraordinaire énergie, c'est que nous la voyons alors dans l'exercice de sa mission. Mais en toute autre circonstance, c'est la douceur qui prévalait.
>
> Ne sait-on pas d'ailleurs, que la douceur et la force, loin d'être

1. Lettre de sœur Mathilde Cagiati du 3 avril 1879, ENS.

incompatibles, sont en réalité inséparables ? Moïse n'est-il pas appelé par l'Esprit-Saint, le plus doux des enfants des hommes ? Et Jésus, *doux et humble de cœur,* n'a-t-il pas chassé à coups de fouet les marchands du Temple, et renversé les tables ?

Le zèle de ta maison me dévore. Dès qu'il s'agit des droits de Dieu et de Marie, Mélanie devient intraitable. Alors, elle a sur les hommes et sur les choses des jugements fulgurants, elle a ce langage terriblement rude et droit, et cette indignation vengeresse, qui obligent l'imagination à relier, par-dessus vingt siècles, la bergère des Alpes, aux grands inspirés des montagnes de Judée.

Ce qui donne à Mélanie cette force singulière, c'est qu'elle est fixée dans la vérité, et fixée par un amour inébranlable. Il y a en elle une espèce d'impossibilité d'exprimer que ce qui est, ou d'agir autrement que selon la pure ligne de la conscience ; une incapacité totale de *biaiser*. Elle hait le mensonge d'une haine angélique comme l'offense la plus directe à la vérité subsistante, comme un désordre absolument insupportable. Elle est tellement enracinée dans son âme, qu'elle se manifeste dès sa toute première enfance, et qu'elle rend la *sauvage* incapable d'assister sans crier et trépigner aux « spectacles » et aux « comédies » auxquelles sa mère voulait l'emmener. Dès qu'elle eut cinq ou six mois, sa mère voulut la porter dans les soirées où il y avait des amusements ; mais elle criait, pleurait et déchirait ses habits. Ainsi, elle empêchait les gens d'entendre et sa mère devait la porter dehors. Mélanie s'accusait de cela comme d'une désobéissance et d'un péché.

« Un jour, raconte-t-elle encore, (elle avait alors cinq ou six ans) ma mère me croyant plus docile, voulut me porter à une comédie et vraiment je ne fis pas de résistance. J'avais résolu d'obéir, quoique intérieurement je sentisse de la répugnance ; mais j'avais donné mes sens à Dieu, je le priai de me préserver de voir et d'entendre aucune chose qui ne serait pas de son goût. Dans cette comédie un individu annonçait au public qu'il allait voir des choses stupéfiantes : qu'on allait couper la tête à un homme et qu'on la lui remettrait en place sans qu'il reste trace de la blessure. Ma mère me voyant tranquille était contente ; mais quand vint le moment aveuglant et que ma mère me dit :

– Regarde, regarde, regarde bien là !

Je poussai un cri :

– Ce n'est pas vrai ! ce n'est pas vrai ! mes yeux ne peuvent supporter l'artifice !

et je pleurai si fort que ma pauvre mère dut, à son grand déplaisir, m'emporter. Arrivée à la maison, je fus renvoyée comme incorrigible, et vraiment j'étais terrible, je donnais continuellement du chagrin à ma chère mère. »

Les trois vertus théologales sont la sève de toute sainteté. Mélanie, nous l'avons déjà vu, vivait de la foi, et ne s'appuyait que sur la *foi.*

Par « ces temps de morte foi », comme elle disait, elle apparaît comme un signe donné par Dieu pour rappeler les hommes, en tous les domaines, à l'intégrité de la foi. Et si elle s'afflige, si elle gémit, si elle exhorte, pour adjurer les chrétiens – sa longue correspondance en donne un témoignage admirable – de régler leurs pensées et leurs actions sur la seule foi, *sur la foi pratique.* Ici comme partout, elle est la fidèle interprète de Notre-Dame de La Salette. Elle n'apporte pas un remède quelconque, plus ou moins social ou politique ; elle ne demande pas non plus, du moins à tous, de gravir les sommets de la vie chrétienne et de la spiritualité. Ce qu'elle réclame sans cesse, ce qu'elle exige, c'est que chacun soit fidèle à son état : le religieux à tendre à la perfection de la charité ; le prêtre à sanctifier le peuple, le prêtre et le peuple à tenir les promesses du baptême et à pratiquer les commandements de Dieu. Mélanie avec une sainte et forte dévotion aux commandements de Dieu et l'on peut dire qu'elle a pratiqué le 4e commandement d'une manière héroïque, non seulement dans son enfance, mais aussi lorsqu'elle revint d'Italie pour endurer pendant cinq ans de soins les plus tendres, et pour préparer à une pieuse mort *cette chère mère* qui autrefois avait été pour elle une mère dénaturée, et qui n'a jamais cessé de la faire cruellement souffrir.

La vertu d'*espérance* en Mélanie, était nécessairement à la mesure des épreuves intérieures et extérieures que la pauvre bergère eut à subir et qui allèrent parfois jusqu'à une déréliction qui semblait sans remède.

Quant à la vertu de *charité,* rappelons seulement que toute le vie de Mélanie ne fut qu'un long témoignage d'amour fidèle rendu à Dieu et à sa mère ; rappelons-nous aussi, en ce qui touche l'amour du prochain, que c'est pour ses ardents persécuteurs que Mélanie s'imposait les plus sanglantes pénitences : combien, parmi ceux qui auraient voulu l'anéantir, durent la bénir à l'heure de leur mort, parce qu'ils ont dû leur salut à ses prières ! Jésus lui avait appris que : « Dieu ne nous défend pas d'aimer le prochain, au contraire, il nous le demande, quel qu'il soit, amis ou ennemis, pour le *pur amour de Dieu,* comme image. » Et Mélanie appliquait strictement ce qui lui avait été appris, aimant pour Dieu seul, d'un cœur parfaitement dégagé, les hommes quels qu'ils fussent, et d'abord ceux qu'elle avait un devoir particulier d'aimer : sa *chère mère,* ses *chers maîtres* (Le Moine [surnom d'un terrible maître] et sa famille par exemple).

Mélanie avait une petite pension, assurée par quelques personnes dévouées à Notre-Dame de La Salette, mais l'argent disparaissait entre ses mains, parce qu'elle donnait tout aux pauvres.

Mélanie aimait la Très Sainte Vierge d'un amour inégalé. Elle chérissait *sa maman* avec la tendresse confiante et simple d'un petit enfant. Et elle savait, comme les grands docteurs, comme un saint Bernard, un Grignion de Montfort, les magnifiques profondeurs du mystère de Marie : « Il n'y a que Dieu qui puisse parler dignement des grandeurs de la Vierge-Mère et de sa puissance, parce que, pour arriver à comprendre le mystère de l'élévation de cette Vierge sublime, il faudrait connaître Dieu. Or les Anges mêmes ne connaissent pas les mystères de Dieu ; mais ils le connaissent dans une proportion adaptée à leur état angélique, et cette connaissance les ravit et les tient dans une continuelle extase d'amour, de joie, d'admiration et de bonheur incompréhensible aux habitants de la terre ; et quand on dit que Marie est le chef-d'œuvre de la très sainte Trinité, c'est tout dire. Marie a été, est, et sera toujours après Dieu, mais la plus parfaite, la plus sublime et la plus élevée de toutes les créatures. Ce que Notre-Seigneur Jésus-Christ est par nature, Marie l'est par grâce ; et ni saint Jean, ni saint Pierre, ni aucun saint ne peuvent être comparés à Marie, ni en amour, ni en souffrances, ni en fidélité, ni en grâce, ni en connaissance. Si saint Jean figure l'Église, parce que, au pied de la Croix, Jésus le donna pour fils à Marie, Marie n'en est pas moins Mère : une

> Mère a autorité sur son fils. Marie est donc le sanctuaire de l'Église ; elle en est la vie, le soutien et l'œil [1].

Particulièrement significative est la continuité de sa *fidélité au service de sa mission* envers et contre tout, jusqu'à sa mort à Altamura, malgré les contradictions.

– Mgr Ginoulhiac l'écarta du diocèse de Grenoble après avoir interdit ses vœux.

– En Angleterre, où il la fit partir, le projet de fonder l'ordre de la Vierge avec des personnes volontaires fut contrarié, sur l'avis de Mgr Ginoulhiac. À cet effet, on la fit entrer en clôture au Carmel de Darlington, malgré son besoin de « grand air », et surtout contre sa mission. Elle prononça ses vœux avec restriction mentale pour rester disponible à la Vierge. Elle en sort finalement le 19 septembre 1860, pour faire connaître le secret.

– À Marseille, une nouvelle interdiction épiscopale l'écarte de la vie de religieuse enseignante, commencée dès Corenc.

– En 1879, un autre évêque de Grenoble, Mgr Fava, paralyse sa fondation approuvée par Mgr Petagna et soumise au pape.

– Jacques Cusmano, ami de Mélanie aujourd'hui béatifié, qui voulait mettre son œuvre sous le patronage de Notre-Dame de La Salette, en reçoit interdiction soi-disant pontificale (Lettre de J. Cusmano du 14 mars 1887 : *Cuaderni di spiritualita cusmaniana* 6, Palerme, 1976, p. 173).

– D'août 1892 à mars 1895, Mélanie défend en justice un legs reçu en bonne et due forme pour la fondation de son ordre. Soucieux de récupérer ce don, l'évêque d'Autun l'excommunie.

– Elle traverse cependant « allègrement », c'est son mot, les multiples épreuves : obstacles à la réalisation de l'ordre de la Mère de Dieu, pourtant encouragé par Léon XIII, foudres et calomnies accumulées lors de la publication du secret.

François Michel Sibillat, parmi les tout premiers Missionnaires de La Salette, directeur spirituel de Mélanie à Corenc, dira un jour :

« Si sainte Thérèse avait dû subir les épreuves dont Mélanie a triomphé, elle aurait succombé [2] ! »

Le bienheureux Annibale di Francia voulait introduire sa cause de béatification :

> Je suis sur le point de promouvoir le procès d'information des vertus et des dons de notre bien-aimée Mélanie, auprès de la curie de Messine. [...] Je ne sais pas si vous savez que Mélanie a opéré un miracle de guérison instantanée d'une très grave maladie, avec [son] apparition, dans un de mes Instituts [3] (lettre du 5 novembre 1923 à Joseph Molière, ENS).

1. Manuscrit consultable au Cercle d'études J. et R. Maritain, à Kolbsheim (II, chap. 3, p. 107...).
2. D'après H. Rigaux : lettre du 11 février 1909 à M. Lainé, ENS.
3. Le procès-verbal de cette guérison *in articulo mortis*, acompagné de certificats médicaux, a été dûment dressé par le bx Annibale (copie : MSG 15-C-1).

Maximin

Les deux bergers n'avaient pas gardé entre eux de liens particuliers. Leurs destinées furent tout à fait indépendantes. Mélanie explique pourquoi :

> Bien que je remarquais beaucoup de bonnes qualités de Maximin, je le fuyais autant que je le pouvais, parce qu'il était opposé à mon naturel de sauvage ; et pendant les quatre ans que nous sommes restés dans le même pensionnat, je tâchais toujours de ne pas me rencontrer avec lui ; nous restions rarement un quart d'heure ensemble sans nous contrarier (JAC p. 148-149).

Mais elle estimait Maximin, sa candeur, sa générosité sans réserve, son naturel, dans un monde alors très conventionnel :

> Maximin était naturellement bon, il n'aurait pas su faire de la peine à qui que ce soit, il aimait beaucoup les pauvres, souvent il leur donnait tout jusqu'aux habits qu'il avait dessus, plusieurs fois il fut grondé pour avoir donné ses habits, sa blouse, son chapeau, etc. (il était si bon, m'a-t-elle dit, qu'une fois il revint au pensionnat avec sa seule chemise et n'osait pas rentrer. Me voyant à une fenêtre, il me pria de lui envoyer une de mes robes, ce que je fis. Ainsi accoutré la sœur le laissa avec les filles... mais quand elle lui donna ensuite des vêtements de garçon, ce fut une autre histoire amusante ! Il pleurait parce qu'elle ne voulait pas le laisser habillé comme nous... Une autre fois, la sœur le corrigeait. Aussitôt qu'elle eut fini de le battre, je vis Maximin lui sauter au cou et l'embrasser. Quand je fus seule avec lui, je lui dis pour savoir ce qu'il pensait :
>
> – Moi, si la sœur m'avait battue, je ne l'aurais pas embrassée !
>
> – Oh, répondit Maximin, c'était pour la consoler, elle avait déjà bien assez de peine.
>
> Et sa simplicité. Un dimanche dans l'église pleine de monde, il courait après M. le curé en faisant tout haut sa confession pour pouvoir communier à la messe : « Monsieur le curé, donnez-moi l'absolution avant votre messe, j'ai embrassé la nièce de la sœur ; la sœur dit que j'ai fait un péché ! »
>
> Il était d'une grande simplicité, et sans méfiance : quand quelquefois les pensionnaires voulaient se débarrasser de lui parce qu'il les empêchait d'apprendre leurs leçons, elles feignaient d'avoir perdu quelque chose dans le jardin ou ailleurs, et Maximin, qui s'offrait toujours à rendre service, courait de-ci de-là, pour trouver l'objet perdu, et quand il revenait on se mettait à rire, et lui ne comprenait jamais que c'était à son occasion que l'on riait. D'ailleurs, il n'aurait pas pu croire qu'on lui eût dit une chose pour une autre (JAC p. 148-149).

Maximin a été très calomnié, comme Mélanie. Même Mgr Ginoulhiac, écrivant à son ami, le ministre des Cultes, ne craint pas de le présenter comme un « menteur » qu'il a fallu chasser du petit séminaire. (Lettre du 9 mai 1854 : JS III p. 228. Mais son imagination débordante fusait en galéjades, non en mensonges.)

Mélanie appelait à la conversion, par ses paroles et ses pénitences dans le style de saint Jean Baptiste. Au contraire Maximin, pour « faire passer » le message de la Vierge « à tout son peuple », jouait, mangeait et buvait avec les gens. D'où le scandale de dévots, qui l'ont calomnié. Pas d'ivrognerie pourtant dans sa vie, ni de mœurs légères, comme le prétendent l'abbé Déléon et plusieurs autres :

> Maximin, confiné dès l'apparition chez les religieuses de Corps en qualité de pensionnaire, échappe dix fois par jour à leur surveillance pour aller dans le bourg jouer et boire des liqueurs fortes, [...] brille entre ses camarades par ses jurements et par l'incroyable liberté de ses actes et de son langage [...]. Partout il se signale par la licence. [...] Grenoble [...] a le privilège de le voir souvent dans ses cafés. (Claude-Joseph Déléon, *Dernier Mot sur La Salette,* Grenoble, 1873, p. 334-335.)

Sœur Valérie, sa bonne « tante » adoptive, ramène les faits à leur véritable proportion. Elle écrit à un biographe, le 4 septembre 1879 :

> Cet enfant avait un caractère léger, inconstant, très jovial; cette inconstance, cette légèreté, lui ont fait commettre des inconséquences qui le dépréciaient aux yeux du public; de la part d'un autre jeune homme, on n'en aurait pas fait cas, sa conduite n'aurait pas été remarquée; mais ces légèretés chez un enfant aussi privilégié, malédifiaient. Vous me demandez peut-être :
>
> – Quelle espèce d'inconséquence, par exemple?
>
> – Eh bien, il allait facilement au café, acceptait du vin dans les cabarets en compagnie de jeunes gens qui aimaient sa compagnie; toujours aimable et gai, mais ensuite ils disaient : « Il est et fait comme nous. »
>
> Je ne crois pas qu'il ait fait rien de bien coupable, jamais (Lettre à É. Le Baillif, ENS, doc. 15 Valé).

Un programme de réhabilitation

Après sa mort, les calomnies les plus absurdes contre Maximin parviennent à l'évêché de Grenoble, au point que Mgr Fava, impressionné, tente d'empêcher l'abbé Le Baillif de publier sa vie, écrite avec les documents fournis par Mme Jourdain. Un rapport des plus noirs est envoyé par un prêtre parisien, qui a collecté ces rumeurs calomnieuses :

– Selon le R. P. Caillard, Maximin « a pendant dix ans scandalisé le peuple de Versailles, par son oisiveté, son ivrognerie et même son immoralité, car il est notoire que pendant quelque temps au moins, ce garçon-là a entretenu une femme ».

– L'abbé Billard, vicaire à Saint-Germain-l'Auxerrois et le propre neveu de Mme Jourdain, l'accuse quant à lui de « relations intimes » avec sa mère adoptive! (H. Dion, *Maximin Giraud, ou la fidélité dans l'épreuve,* Montsûrs, Résiac, 1988, p. 234-236.)

H. Dion, qui rapporte cette accusation, en indique les mobiles : l'héritage des Jourdain, détourné de l'abbé Billard par l'adoption de Maximin.

Maître Isnard, notaire de Corps, dénonça le calomniateur. « Le caractère sacré dont il est revêtu a seul pu [le] sauver de la justice », ajoute-t-il (*op. cit.,* p. 236).

Mélanie n'est guère mieux traitée. Mgr Zola atteste « qu'elle n'est ni possédée, ni illusionnée, ni orgueilleuse, ni désobéissante [...] ni une misérable livrée aux passions charnelles [1] », comme on l'avait murmuré à Pie IX [2].

Les voyants ont donc pâti tous les deux des attaques de certains clercs, que le secret n'avait peut-être pas tort de blâmer. De telles attaques sont fréquentes Plus près de nous, l'évêque de Padre Pio (aujourd'hui béatifié) adressait au Vatican les accusations les plus noires à son encontre. Cet évêque passait pour une personne très respectable : la découverte de ces calomnies dans les archives arrêta net la cause de béatification du Padre Pio ? A-t-il été trompé par de bons apôtres, ou tenté, comme il arrive ? Bien des saints ont été calomniés. Don Bosco le fut près de Pie X et en a souffert.

Propagée partout, la calomnie sur les bergers de La Salette, témoins qui ont vécu au sein du monde sans pouvoir réaliser leur vocation, et souvent seuls, (à la différence des voyantes de Lourdes ou de la rue du Bac, si cachées dans leurs couvents), a été perpétuée jusqu'à nos jours. Leurs appels à la conversion, l'appel de Marie aux prêtres indignes ne dérangeaient guère moins que la prédication du Christ, condamné par de sincères autorités religieuses. Ce sont les secrets de Marie qui dérangeaient Robert Masson :

> Ah ! ces secrets... Au sens fort : ils engourdissent ma plume d'avance. Vrais ou faux (et je ne veux rien en savoir), ils font autour de moi comme un bruit qui recouvre la parole. Un vacarme d'intrigues et de conjectures : de calomnies... [sur le clergé] ; d'oiseux ragots qui alimentent malencontreusement plus de méditations que le message. Et tout se passe comme si je répugnais à barboter dans cette eau grasse de cartomancienne. À dégringoler de Marie à Madame Fraya ! Sans pouvoir espérer garder les pieds au sec, puisque la flaque, je le sais, salira tout le paysage. (R. Masson, *La Salette ou les larmes de Marie,* Éd. SOS, Paris, 1974.)

Maria Winowska, au contraire, surmonte le ressac :

> Le secret de Mélanie est à tel point imbibé des larmes de la Vierge que tout l'enfer se coalisera pour le noyer en des flots d'encre et de fiel. Une propagande de mauvais aloi obligera l'Église à en interdire la diffusion. Imaginez-vous un texte dans le style de Jérémie, violent et âpre comme certaines strophes du *Magnificat* ? La dévotion à l'eau de rose du XIXe siècle pouvait en être offusquée : en ce temps-là, on ne lisait guère les prophètes (*Ecclesia,* août 1956, p. 71).

1. Lettre de Mgr Zola à A. Nicolas du 1er décembre 1878, EG 39.
2. L'abbé Zola (29 janvier 1872) et Mgr Petagna (5 mars 1872) ont écrit à Mgr Baillès en le priant de rassurer le pape.

Face à la désinformation, tout en défendant la vérité du langage biblique de La Salette, Mgr Matagrin alors évêque de Grenoble ose parler de la « réhabilitation » des voyants : « C'est un travail d'historien : c'est aux historiens d'aider la vérité à faire son chemin[1] ».

Sainteté des pauvres, cohérence du témoignage, épreuves spirituelles classiques : notre étude à frais nouveaux ouvre des pistes à cette réhabilitation.

Au terme du chapitre sur Maximin et Mélanie, trois témoignages aideront à y voir plus clair. D'abord l'appréciation de Mélanie sur son compagnon, à la lecture de sa vie, par Émile Le Baillif :

> Tous les soirs je lis quelques pages de la Vie admirable du bon Maximin. Ses souffrances variées et continues me touchent et me font envie, mais je suis loin, très loin, d'avoir sa naïve générosité et surtout ses vertus. En un mot, il a été martyr pour l'accomplissement de sa mission. Mais vive Dieu, on peut bien dire avec vérité : il nage dans la gloire et recueille ce qu'il a semé dans les pleurs (Lettre de Mélanie à J. de Brandt du 10 octobre 1901, PS IV p. 414-415).

Des pleurs qui ont prolongé les larmes de Notre-Dame, en filiale communion.

Sur Mélanie, sœur Joséphine Servant, supérieure des Filles de la Charité à Galatina, écrit à l'abbé Combe, le 15 octobre 1907 :

> Mélanie venait très souvent à la messe dans notre église ouverte au public. Elle se tenait près de la porte, j'avais toute la peine du monde à lui faire accepter une place dans les bancs de nos enfants. Sa tenue si humble et modeste les édifiait beaucoup. Au moment de faire la sainte communion, elle se prosternait jusqu'à terre ; pendant l'action de grâces, elle semblait ravie en extase. Je ne l'ai jamais vue que dans la posture à genoux ; il en était de même pendant les cérémonies des jours de fêtes. Ses journées se passaient à travailler, lire et prier ; et une grande partie de la nuit a écrire. Le peu de sommeil qu'elle prenait était toujours sur la terre nue, son lit n'était que pour tromper les apparences : jamais elle n'y a couché. Son habitation, monsieur l'abbé, était très pauvre et très humble, vu que l'hiver, la pluie y tombait comme dans la rue : pour passer d'un endroit à l'autre elle devait se servir de parapluie. Dans les petites visites que nous lui faisions pour accompagner quelques personnes qui désiraient la voir, il m'est arrivé, par curiosité, d'entrer dans sa pauvre cuisine, où le feu n'avait jamais été allumé. Sur un tout petit réchaud cuisaient quelques pommes de terre, qui toute une semaine faisaient son repas. Jamais, Monsieur l'abbé, nous ne pûmes lui faire accepter quelques petites provisions, et si nous les mettions dans le tiroir de sa table à son insu, un mois après elles y étaient encore.
>
> La chère Mélanie s'est trouvée deux fois avec nous au moment de la récréation ; nous lui faisions mille demandes sur l'apparition, auxquelles elle répondait vaguement et humblement ; mais quand nous lui demandions si la Sainte Vierge était bien belle, sa figure s'illuminait et elle répondait : « Oh qui peut dire comme était cette beauté, on ne peut l'expliquer. »

1. Lettre du chanoine Rossero, secrétaire de l'évêché, à H. Guilhot du 12 avril 1976.

Sa conversation roulait toujours sur l'offense de Dieu, la profanation du saint jour du dimanche et le blasphème ; et quand elle se rendait au cimetière, seule promenade favorite pour elle, elle instruisait les enfants et leur apprenait à faire le signe de la croix. Un jour, deux femmes lui demandèrent une médaille ; à l'une, elle la donna, et la refusa à l'autre, qui lui en demanda la raison. Mélanie lui répondit : « Parce que tu blasphèmes. »

La femme rougit et dit : « Comment qu'elle le sait ? Elle ne m'a jamais vue. »

Il est certain, monsieur l'abbé, qu'elle était inspirée de Dieu. J'eus l'occasion de lui parler de quelques difficultés que je rencontrais dans ma charge, et toujours en quelques mots, elle me sortait d'embarras.

Je ne puis vous dire autre chose de cette sainte âme, monsieur l'abbé, si ce n'est que j'éprouvais une grande consolation quand elle priait dans notre église auprès de moi, et fixait les yeux sur notre belle Vierge Immaculée qu'elle aimait tant. Les personnes qui l'approchaient étaient édifiées de sa modestie et de son grand recueillement. Son humiliation reluisait dans ses écrits, je regrette vivement d'avoir brûlé ses lettres, n'en ayant conservé que deux, les dernières qu'elle m'écrivit d'Altamura, avant sa mort. [...]

Je compte donc, Monsieur l'abbé, sur [...] vos bien ferventes prières, pour profiter des exemples que la chère privilégiée de Marie nous a laissés. (JAC p. 150-153.)

La servante de Dieu Nazarena Majone, première supérieure des Filles du Divin Zèle du Cœur de Jésus qui l'accueillirent un an à Messine, écrit :

Sa vie était un modèle de vertu, et d'une mortification continuelle, sans qu'elle ne se fatigue jamais. Son comportement était celui d'une sainte, douce, modeste ; nous admirions toutes ses saintes vertus. Sa mortification était inégalable, elle mangeait très peu, elle ne buvait presque rien, bien qu'elle souffrit toujours de la soif. [...] La nuit, elle ne dormait presque jamais, nous la voyions souvent dans les couloirs, dans les dortoirs, regardant [chacune] l'une après l'autre avec une mèche de cire allumée dans les mains. Parfois, elle descendait à la boulangerie, pendant que les filles y nettoyaient le grain, durant la nuit, bien sûr, et elle se mettait à nettoyer pendant un certain temps le grain avec les filles. Elle était toujours recueillie, et durant la Ste Messe, elle avait un tel recueillement, qu'elle semblait entrer en extase, spécialement après la T. Ste Communion. Parfois, même en récréation, nous la voyions tellement concentrée qu'elle était pour nous tous une continuelle édification.

Une fois, nous l'obligeâmes à vouloir nous raconter l'apparition de la Vierge de La Salette, en feignant que ce n'était pas elle la bergère. Elle commença surtout pour nous contenter, parce qu'elle était très docile et d'un cœur si tendre, et aussi, parce qu'elle nous aimait tant. Elle commença le récit à la deuxième personne, comme si ce n'était pas elle. Quelquefois elle l'oubliait, et au lieu de parler à la deuxième personne, elle parlait à la première, et s'en apercevant, elle se perdait, à cause de sa si grande humilité qui ne voulait pas que l'on sache qui elle était. Elle ne voulait plus continuer, mais poussée par nous qui faisions comme si de rien n'était, elle continuait. Lorsqu'elle se trompait une autre fois, elle se mettait à rire, et nous :

– Ce n'est rien, Mère, ce n'est rien.

La poussant ainsi, nous arrivâmes jusqu'à la fin. Je ne dis pas avec quel amour et quel zèle elle nous guidait par les voies de la sainte vertu, et par l'exemple, et par les avertissements et les conseils maternels. Sa parole était toujours douce, elle était docile comme un petit agneau. [...]

Elle était pour nous d'une édification continuelle, sa vertu était toujours la même. Jamais nous ne l'avons vue se mettre en colère, mais toujours calme et sereine. Ses vertus étaient toujours cachées. Elle n'avait jamais de plaisir à ce que nous voyions ou connaissions ses [actes] de vertu, parce qu'elle voulait vivre toujours cachée de tous. Je me rappelle que, lorsqu'elle arriva de Galatina, toute la communauté [lui] fit un accueil en règle et se réunit au parloir pour la saluer. Elle voulait se dérober et dit :

– Je m'en irais [plutôt], à l'instant même.

Nous l'estimions beaucoup, parce qu'elle était vraiment une sainte de vertu constante, et de vie cachée.

Mélanie édifia aussi le père Veillard, Missionnaire de La Salette, historien et théologien respectable, cher à J. Stern : « Il ne semble pas qu'on puisse nier – et l'on n'a pas nié [?] – que Mélanie ait été, surtout vers la fin de sa vie, une très belle âme aux yeux de Dieu[1]. »

Annexes

1. Les stigmates de Mélanie : aperçu des témoignages.

Les stigmates étant réputés imaginaires depuis la déclaration de Mgr Ginoulhiac (voir p. 89); voici les 21 sources (numérotées) qui en imposent l'évidence, malgré quelques contradictions apparentes.

a. Enfance à Corps et environs, 1835-1846

1° Mélanie raconte elle-même comment elle a reçu les stigmates dès la tendre enfance. Ce n'est pas une invention tardive : dès 1852, elle le raconte à son confesseur de Corenc (*Abrégé de la vie de Mélanie Calvat,* 1852). Elle le répète, de manière moins concrète, dans son autobiographie détaillée, (ci-dessous p. 117). Selon le premier texte autobiographique, elle avait aussi des apparitions anonymes de l'Enfant Jésus, « le petit frère », qui lui dévoilera tardivement son identité. Un jour, raconte-t-elle, en parlant d'elle à la troisième personne :

Le petit enfant [Jésus] qui venait quelquefois [...] la prit par la main et la conduisit le long du chemin du département des Hautes-Alpes toujours

1. A. Veillard m.s, « La grâce faite à Maximin et à Mélanie » dans *Notre-Dame de La Salette. Études d'histoire religieuse et de théologie,* Tournai, 1935, vol. III, p. 113.

conversan[t] sur la Passion ou sur la vie cachée de Notre-Seigneur Jésus-Christ; ils étaient dans un boi[s] lorsque Mélanie prit la boutade de ne pas vouloir s'en aller si son bon Jésus *ne lui faisait souffrir tout* ce qu'il avait souffer[t] et partout où il avait souffer[t,] sans qu'il en échappe une brise de moins, le jeune conducteur eut beau lui dire d'avancer, et de la dispersuader [*sic*] que les souffrances de Jésus-Christ étaient inexprimables et qu'elles étaient trop dure[s] pour elle, elle était trop têtue pour se convaincre qu'elle ne pourrait pas.

– Vous pour[r]ez donc les sup[p]orter, ma sœur, eh bien ! faites le signe de croix !

Puis l'enfant lui touche d'abord la tête avec ses deux petites mains et aussitôt des *douleurs* lui tiennent la tête. La Sauvage [Mélanie elle-même] porte les mains à la tête croyant d'y toucher quelque chos[e], mais elle n'y toucha rien, enfin l'Enfant continue à la toucher; après la tête ce fut *les mains, les pieds et le côté.* Cela lui causa de grandes douleurs tous les jours et particulièrement le vendredi, mais à mesure qu'elle augmentait en âge, les douleurs augmentaient aussi (*Abrégé de la vie de Mélanie,* ENF p. 165 : ces divers traits sont fréquents chez les stigmatisés)

D'après l'autobiographie longue, la maîtresse de l'école des pauvres, aurait été empêchée de la coiffer car ses cheveux étaient collés par le sang des stigmates de la couronne d'épines :

> La maîtresse avec une grande charité essaya de me peigner; mais mes cheveux étaient tous en désordre, collés les uns les autres par le sang qui coulait souvent et qui séchait quand par hasard je n'avais pas d'eau pour me laver la tête. La bonne maîtresse ne put arriver à me peigner ce jour-là; elle se contenta de relever les cheveux du front et de me les attacher par-derrière (Autobiographie italienne, traduction ENS).

Sa famille a perçu sa stigmatisation :

Sa petite sœur, Marie, a informé les sœurs de Corps, où Mélanie est à l'école de 1847 à 1849, en interprétant à sa façon : « Ma sœur Mélanie est bien sage, bien mortifiée. Quelquefois elle se pique sur les mains avec un canif et se fait saigner... » (A. Bossan, *Notes...*, 1863, p. 39-40, n° 58). Elle fait ici un amalgame entre les mortifications de sa grande sœur (jeûnes et pénitences corporelles) et les stigmates qui l'ont frappée aux mains et aux pieds : « Sous les bas ».

Sa maman a témoigné en même temps que Marie Calvat à l'abbé Seignoux, curé de Courdemanche, lors de son pèlerinage de septembre 1854 :

> – Mélanie [...] n'a presque pas de force dans les bras, à tel point que si elle était ici, elle serait obligée de prendre avec les deux mains le verre où vous lui verseriez à boire.
>
> – Et d'où vient cette débilité ? Comment l'expliquez-vous ?
>
> – Eh ! elle pratique sur elle des mortifications, et se fait mal : elle a ici (en me montrant le dessus de la main) des plaies comme Notre-Seigneur, voulant souffrir à son exemple.
>
> – Mais qui lui a ouvert ces plaies ?
>
> – Elle-même.

– Comment le savez-vous ? vous l'a-t-elle dit expressément ?...

Je vis alors qu'elle ne le tenait pas immédiatement de Mélanie ; mais aussitôt la sœur de Mélanie, [Marie] jeune fille de quatorze ans environ, d'un physique plus agréable que celui de la religieuse, me dit avec l'accent d'une timidité et d'une modestie que j'admirai :

– Monsieur, j'ai vu moi, elle m'a montré (et portant la main sur le col de son pied) ici du sang qui traversait ses bas.

– Eh ! bien, mon enfant, qui l'avait ainsi blessée, à cet endroit ?

– C'est elle-même.

– Comment le savez-vous ? Vous l'a-t-elle dit positivement ?

– Oui, Monsieur, elle m'a dit que c'était elle-même qui se faisait cela...

(*Un parfum de La Salette,* PS II p. 148.)

Marie a vu *les plaies*, non leur *formation*, ni l'action du canif. Quand elle a insisté pour avoir l'explication, Mélanie l'a laissée dans son sentiment, soit pour couper court à toute discussion, soit par discrétion et humilité. Et Marie (huit ans de moins que Mélanie) a fixé cela sans réflexion.

Au terme de son enquête impromptue (ci-dessous, n° 7), l'abbé Seignoux accepte cette interprétation automutilante comme fruit de son « désir extrême de porter, comme l'apôtre, dans son corps la mortification du Sauveur » et le communique à l'un des pères du sanctuaire, que cette explication surprend.

Ce qui est vrai, c'est que Mélanie pratiquait une terrible ascèse comme c'était alors préconisé : elle a voulu vivre la Passion du Christ, elle a désiré ses souffrances comme François d'Assise, sa première autobiographie en témoigne.

C'est ce qu'explicite sa réponse à l'abbé Combe qui l'interroge le 12 janvier 1901 : « Mon bourreau, c'est mon amour » (JAC p. 56). C'est par amour et sur sa demande instante de souffrir comme Jésus (première autobiographie) qu'elle a reçu les stigmates ; elle corrige cependant aussitôt son propos : « Son bourreau, c'est son amour. » Le Christ ne s'est point automutilé, il a subi sa Passion par la cruauté des hommes comme Mélanie subit les sévices du démon, bien attestés par ailleurs. Mais les souffrances de la Passion, si horribles soient-elles, sont tout autre chose. Du moins, elle les désire et les reçoit par amour, et elles lui sont données par amour (ainsi le vivent tous les stigmatisés que je connais). Elle est à ce point identifiée au Christ en sa Passion qu'elle confond l'amour souffrant du Crucifié et le sien, dans la même souffrance partagée.

Son père, qui est davantage le confident de Mélanie, parlera, en 1855, d'une stigmatisation à l'épaule obtenue de Jésus (ci-dessous, n° 8).

Ce qui précède concerne les constats familiaux faits lorsque Mélanie était à la maison. Les stigmates y ont peut-être été observés entre ses absences de bergère à gage, mais surtout après l'apparition, quand elle devint le point de mire général : *pénitences* et *stigmates*, qu'elle continue à dissimuler, n'échappent pas au regard de sa jeune sœur Marie, qui confond les deux.

b. Jeunesse à Corps, Corenc, et La Salette : 1847-1854

2° Après les apparitions, indices et témoignages abondent. C'est d'une main tremblante que Mélanie écrit à Corenc, en 1853, la règle de la Sainte Vierge qu'elle remet au père Sibillat. Elle s'en excuse en disant : « Tous les vendredis, je ne puis pas mieux écrire » (JS III p. 227).

3° En 1863, le père Bossan, informé de son séjour à Corenc, de 1850 à 1853, interroge l'abbé Gérente :

> – Mélanie avait-elle les stigmates ?
> – Non, jamais, je ne m'en suis jamais aperçu, ni personne dans la maison. S'il y avait eu quelque chose de cette nature, les sœurs s'en seraient bien aperçues (A. Bossan, *Notes sur l'histoire de La Salette,* 1863, p. 14, n° 185, n° 20, MSG).

Les stigmates ont donc été très ignorés, car Mélanie avait appris à les cacher quand ils devenaient visibles, comme Padre Pio avec ses mitaines.

4° Sœur Dosithée, compagne de noviciat de Mélanie à Corenc, interrogée aussi par le père Bossan en 1871, l'informe sans ambages :

> Elle a vu très souvent aux mains de Mélanie des plaies, surtout au dedans. Elles étaient rouge carmin, violacées. Cela avait lieu principalement les vendredis. Ce jour-là, Mélanie était pâle, souffrante, marchant avec peine. Un jour que Mélanie était assise et endormie, sœur Dosithée pressa avec l'index et le pouce le dedans et le dehors de sa main où il y avait de la rougeur. Tout à coup Mélanie s'éveille comme ayant ressenti de la douleur et demande qui l'a ainsi touchée. Sœur Dosithée dit que c'est elle. Alors Mélanie ne dit rien ; car elle savait (A. Bossan, *Notes sur l'histoire de La Salette,* 1871, p. 14, n° 185, 22°, MSG).

5° Le 21 septembre 1853, le chanoine Rousselot laisse le vicaire général Lussagnet dans l'opinion que Mélanie est stigmatisée (JS III p. 378, n° 1207).

6° En février-mars 1854, Mélanie réside au sanctuaire de La Salette, car elle y monte quelquefois l'été. Antoine Bossan rapporte :

> Elle tenait habituellement ses manches rabattues sur ses mains. Cependant, de temps en temps, en gesticulant ou bien à table en se servant, ses manches retombaient et on voyait ses mains... M. [l'abbé] Denaz m'a dit avoir vu en ces circonstances des plaques [plaies ?] rouges sur les mains de Mélanie sans savoir ce que c'était (Bossan, *Notes...*, 1863, p. 39-40, n° 58, 3°).

7° À la mi-septembre 1854, l'abbé Seignoux enquête de manière impromptue. Après le témoignage précité de la mère et de la sœur de Mélanie, il interroge le curé de Corps. Le sujet est délicat. Mgr Ginoulhiac s'est prononcé contre les stigmates de Mélanie...

L'abbé Mélin « sembla vouloir esquiver la question, et répondit qu'il ne s'était pas occupé de ce fait ».

Le curé de Courdemanche rencontre ensuite le père Sibillat, Missionnaire et confident de la voyante, et lui demande raison de ses « extases stigmatiques » :

« Eh bien oui, je les ai vues, à Noël dernier, elles disparaissent pour revenir. D'où vient ce phénomène? Est-ce le démon, est-ce l'action de Dieu? »

Enfin il consulte l'abbé Gerin, le saint curé de la cathédrale de Grenoble :

« Ah! dame, je ne pourrai rien vous dire, c'est un événement que je sépare totalement du grand prodige de l'apparition : je ne me prononce pas sur cette question, l'avenir nous apprendra ce qu'il faut en penser » (PS II p. 148-149).

c. Mélanie adulte à Darlington, Angleterre (1854-1860)

8° En septembre 1855, Pierre Mathieu, père de Mélanie, déclare à Louis Marie Similien « qu'elle avait obtenu du ciel d'être stigmatisée à l'épaule, à l'endroit du portement de croix » (L.-M. U. Similien, *Importance des procès,* 1869, p. 134).

9° Selon Mgr Newsham, présent à la prise d'habit de Mélanie au Carmel, les plaies des stigmates « qui avaient guéri, comme vous le saviez peut-être, ont reparu quelques jours avant sa vêture. Le jour de cette fête, elles étaient rouges comme du sang. Et de fait, elles saignaient ce jour-là, d'après le témoignage de lady Dodworth qui l'assistait alors. L'abbesse du couvent, moi-même et plusieurs avons vu ces stigmates, rouges comme du sang » (Lettre du 9 mars 1855, EG 7).

10° « Elle professe d'avoir des visions, de faire des miracles, d'avoir des stigmates », écrit Mgr Ullathorne, de Birmingham, à Mgr Ginoulhiac, le 25 avril 1855 (MIL VII p. 13).

11° L. Sebaux, de l'évêché du Mans, écrit à l'abbé Auvergne, le 5 juillet 1855 : « La supérieure des Carmélites de Darlington a écrit, il y a quelques jours, à un prêtre du Mans, que Mélanie a très assurément les stigmates » (EG 70).

d. Marseille, 1860-1867

12° En avril 1867, mère Marie de la Présentation, assistante de la communauté de la Compassion, qui fut en contact particulier avec la voyante pendant sept ans (1869-1867), donne son témoignage critique aux pères du sanctuaire de La Salette. Ce texte clef inédit est transmis par le père Louis Beaup :

> Voici une grande question que je suis bien aise de résoudre aujourd'hui : celle des stigmates de Mélanie. Bien d'autres en penseront encore ce que j'en pensais par le passé, c'est-à-dire regarderont la chose comme une pieuse invention ou supercherie : mais voici la vérité, parce que je la tiens de cette religieuse. Elle est on ne peut plus convaincue de la réalité des stigmates qu'elle a pu constater régulièrement pendant sept ans, soit aux mains, soit aux pieds, soit à la tête, mais à la tête avec une circonstance particulière, c'est-à-dire : cela ne se manifeste guère que

d'un côté du front. Ces stigmates durent chaque année tout le temps de l'Avent, tout le temps de carême [c'est classique] et ordinairement les huit jours qui précèdent le 19 septembre. Ordinairement ce n'est qu'une rougeur très marquée, [donc pas d'automutilation], mais à certaines époques ce sont de vraies plaies donnant une certaine quantité de sang, à tel point, dit-elle, que je devais lui faire prendre des gants ou mit[ain]es afin que les enfants à qui nous faisions la classe ne s'en aperçussent pas trop. L'intensité de ces plaies semble dépendre uniquement de la tranquillité et du calme de son esprit. Dans le trouble [au contraire], il n'y a rien ou presque rien, et cependant je suis convaincue qu'elle ne fait rien ni pour faire venir ces choses ni pour les faire passer. Elle doit bien les avoir en ce moment que nous sommes au mercredi saint. Je ne m'en suis pas informée parce qu'elle les tient ordinairement cachés, [saine discrétion] mais je ne serais pas étonnée qu'il n'y eût rien, à cause de ces changements ; d'ailleurs elle est trop contrariée de tout ce qui se passe. » [...]

La religieuse de Marseille en est donc très convaincue, quoique, dit-elle, elle ne mérite pas cette grâce, car son caractère est tout à fait malheureux, [c'est encore la période de crise et d'épreuves qui disparaîtront avec le départ de Marseille] et sa piété, quoique sincère, n'a pas de signes extraordinaires de ferveur. Le P. Calage qui a dirigé Mélanie [durant] toute cette période de six ou sept ans en est très convaincu. L'aumônier du couvent des carmélites où était Mélanie en Angleterre s'est dit en être convaincu. Un [autre] prêtre qui a vu exprès Mélanie en Angleterre, s'est dit en être [également] convaincu (Notes Beaup, MSG 16-C-4).

13° Le 18 janvier 1872, l'abbé Bliard rapporte le témoignage du P. Calage, SJ qui s'est chargée de Mélanie à Marseille : « La découverte des stigmates dans ses mains a déterminé à la faire changer de maison. [...] Elle avait des stigmates, surtout en carême et vers l'époque de l'apparition » (Lettre à C. R. Girard, MIL V, p. 25-26, note 5).

e. Castellammare, Italie : (1868-1882)

14° Virginia Bonifacio, élève de Mélanie à Castellammare, rapporte : « On disait qu'elle souffrait du couronnement d'épines, mais je ne voyais rien, puisque elle avait le front recouvert. Sur la main, par contre, j'apercevais comme une cicatrice... » (TEM p. 86).

f. Cannes, 1885

15° Mère Eymard (Marie-Louise Girard, supérieure des Camaldules de la Seyne), écrit le 16 août 1943 : « Je la vis assise sur une chaise, les yeux fermés, la tête regardant haut, soutenue par sa main gauche, pendant que la droite était appuyée sur son genou, portant sur le revers une empreinte violacée de la forme d'un losange, un peu élargi au milieu... Elle se retira dans sa chambre, ainsi qu'elle faisait tous les vendredis, [...] elle en sortit aussi le samedi après la messe » (Lettre à l'abbé Paul Gouin, TEM p. 125).

16° Elle envoie des lettres tachées de sang : 20 février 1881, à l'abbé Le Baillif, 30 janvier 1891 à Joseph de Brandt (H. Dion, *Mélanie... étapes mystiques et humaines,* Téqui, 1984, p. 106).

17° Le 11 mai 1897, Mélanie écrit à Émile Combe : « On appelle stigmates, ces plaies qui se forment à certaines époques, sur les pieds, les mains, le côté et la tête. [...] Je m'empresse de vous dire, mon très Révérend Père, que, depuis environ douze ans, je suis guérie, quant à l'extérieur, c'est-à-dire, qu'il n'y a plus de sang, plus de plaies, il n'est resté que la douce mais vive douleur ; donc, n'en parlons plus » (PS III, p. 28).

g. Messine, Italie (1897-1898)

18° Le 18 août 1897, Mélanie arrive à Messine, à la demande du bienheureux Annibale di Francia, pour diriger ses religieuses et leur orphelinat. Il atteste « sa prodigieuse et singulière stigmatisation [...]. J'en ai été témoin oculaire ainsi que [...] des sœurs de mon Institut ; mais, de plus, je possède une lettre de Mélanie, où elle me parle de ses stigmates dans les termes de la plus grande humilité » (Lettre du 10 juillet 1905 à l'abbé Rigaud. Copie aux Archives rogationnistes). Les stigmates, invisibles depuis 1885 selon Mélanie, ont donc réapparu.

Le 15 octobre 1897, elle écrit à Annibale di Francia : « Pour mes grands et nombreux péchés et pour humilier mon orgueil, le Seigneur permet que le jour du vendredi une certaine petite plaie se forme dans mes mains, etc., et un peu de sang en sort. Mais grâce à Dieu, ceci n'est arrivé seulement que trois fois depuis que je suis à Messine » (Archives rog. Recueil G. Leo).

19° Seconde autobiographie de Mélanie, écrite sur l'ordre du chanoine Annibale (1898), puis traduite en français et complétée à Diou. (Mélanie revit sa première stigmatisation à la lumière de son expérience.)

> Pendant que je demandais comment je pourrais être fidèle à l'Éternel Amour, je ne voyais en moi, véritable néant, que le moyen de la souffrance, et encore faudrait-il que la divine miséricorde me concédât cette grâce uniquement pour sa gloire et le salut des âmes. J'étais agenouillée, je m'étais toute donnée à l'Amour, mais au fond de mon âme, j'aurais eu peur de moi-même, si les effets de la grande Lumière [divine] m'avaient un tant soit peu abandonnée et s'ils n'avaient pas soumis tout mon être, toutes les puissances de mon âme, à son divin amour dévorant.
>
> Je fis ensuite le signe de la croix et aussitôt mon Frère se montra, mais il était plus grand que moi (je parle de la taille). Il était très haut, très beau comme toujours, amoureux comme l'amour. Il était vêtu comme les prêtres quand ils offrent le Sacrifice de la Messe (j'en ai vu, beaucoup d'années après, quand pour la première fois je suis entrée dans une église pour entendre la Messe). Tout était très beau et resplendissant, attrayant. Je ne peux exprimer cette amoureuse beauté. Sur sa poitrine il y avait comme un cœur ouvert ; de l'intérieur des rayons lumineux sortaient précipitamment comme des flammes ardentes, pacifiques, amoureuses.
>
> Mon Frère porta la main sur cette plaie vive et avec les deux doigts il en fit sortir un petit rond, très blanc, sur lequel il y avait comme le portrait vivant de mon amoureux Frère. Je dis le portrait, mais il était de chair vivante avec des yeux qui remuaient et une bouche qui parlait ; il

faisait le mouvement de m'appeler et de vouloir se donner. Mon cœur ne pouvait résister à l'impulsion amoureuse qui m'attirait à Lui. Il me dit : « Sœur de mon cœur, recevez l'Éternel Amour du Dieu des forts. »

À peine l'eus-je reçu, à peine eut-il touché mon cœur, que je me sentis une nouvelle vie, un plus grand et plus pur désir de souffrir, d'endurer les mépris, la pauvreté, l'abandon, l'immolation et mille morts pour l'unique gloire du Très-Haut. Je me sentais abîmée dans mon néant, je disparaissais à mes yeux; Celui qui est Tout m'avait mise à l'abri, pénétrée, remplie. Il me semblait que je n'existais plus, il semblait que mon cœur bondissait et voulait fendre ma poitrine : je sentais un peu les effets de cet amour vivificateur.

J'omets de donner une explication de ce que je ne sais pas expliquer : je n'ai pas de paroles pour dire ce qu'on ne peut nommer. Les deux extrêmes s'embrassèrent : l'extrême grandeur éternelle et infinie, et l'extrême néant infini. Pendant que mon cœur palpitait de joie, me sentant comme opprimée, broyée par les grandes miséricordes de Dieu pour moi, qui ne suis qu'un ver de terre, je disais à mon Frère : « Si j'appartiens à mon Seigneur, à mon Sauveur Tout-Puissant, avec mon Dieu, en me servant de son éternelle volonté, je veux témoigner ma très vive reconnaissance par les souffrances de tous les jours de ma vie, en marchant dans la voie et la vérité du Très-Haut, avec Dieu. J'adore plus la croix que la gloire de tous les saints ! » (*En disant : avec mon Dieu, je voulais dire : avec sa grâce; le mot grâce ne m'était pas familier à ce moment.*)

Mon Frère, levant les yeux au ciel, dit en s'approchant : « Quelle est la faveur que désire cette petite créature si mesquine ? »

Je répondis mentalement : « Avec la volonté de la lumière éternelle, je demande sa plus grande gloire dans cette voie du crucifiement avec mon Dieu. »

À l'instant mon Frère souffla sur mes lèvres, mit ses mains sur ma tête, sa main droite dans ma main droite puis dans ma main gauche, sur mes deux pieds et sur mon cœur... Cela suffit ! Je ne puis en dire plus. Oh ! véritable ivresse douloureuse et amoureuse de l'être qui vit et qui meurt. Ô ! Jésus, faites-vous connaître et aimer de tous les hommes, que je vous connaisse et que je vous aime comme vous êtes digne d'être aimé; ô feu, que je vous aime comme vous vous aimez, et alors je serai contente.

Depuis que je fus touchée par mon Frère, comme je l'ai dit plus haut, j'éprouvai de grandes douleurs en ces parties du corps, principalement le vendredi, et ces jours-là le sang coulait des plaies qui se formaient en ces mêmes parties du corps, puis se fermaient sans laisser de traces. Je dois dire qu'en ces temps les plaies se formaient pour une durée d'une ou deux heures; d'autres fois, le vendredi, je souffrais davantage et les plaies apparaissaient depuis deux heures de l'après-midi jusqu'à quatre heures et demie. D'autres fois elles duraient tout le temps du carême et certains vendredis, les plaies s'ouvraient le jeudi soir jusqu'au vendredi soir : j'éprouvais de grandes douleurs par tout le corps, c'était des douleurs, des souffrances amères et douloureuses, des grandes joies pour moi; j'étais très contente et j'aurais voulu souffrir encore plus, si possible. C'était une douleur d'extase et d'amour. Pendant que je souffrais et que j'aimais ainsi mon cher Jésus, il me semblait que je n'étais plus moi; mon tout s'était fait le possesseur de mon âme et de mes facultés. Il me disait qu'il me voulait toute à Lui ; la parole et l'action étaient un seul acte réalisé.

Oh ! bonté des opérations du Souverain Bien ! Il corrige, embellit, dépouille, enrichit, blesse et guérit. Si l'on connaît sa volonté, il faut correspondre à cette grâce : mais il vaut mieux encore s'abandonner, se tenir impassible, sans volonté en dehors de la volonté divine (traduit de l'original italien, par P. Gouin, archives ENS).

h. Mélanie septuagénaire : Diou, Argœuves (1899-1904)

20° L'abbé Combe, curé de Diou où Mélanie réside, a noté l'augmentation du phénomène stigmatique durant les premiers jours de 1901 (JAC p. 51, 55-57). Il a conservé le linge qui a épongé la plaie du côté le jeudi 10 janvier 1901 (archives ENS).

21° L'abbé Rigaux, qui a reçu Mélanie à Argœuves en septembre 1902 et août 1903, écrit : « Témoin de ce prodige renouvelé devant mes yeux, j'ai vu couler le sang de cette privilégiée ; ma bonne tante a vu sa couronne d'épines saigner devant elle » (Lettre du 8 août 1912, copie ENS).

La diversité, la convergence, la précision de tant de témoins indépendants semblent prouver le mystère des stigmates surnaturels de Mélanie : mains, pieds, côté, tête, selon le modèle variable multiplié depuis François d'Assise, avec ou sans saignement. C'est une nouveauté de taille dans l'histoire de la voyante de La Salette.

2. *Pourquoi le rejet des voyants ?*

Malgré un soutien positif à tous niveaux, du peuple au pape, les deux bergers ont été la cible persévérante de la critique ; et cela malgré la reconnaissance de l'apparition par Mgr de Bruillard (19 septembre 1851), avec l'accord de Rome. Pourquoi ?

Ces raisons se situent à des niveaux divers, avec effet cumulatif.

a. Tension entre *institutions et charismes*

Un premier facteur assez général a été signalé par Karl Rahner : la tension entre institution et charismes, car le prestige des charismes, surtout celui de voyant à qui le peuple accorde sans nuance, et non sans excès, un fil direct avec Dieu, est gênant pour le pouvoir. Beaucoup de gens croient plus facilement un voyant qu'un évêque, malgré son magistère. Inutile d'insister sur ce facteur général fort ambigu. Il explique pourquoi les voyants sont souvent marginalisés ou relégués. Pour Bernadette, la solution fut de l'arracher à sa famille et de la mettre dans une communauté, très bonne d'ailleurs, qui avait mission de la chambrer, de trier les visites, de canaliser son témoignage, en la formant à « l'humilité ». Jusqu'à 1866, à Lourdes, la supérieure la présentait comme une fille médiocre, indigne de ce qu'elle avait vu : Bernadette sut tirer profit des contraintes et des humiliations quotidiennes.

b. Facteur *pastoral*

Pour gérer en bon ordre le pèlerinage, il fallait un instrument bien organisé entre les mains de l'évêque. La fondation d'un ordre, devant être rattaché au pape, étant une des demandes de Notre-Dame à Mélanie. À Rome, Mgr Fava l'empêcha, pour « ne pas nuire au bien et à la paix ».

c. Facteur *politique*

Mgr Ginoulhiac était bien vu du régime impérial, proclamé le 3 décembre 1851, qui le poussera jusqu'à l'archevêché de Lyon, comme primat des Gaules. Or les voyants n'aiment pas Napoléon : leur secret annonce la chute de l'empereur, « l'Aiglon », selon la désignation transparente de Maximin, ou « l'Aigle », selon Mélanie. Mgr Ginoulhiac devait à Mgr de Bruillard et à Pie IX de soutenir le pèlerinage de La Salette, mais ne pouvait le soutenir contre l'empire (même du point de vue du loyalisme envers l'empire selon saint Paul). La seule solution politique était de désolidariser le plus possible le pèlerinage des voyants, ce que Mgr Ginoulhiac a exprimé dans une formule admirablement bien frappée, lors de son homélie du 19 septembre 1855, à La Salette, devant 9 000 pèlerins : « *La mission des bergers est finie, celle de l'Église commence.* »

Cette maxime va déterminer son action constante pour écarter, marginaliser les voyants, empêcher les vœux de Mélanie ou l'accès de Maximin au sacerdoce. Ainsi, Mgr Ginoulhiac prescrivit-il aux religieuses de la Providence de Corps, le 5 février 1854 :

> Je vous défends rigoureusement, [...] en vertu de la sainte obéissance :
> 1° de la laisser monter à La Salette, soit seule, soit accompagnée ;
> 2° de la laisser voir seule au parloir qui que ce soit, sauf M. le curé de Corps, sans en avoir préalablement obtenu la permission écrite de ma part ;
> 3° si Mélanie se refuse à obéir à ces ordres [...] vous lui direz que vous êtes obligées de la renvoyer de votre maison et de la remettre à son père ;
> 4° il en sera de même si, dans votre maison, elle se livre aux caprices, aux cris, aux menaces, aux guerres auxquelles elle s'est abandonnée si souvent à Corenc ou ailleurs.

d. Incidences *pseudo-mystiques*

Le 1er juin 1854, la comtesse Pauline de Nicolay, personnalité aux apparences mystiques et généreuses, écrit au père Burnoud, premier supérieur du sanctuaire :

> Les religieuses ne conviennent pas à l'œuvre. Il nous faudrait des personnes de tel ou tel caractère, de telle ou telle manière,
> « comme toi », me dit intérieurement et spontanément le Seigneur.
> En même temps, je ressentis une impression si profonde qu'elle péné-

> tra dans l'intérieur de mon âme qu'elle occupe encore maintenant tout entière, avec autant de douceur que de douleur. [...]
>
> Je dois aussi confirmer ce que je vous ai dit au sujet de la pauvre Mélanie. Oui, il y a en elle de l'*illusion* et quelquefois, hélas, pire que de l'illusion. Son secret a été écrit *complet* au St-Père. *Sa mission a fini, quand la vôtre commençait.* La règle dont elle vous a parlé ne vient pas de Dieu, etc. Mon esprit, éclairé au sujet de cette pauvre petite, il y a plus de deux ans, l'a été plus positivement encore cette fois. [...]
>
> Je crois que sa présence, loin d'être utile à l'œuvre maintenant, ne peut que lui nuire, et qu'il serait à désirer tant pour cette raison que pour son bien propre, qu'elle fût transportée dans quelque maison plus éloignée. [...]
>
> D'après tout ceci, vos relations avec Monseigneur de Grenoble vont devenir plus simples, plus faciles, un nouvel examen de Mélanie ne me paraît plus nécessaire (EG 9).

À l'heure où le projet de Mgr de Bruillard, fonder un ordre et une communauté missionnaire au service du message de La Salette, reste la norme, le père Burnoud, ébloui par la nouvelle venue, écrit à son successeur, Mgr Ginoulhiac : « [La comtesse est] la personne telle qu'il faut pour être supérieure » (Lettre du 9 juillet 1854, EG 79).

Pauline de Nicolay tombe donc à pic pour discréditer Mélanie dans l'esprit du père Burnoud, et la faire écarter de La Salette. Malheureusement cette pseudo-mystique, et plusieurs autres qui entourent le sanctuaire (Adèle, Marianne, Victorine, etc., comme les dizaines de visionnaires qui concurrencèrent Bernadette à Lourdes, au printemps 1858), appelait bien des réserves (citées p. 186). Le projet salettin plaidé avec insistance par Pauline pour le salut de l'Église et du monde, et ses « révélations mariales » à Pie IX n'ayant pas été reçues, elle partit en Terre sainte fonder un « sanctuaire » à son prétendu Emmaüs : Goubeibeh.

e. Facteur *culturel* et *philosophique*

La critique a été stimulée par le mouvement culturel qui a pesé si lourdement sur la foi, l'Écriture et la théologie depuis le modernisme jusqu'à ce jour. Il paraît nécessaire de signaler brièvement ce facteur : l'idéalisme moderne, issu de Descartes et surtout de Kant et Hegel. Cette philosophie part d'une critique qui subordonnait l'objectif au subjectif : l'être au « je ». « Je pense donc je suis », disait Descartes. L'évidence première et fondamentale n'est pas l'être selon le réalisme d'Aristote, mais l'« *ego* ».

Le courant idéaliste a donc fait prévaloir le sujet sur l'objet. Cette révolution n'a pas été sans fruit : son aspect positif, c'est d'avoir promu l'exploration du sujet par l'existentialisme, puis par la psychologie, et la psychanalyse, dernière-née des sciences humaines. Mais cette exploration légitime a souffert de la tendance totalitaire de toute méthode : ainsi a-t-on expliqué l'Évangile, non par le Jésus de l'histoire, mais par la ferveur communautaire créatrice du Christ de la foi : de ses paroles, de ses miracles, de sa divinité. Le règne du « tout psychologique » a pesé sur l'étude des mystiques et voyants comme sur les exorcismes.

Selon ses présupposés, le père Dhanis dissociait Fatima I : les apparitions, de Fatima II : les secrets et les visions de Lucie, créations tardives de la voyante. Le père Alonso a réfuté sa thèse. Ainsi les pères Thurston et Jaouen ont-ils distingué La Salette I et La Salette II [1] : les secrets révélés et l'ordre à fonder, excroissances imaginatives nées de l'égocentrisme de Mélanie.

Cette méthode réductrice fut promue partout par la révolution tranquille de l'idéalisme, radicalisée de Kant à Brunschvicg († 1944). Pour ce dernier, la réalité a disparu au profit de la connaissance. Le sujet est tout, la chose en soi, inconnaissable selon Kant, n'est rien : elle n'existe même pas. À quoi bon la supposer, puisqu'elle ne sert de rien. Nous ne connaissons que notre connaissance en circuit fermé.

Pour La Salette, les pères Jaouen ou Stern sont loin de ce radicalisme, car ils préservent brillamment la seule vision de la Vierge en larmes, et ses paroles primitivement attestées. Leur explication dissocie seulement l'apparition reconnue par l'évêque, du secret, création ultérieure des voyants. Mais la logique de cette analyse entraîne plus loin. Il serait plus cohérent d'attribuer aussi à la psychologie des voyants l'apparition elle-même, comme beaucoup le font aujourd'hui, là et ailleurs. On ne peut pas dissocier l'apparition des secrets, ni la Vierge des voyants, qui ont subordonné toute leur vie à son message.

La critique idéaliste de la connaissance a déformé aussi la notion de critique, non sans graves conséquences en théologie et spiritualité.

Pour les Grecs, fondateurs de la philosophie, des mathématiques, de l'histoire et de notre culture occidentale, *critique* veut dire réflexion, vérification, discernement pour une *pénétration* objective des réalités.

Pour Descartes, « critique » signifie soupçon, mise en doute systématique : il s'en sortait personnellement très vite, et de manière constructive, en rétablissant Dieu et le reste, à partir du « je », certitude première. Il n'en a pas été de même pour ses successeurs. La critique négative, réductrice et désintégrante a prévalu, et c'est l'origine de la crise moderniste, qui continue, car Pie X a réprimé le modernisme de manière autoritaire, sans discerner ses causes, ses valeurs et ses limites. Bien des théologiens ne parlent plus de Dieu, mais étudient seulement le « langage sur Dieu ». Selon cette même critique soupçonneuse, toute révélation du ciel est subjective. À La Salette (et ailleurs), l'apparition et le message ne sont que création, projection, rêve des voyants.

1. J. Stern intitule l'un de ses chapitres : « Les "secrets" après 1851 ou La Salette numéro deux » (JS III p. 109). Sa critique englobe cependant le secret de 1851.

La prise de conscience de ces présupposés invite à reconsidérer les voyants de manière non plus réductrice et dissociante, mais intégrale et pénétrante, à partir de leur saine nature, de leurs évidences fondamentales qui les dépassent, et de leur engagement irréversible malgré tant d'oppositions.

En écrivant : « L'apparition n'avait pas pour but de rendre saints les deux enfants, mais de convertir le peuple » (lettre à Catherine Buis du 14 novembre 1950, ENS), J. Jaouen s'avance trop : normalement, la grâce faite à tout le peuple atteint aussi, au premier chef, les deux témoins. Le charisme édifie l'Église et non le charismatique dit-on. C'est faux, selon l'apôtre Paul : « Celui qui parle en langues s'édifie lui-même » (1 Co 14, 4). À plus forte raison, la rencontre personnelle de la Mère du Fils n'a pas utilisé les deux voyants comme des instruments, elle a édifié leur personnalité intégrale.

Ce fut leur force et leur paix, malgré toutes les épreuves. L'apparition n'a pas été vaine en eux. Ils étaient formés à la croix dès leur petite enfance, car tous deux ont souffert la misère et le manque d'amour maternel. Plusieurs années après l'apparition, tout en étant estimés par beaucoup, ils subirent des mécanismes de rejet, y compris de la hiérarchie.

Marginalisation, exil, séquestrations, déracinements contraires à son libre tempérament, ont empêché Mélanie de réaliser la mission à laquelle elle se consacra sans défaillance, envers et contre tout. Maximin, qui persévéra des années vers sa vocation, se retrouva désemparé, mais sans aigreur ni rancune. Dans cette situation, les voyants ont parfois des réactions immédiates, plus ou moins regrettables ; surtout Mélanie, quand les contraintes humaines (cumulées avec l'épreuve diabolique) lui ont paru incompatibles avec sa mission. Estimée sous l'épiscopat de Mgr de Bruillard, rejetée ensuite, elle a exprimé cette détresse à sœur Butruille, la supérieure de Vienne, soucieuse de bien faire, qui avait un moment gagné sa confiance :

« Monseigneur m'a envoyée ici pour se débarrasser de moi ! » (Lettre du 3 février 1854, sœur Butruille à Mgr Ginoulhiac, EG 7).

Si les voyants ont été parfois dépassés par leurs plus dures épreuves, ils se sont sanctifiés les premiers à la rencontre de la Vierge, chacun à sa façon, de cette sainteté des pauvres, des petits, des exclus, que l'Évangile met au premier plan (Lc 1, 52-53, Mt 5, 1). C'est au recoupement de ces analyses que nous conclurons ce volume (p. 189).

Chapitre VI

De grands témoins inattendus

I. Des écrivains

Exclus et dépréciés par le plus grand nombre pour les raisons à peine analysées (p. 118), Maximin et Mélanie ont été reconnus par un aréopage de grands témoins : écrivains et philosophes, spirituels, pasteurs et papes successifs. En voici le bref panorama.

Louis Veuillot (1813-1883), rédacteur de *L'Univers* et défenseur de l'apparition, y adhérait avec une dévotion toute populaire. Le 6 février 1849, en remerciant pour l'eau de La Salette destinée au baptême de son enfant, il dit au curé Perrin sa conviction de militant :

> Qu'y a-t-il de meilleur et de plus rassurant, au temps où nous sommes, que de compter les gages de la protection de la Sainte Vierge, et de voir les peuples n'être pas tout à fait aveugles et ingrats ? Nos espérances ne sont que là, et nulle part ailleurs. La société si terriblement menacée, et [de] plus en plus en péril qu'elle ne le croit elle-même, ne se sauvera ni par sa sagesse ni par sa force. Elle peut s'en convaincre tous les jours. Elle ne remporte point de triomphes contre ses ennemis qu'ils ne se tournent presque aussitôt contre elle-même. Elle ne peut se défendre qu'avec le secours d'En-Haut, elle n'a de refuge assuré que dans les bras de Dieu, et Dieu n'ouvrira les bras qu'à la prière de Marie[1].

Paul Verlaine (1844-1896), chef de l'école symboliste, invoque, de sa foi tourmentée, Notre-Dame de La Salette, dans le recueil intitulé *Bonheur* :

> Vous qui, multipliant miracles et promesses
> De la Sainte Chapelle à La Salette et Lourdes,

1. V. Hostachy, « La Salette dans les lettres françaises », *Revue des Alpes,* Grenoble, 1945.

Daignez faire chez nous éclore des promesses
Même en ces temps d'horreurs d'États louches et sourdes,

Mère sauvez la France, intercédez pour nous,
Donnez-nous la foi vive et surtout l'humble foi,
Que l'âme de tous nos aïeux brûle en nous tous
Pour la vie et la mort...

Sa détresse l'invoque en d'autres poèmes :

Elle est la bonté.
C'est comme la Mère
Dans la Trinité
La Fille et la Mère
Elle est la bonté,
La compassion
Sans fin et sans trêve
L'intercession
Qu'appuie et soulève
La compassion[1].

Joris Karl Huysmans (1815-1907) n'aime pas la statue de La Salette coiffée d'un « bonnet de Mohican, » d'« une sorte de moule à pâtisserie ». Il n'apprécie pas « Maximin frisé tel un caniche » ni « Mélanie engoncée dans un bonnet à ruches ». Il méconnaît leur valeur humaine et leur culture paysanne, mais il affirme :

> Comment expliquer, sinon par une intervention divine que deux êtres, incapables de retenir un seul mot, aient pu conserver aussi tenace et aussi vif le souvenir d'un long discours qu'ils n'ont entendu qu'une seule fois ?
>
> Si la Vierge s'était adressée à des enfants intelligents, vous les auriez accusés d'avoir inventé ces discours ! L'imbécillité même de ces confidents est une garantie de vérité. Dieu se sert presque toujours de ce qu'il y a de plus faible et de plus bas pour confondre les puissants et les sages (*Là-haut*, Casterman, 1965, p. 154).

Sa conversion commence à La Salette : « C'est là, dit-il au père Bessède, qu'accablé de pressentiments sinistres, j'ai entrevu la libération parfaite. »

Malade en 1905, il invoque la Vierge pour qu'elle l'emmène « là-haut ». Il voit dans l'apparition une récompense à la foi du Dauphiné : « La Vierge y est plus honorée que dans les autres provinces, les chapelles dédiées à sa personne foisonnent dans ces régions. »

Pour Léon Bloy (1846-1917), c'est central.

« La Salette a été le point de ma vie intellectuelle et, autant que je peux voir, de ma vie religieuse. Je suis né en 1846 au moment que Dieu a voulu, soixante-dix jours avant l'apparition.

1. V. Hostachy, livre cité, p. 83-84.

J'appartiens donc à La Salette d'une façon assez mystérieuse[1] » (comme Pie XII, consacré évêque le 13 mai 1917, date de la première apparition, se sentait lié à Fatima).

Bloy fut pèlerin de La Salette en septembre 1879, avec l'abbé Tardif de Moidrey, puis du 14 septembre au 16 octobre 1880, et en 1906. Dans ses livres sur La Salette (*La Femme pauvre* où il raconte son premier pèlerinage, *Celle qui pleure, La Vie de Mélanie par elle-même, Le Symbolisme de l'apparition*), il ne craint pas de dénoncer ce qu'il considère comme « l'effroyable crime d'avoir *bâillonné* la Mère de Dieu depuis tant d'années, d'avoir bafoué ses avertissements, ses ordres formels, ses prophéties, d'avoir mis en garde contre elle ses enfants, d'avoir persécuté et déshonoré ses témoins. Mélanie, une folle ! Maximin, un ivrogne ! Il n'y a pas de mots pour exprimer l'horreur de la prévarication qui consiste à choisir ce qui plaît dans le fait de La Salette, et à rejeter comme rêverie détestable ou mensonge ce qui ne plaît pas » (lettre citée à Pierre Termier, 21 décembre 1906).

Au lendemain de sa mort, son épouse avait écrit à Vallette, directeur du *Mercure de France* : « Si on veut lui élever un monument, il ne pourrait s'agir, en dehors d'une croix de granit, que d'une statue de Notre-Dame de La Salette. »

Son dernier mot parut en édition posthume :

> L'apparition eut lieu le 19 Septembre 1846. C'était le dernier jour des Quatre Temps de Septembre, un samedi, veille, cette année là, de la fête de Notre-Dame-des-Sept-Douleurs, à l'heure des premières vêpres, c'est-à-dire au moment même où l'Église chantait, dans son office, cette hymne d'un sentiment chrétien si navré et si profondément douloureux !
>
> Oh ! de quelles ondes de larmes ! De quelle douleur est enveloppée la lamentable Vierge Mère ; lorsque Son Fils ayant été détaché de l'arbre sanglant, Elle le regarde couché dans ses bras !
>
> Ce visage suave, cette Poitrine si tendre, et ce flanc très doux, cette droite percée et cette gauche blessée, et ces pieds rouges de sang, la Désolée les baigne de larmes. Cent fois et mille fois, Elle serre dans d'étroits enlacements cette Poitrine et ces bras, Elle se colle à ses plaies et ainsi, Elle se fond tout entière dans des baisers de douleur.
>
> Ô Mère, nous vous en supplions par ces larmes, qui sont les vôtres, par ces tristes funérailles de votre Enfant, par la pourpre de ses blessures, cette douleur de Votre Cœur, enfoncez-la dans nos cœurs !
>
> J'ai essayé de traduire dans la moins colorée de toutes les langues, cette hymne sublime qui faisait pleurer nos pères. Il n'en existe pas de plus pénétrante dans tout l'office sacré. Il a plu à la Sainte Vierge d'apparaître au moment où ce cri de douleur éclatait dans l'Église et cette occurrence miraculeuse est de nature à frapper très fortement le cœur et l'esprit surtout si l'on considère que la dévotion aux Douleurs de Marie est comptée par les théologiens comme un des signes les plus assurés de la prédestination. Ceux qui savent ce que c'est que le dogme de la Com-

1. Lettre à Pierre Termier du 21 décembre 1906 (*L'Invendable, op. cit.*, XII, p. 330).

> munion des Saints et quel est le retentissement universel, dans des millions de destinées, du moindre événement humain ; ceux-là peuvent se demander quels durent être les effets mystérieux de cette manifestation inouïe, à un tel moment, dans les trois empires concomitants de l'Église militante, souffrante et triomphante. Ces effets, entièrement cachés à nos sens charnels, se déroulèrent silencieusement, sous l'œil de Dieu, comme des vagues immenses dans les espaces illimités de la souffrance et de la prière. À cette heure privilégiée de l'histoire du monde, quand la Reine du Ciel fit entendre à La Salette le *Magnificat* douloureux de ses prophétiques Lamentations, les quatre-vingt mille agonisants et les quatre-vingt mille nouveau-nés qui vagissent chaque jour, vers le temps ou vers l'Éternité, durent éprouver en leurs âmes quelque chose du tressaillement divin de saint Jean Baptiste au sein de sa mère. Les uns furent portés au pied du trône de leur juge dans le flux irrésistible des larmes de leur Avocate, les autres commencèrent leur pèlerinage terrestre dans le mouvement de reflux de ces mêmes ondes salutaires qui devaient faire crouler les murailles de la cité d'orgueil. On connaîtra quelque jour, quand les choses cachées seront manifestées à tous les hommes, l'importance réelle de ce grand événement qu'ils ont osé dédaigner en silence quand ils n'ont pas eu l'audace d'en persécuter les témoins. On saura enfin, combien d'âmes désespérées furent sauvées à cette occasion, combien de vocations surnaturelles furent déterminées en ce jour et de combien de catastrophes latentes et inévitables se trouva soudainement délivré l'immense peuple ingrat de cette Reine en pleurs descendue du Paradis (*Le Symbolisme de l'apparition*, Lemercier, 1925, p. 101-105).

JACQUES MARITAIN (1882-1973), jeune philosophe étranger au christianisme, rencontre Léon Bloy. Sa foi ardente le convertit, il devient son parrain de baptême : Raïssa, sa compagne, est baptisée avec lui. Gravement malade l'année suivante, elle guérit après des prières à Notre-Dame de La Salette, conseillées par Bloy. Ils y voient un miracle et font le pèlerinage cette même année. Cela entraîne d'autres conversions ; le père de Raïssa, puis l'écrivain Psichari, chez les Maritain, devant la statue de Notre-Dame de La Salette.

Dans les *Grandes Amitiés*, Raïssa évoque leur premier pèlerinage vers le haut lieu, à commencer par la montée homérique dans une sorte de « calèche si vieille que toutes les pièces en sont tenues par des ficelles. Cela lui donne plus de souplesse que de solidité. Elle est attelée de deux chevaux et de deux mulets. Nous montons la route abrupte, que l'on dit fort dangereuse. Elle était encore difficile à cette époque ; [...] étroite comme la porte du ciel, une muraille immense à gauche, et abîme à droite. Le temps est tiède et délicieux. L'air d'une pureté admirable. Il me semble que nous sommes comme les pèlerins du paradis terrestre, caché là-haut tout près du ciel ».

Raïssa conclut : « Nous connûmes La Salette par Léon Bloy. L'apparition est un des événements religieux les plus importants qui se soient produits depuis des siècles. Lourdes même qui est plus connu est moins extraordinaire, malgré toutes ses guérisons miraculeuses. »

En 1915, Jacques commence un important *Mémoire sur La Salette*, qu'il ne publiera pas. Mais il l'a gardé dans ses archives et y a puisé quelques articles : « Mon idée était que pour servir vraiment la Sainte Vierge, il importait de reprendre la question de La Salette dans son ensemble [...] sans autre passion que celle de la vérité » (*Carnet de notes*, DDB, 1965, p. 116).

En 1918, sur le conseil de Benoît XV, il remet au cardinal Billot « l'énorme mémoire », qu'il semble inopportun de publier dans la mauvaise passe d'alors.

Trente ans après, devenu ambassadeur de France près le Saint-Siège, il intervient une fois de plus en faveur de La Salette et de ses voyants, auprès de Pie XII :

> 1. L'apparition de La Salette tient dans le cœur des catholiques français une place plus cachée peut-être mais non moins importante que celle de Lourdes. Elle a été la première apparition mariale du XIXe siècle [1] ; et, depuis les débats passionnés dont elle a été l'occasion pendant les dix premières années qui l'ont suivie, elle s'est inscrite au plus profond de la piété catholique de notre pays. Dans cette apparition, la Sainte Vierge pleurait, et c'est à cause de ces larmes de la Mère de Dieu accompagnant l'annonce des grandes épreuves souffertes de nos temps par le monde, que tant de fidèles considèrent l'événement de La Salette avec un respect particulièrement fervent et y trouvent, avec cette leçon de pénitence qui a été réitérée à Lourdes et à Fatima, une source de conversion intérieure et de vie spirituelle qui leur est chère entre toutes. [...]
>
> 3. Mélanie avait 14 ans et 10 mois lors de l'apparition de 1846. Elle a vécu ensuite de très longues années. Tous ceux qui l'ont connue de près ont affirmé que cette longue vie passée dans la solitude et la pauvreté a été une vie de hautes vertus, de dignité, de fidélité inébranlable, d'humilité, de ferveur chrétienne et de persévérance dans le bien. À leurs yeux, celle qu'on appelle maintenant une hystérique était revêtue des dons surnaturels les plus élevés, son esprit de mortification et de pénitence était exemplaire, comme sa dévotion à la Sainte Vierge et sa dévotion à l'Eucharistie qui était à peu près son unique nourriture. J'ai interrogé deux prêtres, morts aujourd'hui, qui ont été ses confesseurs pendant ses séjours en France et qui m'ont confirmé tout cela. Ayant longtemps vécu en Italie, elle a été la protégée de Mgr Petagna, évêque de Castellammare di Stabia qui l'eut plus de dix-huit ans sous sa direction, de Mgr Zola, évêque de Lecce, de Mgr Cecchini, évêque d'Altamura, qui la tenaient en vénération. Le chanoine Annibale di Francia, qui l'avait appelée à Messine et dont l'Institut l'a eue pour maîtresse spirituelle, la regardait comme une sainte et lui a rendu témoignage dans une oraison funèbre où il a fait de ses vertus un magnifique éloge. Sa mémoire est vénérée à Altamura où elle a passé les sept derniers mois de sa vie et où elle est morte dans la nuit du 14 au 15 décembre 1904 à l'âge de 73 ans. On lui a érigé un tombeau dans la cathédrale. Le R.P. Garrigou-Lagrange pourrait témoigner qu'elle avait prédit la date et les circonstances de sa mort à un frère convers qu'il a connu.

1. Il fait abstraction des apparitions « secrètes » à Catherine Labouré (1830).

Tout cela ne pose-t-il pas un grave problème? Si l'on veut faire la lumière sur l'apparition de La Salette, ne conviendrait-il pas avant tout de recueillir et d'examiner tous les documents et tous les témoignages portant sur la longue vie de la voyante et sur les vertus qu'on lui attribue? Après cela seulement et une fois qu'un jugement aurait été porté sur cette question fondamentale, les autres problèmes concernant l'apparition de La Salette pourraient être abordés d'une façon suffisamment sûre et objective.

4. J'ai rassemblé jadis, dans un volumineux mémoire, les résultats de mes recherches sur la question de La Salette. J'ai apporté ce mémoire à Rome au début d'avril 1918. Comme dans un tel mémoire d'ensemble, il n'était pas possible de ne pas traiter aussi de la question des secrets des deux bergers, je désirais savoir si, en présence du décret du Saint-Office du 21 décembre 1915, l'autorisation pourrait m'être donnée de le publier. J'en ai parlé dans une audience privée à S.S. Benoît XV qui, au cours de cet entretien, a dit à ma femme et à moi à propos du secret de Mélanie : « *Quoad substantiam, credo, quoad singula verba, nego* » [j'y crois pour la substance, mais pas littéralement] et qui m'a demandé de porter mon manuscrit au cardinal Billot, en le priant, de la part du pape, de le lire et de l'examiner. Après quelques mois, le cardinal Billot m'a fait dire qu'il ne trouvait rien de répréhensible dans mon travail, mais que la publication n'était pas opportune. Depuis lors ce mémoire est resté inédit. J'en ai ici une copie et bien qu'après trente ans, ce texte me semble aujourd'hui mal rédigé et assez maladroitement présenté, je suis prêt à le communiquer à titre informatif, si cela semblait utile.

5. Quelques mois après mon voyage à Rome en 1918, le cardinal Billot a bien voulu me faire part d'un mémoire confidentiel qu'il avait reçu par l'entremise de Mgr Giray, concernant le récit que, sur l'ordre d'un de ses confesseurs, Mélanie avait fait de ses années d'enfance et contre lequel on invoquait le témoignage de son frère cadet [Eugène, né en 1836] (lequel avait quatre ou cinq ans, sinon un ou deux, ou même n'était pas encore né lors des divers événements racontés par Mélanie). J'ai rédigé alors une réponse détaillée que j'ai envoyée au cardinal Billot et dans laquelle je montrais l'inanité des arguments employés dans le mémoire en question. Je tiens aussi le texte de cette réponse à la disposition des autorités compétentes[1].

LOUIS MASSIGNON (1883-1962), islamologue et mystique de haut niveau, très engagé dans l'œcuménisme, se fit secrètement ordonner prêtre dans le clergé marié catholique de rite melkite. Un jour qu'il célébrait la messe dans la grotte de Bethléem, des pèlerins français s'étonnaient : « On croirait Massignon ! »

Il fait son premier pèlerinage à La Salette, à 28 ans, dans la nuit du 24 décembre 1911. Il retourne l'année suivante (1912) à Altamura où Mélanie est morte. « Une sainte incomprise », conclut-il contre ses détracteurs.

1. Rapport de J. Maritain sur La Salette du 28 janvier 1947; copie dactylographiée (sur papier à en-tête de l'ambassade) aux archives Maritain : Cercle d'études J. et R. Maritain, Kolbsheim.

Il fait d'autres pèlerinages en 1915, 1930, 1934.

En 1946, dans sa revue *Dieu vivant*, il publie « Une défense du secret de La Salette » de J.B. Wilfrid, une lettre de Maritain, « Autour du grand drame de La Salette », et un texte de sa plume, « Le voile de ses larmes sur l'Église ». Il réfute ceux qui dissocient l'apparition de ses voyants, selon le slogan désormais en vogue : « Leur mission est finie, La Salette commence ! »

Dès janvier 1912, il écrivait à Paul Claudel :

> Accepter le message de Mélanie pour l'apparition et le répudier pour les charismes et l'autobiographie est une maladroite imitation de Renan expurgeant les *Évangiles* de leurs miracles. Accepter le témoignage de Mélanie en 1846 [...] et arguer de mensonge ses récits d'après 1852 [...] c'est, venant de l'avocat du diable, plus qu'une faute de méthode, un aveu. Pour résumer : l'existence du secret est sûre, l'authenticité du texte actuel, très probable (M. Malicet, *Claudel-Massignon*, DDB, 1973, p. 153).

Il considérait son cinquième pèlerinage (1953) comme le point d'orgue de sa destinée spirituelle. C'était en l'anniversaire de l'apparition, les 19-20 septembre : « La fête de Notre-Dame de La Salette coïncide avec le Grand Pardon non seulement pour les Juifs *(Yôm quippur)* mais aussi pour les musulmans *(Ashurâ)* », constatait-il de son regard passionnément œcuménique.

Son travail assidu d'archives et son autorité contribuèrent à maintenir la question ouverte[1]. Il a laissé ce souvenir inoubliable de son premier pèlerinage, le jour de Noël 1911 :

> Je suis arrivé hier soir, par Corps et le sentier en corniche de Saint-Julien ; j'ai pensé périr dans la neige qui était épaisse et molle. J'ai rarement été dans un danger de mort aussi précis. En pleine nuit, après un coucher de soleil rose pâle, inouï au-dessus des dernières vallées, j'ai dû marcher plus d'une heure, demi trébuchant, tombant et reprenant souffle tous les 5 ou 6 pas. J'ai pensé m'asseoir et me laisser aller... À ce moment, un pur et fin croissant doré s'est levé entre deux nuages, un peu plus loin, après un col, j'ai entrevu, au-dessus de l'étoile du soir, la masse sombre de l'église et de l'hôtellerie. Rythmant mon dernier effort pour ne rien forcer, ne rien casser, en récitant mon rosaire, une syllabe par pas (et je l'ai dit tout entier et plus qu'un tiers en plus) je suis venu m'écrouler contre le mur de l'hôtellerie, entrevoyant une petite lumière, appelant en vain. Le vent se levait j'ai cru que le gel allait me prendre au port. Je me suis traîné par plus d'un mètre de neige le long de l'hôtellerie et j'ai, grâce à Dieu, trouvé la chaîne d'une cloche. J'ai sonné. J'étais sauvé ! (Lettre à Paul Claudel, *op. cit.*, p. 143).

1. Même Renan (1823-1893) a été impressionné par La Salette. En préface à sa *Vie de Jésus*, éditée en 1864 – l'année néfaste du secret de Mélanie – il reconnaît : « La Salette est un des grands événements religieux de notre siècle. » Mais comme pour Jésus qu'il admire en incroyant, c'est en soulignant avec son scepticisme radical « la disproportion entre l'incendie et la cause qui l'allume ».

Paul Claudel (1868-1955), qui a lu le récit complet de Mélanie, écrit à Massignon : « Le récit de l'apparition est tout à fait beau, et les paroles de la Vierge admirables » (*op. cit.,* p. 145). Massignon lui envoie une photo, prise par le bienheureux Annibale Maria di Francia lors de l'exhumation de Mélanie, dix-huit ans après sa mort, dont il obtint la publication (en couverture du *Symbolisme de La Salette*). Claudel lui répond : « Comment, en regardant ce masque sacré, ne point se rappeler cette exclamation du cantique : Je suis noire, mais je suis belle. »

Il fait pèlerinage à La Salette en août 1930. Il écrit *Les Révélations de La Salette* pour une de ses filles. Il y édite le témoignage de Maximin. Le message de La Salette résonne en lui symboliquement :

> La Sainte Vierge n'avait-elle pas raison quand elle annonçait qu'allait revenir une grande famine. Nous n'avons qu'à regarder autour de nous. Elle est là et si nous possédions un regard spirituel, nous ne verrions, autour de nous, que des âmes réduites à l'état d'indigence squelettique, comme nous le montrent les photos de l'Inde [...] Les pommes de terre pourrissent; C'est tout l'humble trésor familial, les réserves visibles de patience, d'abnégation... qui s'épuise et se gaspille (*Le Symbolisme de La Salette,* Gallimard, 1952, p. 28).

Le livre parut en 1946, puis en 1952, revu et augmenté de méditations. Il y écrit encore :

> Il y a, au-dessus de La Salette, une montagne tricuspide dont le dessin, me dit-on, n'est pas sans ressemblance avec le Sinaï. La pointe centrale s'appelle l'Obiou [...] C'est au pied de l'Obiou que la mère de Dieu, tout exprès descendue de ce ciel où l'autorité infaillible devait affirmer son Assomption, avait accouru, comme n'en pouvant plus d'horreur et de chagrin pour donner à son peuple ingrat et révolté un solennel avertissement.

Le message de La Salette l'avait d'abord laissé décontenancé, mais il en aperçut progressivement « la gravité et la richesse ». Ce qui l'a frappé (comme Huysmans), c'est le contraste éloquent entre

> son accoutrement symbolique et la simplicité, la familiarité de son entretien avec ces deux pauvres enfants, aussi purs que l'eau du baptême. [...] Regardez; ce sont de vraies larmes comme celles qui jamais roulèrent sur les joues du Christ à la mort de Lazare (arrangez-vous comme vous voudrez, philosophes, mais vous ne me ferez pas croire que ce n'est pas pour de bon que la Sainte Vierge, en deuil de nous, [...] pleure).

Il évoque ainsi son pèlerinage en ce site montagneux et insolite :

> Pays en deuil, profondes avenues de schistes noirs, retours plis sur plis d'une roche âpre et crue, air glacé et tranchant, maisons d'une pauvreté sinistre avec leurs fenêtres toutes petites. La Mure, Corps [...] c'est la grande solitude alpestre et les montagnes se pressent dans des attitudes dramatiques autour de nous comme le groupes des saintes femmes autour de la Croix (*Révélations de La Salette*, La Table Ronde, 1946, p. 1-2).

II. Des spirituels

Sylvain Marie Giraud (1830-1885)

Pour l'abbé Henri Bremond, ce missionnaire de La Salette est un des plus grands spirituels des temps modernes. Poète, musicien, orateur sacré, disciple de M. Olier et du P. de Condren, ce Provençal séduisait par bien des côtés ses compatriotes. Il prêcha les pèlerins de la montagne, guida prêtres, religieuses, et communautés, et mourut en odeur de sainteté. Ses écrits s'adressent plus particulièrement aux prêtres, pour leur enseigner l'excellence de l'état de victime qu'il vivait, comme Mélanie[1].

Dans une page vraiment inspirée, sur les « apôtres des derniers temps » demandés par Grignion de Montfort et par Mélanie, il prévoit le triomphe de Marie par l'apparition dont il servait le sanctuaire :

> La Salette ! Le monde, dans ses dernières épreuves, dans les dernières luttes de son agonie, se tournera vers elle, comme sur la vaste mer. Quand la tourmente devient plus terrible, tout l'équipage se tourne vers le phare qui brille au loin et indique le port et le salut.
>
> Ô ! Montagne de notre Mère ! Heureuses les âmes qui, fuyant la persécution des méchants, dirigeront leurs pas vers toi. Heureuses les âmes qui, dans cette marche pénible et pleine de dangers, porteront dans leur cœur un dévouement entier, sans borne, qu'aucun sacrifice n'arrête pour l'Église de Jésus-Christ [...] et mille fois heureuses les âmes qui viendront enfin se reposer sur tes hauteurs ! Là-bas, dans le monde réprouvé de Dieu, la charité se refroidira et la Foi sera mourante, et le scandale aura son temps de triomphe, et *l'homme de péché* établira son règne d'un jour.
>
> Mais Dieu préparera le triomphe de son Église. Et cependant, avant l'heure de sa glorieuse victoire, tu seras, ô Salette, sa consolation et sa joie.
>
> Et je vois ensuite l'Église, de tes hauteurs sanctifiées s'élever au Ciel pour y régner à jamais avec son Époux éternel Jésus-Christ, Fils de Dieu[2].

Gustave Thibon (1903-2000) a écrit plusieurs pages sur La Salette, notamment dans le recueil collectif *La Salette, témoignages*. En paysan, il est sensible à son message :

1. Il a écrit : *La Pratique de la dévotion à N.-D. de La Salette* (1863) ; *La Vie d'union avec Marie, mère de Dieu* (1864) ; *De l'union à N.-S. J.-C. dans sa vie de victime* (1870) ; *J.-C. prêtre et victime, méditations sur les mystères de N.-S. ; J.-C. considérés au point de vue de son sacerdoce et de son état de victime ; De l'esprit et de la vie de sacrifice dans l'état religieux* (1873) ; *Immolation et charité dans le gouvernement des âmes* (1875) ; *Prêtre et Hostie. N.-S. J.-C. et son prêtre considérés dans l'éminente dignité du sacerdoce et les saintes dispositions de l'état d'hostie* (1883).

2. D'après M.A. Valentin, « Le Père Giraud », Saint Augustin, 1945, p. 216.

C'est à l'univers entier que la Vierge immaculée s'est adressée il y a cent ans par l'intermédiaire de Maximin et de Mélanie. Mais le fait qu'elle ait choisi, pour transmettre son message, deux pauvres enfants de la terre témoigne assez haut de sa sollicitude pour le monde paysan. Nous avons eu la primeur de ce message; c'est donc à nous qu'il s'adresse en premier lieu.

Certains esprits superficiels ont été choqués par les terribles menaces contenues dans le discours de Notre-Dame de La Salette. Nous ne pouvons pas croire à un Dieu si cruel, ai-je entendu dire. C'est oublier que les menaces divines ne sont que des promesses retournées. Dieu n'est cruel que dans la mesure où les hommes, en fermant leur cœur à sa grâce, l'empêchent d'être bon. « *Je ne peux plus retenir le bras de mon Fils.* » Le premier refus vient de nous. Cette main de Dieu qui nous frappe, c'est la main toute miséricordieuse, pleine de dons, préparés pour nous de toute éternité, et que nous contraignons, par notre indifférence, à se refermer sur ses présents. Dieu n'a pas même à nous punir positivement; il suffit qu'il se détourne de nous pour qu'abandonnés à la pesanteur du péché nous roulions fatalement au fond de l'abîme. Le spectacle du monde moderne, dont l'orgueil a repoussé Dieu, témoigne de cette vérité avec une féroce évidence.

L'appel de Marie à la pénitence et à la prière, avec les menaces matérielles qui l'accompagnent, revêt, pour nous paysans, un sens particulièrement précis. Le message de la Vierge pourrait être résumé dans ces simples mots : si vous ne cherchez pas le ciel, vous perdrez la terre. Et cet avertissement s'applique à nous mieux qu'à personne. Courbé vers la terre par son travail, le paysan court toujours le risque de s'enliser dans la terre. Son réalisme et son sens de l'effort ont pour contre-partie le matérialisme et l'avarice. Ces fruits du sol, ces biens charnels obtenus au prix d'un si dur labeur, il est toujours tenté de s'en faire des idoles et d'oublier que Dieu, suivant le mot de Mistral « travaille de moitié avec lui ». Marie est descendue du ciel pour lui rappeler, en parlant sa propre langue, en se servant des images les plus adaptées à son esprit, que le réalisme de la terre, s'il n'est pas prolongé et couronné par la prière, aboutit tôt ou tard à la ruine de l'homme. Ces « pommes de terre qui pourriront », ce sont aussi les âmes des paysans qui n'auront aimé que la terre. Et cette terre, ces biens d'ici-bas trop aimés, ils les perdront, car tout vient de Dieu et la matière, coupée de l'esprit, se flétrit dans nos mains, comme un rameau séparé de l'arbre. À celui qui cherche Dieu, tout sera donné par surcroît, mais à celui qui n'a rien (c'est-à-dire qui n'a que la terre), on enlèvera ce qu'il a. Marie est venue apprendre aux paysans que les racines ne restent vivantes que si leur adhérence à la terre s'unit à l'élan de la tige vers le ciel (*La Salette, témoignages*, Bloud et Gay, 1946, p. 159-160).

III. Des saints

SAINT JEAN-MARIE VIANNEY (1786-1859), le Curé d'Ars, a fait un parcours complexe vers La Salette. Ordonné prêtre dans la cathédrale de Grenoble (1815), il crut spontanément en l'apparition, mais sa rencontre abrupte avec Maximin créa un long malentendu, le 25 septembre 1850. Enfin il affirme à l'abbé Gerin, de Grenoble, le 12 octobre 1858 :

« Maintenant, il ne me serait plus possible de ne pas croire à La Salette.

– Ah ! La Salette fait déjà beaucoup de bien, dit-il au père Archier, mais elle en fera davantage encore ; et plus tard, elle en fera partout et toujours de plus en plus. »

Selon Mgr de Langalerie, évêque de Belley, le Curé d'Ars est mort en déclarant sa foi en l'apparition[1].

Saint Jean Bosco (1815-1888), éducateur de la jeunesse, consacra à La Salette un livre de sa collection, *Lectures catholiques*, plusieurs fois réédité[2] :

> Un fait, certain et merveilleux, attesté par des milliers de personnes et qui toutes peuvent, aujourd'hui encore, le certifier, c'est l'apparition de la Sainte Vierge arrivée le 19 septembre 1846. Cette Mère aimante s'est montrée sous la forme d'une belle Dame à deux enfants. [...] Elle s'est montrée sur une montagne de la chaîne des Alpes, [...] pour le bien de la France, [...] du monde entier. Et cela, pour l'avertir que la colère de son Divin Fils est allumée contre les hommes, spécialement par trois péchés – le blasphème, la profanation du dimanche et des fêtes, et la transgression des lois de l'abstinence.
>
> Des faits prodigieux sont venus confirmer cette apparition, faits tirés de documents publics ou attestés par des personnes dont la sincérité et la croyance excluent toute possibilité de doute à ce sujet. Ces faits sont précieux pour confirmer les bons dans leur attachement à la religion et pour réfuter ceux qui, peut-être par ignorance, veulent mettre une limite à la puissance et à la miséricorde de Dieu en disant que ce n'est plus le temps des miracles.
>
> Jésus a promis que, dans son Église, il y aurait des miracles plus grands que ceux qu'il a opérés lui-même et il n'a limité ni le nombre ni le temps où ces miracles seraient opérés, de sorte que, tant que l'Église existera, nous verrons toujours la main du Seigneur manifester sa puissance par des faits prodigieux [...]. Mais ces signes sensibles de la toute-puissance divine sont toujours le présage de faits graves qui manifestent soit la miséricorde et la bonté de Dieu, soit sa justice et son indignation ; et cela, toujours pour sa plus grande gloire et pour le plus grand bien des âmes.
>
> Faisons en sorte qu'ils soient pour nous une source de grâces et de bénédictions ; contribuant à exciter en nous une foi vive, une foi agissante, une foi qui nous porte à faire le bien et à éviter le mal, afin de nous rendre dignes de l'infinie miséricorde pendant le temps et pendant l'éternité.

Saint Pierre Julien Eymard (1811-1868), né à trente kilomètres de La

1. L. Carlier, *Histoire de l'apparition...*, Tournai, 1914, p.130.
2. *Apparizione della Beata Vergine sulla montagna di La Salette, con altri fatti prodigiosi raccolti JS pubblici documenti per Sacerdote Giovanni Bosco*, Terza edizione, Tipografia e libreria dell'Oratorio di S. Francesco di Sales, Turin, 1875. Don Bosco y traduit la vibrante lettre de Mélanie du 10 septembre 1870, reproduite ci-après dans les documents annexes.

Salette, est ordonné prêtre le 20 juillet 1834 par Mgr de Bruillard. C'est lui qui relate et atteste la guérison de Marguerite Guillot (8 septembre 1848). Il correspond avec le chanoine Rousselot, pour défendre l'apparition face à l'évêque de Gap. D'abord mariste (1839-1856), il fonde les Prêtres du Très-Saint-Sacrement, après un pèlerinage à La Salette. Il connaissait Maximin, détenait la copie du secret donnée à l'ingénieur Dausse, et dirigea sa mère adoptive, Mme Jourdain. Il célébra sa dernière messe dans la chapelle des Missionnaires de La Salette à Grenoble. Le 1er août 1868, à La Mure, son ultime geste fut de presser sur son cœur une image de l'apparition. Il a écrit dans l'album du sanctuaire :

> J'ai eu l'honneur de proclamer le premier, à Lyon, le fait miraculeux de l'apparition ; et je suis heureux aujourd'hui de venir baiser, avec amour et reconnaissance, cette terre bénie, cette montagne de salut... Si je n'étais pas mariste, j'irais demander à mon évêque, comme la faveur la plus insigne, de me consacrer corps et âme au service de Notre-Dame de La Salette[1].

Le BIENHEUREUX JACQUES CUSMANO (1834-1888), médecin de Palerme, devenu prêtre, fonda les Serviteurs et Servantes des pauvres. Il rendit visite à Mélanie, la reçut quelques jours à Palerme et la supplia de venir à son aide pour fonder sa famille religieuse selon la règle reçue de Notre-Dame, mais « Rome » ne permit pas. Véritable « apôtre des derniers temps », mort à 43 ans, il fut béatifié par Jean-Paul II. À sa seconde visite à Castellammare, Mélanie l'avait encouragé dans sa fondation :

> Je fus surpris à peine arrivé de voir Mélanie m'ouvrir elle-même la porte, avec un respectueux et charitable accueil, et qui plus est, d'avoir trouvé sur la table une copie de la règle et une petite statue de l'apparition de la Grande Mère de Dieu sur la montagne de La Salette.
>
> Parcourant à grands traits la règle, il me sembla y remarquer une grande harmonie avec mes désirs, puisque j'y trouvai l'ébauche d'une institution de Frères et Sœurs, vivant en vraie pauvreté et dans l'esprit d'abnégation évangélique pour soulager le prochain de la misère et de la souffrance ; une institution aussi de missionnaires voués à la direction des deux instituts et à l'évangélisation toute apostolique des pauvres, et enfin le concept de deux confréries, une de femmes l'autre d'hommes, qui y sont appelés disciples, dont le but est d'attirer les gens vers les missionnaires, et de les gagner ainsi à Jésus-Christ. Ces idées ont fait et font encore l'objet de mes désirs.
>
> En toute confidence, Mélanie me rapporta son histoire et les raisons pour lesquelles elle vivait *confinée* dans ce village, à mon grand étonnement. Il me sembla juste de la prier de vouloir m'aider, tant qu'il ne lui était pas possible de se dédier à l'œuvre à laquelle elle croyait être appelée. Elle me montra en toute humilité son inaptitude et même son impuis-

1. E. Picard, *La Salette, précis historique,* Grenoble, 1946, p. 224.

sance à cause d'une sévère loi qui la tenait dans ce lieu, mais elle me promit de faire ce qu'il lui était permis ; une visite de huit jours seulement, et ensuite, tout ce que le Saint-Père aurait voulu. Elle m'encouragea, entre temps, à vêtir les sœurs, et à tâcher de réunir et de commencer la communauté à la manière que le Seigneur m'aurait alors inspiré, et à confier davantage en l'aide de Dieu et de la Très Sainte Mère, afin que les affaires prospèrent pour sa gloire et le salut des âmes[1].

Le BIENHEUREUX ANNIBALE MARIA DI FRANCIA (1851-1927), apôtre de la prière pour les vocations[2], reçut une année entière Mélanie à Messine (1898). Il la tenait pour « sage cofondatrice » de ses religieuses. Il prononça son éloge funèbre à Altamura, ouvrit une maison des Filles du Divin Zèle pour garder sa tombe dans leur chapelle, et s'occupa de sa béatification. Il écrivait, le 20 décembre 1902 :

J'ai été bien fortuné d'avoir logé Mélanie un an et dix-huit jours dans un de mes Instituts religieux de sœurs, appelées « Filles du Divin Zèle du Cœur de Jésus ». Mélanie y arriva le 14 septembre 1897. Exaltation de la Sainte Croix, cinquième jour de la neuvaine de Notre-Dame de La Salette. La venue de Mélanie dans mon Institut fut précédée de signes très singuliers, Mélanie prit la direction de ma communauté religieuse alors naissante, et de l'orphelinat annexe. Avant de venir elle m'avait promis de rester un an. Dans ce temps, elle donna un tel avancement à ma communauté qu'elle peut en être appelée la fondatrice.

Durant le séjour de Mélanie dans mon Institut, j'étudiai diligemment cette singulière créature. Je lui ai observé des vertus vraiment extraordinaires, au point de la mettre au rang des plus grandes saintes. Je peux me tromper, mais telles sont mes impressions. [...]

Elle est très pure, très innocente, très aimante, forte, prudente, très mortifiée, enflammée de zèle pour Dieu et pour les âmes, simple comme une colombe, excellente conseillère, elle possède à un degré élevé le discernement des cœurs ; elle est très patiente, parfaitement pacifique, tranquille, douce, mais prompte et rapide à mettre en œuvre ce qu'elle connaît être la volonté de Dieu.

Sa vie a été un continuel martyre intérieur pour deux motifs principalement ; à cause des offenses à Dieu, et [dans l'attente] de voir réalisés les deux ordres religieux dont la Très Sainte Vierge lui donna l'admirable Règle sur la montagne de La Salette. [...]

Bien que cachée, même en la regardant dans son extérieur humble, pacifique, inaltérablement calme et doux, elle laisse transparaître une grande sainteté[3].

Innombrables sont les pèlerins et amis de La Salette. Beaucoup sont béatifiés ou canonisés : Léonard Murialdo, Antoine Chevrier, Daniel Comboni, Sophie Barat, Émilie de Rodat, Euphrasie Pelletier, François Spinelli, Édouard Rosaz, Don Orione et autres.

1. Lettre au père Daniel Bassano, confesseur de S.S. Léon XIII, du 19 mai 1882 : J. Cusmano, *Lettres choisies...* (traduction corrigée), La Carità, Palerme, 1992.
2. Béatifié pendant le Synode sur la formation sacerdotale, le 7 octobre 1990.
3. Lettre en italien au directeur des Annales de N.-D. de La Salette, ACDF, LS 119.

IV. Des évêques

Mgr de Bruillard, puis ses successeurs à l'évêché de Grenoble, ont promu la dévotion à Notre-Dame de La Salette par des documents nombreux et variés. Trois autres évêques, Mgr Villecourt, Dupuch et Ullathorne, ont écrit l'histoire de l'apparition.

Mgr Clément Villecourt (1787-1867) fut le premier évêque pèlerin de La Salette. Le 21 juillet 1847, il vient à La Salette et passe la journée avec les deux enfants. Son *Nouveau Récit de l'apparition* nous les présente. Voici Mélanie :

> Réunissez dans votre imagination tous les traits qui vous semblent devoir peindre la modestie la plus parfaite et la plus saisissante, et vous aurez à peine une idée de celle de Mélanie. Elle a un visage régulier et délicat; ses yeux sont pleins de douceur, et sa voix est d'une aménité angélique qui vous pénètre, à l'instant, d'estime et d'une certaine considération. Rien qui annonce la rusticité des bergères de la montagne. Changez ses vêtements, et vous ne soupçonnerez plus qu'elle est née dans le plus misérable des réduits, et que ses parents, ses frères et sœurs attendent l'aumône qui doit secourir leur profonde indigence. Mélanie a près de seize ans; à peine croirait-on qu'elle en a douze. Elle parle peu, et seulement quand on l'interroge. Alors elle le fait avec une grâce qui emprunte du ton délicieux de sa voix et de sa retenue un charme inexprimable. Ce qu'elle dit est d'une justesse qui ravit; mais elle ne s'en doute pas; un enfant de six ans ne s'exprimerait pas avec plus de simplicité et moins de prétention. Elle paraît attacher beaucoup d'intérêt à l'explication de la doctrine chrétienne. Elle dit sans façon ce qu'elle pense sur les points susceptibles de recevoir des interprétations diverses; mais si un autre développement leur est donné, elle laisse apercevoir, par un modeste sourire, qu'elle l'accueille avec satisfaction. Elle n'est pas sans vivacité, mais on voit qu'elle sait la contenir par une disposition naturelle de convenance; elle est ingénue et sans détour. Elle ne partage pas toujours l'avis de Maximin, qui ne s'en fâche pas; mais si elle émet une opinion différente, elle n'y donne pas, pour cela, de la valeur et de l'importance. C'est là tout ce que j'ai pu juger de Mélanie. Maximin, par son aisance, m'a fourni beaucoup plus de moyen de tracer son portrait. J'ai conjuré madame la supérieure de Providence de veiller soigneusement à ce que cette multitude de curieux que l'apparition attire à Corps, ne portât aucune atteinte à la simplicité de ces deux intéressants bergers. Elle m'a promis de le faire; ajoutant qu'à cet égard, Maximin ne lui avait inspiré jusqu'ici la plus légère inquiétude, et qu'elle n'épargnerait rien pour que Mélanie fût garantie, à son tour, de tout danger d'amour-propre[1].

1. C. Villecourt, *Nouveau Récit de l'apparition de la Sainte Vierge sur les montagnes des Alpes...*, Lecoffre, Paris, 1847, p. 52.

Guéri par Notre-Dame de La Salette et nommé cardinal par Pie IX en 1855, Mgr Villecourt fut un des premiers et plus constants défenseurs de l'apparition, selon ses propres paroles à Mgr de Bruillard :

> Oui, mon Vénéré Seigneur et père ; je crois comme vous que la Vierge immaculée qui s'est montrée si tendre envers la France doit être envisagée comme ayant après Dieu la plus grande part d'un événement dont personne n'a dû être plus étonné que moi. J'ai cédé enfin aux volontés du souverain pontife qui m'a dit formellement avoir suivi l'inspiration divine dans le choix pour revêtir de la pourpre celui qui se regardait avec raison comme le dernier des évêques. Puissé-je maintenant répondre aux vœux de la Providence dans la situation nouvelle qui m'est faite ! Peut-être a-t-elle voulu que dans la Ville sainte où l'on a cherché à faire parvenir tant de préventions sur l'apparition de la Vierge bénie sur la montagne de La Salette, cette apparition trouvât en moi un défenseur zélé. J'ai déjà réussi à dissiper les nuages que l'imposture avait semés. Dieu aidant, je continuerai ; et j'espère que ce ne sera pas sans succès[1]...

Maximin le retrouvera à Rome en 1865, et lui confiera la garde de quelques objets personnels au moment de rejoindre, grâce à son appui, les zouaves pontificaux.

Carlo Maria Martini (1927-...), l'actuel cardinal de Milan, d'abord exégète puis recteur de l'université Grégorienne de Rome, est un pèlerin de La Salette. Ses méditations sur l'apparition ont été publiées sous le titre : *Marie souffre encore*.

> Pour la nouvelle évangélisation et pour le renouveau de la société, la première ressource et la plus nécessaire, ce sont des femmes et hommes nouveaux, plongés dans le mystère de Dieu et insérés dans la société, saints et sanctificateurs. Il ne suffit pas de mettre à jour les programmes pastoraux, les langages et les instruments de la communication. Les activités caritatives ne suffisent pas non plus. Il faut une floraison de sainteté. [...]
>
> Tout cela – à savoir la sainteté – est possible avec la grâce de l'Esprit-Saint. Mais cela réclame un chemin progressif et persévérant de conversion personnelle, scandé par le sacrement de la Réconciliation. [...] Ce message de pénitence et de Réconciliation est le message qui émane de La Salette et que nous voulons porter à nos communautés, pour qu'elles deviennent des communautés pénitentes et capables de se réconcilier[2].

V. Des papes

Pie IX (1792-1878), élevé au pontificat en l'année de l'apparition, y adhéra personnellement, mais discrètement. Il écrivit plusieurs lettres en latin sur ce sujet.

1. Lettre du 14 décembre 1855 : A. Bossan, *Lettres édifiantes,* n° 431 (MSG).
2. Cardinal Martini, *Marie souffre encore,* Saint-Paul, Paris, 1998, p. 70-72.

La première (20 septembre 1848) remercie le chanoine Rousselot :

> Il nous a été singulièrement agréable d'apprendre ce que vous racontez de ce concours nombreux de pèlerins qui accourent de toutes parts en cet endroit pour y honorer la bienheureuse Vierge Marie et, en particulier, de savoir que ce peuple, arrivé en ce lieu, y implore pour Notre humble Personne la toute-puissante protection et le secours de la Mère de Dieu. Aussi, avons-nous le plus grand désir que ce peuple dont vous parlez soit averti que Nous le couvrons de Notre bénédiction apostolique.

La dernière, en date du 30 août 1854, engage Mgr Ginoulhiac à défendre le « fait » reconnu par son prédécesseur contre les calomnies de certains prêtres :

> C'est une chose manifeste, que par les discours et les écrits d'hommes inconnus, un soupçon de fausseté s'élève aujourd'hui sur le fait de La Salette, et que le culte même qui est rendu sur cette montagne à la très sainte Mère de Dieu est mis en dispute.
>
> Quant au fait qui a été publié en tant de manières, et qui a été reconnu par l'évêque, votre prédécesseur, sur des preuves et des documents que vous avez certainement en main, rien ne s'oppose, dès que vous le trouverez à propos, à ce que vous puissiez l'examiner de nouveau et *le démontrer publiquement*. Déployez aussi tout votre zèle, vénérable frère, pour que la piété et la dévotion filiale envers la Reine du ciel et la Souveraine du monde, qui fleurit si heureusement dans votre diocèse, s'y maintienne et prenne de jour en jour de nouveaux accroissements. Et, s'il en est besoin, c'est un devoir de votre charge et de votre sollicitude pastorale d'informer votre troupeau des périls qui environnent cette même dévotion et de le prémunir contre eux. Levant enfin les yeux vers le ciel, et invoquant la protection si puissante de la très sainte Vierge Marie, prions Dieu, vénérable Frère, et supplions-le par Notre-Seigneur Jésus-Christ, d'entretenir tout ce qu'il y a de bien dans ce diocèse, et de garder tout ce qui y est ainsi entretenu par le zèle et les soins de la piété. Élevons donc nos yeux vers le ciel et, après avoir imploré le très puissant secours de la même Vierge Marie, Mère de Dieu, supplions Dieu par Jésus-Christ, vénérable Frère, afin qu'il protège le bien qui existe en ce lieu et que, par sa bienveillance, il garde ce qu'il a protégé. Comme gage de notre affection particulière à votre égard et présage de tous les bienfaits célestes, recevez la Bénédiction Apostolique que Nous vous donnons du fond du cœur, à vous-même, vénérable frère, ainsi qu'à votre troupeau.

Pie IX se prononça-t-il sur les secrets des bergers ? Oui, dès leur lecture, selon le récit de M. Rousselot et Gerin, mandatés pour les lui remettre en mains propres.

> Chaque enfant avait écrit et cacheté la lettre contenant son secret en présence de témoins qui avaient déclaré sur l'enveloppe que l'incluse était de main propre.
>
> Sa Sainteté décacheta en notre présence les trois lettres, les lut, et en commentant celle de Maximin, Elle dit : « Il y a là la candeur et la simplicité d'un enfant. »

Nous répondîmes que ces enfants étaient de petits montagnards qui depuis quelques mois étaient dans des maisons d'éducation.

Pour mieux lire les deux lettres, Sa Sainteté se leva et s'approcha de la fenêtre, dont Elle entrouvrit le volet. Nous La suivîmes. Après la lettre de Mélanie, Sa Sainteté nous dit : « Il faut que je relise cette lettre à tête reposée. »

Pendant la lecture de cette dernière lettre, une certaine émotion se manifesta sur le visage du Saint-Père. Ses lèvres se contractèrent et ses joues se gonflèrent. Lecture faite, le Saint-Père nous dit : « Ce sont des fléaux dont la France est menacée. Elle n'est pas seule coupable. L'Allemagne, l'Italie, toute l'Europe le sont et méritent des châtiments. J'ai moins à craindre de Proudhon que de l'indifférence religieuse et du respect humain. Vos soldats se mettent à genoux quand ils me voient, mais c'est après avoir regardé auparavant de droite et de gauche, s'ils ne sont vus de personne. Ce n'est pas sans raison que l'Église est appelée militante, et que vous en voyez ici le Capitaine (en portant sa main droite sur sa poitrine). J'ai fait examiner votre livre par Mgr Frattini, promoteur de la Foi, il m'a dit qu'il était bien, qu'il en était content, qu'il respirait la vérité » (*La Salette examinée à Rome*, Relation de M. Rousselot, selon L. Bassette, *Le Fait de La Salette*, Cerf, 1955 p. 227).

Le bon accueil des secrets par Pie IX et la foi de ses principaux collaborateurs en La Salette encouragèrent Mgr de Bruillard à reconnaître l'apparition. À la fin du séjour, Pie IX accorde une nouvelle audience au chanoine Rousselot, et donne « aux enfants de La Salette sa bénédiction d'une manière fort gracieuse ».

LÉON XIII, pape de 1878 à 1903, s'engage davantage. Sur le témoignage positif des curies de Naples et Castellammare, le 3 décembre 1878, première année de son pontificat, il reçoit Mélanie en audience privée. (Son récit de l'audience, où le pape l'invite à promouvoir en France la règle de vie religieuse reçue de l'apparition, est reproduit à la page 171.) Le pape encourage la communauté des Missionnaires de La Salette, présentée par Mgr Fava, accorde le titre de basilique mineure au sanctuaire, et un solennel couronnement à la statue de la Vierge Réconciliatrice.

C'est sous PIE X, pape de 1903 à 1914, que Mélanie meurt. Un vigoureux panégyrique de la voyante paraît dans l'*Osservatore romano*, expurgé par la presse religieuse française. Grâce à l'abbé Cornuau, ami de Léon Bloy, le saint pape connut l'autobiographie de Mélanie. « Et notre sainte ? », demanda-t-il à Mgr Cecchini[1], l'évêque qui avait présidé les funérailles de la voyante, morte en odeur de sainteté.

BENOÎT XV (pape de 1914 à 1922) reçut les Maritain en audience. Ils en ont laissé une trace écrite :

1. D'après la lettre de l'abbé H. Rigaux du 4 janvier 1911, ENS.

Il nous accueillit avec beaucoup de douceur et de bonté [...]. « La Salette ! », dit-il, avec un regard vif et intéressé. Et de lui-même il explique longuement ses sentiments sur la question : « L'apparition est hors de doute ; mais les paroles de la Sainte Vierge à Mélanie, en particulier quand dans le message secret elles expriment une telle sévérité à l'égard du clergé, sont-elles bien certaines ? Voilà ce qui fait discussion ! Que parlant en général elle se soit plainte du clergé, cela est bien possible, mais les termes ont pu être exagérés par la fantaisie (l'imagination) de Mélanie, quelles que soient la sincérité et les bonnes dispositions de celle-ci. Bref, s'il s'agit du Message secret, *quoad substantiam concedo, quoad singula verbe nego.* Le Saint-Office veut éviter le scandale, pacifier les esprits, éviter que le peuple chrétien ne se détourne des prêtres, que tant d'ennemis sont déjà prêts à accabler. » [...]

Puis, avec une grande douceur :

– Mais vous, vous croyez que la Sainte Vierge a ainsi parlé, à la lettre ? [...]

– Oui, Très Saint-Père, je crois que Mélanie était une sainte et que ce qu'elle a rapporté est vrai à la lettre. – J'ai eu beaucoup de détails sur sa vie. Elle était stigmatisée. Elle a beaucoup souffert par fidélité à sa mission...

– Oui, je sais, dit le pape, qui ne paraît pas offensé de ma réponse. On ne peut pas dire sur elle tout ce qu'on reproche à l'autre voyant.

– Mais il a été beaucoup calomnié, lui aussi. Il n'a pas eu les grâces extraordinaires dont Mélanie a été favorisée. Mais c'était un bon chrétien.

Raïssa :

– Un cœur simple.

– Vous y croyez aussi, Madame ? Vous avez aussi la dévotion à Notre-Dame de La Salette ?

– Oui, Très Saint-Père (elle dit cela d'un ton pénétré, malgré la crainte de s'être trop avancée en intervenant).

– Oui, je sais, il y a beaucoup de personnes en France qui ont une grande dévotion à Notre-Dame de La Salette. Plus grande chez certains qu'envers Notre-Dame de Lourdes, n'est-ce pas ?

Je dis :

– C'est que la Sainte Vierge a pleuré à La Salette, c'est à cause de ses larmes.

– Les larmes, ajoute Raïssa, répondent bien à l'état actuel du monde.

Le pape reste silencieux ; il paraît touché, son visage est grave. Puis, après un moment, il me dit :

– Eh bien, voici ce que vous devez faire. Allez voir Notre Frère (un léger sourire passe sur ses lèvres – je savais qu'ils ne s'aimaient guère) le cardinal Billot. Il s'occupe des études, c'est une introduction toute naturelle pour vous. Quand vous lui aurez parlé philosophie, faites comme vous venez de faire avec Nous, ouvrez-lui votre cœur. Il vous écoutera. Dites-lui que vous ne voulez rien lui demander concernant le secret du Saint-Office, mais que vous avez fait un travail, et que vous le soumettez humblement à l'Église, prêt à obéir à son jugement si vous vous êtes trompé. Il n'y a, n'est-ce pas, aucun amour-propre de votre part. Si le bon

Dieu veut se servir de vous dans l'occurrence, il inspirera au cardinal Billot la réponse qui conviendra[1].

PIE XII (pape de 1939 à 1958) encourage par lettre autographe au supérieur général des Missionnaires de La Salette la célébration du centenaire : « Notre dévotion envers la Très Sainte Vierge Marie, à son Cœur Immaculé auquel nous avons consacré l'Église et le monde, ne peut que se dilater aux douces perspectives [...] du prochain centenaire de l'apparition de Notre-Dame de La Salette, dont le procès canonique, instruit en son temps par l'autorité diocésaine, s'était révélé favorable. »

Le futur JEAN XXIII, Angelo Roncalli, alors nonce en France, sauva diplomatiquement le centenaire, célébré sous le signe de la critique et de l'enterrement des voyants. Rome avait refusé un légat, Pie XII avertissant l'ambassadeur Maritain des doutes amassés contre l'apparition. C'est dans le contexte du Congrès marial de Grenoble que Mgr Roncalli participa aux célébrations du centenaire, et présida la fête du 15 août 1946 au sanctuaire. Il exhorta la foule : « Priez, pèlerins du Centenaire, pour ceux qui sont actuellement à Paris en train de construire la Paix [...] Priez pour la Réconciliation des hommes [...] Le message de La Salette, qu'est-il, sinon un émouvant appel à la Réconciliation ? »

Dans sa lettre apostolique *Haud paucae* du 16 juin 1961, Jean XXIII, aujourd'hui béatifié, salue « la bienheureuse Vierge de La Salette, [...] Réconciliatrice des pécheurs » :

« Je la prie tous les jours ! », a dit JEAN-PAUL II après avoir béni à Castel Gandolfo, en juin 1990, un tableau de Notre-Dame de La Salette. Pour le cent cinquantenaire de l'apparition, il a adressé à Mgr Louis Dufaux, évêque de Grenoble, cette lettre apostolique :

> Une telle commémoration peut être riche de grâces; je tiens à m'y associer, en union avec les pèlerins qui viennent vénérer la Mère du Seigneur sous le titre de Notre-Dame Réconciliatrice des pécheurs. [...]
>
> L'apparition de Marie à Maximin et à Mélanie représente une étape significative. Marie, Mère pleine d'amour, a montré en ce lieu sa tristesse devant le mal moral de l'humanité. Par ses larmes, elle nous aide à mieux saisir la douloureuse gravité du péché, du rejet de Dieu, mais aussi la fidélité passionnée que son Fils garde envers ses enfants, Lui, le Rédempteur dont l'amour est blessé par l'oubli et les refus.
>
> Le message de La Salette fut délivré à deux jeunes pâtres en un temps de grandes souffrances des peuples, affectés par la famine et en butte à bien des injustices. [...] L'indifférence ou l'hostilité à l'égard du message évangélique augmentaient. Notre-Dame [...] portant sur elle l'image de son Fils crucifié, montre qu'associée à l'œuvre du salut, elle compatit aux épreuves de ses enfants et souffre de les voir s'éloigner de l'Église du Christ au point d'oublier ou de rejeter la présence de Dieu dans leur vie et la sainteté de son Nom. [...]

1. J. Maritain, *Carnet de notes* (éd. DDB, 1965, p. 130-131).

Le message de Marie n'est pas tout entier dans la souffrance exprimée par les larmes, la Vierge appelle à se ressaisir, elle invite à la pénitence, à la persévérance dans la prière et particulièrement à la fidélité de la pratique dominicale ; elle demande que son message « passe à tout son peuple » par le témoignage de deux enfants. [...]

Les paroles de Marie à La Salette, par leur simplicité et leur rigueur, gardent une réelle actualité, dans un monde qui subit toujours les fléaux de la guerre et de la faim, et tarit de malheurs qui sont des signes et souvent des conséquences du péché des hommes. [...]

Aujourd'hui encore, Celle que « toutes les générations diront bienheureuse » (Lc 1, 48) veut conduire « tout son peuple », qui traverse les épreuves de ce temps, à la joie qui naît de l'accomplissement paisible des missions données à l'homme par Dieu.[...]

Marie est présente à l'Église comme au jour de la Croix, au jour de la Résurrection et au jour de la Pentecôte. À La Salette, elle a clairement manifesté la constance de sa prière pour le monde.[...] Puisse-t-elle conduire vers son Fils l'ensemble des nations de la terre !

CHAPITRE VII

Les secrets

I. Relation courte et relation longue

Nous avons édité pour la première fois (chapitre IV) les huit rédactions des secrets, dont trois jusqu'ici inconnues. Elles sont de deux types successifs :

A. *Rédactions courtes*

1. Les deux premières transmises à Pie IX : Maximin, 3 juillet 1851 (1) et Mélanie, le 6 juillet (2). Ce sont les documents autorisés, enregistrés par l'évêque et transmis officiellement au pape, après sa consultation, par deux légats, chanoines de son diocèse.

Suivent les confidences de Maximin à monsieur Dausse, qui concluent par la rédaction manuscrite du 11 août 1851 (3).

2. Les deux nouvelles rédactions demandées par Mgr Ginoulhiac aux deux voyants : celle de Maximin, du 5 août 1853 (4), et celle de Mélanie, du 12 août (5), réécrite avec plus de soin le 14 août (6), ont été rédigées à neuf, selon leur mémoire et leur entendement. Elles sont révélatrices, quoique moins fidèles, et moins autorisées.

Ces six premières rédactions (trois de Maximin et trois de Mélanie) comptent chacune de dix à vingt lignes : les versions de Mélanie sont en moyenne deux fois plus longues que celles de Maximin.

B. *Rédaction complète*, que Mélanie ne put révéler qu'à partir de 1858, fut rédigée à trois reprises.

1° La première version, destinée au pape (1858), repérée grâce aux archives du Collège pontifical anglais par le R.P. Stern, est certainement parvenue jusqu'à Pie IX, mais elle n'a pu être retrouvée. (Nous l'avons numérotée [7] avec des crochets pour signifier à la fois sa perte, et la proximité de la rédaction, n° 7, reprise littéralement avec additions dans la rédaction définitive n° 8.)

2. De retour à Marseille, fin 1860 ou courant 1861, Mélanie réécrit son secret sur un feuillet de cinq pages (rédaction 7), omettant les passages (signalés par des « etc. ») qu'elle ne voulait pas encore livrer au public. Elle donne à l'abbé Bliard, fin janvier 1870, une copie conforme, publiée et commentée par d'autres, puis par lui, en 1873, avec l'imprimatur de l'archevêché de Naples.

3. La toute dernière rédaction (n° 8) datée *Castellammare di Stabia le 21 novembre 1878,* littéralement identique mais complétée, a été publiée l'année suivante, avec l'imprimatur, dans le diocèse de Lecce, de Mgr Zola.

Les rédactions de la version longue (1860-1861 et 1878) sont toutes le fait de Mélanie seule. Elle a reçu le secret d'une manière plus longue, plus difficile et plus compromettante que le petit Maximin. Avec le secret de Mélanie, c'est une lourde mission de prophète qui la mobilise, ainsi que son compagnon, en leur assignant un rôle de première importance : « Si, *lorsque vous aurez dit* aux peuples ce que je vous ai dit [...] ils ne se convertissent pas [...] mon Fils va faire éclater sa puissance » (6 juillet 1851).

Quelle est la valeur des prophéties et prédictions contenues dans le secret de La Salette ? Avant de les confronter, notons les difficultés d'évaluation et d'interprétation.

II. Normes d'interprétation

De façon générale, les prédictions ne sont pas l'histoire avant l'histoire, elles ont une teneur généralement partielle, vague, et symbolique, insiste le cardinal Ratzinger en commentant le troisième secret de Fatima.

Les secrets concernent principalement l'avenir de l'Église, mais touchent aussi des phénomènes politiques et conjoncturels importants pour le salut des hommes : le renversement du roi pour Catherine Labouré, la fin du pouvoir matérialiste russe pour Lucie de Fatima.

Les voyants ont eu difficulté à exprimer, de cinq à trente ans après, ce qu'ils avaient reçu en une seule apparition, en paroles et images denses, difficiles à situer dans le temps... D'où les variantes dans l'ordre, la précision et la teneur de leurs rédactions successives, conditionnées par divers facteurs : circonstances diverses, missions différentes, variété des destinataires, grâces particulières d'assistance selon l'importance de la révélation et sa légitimité, maturation des souvenirs...

Les deux voyants n'ont pas eu exactement la même *perception* de l'apparition : Maximin a commencé à voir après Mélanie, sa réceptivité était différente, son attention et sa compréhension moins profondes : la belle Dame, qui avait fini par le charmer, lui restait inconnue, mais non pas étrangère[1].

De façon générale, les voyants ne discernent pas bien les plans temporels, souvent juxtaposés de manière typologique, car, dans les desseins et la pensée de Dieu, les événements historiques sont des étapes du mystère de salut, avec des structures analogues, qui se répondent en des périodes diverses.

Les voyants sont dépassés par ce qu'ils relatent, ils interprètent intuitivement, en référence à l'actualité et au langage ambiant, et non selon des méthodes raisonnées d'exégètes. Mélanie, plus réfléchie que Maximin, reconnaît sa part d'interprétation : notamment le délai avant la réalisation dans ses rédactions de 1851, 1853, 1860...

« Le temps n'est pas éloigné : il ne passera pas deux fois 50 ans » (avant réalisation ; 6 juillet 1851).

« La fin du monde ne passera pas deux fois 40 ans », précise-t-elle imprudemment le 12 août 1853.

« Sa naissance » (celle de l'Antéchrist), « ne passera pas deux fois cinquante », écrit-elle en 1860. Elle perçoit mal la durée.

Enfin l'édition de Lecce ne donne plus aucun délai.

Mélanie s'en est expliquée : ce ne sont pas des « *paroles* sorties de la bouche de notre douce Mère Marie », écrit-elle à l'abbé Roubaud le 3 janvier 1891 (PS II p. 64). Ce sont des perspectives entrevues en *images*.

III. Influences royalistes et apocalyptiques ?

Avant la découverte des toutes premières rédactions adressées au pape, on attribuait aux influences royalistes et apocalyptiques une part considérable du secret de La Salette. L'exaltation de pèlerins friands de prophéties populaires et l'animosité supposée de Mélanie envers Mgr Ginoulhiac auraient suffi à produire les ajouts factices de « La Salette II », dans la version longue de Mélanie en 1879 : « Ruine de Paris, Antéchrist, révolutions, sanctification des prêtres et des âmes consacrées, etc.[2] » relevant de ces extrapolations. Pour retrouver le message authentique de « La Salette I », il suffisait donc de rejeter « avec

1. Il n'a pas reçu la *règle de vie religieuse*, destinée à Mélanie, mais il a peut-être reçu en plus du secret, comme Mélanie, mais aussi Bernadette, Catherine Labouré ou les enfants de Beauraing, des « conseils » personnels, donc impubliables. L'abbé Louis Perrin, nouveau curé de La Salette, les signalait le 16 octobre 1846 (JS I p. 75) : « La Dame donna ensuite des conseils de sagesse à chacun des enfants et pendant qu'elle parlait à l'un, l'autre la voyait parler et ne la comprenait pas, et cela réciproquement, et la Dame leur recommanda de ne jamais dire à personne ce qui ne regardait qu'eux-mêmes. La petite Mélanie surtout dit qu'elle se rappelle très bien les choses secrètes que la Dame a dites pour elle et qu'elle ne le divulguera jamais. »

2. JS III, p. 129.

résolution toutes les spéculations ésotériques et politiques comme étrangères à l'apparition[1] ».

Les documents retrouvés atténuent pour le moins cette objection. En effet, tous les thèmes énumérés comme « La Salette II » sont présents dans les premières rédactions (1851) du secret, recueillis officiellement à Grenoble et Rome plusieurs mois avant la reconnaissance de l'apparition. Bien plus, les secrets de 1851 confirment ce que les voyants ont déjà avoué, dès 1848 ou 1849, à B. Dausse, à Mlle Dastarac ou à l'école de Corps (Paris, Antéchrist, révolutions, voire « Prussiens 1870 »)... Les thèmes incriminés prennent donc racine très loin dans l'histoire de La Salette : l'influence politico-ésotérique ne se situe pas, en ce qui concerne Mélanie, entre 1851 et 1879.

Existe-t-elle avant 1851 ? Avait-elle contaminé le secret officiel des voyants, envoyé par Mgr de Bruillard à Pie IX le 6 juillet 1851 ?

On sait qu'en septembre 1850, deux pèlerins « légitimistes », partisans d'un soi-disant baron de Richemont († 1853), pseudo-Louis XVII, messieurs Houzelot et Verrier, font rencontrer leur prétendant à Maximin, au retour d'Ars, en septembre 1850. Dans ses mémoires publiés par Émile Le Baillif, Maximin témoigne de l'impression vive mais finalement décevante que ce personnage avait suscitée dans son imagination enfantine. Dans son secret écrit en 1853 à la demande de Mgr Ginoulhiac (analysé ci-dessus, p. 52), il parlera effectivement d'un « fils de Louis XVI » ; devant son camarade Perroud, il se verra même son Premier ministre ! Mais dans le secret officiel de 1851, silence total, pas la moindre mention d'un roi ! Si aventureuse que soit son imagination (ci-dessus, p. 74) elle n'interfère pas avec l'exercice légitime de sa mission. Bien des témoins l'ont noté : dès qu'il s'agit de rendre publiquement compte du message de Marie, le voyant retrouve un sérieux qui ne lui est pas naturel.

Mélanie, en revanche, dans sa rédaction première du 6 juillet 1851, annonce bien à Pie IX « un grand roi » (avec ou sans couronne, souligne Maritain [MC, p. 172]) qui « régnera quelques années ». Serait-ce sur elle que l'influence royaliste aurait été décisive ? Non, car c'est justement elle qui n'a pas voulu suivre Houzelot et Verrier dans leur expédition. Elle s'est arrêtée à Grenoble, chez son évêque. Au dire des innombrables pèlerins qui l'abordent, Mélanie n'est pas femme à s'en laisser conter. Un roi n'entrerait d'ailleurs pas dans ses desiderata : les rois, elle ne les aime pas, dit-elle à sa compagne, sœur Dosithée (ci-dessus p. 150).

Bref, on ne peut réduire les secrets à des influences étrangères. La prophétie d'un « roi » ou d'un chef garant de paix, se retrouve chez plusieurs saints, y compris Don Bosco ; or l'Église ne canonise pas les charlatans. À l'heure troublée où Mgr de Bruillard lui-même évoque les

1. JS III, p. 139.

« agitations populaires », les « trônes renversés », « l'Europe bouleversée » et la « société sur le penchant de sa ruine » (mandement pour la construction du sanctuaire du 1er mai 1852) les secrets de La Salette, centrés sur la foi mais incarnés dans l'humain, comme les prophéties de la Bible, apportent leur espoir chrétien, social et même politique, si lointain et surprenant soit-il. Après le message public donné aux deux bergers, leur secret a donc été assumé dans son intégralité, secondairement, mais non accessoirement, par l'évêque de Grenoble et par Rome (été 1851) pour la reconnaissance de l'apparition.

IV. Que disent les secrets ?

Il nous reste à discerner l'objet et la valeur des secrets, à travers leurs expressions successives, tâtonnantes et diversifiées, mais toujours référées au même inoubliable souvenir, intensément vécu.

Dans quel ordre procéder ? Nous avions d'abord tenté de grouper les prédictions selon l'ordre où les voyants les relatent, en 1851. Mais cet ordre n'est pas constant : il diffère pour trois des dix rubriques qu'on peut y distinguer ; dans les rédactions suivantes, il y a aussi des différences d'ordre. Cela semble montrer que les voyants ont reçu chacun le même secret, mais selon une perception et des perspectives différentes. Le plus clair sera de tout regrouper autour de quatre points clés :

1. France ;
2. Monde ;
3. L'Église, le pape et Rome ;
4. L'Antéchrist et la fin des temps.

France

La France chrétienne est, par la force des choses, une priorité dans l'attention des deux bergers dauphinois. La prédiction la plus constante, c'est l'*apostasie* qui surviendra. On la retrouve dans toutes les rédactions. Elle est donc d'une importance majeure. La date en est à divers degrés prévue « dans l'autre siècle » [le XXe], ou « au plus tard aux an[née]s 2000 », dit Maximin (3 juillet 1851).

La vérification n'est que trop juste. La France a subi les persécutions anticléricales de la fin du XIXe et du début du XXe siècle. Mais le catholicisme uni et motivé résistait dans sa foi, tout en se laissant dépouiller matériellement et juridiquement. L'action ultérieure, plus discrète, a obtenu un large écroulement de la foi et de la pratique religieuse à partir de 1968, par une laïcisation massive largement consentie, sans résistance avec une sécularisation à tous les niveaux : exégétique, moral, éducatif, etc.

Les secrets promettent également un *retour à la foi* à l'aurore du IIIe millénaire, car il semble, en recoupant les écrits de Maximin, que les « années 2000 » indiquent une première partie du XXIe siècle. Sans doute les admirables élites, qu'on voit naître ou s'approfondir en France (et ailleurs) sous des formes variées, en sont-elles un signe, mais on n'en peut mesurer ni l'étendue ni l'impact à l'heure qu'il est.

L'évacuation de la foi était déjà une tentation au temps de Mélanie, et c'est pour l'immédiat qu'elle entrevoyait des « châtiments » dans les campagnes de l'Isère ou de l'Europe : le pourrissement des pommes de terre et la maladie du blé provoquèrent effectivement une famine dès l'année suivante (1847), mais ce point particulier, prophétique également, appartient au message public, non aux secrets.

La première rédaction de Mélanie prévoit une *famine* à plus longue échéance. Sa rédaction de 1860 élargira à plusieurs parties du monde : ce fléau, qui a d'abord frappé l'Irlande, se vérifie aujourd'hui dans le vaste tiers-monde, car il y a plus d'affamés et de sous-alimentés qu'il n'y en eut jamais, du fait de l'augmentation de la population (de 1 à 6 milliards en un siècle), surtout dans les pays pauvres. Le phénomène s'accentue, avec la concentration capitaliste des richesses.

Cinq rédactions (toutes celles de Mélanie) parlent d'une destruction – au moins partielle – de *Paris* : « Infailliblement », précise-t-elle. Pour l'heure, la capitale n'a pas été détruite, mais gravement menacée :

– En 1871, l'invasion prussienne fut suivie par la Commune et la guerre civile.

– En 1914, l'arrivée des Prussiens sur Paris fut une nouvelle menace. Selon certains témoignages, une apparition de la Vierge aurait troublé les envahisseurs lors de la bataille de la Marne. Une discipline de silence l'aurait étouffée, mais des blessés allemands recueillis dans des hôpitaux français l'auraient avouée : la question reste discutée.

– En 1917-1918, il y eut le pilonnage de la « Grosse Bertha » sur la capitale : nombreuses furent les alertes, dont Yvonne Aimée fait le récit pittoresque (*Biographie*, t. I, p. 225-227).

– En 1945, la destruction de Paris avait été préparée par ordre de Hitler, et fut stoppée par des chances convergentes lors de la Libération.

Tout cela n'est pas à minimiser. Si Paris et la France continuent dans la dégradation morale et spirituelle, ces menaces successives pourraient devenir un jour réalité.

Une autre ville, *Marseille*, est associée à Paris dans le secret de Mélanie : « Marseille sera engloutie en peu de temps » (c'est-à-dire, peu après la destruction de la capitale) écrit-elle dès le 6 juillet 1851. Elle expliquait cette catastrophe par des affaissements de terrain... Un lotissement semble en faire actuellement l'expérience, et la ville a connu des inondations récentes le 19 septembre 2000, jour de l'apparition.

Mélanie situe sa prophétie sur Paris et Marseille : « Lorsque ces choses arriveront, le désordre [moral] sera complet sur la terre, le monde s'abandonnera à ses passions impies. »

La voyante parle encore (à l'abbé Combe) de la destruction de deux villes qu'elle connut : le Pirée (Grèce), par un tremblement de terre, et Gallipoli (Italie), engloutie « plus complètement » que Marseille. Elle mentionne aussi des ébranlements à Lyon, qu'elle connaît (JAC p. 131). Son secret complet, qui vise la fin des temps, comme le Christ dans son discours eschatologique (Lc 21, 11), parle de redoutables tremblements de terre, qui continueront sans aucun doute : rien de significatif.

Trois rédactions critiquent *Napoléon III*. Cela déplut vivement à Mgr Ginoulhiac, lié au régime qui fera de lui, en 1870, le primat des Gaules. D'où ses rapports tendus avec les voyants, et sa réserve envers l'apparition. Avant la découverte des textes anciens, la parole tardive de Mélanie sur la chute de l'« Aigle [...] voulant toujours s'élever » pouvait paraître apocryphe. Mais Maximin le dit clairement dès le 5 août 1853 : « Un aiglon s'élèvera. Quand il sera devenu un peu grand, il tournera sur lui-même, ensuite il s'élèvera plus haut. Puis ses plumes lui tomberont, enfin, sans plumes, il tombera sur des poignards. Il arrivera, après sa mort, le chaos. »

Ce dernier point est inexact. Napoléon III ne fut pas tué par des poignards. Mais son empire finit sous les armes prussiennes, et la prison puis l'exil le conduisirent à la tombe en 1873.

Lucie de Fatima fait une erreur analogue dans la troisième partie de son secret. Le pape y est « tué » par des projectiles divers, tandis que Jean-Paul II a survécu à son attentat. C'est que les prières peuvent changer le cours des événements : selon l'Écriture et la Tradition chrétienne, explique le cardinal Ratzinger, rien n'est fatal. Le secret de La Salette est en bonne compagnie avec le troisième secret de Fatima.

L'expression imagée des « poignards » signifie bien la chute retentissante d'un règne qui ne fut pas sans mérites économiques pour le pays.

Après Napoléon III, Maximin prédit la venue d'une « vipère qui est aujourd'hui dans le sein de la France ». Faut-il l'identifier à l'anarchie de la Commune, ou à d'autres régimes anticléricaux et néfastes, passés ou à venir ?

Maximin prédit ensuite un *roi*, comme Mélanie, ce qui faillit arriver puisqu'une majorité parlementaire offrait le trône à « Henri V », en 1871. Son refus du drapeau tricolore fit échouer de justesse la négociation. Mais le mot « roi » peut être pris au sens large, comme dans la Bible.

En laissant espérer de bons rois après de mauvais (rédactions 2, 4, 7-8), les voyants sont-ils sous l'influence de groupuscules politiques ?

Ce n'est pas évident. Ils sont, bien sûr, de leur temps. Le pèlerinage d'Ars, fait par Maximin en compagnie de royalistes pieux mais exaltés, a pu enflammer son imagination enfantine. Mais il a dit à « Henri V », vers 1865 : « Vous ne pouvez pas régner. Vous savez pourquoi » (*cf.* ici même p. 151). Mélanie, quant à elle, critiquait les monarques opulents et dissolus. Au dire de sœur Dosithée, sa compagne de noviciat :

> Elle n'aimait pas les rois.
> – Pourquoi donc ?
> – Parce que leur vie n'est pas assez belle. Quand Mélanie étudiait

l'histoire de France, elle disait : « Ah ! ces rois, ces rois... je ne les aime pas, je n'aime pas leur vie[1]. »

Au fond, pas de parti pris politique chez Maximin, qui aurait prévenu charitablement Napoléon III : « Sire, sachez que le jour où vous abandonnerez le pape, vous tomberez[2]. » À Marseille, Mélanie écrivait dans le même sens à l'empereur, mais son protecteur, le prudent père Calage, retint la lettre.

Maximin rencontra d'ailleurs le comte de Chambord en Autriche, à Frosdorff, près de Goritz, pour le dissuader de régner. L'entrevue, confirmée par les proches du comte, nous est connue par une lettre du P. Brissaud, missionnaire de La Salette. Il rapporte plaisamment l'interrogatoire de son supérieur[3] :

– D'où viens-tu donc, Maximin, lui demanda le T.R. Perrin, notre supérieur d'aujourd'hui ?

– Je te le donne en mille.

– Eh bien, je ne cherche pas. Dis, si tu veux.

– Je ne dois pas le publier ; mais on ne m'a pas commandé le secret. Je puis te le dire, mais tu le garderas pour toi, tant que je vivrai. Je viens de Frosdorff.

– De chez Henri V ?

– De chez Henri V.

– Et pourquoi ?

– Parce que j'avais quelque chose à lui dire.

– De la part de qui ?

– Ah ! ça, personne ne le saura.

– Et tu devais lui dire quoi ?

– Qu'il ne pouvait pas être roi de France.

– Tiens, tiens, et pourquoi ça ?

– Pourquoi ? pourquoi ? Qu'en sais-je, moi ? On ne m'a pas dit de lui dire pourquoi.

– Et tu as pu parvenir jusqu'à Henri V ?

– Oui, mais pas sans peine, je t'assure. De grands messieurs étaient là, qui voulaient que je donne ma commission par écrit, cachetée. J'ai pas voulu, et j'ai dit que je parlerai qu'à lui, et que j'attendrais à sa porte jusqu'à la mort, s'il le fallait. On m'a traité de fou ; on m'a cru assassin. On m'a fouillé et refouillé. Enfin, on s'est rendu. Deux de ces messieurs et quatre soldats armés m'ont conduit à une belle salle, ont poussé la porte. Je suis entré. Je voyais personne. Vers une fenêtre quelque chose bougea et on me parla.

– Venez ici.

– C'est vous monsieur Henri V ?

1. *La Sainte Apparition de Notre-Dame de La Salette et ses suites*, par A. Bossan, p. 16, n° 189. (Abbaye de Solesmes, fonds P. Gouin, MYC 1-75).

2. Le R.P. Labat s.j'., professeur du séminaire d'Aire-sur-Adour, rapporte cette parole, non confirmée par d'autres, à É. Le Baillif, dans sa lettre du 12 octobre 1878 (ENS).

3. Lettre du père Brissaud à l'abbé Blanchet du 24 juillet 1899 : MIL III p. 36. L'épisode se situerait entre 1865 et 1873. L'entourage du comte de Chambord a confirmé l'entrevue.

– Oui. Qu'avez-vous à me dire ? Et qui êtes-vous ? Et de la part de qui venez-vous ?

– Je suis Maximin, le berger de La Salette, et je suis venu vous dire qu'il ne fallait pas entreprendre de devenir roi de France. Et que cela ne se peut pas. Et que vous savez pourquoi....

(Ici Henri fit unâ mina ! unâ mina !)

– De la part de qui je viens, je ne le sais pas moi-même. Mais je sais bien que je voulais pas venir, et puis que j'ai pas pu ne pas venir. Maintenant ma commission est faite, laissez-moi m'en retourner.

– Laissez s'en aller ce garçon, cria Henri V.

– Et me voilà.

À la suite du « toast d'Alger », prononcé par le cardinal Lavigerie (3 décembre 1890), Mélanie accepte le ralliement à la république, selon la doctrine de l'apôtre Paul : respect et obéissance à l'égard du pouvoir établi, fût-il persécuteur. Elle le fait avec une distinction judicieuse, dans sa lettre au chanoine Joseph de Brandt, le 3 décembre 1890 :

> Ici les pauvres ignorants ne savent que penser des paroles prononcées par le cardinal Lavigerie, disant qu'il adhérait à la république. Certes, tous nous avons accepté la république comme forme de gouvernement. Que nous ayons la république ou un roi cela nous doit être égal pourvu que cette république ou ce roi marche dans la justice, dans la vérité, dans la sainte crainte de Dieu. Mais, au moment où les représentants de la République chassent Dieu, en persécutant ses ministres, les religieux et les religieuses, en niant l'existence de Dieu et en le blasphémant, etc., il semble peu opportun de se déclarer adhérer pleinement à la république sans ajouter : oui, à la forme du gouvernement, mais non à ses actes de barbarie... (PS IV p. 231).

Le monde

Les secrets annoncent des persécutions, révolutions ou *guerres* (rédaction 5) qui toucheront la France, la Russie, l'Angleterre, l'Espagne (rédactions 7-8) ; des guerres civiles en France et en Italie, puis une « guerre générale qui sera épouvantable » (rédactions 7-8). On ne pouvait mieux caractériser les deux premières guerres mondiales : 1914-1918, 1939-1945, car il n'y avait jamais eu de « guerre générale ». L'annonce d'une vraie paix après cette guerre n'est pas banale : la paix n'a jamais été signée après la Première Guerre mondiale. La seconde a débouché sur la guerre froide, des pays coupés en deux, puis une multiplicité de guerres locales, avant que la course aux armements États-Unis/URSS se termine par l'écroulement communiste. Le Moyen-Orient, pour sa seule part, a connu quatre guerres depuis les années soixante, auxquelles il faut ajouter celle d'Afghanistan.

Les voyants annoncent aussi, comme Lucie à Fatima, une *famine* autre que la disette locale, française ou européenne. Cette prédiction s'est réalisée car, en notre période de progrès technique, le nombre de gens sous-alimentés ou mal alimentés s'est accru au fil de la concentration capitaliste des richesses, tandis que d'autres régimes laissaient des foules mourir de faim (nazisme, communismes cambodgien et coréen).

En revanche, les « nouveaux *rois* » chrétiens de Mélanie, par opposition aux « *dix rois de l'Antéchrist* », ne sont point apparus. Le retour des rois en Espagne, voire en Bulgarie, alors que la monarchie paraissait périmée (ou la canonisation par l'Église orthodoxe du tsar assassiné), ne constitue qu'un faible recoupement.

Enfin, après tous les troubles (révolutions, guerres, persécutions, apostasie), les secrets de La Vierge prédisent, dans la ligne des prophéties bibliques, une période de prospérité et de paix (rédactions 1-8). Est-ce pour le XXIe siècle ?

L'Église, le pape et Rome

a. Conversion(s) nationale(s)

Le secret rédigé par Maximin pour le pape le 3 juillet 1851, prévoit la conversion d'une nation protestante du nord de l'Europe : l'Angleterre, précise-t-il dans sa rédaction du 5 août 1853. Trois ans plus tard, saint Dominique Savio l'annonce, lui aussi, à Pie IX, par Don Bosco.

C'est ce qu'a tenté, de manière prometteuse, jusque sur son lit de mort, le cardinal Mercier avec lord Halifax, mais ce projet n'a pas abouti. La curie romaine a freiné, puis bloqué en dénonçant unilatéralement la validité des ordinations anglicanes. Était-ce l'occasion entrevue ? Mélanie (rédactions 2, 5, 6, 8) et Maximin (1, 3, 4) prédisent la conversion des autres nations, et Maximin entrevoit l'avènement d'une seule religion (rédaction 4). Mélanie conclut aussi radicalement son secret complet (8) : « Dieu sera servi et glorifié », écho des prédictions bibliques.

b. Le pape et la persécution

Plusieurs prédictions concernant spécialement Rome, la Ville éternelle, qui deviendra le siège de l'Antéchrist, ne répondent à rien jusqu'à ce jour (8).

Par contre, il y aura « un pape que personne n'attend (3, 4). Il ne sera pas romain » (3), (« français » ! conclut Maximin : (4), fier de son pays). Ce pape sera persécuté : 1, 2. « On lui tirera dessus » : 2. En 1849, avant la rédaction des secrets, on visa le palais de Pie IX, le Quirinal, actuelle résidence du président de la République, en tuant l'un de ses secrétaires, Mgr Palma. Cela s'est vérifié plus exactement sur Jean-Paul II.

« Mais le vicaire de Dieu triomphera, encore cette fois. » Cela pouvait évoquer le sursis accordé aux États du pape en 1850. Mais cela ressemble mieux aux réussites de Jean-Paul II, notamment dans ses derniers voyages, malgré sa souffrance et son état de santé accablant.

« Le chef de l'Église remportera la palme du martyre » (5, 6) illustre bien ce que Jean-Paul II a dit au printemps de 1998 : « Le pape doit souffrir. » Avec l'apôtre Paul, il continue en lui les souffrances du Christ pour l'Église (Col 1, 24). Mélanie n'en disait pas moins en écrivant son secret à Pie IX : « Un pape doit aimer à souffrir » (MB p. 256). Le secret de Fatima exprime symboliquement, selon l'interprétation officielle, une telle vérité. Les deux rédactions longues de Mélanie (7 et 8) insistent beaucoup sur cette persécution et cette souffrance, et sur l'assistance de Dieu.

Mélanie entrevoit les papes ultérieurs, plus précisément Jean-Paul II, à travers Pie IX, découronné de sa royauté : « Qu'il ne s'éloigne plus de Rome après 1859 », recommande-t-elle ; comme dira Don Bosco dix ans plus tard.

Diverses dates « 1850 à 1860 » (4) puis 1863 (5, 6), 1864 et 1865 (7, 8) reviennent, en plusieurs rédactions, pour caractériser la période critique pour Pie IX et l'Église. Il perdra la couronne en même temps que Napoléon III, sympathisant de Garibaldi. Pas encore de révolution ouverte (4-5-6), comme les bergers se l'étaient dit, mais le lancement par Marx de la Ire Internationale.

Comme dans beaucoup de prophéties, les plans sont mêlés. Les deux voyants les discernent difficilement, et comme tout cela leur paraît grave ils recourent à des formules imagées, non sans cohérence symbolique. Le fond du message, c'est que le rejet de Dieu par les hommes, les hiérarques ou même les prêtres, est lié à ces malheurs, dans les persécutions ou tentations de Satan.

c. Prêtres impies, ou « cloaques d'impureté »

Ce qui a le plus nui aux voyants avec leur critique de l'empereur Napoléon III, c'est ce que Mélanie a dit sur les péchés des prêtres dans cinq des huit rédactions (2, 5, 6, 7, 8).

Dès les premières (juillet 1851), soumises à l'évêque puis au pape, Maximin annonce « de grands troubles dans l'Église » (rédaction 1) ; Mélanie parle d'abord de la persécution « des prêtres et des religieuses, et des vrais serviteurs » du Christ. Ce qui s'est vérifié jusqu'à ce jour : expulsion des religieux de France en 1901, centaines de milliers d'incarcérations et de morts dans les goulags soviétiques, persécutions d'Espagne et du Mexique, dictatures latino-américaines ou islamistes.

Mais parmi « les ministres de Dieu et les épouses du Christ, il y en a qui se livreront au désordre, et c'est ce qu'il y aura de terrible », ajoute Mélanie (rédaction 2). En 1853, elle précise : « Les personnes consacrées tomberont dans un grand relâchement et presque dans l'oubli de Dieu » (Mélanie, 12 et 14 août, 5 et 6). Sécularisation, récession de l'ascèse, etc. le vérifient.

Les rédactions longues de Mélanie en 1860 et 1878 se font graduellement plus dramatiques. Le mot prêtre y apparaît encore. Toutes deux commencent par là :

> Les prêtres, ministres de mon Fils, les prêtres, par leur mauvaise vie, par leurs irrévérences et leur impiété à célébrer les saints mystères, par l'amour de l'argent, l'amour de l'honneur et des plaisirs, oui les prêtres demandent vengeance et la vengeance est suspendue sur leurs têtes. Malheur aux prêtres et aux personnes consacrées à Dieu, lesquelles par leur infidélité et leur mauvaise vie crucifient de nouveau mon Fils, les péchés des personnes consacrées à Dieu crient vers le ciel et appellent la vengeance.

La rédaction de 1878 ajoute : « Les prêtres sont devenus des cloaques d'impureté. » Et, à la fin : « Les chefs, les conducteurs du peuple ont négligé la prière et la pénitence, et le démon a obscurci leur intelligence ; ils sont devenus des étoiles errantes que le vieux diable traînera avec sa queue pour les faire périr. »

Deux questions se posent :

1. Pourquoi Maximin ne développe-t-il pas ce thème dans ses trois rédactions ? S'il n'a pas reçu aussi clairement cette partie du Message, serait-ce parce qu'il était trop jeune et vulnérable ? Une femme, après des saintes célèbres, serait-elle plus indiquée pour porter une prophétie de la réforme à l'Église ?

2. La dramatisation progressive du secret de Mélanie, non sans intensité poétique, tient-elle à des blessures reçues de la part de prêtres ? La voyante avait-elle modéré cette révélation, choquante (la preuve !) et douloureuse, pour le pape ?

Dès 1871 et surtout en 1879 où ce fut un tollé, on a disqualifié le secret, comme attaque sacrilège et outrancière. L'expression « cloaques d'impureté » a été particulièrement déplorée, en oubliant que le langage prophétique de la Bible ne brille pas par sa modération. La voyante retrouve, malgré elle, l'hyperbole des grandes spirituelles du Moyen Âge (Catherine de Sienne, Brigitte de Suède, etc.).

Mgr Roncalli, futur Jean XXIII, parlant de chasteté dans son *Journal de l'âme,* évoque l'image biblique des « étoiles tombées » reprise dans le secret (rédaction 8) : « Mon Seigneur Jésus, je tremble aussi pour moi : "Des étoiles sont tombées du ciel." (*cf.* Apoc 6, 13) Et moi, qui suis poussière, de quoi me flatter[1] ? »

De tout temps, le sacerdoce latin, voué au célibat dans un monde où plus rien n'est célibataire, est un défi : une escalade risquée par la paroi verticale de plus en plus glissante en nos temps. « Les désordres et l'amour des plaisirs charnels seront répandus sur la terre », prédit justement Mélanie (rédactions 7-8) ; c'est le règne du principe de plaisir et de désir, selon Freud. Vu la faiblesse, la versatilité humaine et la disparition de toutes les règles de prudence, dont le costume ecclésiastique, depuis 1968, il y a des échecs, des péchés parfois graves, d'autant que le démon s'acharne très spécialement sur les saints et les consacrés, mis à rude épreuve. Le ton prophétique de Mélanie ne nie point cette évidence, mais la sous-entend.

1. Jean XXIII, *Journal de l'âme, écrits spirituels*, Cerf, 1964, p. 175-176.

Si l'on s'interroge sur la pertinence de ce point choquant, en toute objectivité, il faut reconnaître qu'il ne mérite d'autre blâme que celui du ton et de l'importunité. Tout prêtre qui a mission de servir exclusivement l'infini amour de Dieu se sent tout petit et indigne, comme tout chrétien appelé à une ascension mystique vers Lui. Il acquiert l'horreur de son péché, si véniel soit-il. C'est cela qu'énonce le ton prophétique de Mélanie. Les péchés des prêtres, véniels dans leur immense majorité (et cela, Mélanie ne le nie pas), sont souvent occultes, et la plupart s'en repentent devant Dieu comme il convient. Si, hélas, des scandales arrivent, c'est l'exception et l'Église n'en fait pas plus pour les cacher que toute profession qui s'honore. La plupart des erreurs humaines sont bien camouflées. Le ton violent de la dernière rédaction de Mélanie n'outrepasse pas les paroles du Christ : « Les tièdes, je les vomirai de ma bouche (Apoc 3, 16). »

Au-delà des fautes ordinaires de ce monde pécheur, les « grands troubles dans l'Église » se sont effectivement vérifiés « au vingtième siècle » (Maximin, rédaction 1) jusqu'à compromettre largement le renouvellement du clergé en Occident. Au lendemain du Concile, et plus précisément à partir de mai 68, plus de 40 000 prêtres (10 % des effectifs) ont quitté le sacerdoce, presque tous pour se marier, contrairement à l'engagement de leur sous-diaconat, éliminé par la Commission postconciliaire. Cette hécatombe est sans précédent. Elle se trouve, il est vrai, excusée par la demande instante de plusieurs évêques présentée, non pas au Concile où cette question fut interdite, mais auprès du pape Paul VI, de faire miséricorde aux prêtres désaffectés de leur ministère et désireux de se marier. Paul VI, qui avait interdit les débats sur cette question pour éviter bruits et scandales, innova sur ce point en autorisant le mariage des prêtres canoniquement « réduits à l'état laïc ». Il contribua ainsi, sans le vouloir et malgré lui, au raz de marée publicitaire contre la loi du célibat. Dès lors, des campagnes médiatiques demandèrent même une année sabbatique durant laquelle tout prêtre serait autorisé à réviser son engagement au célibat, pris sous « pression indue ». Cette vague publicitaire ébranla gravement le sacerdoce.

Le message prophétique développé par Mélanie – « l'Église aura une crise affreuse » (rédactions 7-8) –, est donc vérifié dans l'histoire, de manières multiples et contrastées : au premier plan dans l'Église de France, où l'écroulement du christianisme et l'universalisation de l'agnosticisme ont été poussés au maximum, malgré une remarquable montée d'élites.

L'Antéchrist et la fin des temps

Comme beaucoup de prophètes depuis les prédictions eschatologiques du Christ, de l'apôtre Paul (I et II Thes) et de l'Apocalypse, terme de l'Écriture, le message prophétique de La Salette réactualise des images et formules de l'eschatologie biblique, que les voyants ne connaissaient pas, pour appliquer à ce monde qu'ils connaissent, les malheurs qu'attire l'oubli ou le mépris du Créateur.

a. Antéchrist ?

Ainsi les secrets de 1851, et toutes les autres rédactions parlent-ils de l'*Antéchrist*. Maximin désigne cette mystérieuse figure biblique par l'image apocalyptique du *monstre*, tandis que Mélanie demande l'orthographe de ce nom qu'elle ignore. « Il naîtra d'une religieuse », écrit-elle. « Son père sera évêque », précise-t-elle en 1860 (7). À l'exemple du Christ, il aura même ses prophètes avant-coureurs, ajoute-t-elle dans la ligne du 1 Jn 2, 18-22 ; 4, 3. L'édition de 1879 en mentionne un : « Avec ses troupes de plusieurs nations, il répandra beaucoup de sang », s'élevant contre le Christ, et toute idée de religion, pour en prendre la place (7-8).

Cette prophétie à plusieurs niveaux, individuel et collectif, concret ou idéologique, mérite plus d'attention qu'il ne paraît. Baudelaire a parlé aussi en prophète en déclarant : « La plus grande ruse du démon, c'est de faire croire qu'il n'existe pas ». Dans *Le Démon* (Fayard, 1995), nous avons précisé comment, à son action persécutrice et homicide qui culmina dans les exterminations nazies et communistes, a succédé un processus souterrain pour le déracinement spirituel de l'homme, et l'asphyxie de la foi. De l'anticléricalisme pur et dur des XIXe et XXe siècles à l'imposition discrète, à tous les étages de la société, d'une laïcité agnostique, la stratégie et la tactique réductrice de la foi chrétienne ont été menées de main de maître. L'offensive antireligieuse se développe en coulisse, une majorité de gouvernants se disant chrétiens et tout semblant correct. Leur politique n'est plus la fidélité héroïque de Louis XVI, mais la douteuse religiosité d'un Napoléon III. Dans ce chef rassurant, Mélanie pressent le spectre ultérieur de « l'Antéchrist ».

Les secrets décrivent, en termes et images différents mais convergents, les malheurs liés à la venue dudit personnage. Comme dans la première épître de saint Jean, il est à la fois individuel et collectif, car il est évoqué sous des formes variées. On parlera de « ressuscités » (rédactions 7-8), mais ce seront des esprits mauvais, de jeunes suppôts de Satan, qui triompheront par les armes et les prodiges. Mélanie entrevoit le « culte d'esprits » : les cultes de Satan foisonnent sous roche depuis le milieu du XIXe siècle. (*Le Démon*, p. 174-213, détaille ce que l'on sait de ce culte et des musiques explicitement sataniques, ou dans les cultes formels mais occultes : sabbats, messes noires et meurtres rituels, qui se sont développés depuis 1950.)

b. Fin des temps ?

Le secret de La Salette ne situe pas la persécution de l'Antéchrist immédiatement avant la fin du monde. Le « monstre » troublera la paix, écrit Maximin à Pie IX (rédaction 1) : « Il sera étouffé par le souffle de saint Michel » écrit Mélanie (rédaction 8).

Vers 1900, la voyante a confié à l'abbé Combe des éléments de son « deuxième secret sur la fin des temps » (ci-dessus, p. 70). Elle en dit les grandes lignes à Mlle Vernet :

> De véritable paix sur la terre, il n'y en aura qu'après la mort de l'Antéchrist. Les deux ou trois périodes de paix avant l'Antéchrist seront de peu de durée, une paix après une guerre, et je désire bien que cette guerre n'arrive pas, elle serait terrible, épouvantable, puis la paix de peu de durée ; pendant tout ce temps, je n'ai point vu de roi sur le trône de France. Cela ne fait rien, si la France revenait à Dieu, Dieu saurait la relever et lui donner un roi très chrétien ; Ninive était condamnée à périr et parce qu'elle fit pénitence, elle fut pardonnée.
>
> Après l'Antéchrist qui tombera corps et âme dans l'enfer, la terre s'ouvrant en présence des milliers de spectateurs venus de toutes les parties du monde pour être témoins de son élévation (comme il l'avait annoncé) et entrer dans le ciel ; tous se convertiront, tous glorifieront le seul et l'unique Dieu du Ciel et de la terre, l'Évangile de Jésus-Christ sera prêché dans toute sa pureté sur toute la terre. Les Églises seront réouvertes, les rois seront les bras droits du Saint-Siège, il n'y aura qu'un seul pasteur et un seul troupeau, la charité régnera dans tous les cœurs. Des siècles durera encore le monde, puis la charité se refroidira nouvellement et nouvellement aussi la terre refusera de donner ses fruits [...] [1].

Conclusion

Il est toujours difficile de conclure sur la valeur et l'authenticité des prédictions. Même celles des Écritures sont la croix des exégètes.

La grande prophétie eschatologique du Christ lui-même dans les Évangiles synoptiques vise à la fois la fin de *Jérusalem* et la *fin du monde*, du fait que ces deux événements se répondent typologiquement comme termes respectifs de l'ancienne et de la nouvelle Alliance, non sans de profondes implications. Car le plan de Dieu pour le salut du monde se poursuit dans le perpétuel conflit entre sa lumière et sa grâce d'une part, et les frénésies du monde stimulé par les tentations du démon d'autre part. On ne s'étonnera pas de trouver la même ambiguïté chez Maximin et surtout chez Mélanie, d'où son hésitation sur les datations qu'elle s'efforce de discerner et concrétiser pour être claire, mais sans y bien réussir.

1. Lettre de Mélanie à Mlle Vernet, du 20 juillet 1894 (ENS). Beaucoup placent l'Antéchrist immédiatement avant le retour du Christ (ou parousie) en se fondant sur ces paroles de Paul : « Le Seigneur l'anéantira par le souffle de sa bouche et l'éclat de sa venue » (2 Thes 2, 9). Mais ce texte est-il à prendre littéralement ? L'Écriture est aussi évasive que les secrets de La Salette sur ce mystère. Dans le sillage de Dan 12, 1, Apoc 12, 7 ; 19, 20 et 20, 1-3, elle attribue à l'archange Michel ou à l'un des siens la victoire contre le dragon et le faux prophète, identifiables à l'Antéchrist. Ce qu'illustre une fresque de Signorelli dans la cathédrale d'Orvieto, en Italie.

Une première série de dates échelonnées entre 1859 et 1865 concerne surtout les menaces de l'unité italienne contre le règne de Pie IX. D'autres concernent le XXe ou XXIe siècle au plus tard (rédaction 1). Dans l'Écriture, le terme « Antéchrist » est tantôt personnalisé (Paul), tantôt collectif (Jean). Dans certaines confidences, Maximin parle d'abord d'un « Antéchrist général[1] ». Il peut signifier un grand mouvement athée (l'anticléricalisme du XIXe siècle ou le communisme), mais aussi une longue période de famines (rédactions 5 et 6), de révolutions, guerres (7-8), attaques contre le pape sur fond de lutte antireligieuse (2 et 5-8) avec apostasie, en France (1, 3, 4) comme ailleurs (5-8), et défaillance des prêtres (2 et 5-8). Après quoi, le règne de « l'Antéchrist » surviendra (toutes les rédactions en témoignent).

Quelle est la vérité, l'exactitude, la pertinence ou l'impertinence de ces prédictions ? C'est toujours difficile à apprécier. En voici deux exemples pour comparaison :

1. J'ai pu découvrir, avec surprise, chez Yvonne Beauvais (mère Yvonne Aimée), un nombre assez considérable de prophéties rédigées dans les années vingt et vérifiées avec précision dans les années quarante. La plus invraisemblable (ses six décorations pour faits de guerre) a été filmée en 1947 : seize images en sont reproduites sur la couverture du livre *Prédictions de sœur Yvonne Aimée* (1995). Ce qu'elle avait honte d'écrire en 1929, sur ordre de son directeur spirituel, se réalisait à la lettre. Le cas est non seulement exceptionnel, mais unique. Quand j'ai écrit aux historiens bollandistes pour demander s'ils avaient un cas comparable (antériorité certaine et lointaine de la prédiction, exactitude de la réalisation), leur doyen Halkin m'a répondu, après consultation des bollandistes, continuateurs d'un travail de trois siècles sur la vie des saints : « Nous n'en avons pas » (*Prédictions*, p. 9).

2. Prenons maintenant la troisième partie du secret de Fatima (moins exacte et moins précise que la deuxième). Pour la justifier, le cardinal Ratzinger a insisté sur le caractère symbolique, sur les transpositions métaphoriques entre symboles et réalités, et sur le fait que la prière peut changer le cours des événements et démentir les prophéties, ce qui fâchait déjà Jonas (Jon 4, 2). C'est ainsi que Jean-Paul II n'a pas été tué, selon le 3e secret de Fatima, mais grièvement blessé : Notre-Dame avait encore besoin de lui sur terre. Si le pape a reconnu son attentat dans le troisième secret qu'il a fait venir sur son lit d'hôpital, c'est malgré bien des différences. L'attentat n'a pas eu lieu au sommet d'une montagne qu'il gravissait, mais sur la place Saint-Pierre. Il n'était pas à ce moment fatigué et accablé, ni entouré de militaires hostiles, mais d'un peuple fervent. Il n'y avait pas d'autres martyrs à Rome. La prédiction, explique le cardinal Sodano, rassemble symboliquement autour de lui toutes les victimes de l'athéisme. Le tir ne venait pas d'une armée, mais d'un tueur à gages stipendié à cet effet. Le cardinal justifie la visée de la prophétie en disant qu'il faut la prendre à un autre niveau : elle

1. Synopse des confidences de Maximin dans MC, p. 204. L'Antéchrist collectif dont il parle est dans la ligne de 1 Jn 2, 18-22 ; 2 Jn 7.

concerne les persécutions religieuses organisées sur un tiers de la planète, et culmine dans l'action au sommet contre le pape, qui a précipité l'écroulement du marxisme. Cette interprétation justifie la prophétie au-delà du sens littéral.

La prédiction de La Salette est plus précise que celle de Fatima concernant le pape : « *On lui tirera dessus* », écrit Mélanie (2), mais « *il triomphera encore* ». Les prières des fidèles, le sang-froid du chauffeur et des gardes du corps et l'habileté des médecins de l'hôpital Gemelli ont empêché sa mort.

Quant à l'authenticité du secret de La Salette, il faut insister sur le caractère prophétique de ses pronostics. Comme toutes les prédictions authentiques, il ne prétend pas révéler à notre *curiosité* l'avenir qui n'appartient qu'à Dieu, mais seulement préparer globalement les chrétiens, prêtres, religieuses et fidèles aux drames qui les attendent, en stimulant le courage, la fidélité que Dieu attend d'eux dans les souffrances assumées pour lui. Même les prédictions de mère Yvonne Aimée n'étaient pas compréhensibles avant leur réalisation.

Prophétiser, selon la sémantique biblique, c'est parler *au nom de Dieu* pour indiquer ses desseins et intentions sur l'avenir. C'est bien au nom de Dieu que parlent toutes les rédactions du secret de La Salette, diversement formulées pour stimuler les chrétiens au combat spirituel, avec un total abandon à Dieu dans les épreuves diverses qui les attendent : guerres, famines, persécutions.

Mélanie en a plus spécialement donné l'exemple par sa vie sans cesse contrariée, persécutée, enfermée à plusieurs reprises. Dans son parcours haché, brisé, jamais elle ne s'est laissé abattre, elle a poursuivi avec persévérance la mission dont elle avait une ferme conviction, pour révéler progressivement le secret au temps qui lui était prescrit : « Vous ne direz rien jusqu'à ce que je vous dise de le dire » (rédaction du 6 juillet 1851).

Tout au long de ces rédactions une chose ne varie pas : à travers les menaces et malheurs qui vont venir, mais aussi les événements heureux (conversions, paix, témoignages et fidélité des justes), il faut s'en rapporter au dessein de Dieu et à l'enseignement de son Église. Rien qui réponde à la curiosité. Cela n'a varié ni dans les rédactions ni dans le cœur des voyants.

À la suite de saint Louis-Marie de Montfort, Notre-Dame veut susciter les « apôtres des derniers temps », comme nous le verrons au chapitre VIII sur la règle : ces fidèles disciples du Christ, vivant dès aujourd'hui « dans la pauvreté et l'humilité, dans le mépris et dans le silence, dans l'oraison et la mortification, dans la chasteté et l'union à Dieu, dans la souffrance, et inconnus du monde, il est temps qu'ils sortent et viennent éclairer la terre ».

CHAPITRE VIII

La règle de l'ordre de la Mère de Dieu, complément constructif des secrets

I. Un dernier secret réservé à Mélanie

Après son secret, Mélanie affirme avoir reçu une règle de vie pour une nouvelle famille religieuse. Elle en dévoile l'essentiel en 1853. Mais elle devra attendre 1876 pour s'expliquer complètement. La règle sera alors acceptée par l'évêque de Castellammare. Sur cette part du message, à la différence du secret, Mélanie est seule à témoigner.

Considérons successivement :

1. Comment le message de La Salette postule cette fondation.
2. Comment Mélanie a reçu sa règle et tenté de la faire reconnaître.
3. Enfin, comment elle a fini par émerger malgré tant d'obstacles et d'oppositions.

Comment la fondation de missionnaires s'est imposée à La Salette

Le mandement de Mgr de Bruillard du 1er mai 1852 prévoyait, outre la construction du sanctuaire, la fondation d'une communauté missionnaire. L'apparition elle-même appelait à consoler les larmes de Marie, à vivre le mystère de la Croix, à faire passer le message « à tout son peuple ». Ce fut compris d'emblée par l'Église.

Les premiers missionnaires venus à La Salette partageaient cet idéal généreux. À la fin 1851, le père Sibillat, directeur de Mélanie, se met à la disposition de Mgr de Bruillard, en précisant : « L'abbé Rousselot élabore un projet de règlement pour cette corporation de missionnaires diocésains qui seront appelés Missionnaires de Notre-Dame de La Salette, et qui perpétueront à jamais le nom de l'immortel sanctuaire[1]. »

1. Lettre du 22 décembre 1851 à Mgr de Bruillard, EG 112.

Bernardin Burnoud, premier supérieur, et François Sibillat font bientôt, entre les mains de Mgr de Bruillard, leur « promesse provisoire qui plus tard sera convertie en vœu, de commencer à vivre et à travailler selon l'esprit et la règle[1] » des Missionnaires de Notre-Dame de La Salette. Mais l'engagement du père Burnoud ne dure pas, et bien d'autres vont démissionner après lui. Au moment de quitter La Salette, la veille du 19 septembre 1855, il demande à Mgr Ginoulhiac d'être relevé du vœu fait un an plus tôt en ces termes :

> Mon Sauveur Jésus-Christ, prosterné au pied de votre Croix, toute couverte de votre sang et des larmes de votre Sainte Mère que je prends pour témoin de mes engagements, je fais vœu de me dévouer, dès ce moment et pour toujours, à l'œuvre Expiatrice et Réconciliatrice que Marie est venue commencer elle-même sur la Sainte Montagne de La Salette[2].

Le père Berlioz soumet à l'évêque des réflexions concordantes :

> Tout votre désir, Monseigneur, est de voir grandir votre œuvre, de voir enfin se lever la semence jetée par une main divine sur la Sainte Montagne, et arrosée par des larmes aussi fécondes que maternelles. [...]
>
> Il résulte, Monseigneur, que pour entrer dans la pensée de Marie, perpétuer son apparition dans une institution vivante, et produire sur le monde le résultat divin qu'elle s'est promise, il faut à La Salette un Institut religieux très sérieux, peut-être un des plus sérieux qui aient été jamais fondés jusqu'ici, et un Institut essentiellement expiatoire, pour les hommes comme pour les femmes. [...]
>
> Le père Denaz, l'un des plus éclairés dans les voies de Dieu, m'écrivait il y a quelques jours : « Je reste convaincu que Jésus et Marie demandent une fondation dans le sens *expiatoire*, et qu'ils veulent et attendent des *victimes* volontaires sur ce *nouveau calvaire*[3]. »

La pensée finale du père Berlioz, supérieur qui ne restera pas à La Salette, sera citée en fin de chapitre. Le père Giraud, un des « grands témoins » de La Salette, se fera lui aussi, missionnaire. Ne parvenant pourtant pas à faire l'unanimité sur son projet de vie toute sacrifiée, il transmet son esprit à celles de l'ordre qu'il a largement contribué à fonder : les « sœurs de La Salette de Lyon ».

Le père Antoine Bossan, qui rejoint très tôt l'équipe des Missionnaires, et sera le premier historien du pèlerinage, partage les mêmes sentiments ; mais son « Association de prières et de pénitence pour consoler et aider Notre-Dame de La Salette » ne trouve pas grâce à l'évêché. Il quitte les Missionnaires en 1868.

Dans ses *Règles provisoires pour les Missionnaires diocésains de Notre-Dame de La Salette*, le 2 février 1858, Mgr Ginoulhiac recueillera bien l'esprit d'apostolat et de sacrifice des disciples de la Vierge en

1. Document du 5 mars 1852, EG 79.
2. Lettre du 18 septembre 1855 à Mgr Ginoulhiac, EG 79.
3. Lettre du père Berlioz à Mgr Ginoulhiac du 1er mars 1856, EG 67b.

pleurs, tout en freinant leur prédication : est-ce la raison profonde des nombreux abandons ? Après des intrigantes, des femmes généreuses se manifestent ; témoin cette lettre de Sidonie Petitjean au chanoine Rousselot (8 mars 1860) :

> Monsieur l'abbé [...] je ne puis voir cette impiété qui règne en tant de cœurs et chez tant d'autres cette indifférence chrétienne, sans que le souvenir de l'apparition de notre bonne mère Marie à La Salette ne fasse brûler mon cœur d'un désir toujours plus ardent d'aller sur cette Sainte Montagne consacrer ma vie en expiation de tant d'iniquités et y prier pour la conversion de tous ces malheureux pécheurs. [...] Le besoin de l'Église ne réclame-t-il pas des sacrifices, des dévouements, des bons exemples ; et les prières faites à l'ombre du sanctuaire dans une maison religieuse ne sont-elles pas faites avec plus de recueillement et d'ardeur ?... Et tandis que les méchants s'unissent pour attaquer la religion, ne devons-nous pas nous unir pour obtenir de Dieu qu'il veuille la soutenir ; aussi par le passé dans les plus grandes calamités de l'Église ne l'avons-nous pas toujours vu tirer la consolation de la formation de Congrégations et couvents ?
>
> Monsieur l'abbé, je pense [...] souvent à l'impression que vous avez remarquée sur la figure du Saint-Père lorsqu'il lisait les secrets des enfants de La Salette, et je me dis : peut-être contenai[en]t-il[s] ce martyr[e], ces persécutions qu'il prévoit maintenant. [...] Je pense que l'œuvre des religieuses de La Salette pourrait lui apporter de la satisfaction ; cette idée m'anime. Oh ! Comme je voudrais aussi pouvoir lui porter du soulagement et des consolations, combien j'en serai heureuse[1].

L'élan parti de La Salette conflue avec le courant apostolique et missionnaire lancé après les violences de la Révolution, par les papes, les fondateurs de nouvelles familles religieuses[2], les apparitions de la rue du Bac ; il est stimulé par le *Traité de la vraie dévotion* du père de Montfort, caché dans « le secret d'un coffre » et retrouvé quatre ans avant La Salette (1842). Il laisse espérer ces « apôtres des derniers temps » que l'on retrouve dans le message de Mélanie[3].

1. Lettre de Mlle Sidonie Petitjean au chanoine Rousselot du 8 mars 1860, EG 67b.
2. Sur ce courant apostolique et marial, *cf.* MC p. 41.
3. « C'est aux enfants de La Salette que la belle Dame, celle qui pleure, annonça le courroux de son Fils qui pèse sur les terres d'Occident, la crise de la foi chrétienne et la mission des apôtres des derniers temps, ceux par lesquels le Saint-Esprit rétablira l'Église régénérée dans les douleurs », précise le théologien orthodoxe Vladimir Lossky (*La Vie spirituelle*, nov.-déc. 1987, p. 642). L'apparition de Pontmain annonce-t-elle aussi, par une figure, ces nouveaux apôtres ? Marie tenait le crucifix dans ses mains, et à la fin, deux croix blanches apparurent en plus sur ses épaules. « Quelle en peut être la signification ? Jusqu'ici les auteurs et les prédicateurs s'en sont assez peu expliqué. Le fait est qu'a priori l'interprétation véritable et victorieuse n'en apparaît pas évidente. Les deux croix blanches de Pontmain sont posées sur les épaules de la Sainte Vierge et comme portées par elle. N'est-ce pas ainsi que parfois, à l'instar des femmes de l'Orient, elle portait son Fils Jésus ? Ne serait-ce pas ainsi qu'elle porterait encore mystiquement les âmes de ses enfants régénérés, purifiés et transformés par les grâces eucharistiques, devenus, dans toute la force du terme, des autres Jésus-Christ ? » (J. Grimault, *Le Message de Pontmain face à l'histoire...*, Téqui, 1971, p. 86).

Comment Mélanie a reçu et révélé sa règle

Le bienheureux Annibale Maria di Francia résume quand et comment Mélanie a reçu cette règle de vie dans son *Éloge funèbre*, prononcé dans les cathédrales de Messine et d'Altamura :

> La Très Sainte Vierge, dès qu'elle lui eut confié un secret, lui aurait ensuite révélé qu'il sortirait de la sainte Église un insigne ordre religieux, dit des nouveaux apôtres, ou des Missionnaires de la Mère de Dieu; et que ceux-ci se répandront dans le monde entier en faisant un bien immense à la catholicité. Cette congrégation comportera un second ordre et un tiers ordre; ses membres seront enflammés, pour la gloire de Dieu et le salut des âmes, d'une ardeur semblable à celle des premiers apôtres. [...]
>
> La Très Sainte Vierge, après avoir annoncé cet événement futur, donna à Mélanie la règle que devait suivre ce nouvel ordre religieux. Cette règle, Mélanie la conserva de mémoire dans son esprit [...]. Plus tard, le moment marqué par la Très Sainte Vierge pour la divulgation du secret étant arrivé, Mélanie écrivit cette règle [15 novembre 1876]. Mais alors il lui devint impossible de bien la conserver présente à la mémoire.
>
> Cette règle fut soumise au jugement d'une commission de cardinaux de la sainte Église et jugée irréprochable. Elle est comme un chapitre de l'Évangile et contient la quintessence de la perfection chrétienne mise en pratique avec la plus grande douceur et avec charité.
>
> Or Mélanie souffrit pendant toute sa vie une agonie spirituelle, dans l'attente de voir l'accomplissement des paroles de la Très Sainte Vierge, et l'organisation des nouveaux apôtres de la sainte Église. Loin de là, elle fut témoin des persécutions que la dévotion à Notre-Dame de La Salette eut à supporter, par la volonté de Dieu; au point qu'à chaque persécution, cette dévotion semblait devoir s'anéantir. Ses regards étaient toujours tournés vers Rome, attendant que la suprême autorité de l'Église couronnât de gloire et d'honneur La Salette, et qu'il en sortît enfin la fondation après laquelle elle soupirait. Mais la prudence du Saint-Siège en pareille affaire et la divine Providence qui règle et dispose tout avaient amené cette sainte créature à une continuelle et parfaite résignation à la volonté divine. Aussi aura-t-elle dit, avec Ezéchias : « *Ecce in pace amaritudo mea amarissima!* » Souvent, elle se considérait elle-même comme un obstacle à l'accomplissement du plan divin; et alors elle s'anéantissait devant Dieu, se mortifiait de différentes manières et souhaitait la mort, soupirait après elle, la demandait dans ses prières. [...]
>
> Si celle qui apparut sur la montagne de La Salette a bien été la Très Sainte Vierge Marie, la Mère immaculée de Dieu; si ce fut cette mère incomparable qui confia son secret à Mélanie et à Maximin et donna une règle très sainte pour un nouvel ordre religieux de très nombreux et derniers apôtres, qui pourra douter que la promesse de la Reine du Ciel ne doive recevoir son plein accomplissement? Alors, réjouis-toi, ô innocente bergère de La Salette, réjouis-toi en Dieu, ô âme choisie entre mille; ton long martyre n'a été qu'une préparation à une grâce ineffable! Le sacrifice de ta vie simple, offerte en holocauste à travers les souffrances et les mortifications de toutes sortes, sera béni de Jésus et de

Marie, et son fruit sera une génération d'élus. Et qui pourra les compter[1] ? »

a. La première confidence

C'est en 1853 que Mélanie révèle pour la première fois la règle reçue, dit-elle, lors de l'apparition ;

> À peine eus-je entendu du P. Sibillat, en 1852[2], que plusieurs prêtres du diocèse de Grenoble se réunissaient pour former un ordre de missionnaires de Notre-Dame de La Salette, et qu'on allait travailler à faire une règle, je dis aussitôt au P. Sibillat que la Sainte Vierge avait donné tout ce qu'il fallait pour les religieux, et que s'il voulait m'attendre un instant, j'irais vite écrire quelque peu des règles.
>
> Après que je lui en eus remis quelques articles, il partit ; quelques jours après, il revint, et me dit que Mgr Ginoulhiac me prenait pour une orgueilleuse, une illusionnée et une folle[3].

Le 14 août 1853, Mélanie mentionne la règle, à la fin du secret demandé par Mgr Ginoulhiac, comme un écrit connu ; elle parle de cette fondation voulue par l'apparition à la supérieure de Vienne, en janvier 1854. Mais à cette date, l'évêque est passé du doute[4] au rejet.

b. Le résistible essor d'une fondation anglaise

Du fin fond de l'Angleterre, Mélanie, qui apprend vaillamment la langue anglaise, en pastiche les tournures avec humour, en donnant les dernières nouvelles à ses chères sœurs de Corenc :

> Dès mon arrivée ici, on m'a pressée pour que je fonde un couvent de La Salette (j'avais montré le règlement de la Ste Vierge et dis que Monseigneur de Grenoble n'y croit pas.) Une dame, seulement convertie, qui est bien riche, fait bâtir une maison couvent, je suis dans un chagrin, parce qu'on demande à moi comment il faut le bâtir, dans quel endroit, combien de cellules, etc. [...]
>
> Les personnes qui voudraient être religieuses sont bien riches et moi [je] fais difficulté pour recevoir elles, parce que, il faut que la maison de la Sainte Vierge soit fondée sur l'humilité, la pauvreté et toutes les vertus solides, mais beaucoup croient avoir la vocation et ne l'ont pas, mais quand elles ont la vocation, je reçois[5] tout, les pauvres et les riches ; la

1. « Oraison funèbre de la sœur Marie de la Croix née Mélanie Calvat »... (Mgr Galli, *La Bergère de Notre-Dame de La Salette* Téqui, 1997, p. 160-161.)
2. Plutôt 1853, puis que Mgr Ginoulhiac arrive cette année-là.
3. Réponse 5 à l'abbé Bliard, du 4 octobre 1876 (JAC p. 148).
4. D'après la lettre de Mgr Ullathorne du 3 avril 1855 : « lorsqu'il avait été question d'avoir des sœurs à La Salette, Mélanie lui avait dit, pour la première fois, qu'elle avait eu une révélation durant l'apparition à propos de ces religieuses, et qu'une règle et un habit lui avaient été révélés. Le présent évêque était enclin à remettre en question cette vérité et il hésitait spécialement sur le point de la communion journalière, qui y était prescrite » (copie : MSG 15-C-5).
5. Elle a écrit « je reçoive », anglicisme tiré de « receive ».

semaine prochaine, j'entre dans le couvent des Carmélites, pour apprendre plus vite l'anglais, pour ne pas faire de fautes en parlant aux postulantes, mais je voudrais bien pouvoir me défaire d'être chargée de cela; je regarde bien souvent que je ne suis rien, que je suis une crotelette[1]. Je crois que j'ai tout dit pour cela, bonne chère Sœur Assistante, je suis sœur indigne de la Providence de Corenc et je mourrai sœur de la Providence à moins que Notre Rév[érende] Mère Supérieure me di[se] de ne plus en être, je lui obéirai toujours, quoique ce serait un bien grand sacrifice, mais j'espère bien mourir sœur de la Providence, on m'a déjà bien dit, qu'il faudrait me mettre religieuse de La Salette, puisque je vais fonder un couvent, et moi je dis : Non, non[2]...

Son humour surmonte le déchirement que lui cause son exclusion de la Providence. Elle avait, clef en main, maison et vocations pour fonder un couvent selon la *règle de Notre-Dame*, et se récusait. Tout indique que Mgr Ginoulhiac arrêta net le projet si bien commencé, après que son secrétaire eut détourné cette lettre[3], qui ne parvint jamais aux sœurs de Corenc.

c. La divulgation intégrale à Castellammare

C'est en Italie, après les premières publications du secret, qu'on interroge Mélanie sur cette règle[4]. L'abbé F. Bliard reçoit mandat de Mgr Petagna pour le faire. Le 3 octobre 1876, Mélanie lui répond[5] :

1. Il est bien vrai que dans l'apparition du 19 septembre 1846 sur la montagne de La Salette, la Très Sainte Vierge m'a manifesté qu'Elle voulait la création d'un nouvel ordre religieux, qu'Elle-même a désigné sous le nom d'*apôtres des derniers temps*. La preuve en est, soit dans la *règle* qu'elle m'a donnée Elle-même de vive voix, à la suite du secret, et que depuis longtemps vous possédez, [texte édité ci-dessous p. 179], soit dans la vue de cette œuvre, *vue* que je décrirai tout à l'heure.

Cet Ordre comprendra : 1. des prêtres, qui seront les Missionnaires de la Sainte Vierge et les apôtres des derniers temps; 2. des religieuses qui dépendront des Missionnaires; 3. les fidèles engagés dans le siècle qui voudront s'unir et se rattacher à l'Œuvre.

2. Le but de ce nouvel ordre religieux est de travailler à la sanctification du clergé, à la conversion des pécheurs, et d'étendre le règne de Dieu par toute la terre. – Les religieuses sont appelées comme les Missionnaires à travailler avec zèle au salut des âmes, par la prière et par les œuvres de miséricorde spirituelle et corporelle. – Quant à l'esprit de l'ordre, ce doit être l'esprit des premiers apôtres. La Sainte Vierge a suffisamment caractérisé cet esprit, soit dans la règle qu'Elle m'a donnée, soit dans l'appel aux apôtres des derniers temps qui termine le secret.

1. Maximin et Mélanie se partagent l'expression.
2. Lettre du 8 novembre 1854, EG 7.
3. Le procédé n'est pas à l'honneur de Mgr Ginoulhiac, qui récidive en se faisant remettre sous peine d'interdit les lettres de Mélanie à son ancien confesseur. La sévérité des historiens envers elle s'est souvent accompagnée d'indulgence pour cet évêque.
4. F. Bliard, *Lettres à un ami sur le secret de La Salette*..., Naples, 1873, p. 20.
5. Lettre de Mélanie à l'abbé Bliard publiée par l'abbé Combe, JAC p. 144-149.

3. Les œuvres auxquelles cet ordre sera employé sont indiquées dans la règle donnée par la Très Sainte Vierge et dans la vue que j'ai maintenant à faire connaître :

[Une vision prophétique : les apôtres des derniers temps]

En même temps que la Très Sainte Vierge me donnait les règles et me parlait des apôtres des derniers temps, je voyais une immense plaine avec des monticules. Mes yeux voyaient tout. J'ignore si c'était les yeux du corps... Mais je serais mieux selon la vérité si je disais que je vis la terre au-dessous de moi, de manière que je voyais l'univers entier avec ses habitants, vaquant à leurs occupations, chacun selon son état (non pas tous par justice mais bien par ambition. Et, par un juste châtiment de Dieu, ils étaient en guerre avec eux-mêmes).

Je vis donc cette immense plaine avec ses habitants. [... hommes de toutes races]

Je vis les *apôtres des derniers temps* avec leur costume [...] [Il est à peu près semblable à celui des prêtres de son époque.] Sur un des bouts de la ceinture, il y avait ces trois lettres, en couleur rouge : M.P.J. (mourir pour Jésus). Sur l'autre bout il y avait ces trois lettres en couleur bleue : E.D.M. (enfant de Marie).

Je vis que les Missionnaires prêchaient, confessaient, assistaient les mourants, donnaient des retraites aux prêtres, aux rois et à ceux qui composaient leur cour, aux grands, aux soldats, aux employés, aux pauvres, aux enfants, aux religieux, aux religieuses, aux femmes et aux vierges. Je vis, en certains endroits, des Missionnaires auprès des malades, des pauvres, des prisonniers, et baptisant des enfants et des grandes personnes.

En d'autres endroits, je vis les disciples des apôtres auprès des malades, des pauvres, des blessés, des prisonniers, auprès des réunions d'hommes, auprès des sectes, etc. Cette vue était bien claire, bien précise et ne me laissait aucun doute sur ce que je voyais ; et j'admirais la grandeur de Dieu, son amour pour les hommes, et je voyais que son amour ne peut pas être compris sur la terre, parce qu'il dépasse tout ce que les hommes les plus saints peuvent concevoir. Je compris bien clairement que ces messieurs que j'appelle les disciples faisaient partie de l'ordre. C'étaient des hommes libres ; des jeunes gens qui, ne se sentant pas appelés au sacerdoce, voulant cependant embrasser la vie chrétienne, faire leur salut, [ils] accompagnaient les pères dans quelques missions et travaillaient de tout leur pouvoir à leur propre sanctification et au salut des âmes. Ils étaient très saints et très zélés pour la gloire de Dieu. Ces disciples étaient auprès des malades qui ne voulaient pas se confesser auprès des pauvres, des blessés, des réunions, des prisonniers, des sectes, etc. J'en vis même qui mangeaient et buvaient avec des impies [...].

Je vis donc que l'Évangile de Jésus-Christ était prêché dans toute sa pureté par toute la terre et à tous les peuples. Je vis que les religieuses étaient occupées à toutes sortes d'œuvres spirituelles et corporelles, et s'étendaient, comme les Missionnaires par toute la terre. Avec elles il y avait des femmes et des filles remplies de zèle, qui aidaient les religieuses dans leurs œuvres. Avec elles il y avait aussi des femmes (veuves) et des filles remplies de zèle qui aidaient aux sœurs pour les œuvres.

Je compris en Dieu que les apôtres des derniers temps devaient marcher sur les traces des apôtres de la primitive Église de Jésus-Christ, avec cette différence que le supérieur général avait soin de rappeler (quand cela se pouvait faire), chaque année, les membres de l'ordre dans la maison centrale, pour faire une retraite de dix jours. [...]

Je vis que notre doux Sauveur regardait les ouvriers de cet Ordre avec beaucoup de complaisance, parce qu'ils servaient le bon Dieu avec un entier et complet dévouement, sans recherche d'eux-mêmes. Étant entièrement détachés de toutes les choses de la terre, ils étaient totalement entre les mains de la Providence de Dieu, remplis de foi et de confiance en Lui.

Je vis les âmes du Purgatoire comme en fête, pour les bienfaits qu'elles recevaient des apôtres des derniers temps et des religieuses ; et je vis que les âmes souffrantes du Purgatoire, qui étaient délivrées ou qui avaient encore quelque chose à expier, et qui en avaient le pouvoir, priaient beaucoup, et que de nombreuses conversions se faisaient par leurs prières.

Car je vis que Dieu voulait que les Missionnaires et les religieuses de cet ordre missent toutes leurs prières, pénitences et bonnes œuvres entre les mains de Marie, leur première supérieure et leur maîtresse, pour les âmes du Purgatoire, en faveur de la conversion des pécheurs *du monde entier*.

Je vis et je compris que le bon Dieu voulait que cet ordre luttât contre tous les abus qui ont amené la décadence du clergé et de l'état religieux et la ruine de la société chrétienne[1]. Cet ordre ne recevait jamais pour Missionnaires ni pour religieuses des personnes dont les parents avaient besoin de la charité d'autrui, ou besoin de ce fils et de cette fille pour les servir. Et quand les parents de quelqu'un des membres étaient tombés dans la misère, la communauté [...] donnait abondamment, selon ses besoins, à cette famille. Et cela se faisait avec une grande charité [...].

Dans sa description plus complète de 1879, Mélanie ajoute ici :

Je vis que les membres de l'ordre de la Mère de Dieu faisaient tous leurs efforts pour se dépouiller entièrement de l'esprit du siècle corrompu, s'avancer dans l'amour de Dieu et acquérir les vertus de Notre-Seigneur Jésus-Christ. Ils avaient de très bas sentiments d'eux-mêmes. Ils étaient très unis entre eux, n'ayant ni ambition, ni envie, ni jalousie, ne désirant en toutes choses que de plaire à leur Divin Maître ; ne désirant rien hors du Cœur de Jésus, où ils habitaient plus ou moins étroitement, selon que leur amour était plus pur et plus généreux. Cet amour de Jésus produisait en eux les fruits d'une grande obéissance, d'une profonde humilité et simplicité, d'une très grande mortification, d'un zèle très ardent, et d'un parfait abandon entre les mains du Divin Maître. Je vis que cet ordre était comme le foyer de toutes les œuvres, et comme un autel perpétuel où la prière était incessante pour les divers besoins de la Sainte Église, pour les âmes tièdes et pour la conversion des pécheurs du monde entier[2].

1. Plus flagrante aujourd'hui qu'alors.

2. « La vue du costume et des œuvres des fils et filles de l'ordre de la Mère de Dieu », *Ordre de la Mère de Dieu, règle, vue, constitutions*, Sablé, Coconnier, 1958 p. 9-13.

Elle conclut :

4. Oui, malgré mon indignité, je crois avoir reçu une mission pour l'œuvre en question. Je la désire de tout mon cœur pour la gloire de Dieu et le bien des âmes ; je la désire à cause des besoins urgents de la société entière ; je la désire parce qu'elle est nécessaire pour ranimer dans le clergé l'esprit sacerdotal. Je ne puis assurer aux autres que ce qui me pousse à faire cette fondation soit de l'esprit de Dieu ; c'est à mes supérieurs à en juger ; ce que je puis assurer, c'est que moi, dans le fond de moi-même, je suis vivement poussée, et persuadée que c'est le bon Dieu qui veut cette œuvre si utile à l'Église et au salut des âmes. Mais si une autorité, un supérieur, un confesseur me disait de rester en paix et de ne plus penser à cela, oh ! on me ferait une charité, car je suis comme écrasée (quoique agréablement) de la grandeur et de la sublimité de cette arche de salut, pour le monde entier ; mais je croirais pécher et manquer grandement de fidélité et d'obéissance à Dieu, si je laissais cette fondation de côté et si je ne faisais pas tous mes efforts afin qu'elle se fasse.

5. J'ai sollicité récemment de sa grandeur, Monseigneur l'évêque de Castellammare, l'autorisation de travailler sans plus de retard à la fondation de cette œuvre, parce que tout dans le monde semble me dire que le moment est venu, arrivé, et que je me sens puissamment poussée d'y travailler sans retard. Je me sens comme entraînée d'une manière irrésistible à hâter cette œuvre, et il me semble toujours entendre une voix intérieure qui me demande les combattants de Jésus-Christ et de sa doctrine.

La règle complète fut soumise à l'Ordinaire de Castellammare. Il en autorisa l'observance :

Monseigneur Petagna, évêque de Castellammare, croyait avec toute l'ardeur de son âme, que la règle que je lui présentai le 15 novembre 1876 venait de la Très Sainte Vierge et c'est pour cela que sa grandeur me permit de tout son cœur de commencer la fondation de ce nouvel Ordre dans son diocèse et la permission signée de sa main, je l'ai encore, je puis la faire voir en cas de doute[1].

d. Encouragements à Rome, opposition en France

Troisième évêque après l'apparition, Mgr Fava était arrivé à Grenoble avec des sentiments favorables. Dans sa *Lettre pastorale pour le trentième anniversaire de l'apparition*, il fait la part belle aux voyants et les compare aux bergers de Noël, premiers annonciateurs de la Bonne Nouvelle :

Ces deux petits, insouciants de leur dignité d'apôtres, descendirent avec leur troupeau au village prochain. [...] Quand les anges, aux champs de la Judée, annoncèrent l'Évangile, c'est-à-dire la Bonne Nouvelle, n'est-ce pas à des bergers qu'ils ont parlé ? C'est la marche ordinaire du Tout-Puissant ; il choisit les faibles du monde pour confondre les forts. *Infirma mundi eligit Deus ut confundat fortes* (1 Co 1, 27). Daigne ce

1. Lettre à l'abbé Le Baillif du 3 janvier 1880 (PS I, p. 112).

grand Dieu se servir encore une fois de ce moyen pour que nous puissions glorifier Jésus et sa Mère.

Notre but, nos très chers frères, est de réveiller de plus en plus votre foi, votre espérance et votre charité en rappelant à votre attention les instructions données à La Salette, par la Sainte Vierge, dans ce discours qu'on pourrait appeler : *son sermon sur la montagne*. Il nous a semblé, en effet, qu'elle s'y est présentée comme apôtre et Reine des apôtres[1].

À Castellammare, Mgr Petagna, évêque du lieu, avait autorisé Mélanie et mère Présentation, ainsi que des prêtres, devenus leurs voisins dans l'immeuble Rufo, à vivre la règle. Cette décision avait été longuement mûrie ; la règle avait été examinée favorablement par deux évêques lui-même et Mgr Zola, et par deux théologiens l'un d'eux était Don Caraso, secrétaire du cardinal de Naples. Mgr Petagna, avait même proposé à l'évêque de Grenoble d'adopter la nouvelle règle apostolique, mais sans succès, car il en faisait préparer une autre pour les religieux de Notre-Dame de La Salette.

En novembre 1878, sa règle étant prête, Mgr Fava vient la présenter à la Congrégation des évêques et des réguliers.

Mais le pape Léon XIII, déjà au courant de la règle proposée par Mélanie, la convoque à Rome pour être partie prenante. Une première rencontre au sommet est organisée, entre Mélanie et Mgr Fava, à la Sacrée Congrégation des évêques et réguliers. Le cardinal Ferrieri propose à l'évêque la règle de Mélanie, qui la refuse d'emblée, avant même de la lire. Il s'en explique dans sa lettre du 26 novembre 1878 à Mgr Bianchi, secrétaire de la Congrégation :

> L'évêque de Grenoble, soussigné, a l'honneur d'exposer à la Sacrée Congrégation des évêques et réguliers qu'il a reçu, il y a deux ans environ, une lettre de Mgr l'évêque actuel de Castellammare, qui lui parlait d'un ordre religieux à fonder, lequel était l'ordre des apôtres des derniers temps.
>
> Je répondis à Sa Grandeur que cette dénomination supposait une révélation que je ne connaissais pas et, qu'avant tout, il en fallait référer au Saint-Père. Sa Grandeur me fit observer que je pouvais fonder l'ordre et en parler plus tard à Rome. Je répondis au prêtre qui m'avait transmis la pensée de Mgr Petagna que je ne partageais pas son avis et que je ne pouvais rien entreprendre dans ce sens, avant que la Congrégation n'eût décidé elle-même cette question.
>
> Arrivé à Rome, j'ai appris que Mgr l'évêque de Castellammare avait écrit à la Sacrée Congrégation des évêques et réguliers et qu'il était question de fonder à Rome, ou du moins en Italie, ledit ordre religieux, d'après une règle que Mélanie dit avoir reçue de la Sainte Vierge. En conséquence, je me suis rendu à Castellammare samedi dernier, pour m'informer du fait. Mélanie m'a dit, en effet, avoir reçu une règle de la

1. *Lettre pastorale de Mgr l'évêque de Grenoble sur Notre-Dame de La Salette*, pour le trentième anniversaire de l'apparition, du 1er septembre 1876, Baratier, Grenoble, 1876, p. 1-9.

Sainte Vierge et l'avoir soumise à Mgr l'évêque de Castellammare qui l'examina et la fit examiner ensuite par Mgr Zola, alors évêque d'Ugento, et deux théologiens dont l'un était D. Caraso, chanoine et secrétaire de Mgr l'archevêque de Naples. On n'éleva aucun doute sur le témoignage de Mélanie, et la règle fut reconnue digne de l'origine qu'on lui attribuait.

Je proteste le jugement de cette vénérable réunion, conclut-il, malgré tout le respect que je lui dois; mais je continue de remettre la cause de cette affaire particulière à la décision de la Sacrée Congrégation. Ce que je promets de faire, c'est d'étudier ladite règle si on me la transmet, de profiter de ce qui s'y trouve pour rédiger les constitutions des pères et des religieux de La Salette, lesquelles constitutions sont à l'étude pour être présentées à l'approbation de la Sacrée Congrégation.

Cette conclusion est surprenante : l'évêque de Grenoble ignore la règle de Mélanie, puisqu'il demande qu'on la lui transmette. Mais, après un examen régulier, il récuse son authenticité, mais promet pourtant de s'en inspirer[1] ! Cette concession ne sera jamais suivie d'effet. Mgr Fava renoue avec Mgr Ginoulhiac, qui avait bloqué la fondation anglaise, pourtant en bonne voie. Il laisse entendre que l'existence de la communauté de Castellammare, fondée autour de Mélanie, est un facteur de discorde :

En outre, je demande que si l'ordre religieux en question, tant pour hommes que pour femmes, se fondait en Italie, on voulût bien s'entendre avec moi pour que cette fondation, déjà autorisée, dit-on, par Mgr l'évêque de Castellammare dans son diocèse, ne nuise ni au bien ni à la paix[2].

Cinq jours plus tard, le 3 novembre 1878, Léon XIII reçoit Mélanie en audience privée. Elle en a laissé ce récit contrasté :

Ce fut, à ce qu'il me semble le 3 décembre, que j'eus la grâce d'une audience avec le Saint-Père Léon XIII.

Mes deux compagnons m'avaient sollicitée de demander à Sa Sainteté la faveur de lui baiser les pieds. Hélas ! Hélas ! l'entourage du Saint-Père était prévenu contre nous !... Le Saint-Père seul ignorait les intrigues; et de cela j'avais parlé à Son Éminence le cardinal Guidi, avant de me rendre chez le Saint-Père au Vatican. Le Saint-Père me reçut avec bonté et me dit en bon français : « Bien ! vous allez partir tout de suite pour la montagne de La Salette, avec la règle de la Très Sainte Vierge, et vous la ferez observer aux prêtres et aux religieuses. »

1. La promesse d'étudier la règle de Mélanie et de s'en inspirer pour les constitutions des religieux de La Salette ne peut s'expliquer que comme une concession : l'évêque témoigne de l'opinion positive du Saint-Siège, préfet de la Sacrée Congrégation, et du pape, sur la règle de la voyante de La Salette, à la veille de son audience pontificale. Le pape rencontrerait-il officiellement, et en tête à tête, la porteuse d'une révélation retenue fausse ? Léon XIII a bien convoqué Mélanie auprès de lui et n'a pas demandé à parler à Mgr Fava. L'examen ultérieur des constitutions que le pape demandera à la voyante ne contredit pas ce point de départ.

2. Lettre de Mgr Fava à Mgr Bianchi, du 26 novembre 1878, ASV. (L'évêque de Grenoble, fort de nombreux appuis, n'aura guère de mal à compromettre l'expérience de Castellammare, après avoir combattu la voyante à Rome.)

(Ces paroles du Saint-Père confirmèrent ma pensée, que le Saint-Père n'avait encore rien su de ce qui s'était passé au Congrès.)

– Que suis-je, Très Saint-Père, pour oser m'imposer ?

– Oui, je vous dis. Vous allez partir avec Monseigneur de Grenoble, et vous ferez observer la règle de la Sainte Vierge.

– Très Saint-Père, permettez que je vous dise que, depuis longtemps, ces prêtres et ces religieuses vivent de la vie plus que séculière et qu'il leur sera très, très difficile de se plier à une règle d'humilité, d'abnégation. Il me semble plus facile de faire cette fondation avec des personnes séculières de bonne volonté, plutôt qu'avec toutes celles qui sont sur la montagne et qui sont loin d'être de bons chrétiens.

– Écoutez. Vous allez aller là-haut avec la règle de la Sainte Vierge, que vous leur ferez connaître. Et ceux qui ne voudront pas l'observer, l'Évêque les enverra dans quelque paroisse.

– C'est bien, Très Saint-Père.

– Vous allez donc partir, et partir tout de suite. Mais comme, pour l'ordinaire, quand le bon Dieu daigne donner un règlement de vie monastique, il donne, il communique à la même personne l'esprit dans lequel doit être observé le règlement. C'est pourquoi il faut que vous l'écriviez, quand vous serez à Grenoble, avant de monter sur la montagne de La Salette, et que vous me l'envoyiez.

– Oh ! Très Saint-Père, de grâce, ne m'envoyez pas à Grenoble, sous Mgr Fava, parce que je n'aurai pas ma liberté d'action.

– Comment, comment cela ?

– Mgr Fava m'ordonnerait d'écrire comme il veut, non comme veut l'Esprit-Saint. [...]

– Comment faire ? J'ai donné ordre que vous iriez sur la montagne de La Salette, pour faire observer aux prêtres et aux religieuses la règle que la Très Sainte Vierge vous a donnée, et qu'avant de monter, vous écriviez les Constitutions que vous m'enverriez. Et vous savez que, quand le pape a donné un ordre, il ne peut pas revenir dessus.

– Très Saint-Père, Notre-Seigneur vous a confié tout pouvoir sur la terre pour gouverner son Église ; or la terre est spacieuse pour aller et revenir.

– Écoutez. Priez bien cette nuit, et demain je vous ferai dire ma décision.

– Très Saint-Père, j'ai, dans la salle, le prêtre que mon saint Évêque de Castellammare a bien voulu me donner pour m'accompagner dans mon voyage, et une compagne ; ils voudraient la faveur de votre bénédiction.

Aussitôt, l'évêque Camérier, avec ennui, dit deux paroles au Saint-Père, qui paraissaient être un refus. Moi, ayant compris, je fis de nouveau ma demande. Enfin le Saint-Père dit de les faire entrer[1].

Léon XIII se range à l'avis de Mélanie et la confie à la Visitation de Rome. Elle va y écrire les constitutions en précisant la pratique de la règle. Mélanie édifie la communauté qui la reçoit, mais subit l'opposi-

1. Récit de Mélanie adressé à l'abbé Rigaux, curé d'Argœuves, et publié sous le titre de *Léon XIII et la bergère de La Salette*, Garnier, Chartres, 1904, p. 16-19.

tion de Mgr Fava. Pour qu'elle ne le dérange plus, il obtient qu'elle resterait au cloître, précise l'abbé Carra, un de ses secrétaires[1].

Mélanie termine la rédaction de ses constitutions, le 5 janvier 1879. Le cardinal dominicain Guidi les relit, puis elles sont remises à un consulteur de la Congrégation des évêques et réguliers, en même temps que les règles présentées par Mgr Fava, rédigées par un savant vicaire général.

Le consulteur romain, le père Daum, du séminaire français, n'est guère favorable à la voyante de La Salette. La formule des « apôtres des derniers temps », chère au père de Montfort, passe à ses yeux pour schismatique. Le « pur amour de Dieu » serait un idéal trop ambitieux... Les constitutions, écrites par Mélanie à la demande du pape, mais attribuées à la Vierge selon Daum, contiendraient trop de « nouveautés ». Mais Mélanie, qu'on n'écoute pas, n'attribue à la Vierge que la brève règle ; le reste est de sa plume.

Le consulteur précise cependant qu'on ne fera pas de difficulté en France pour adopter certains points de la règle de Mélanie, et conclut qu'elle peut être expérimentée par d'autres évêques. La Sacrée Congrégation approuve ses conclusions.

Le 27 mai 1879, les Missionnaires de La Salette reçoivent le traditionnel « décret de louange » : on les encourage, pourvu qu'ils retirent de leurs règles, présentées par l'évêque de Grenoble, toute référence à l'apparition. La Sacrée Congrégation transmet à Mgr Fava la règle de Mélanie pour qu'il s'en inspire, si tel est son désir.

Quant à la voyante, souffrante, le 7 mai 1879, elle a été autorisée par Léon XIII à revenir à Castellammare. Mgr Petagna est mort et enterré ; la fondation commencée à la villa Ruffo ne bénéficie plus de l'appui de son successeur et doit se disperser. Malgré le soutien de Léon XIII, c'est l'échec apparent.

Irrésistible rayonnement de la règle

Le projet de Mélanie, enterré comme le grain qui meurt (Jn 12, 24), a germé après l'échec de sa fondation.

Mgr Bernard, Missionnaire de La Salette, préfet apostolique émérite de Norvège, qui visite Mélanie en 1886 et 1888, se rallie à sa règle :

> La règle donnée par la Mère de Dieu est pour le corps des constitutions des Missionnaires apostoliques voulus [et] appelés par la Messagère divine une charpente de bois incorruptible et vivifié d'un souffle divin, que les vers rongeurs humains ne pourront piquer ni ronger jusqu'à la fin des temps[2].

En 1895, le père Berlioz, ancien supérieur de La Salette, invite prêtres et laïcs à réaliser le vœu du père de Montfort :

1. Lettre de l'abbé Carra à l'abbé Le Baillif du 4 janvier 1879, ENS.
2. D'une lettre de Mgr Bernard au père L. Beaup du 30 janvier 1895, MSG.

À l'heure suprême où nous vivons, à l'approche des derniers temps, la Mère des apôtres fait appel à la tribu sacerdotale. Elle veut multiplier le nombre des vrais apôtres, *supra modum apostoli.* Elle les appelle près d'Elle, au pied de la croix ; car il faut remonter à la source pour se retremper dans la perfection primitive. Le bx Grignion de Montfort avait pressenti cette intervention merveilleuse de la Mère de Dieu suscitant, dans les derniers temps, des apôtres qui, comme des géants de l'apostolat, doivent en quelque sorte préparer la mission d'Énoch et d'Élie, et à son heure la partager. [...]

Nous pensons que la céleste Messagère figure ainsi un ordre apostolique d'une grande perfection, dont elle doit ordonner et conduire la formation, protéger l'existence, assurer la propagation et la durée. C'est à la Reine des apôtres qu'il appartient de révéler sa pensée et de fonder son œuvre. De ce rôle apostolique, la Reine du Ciel passe à l'action de la vie chrétienne. [...]

Voilà, selon nous, le signalement d'un vaste tiers ordre de pénitence et de réparation, uni à la vie d'immolation du désert et à l'apostolat, pour aider et le servir, enlaçant dans les chaînes mystiques de ses saintes observances, le peuple chrétien tout entier, sans distinction de classes et de nations : « *Vous le ferez passer à tout mon peuple.* »

Voilà ce que nous croyons apercevoir dans la céleste vision. Et voilà ce qui, par la grâce de Dieu et la vertu de Marie, donnerait au monde chrétien une force nouvelle et opposerait au mal une puissante barrière. [...] demandons par Marie la réalisation de tous les desseins de sa miséricorde envers nous. Que les âmes appelées soient dociles à la voix de sa grâce. Dieu aime l'obéissance prompte et empressée. [...] Il y a un demi-siècle que la Vierge Sainte les attend et nous dit tout en pleurs : « *Depuis le temps que je souffre pour vous* » (*La Voix du désert et la réparation*, Lyon, 1895 p. 281 *sq.*).

Le bienheureux Jacques Cusmano, de Palerme, fondateur d'ordres qui comptent aujourd'hui 489 sœurs et 125 religieux, adopte en secret, vers 1880, la « règle de la Mère de Dieu ». Mais sa mort précoce l'empêche de rallier ses fondations au patronage de La Salette[1].

En 1897, tandis que Mélanie l'assiste à Messine, le bienheureux Annibale di Francia, fonde les « Rogationnistes ». Leur zèle pour la cause des vocations doit préparer la venue des *apôtres des derniers*

1. « De la "règle de Mélanie" [...] il existe dans ses A[rchives des] S[erviteurs des] P[auvres] un autographe du père Cusmano [...] précédé de l'introduction suivante : "règle de l'ordre de la Mère de Dieu' par laquelle Elle a daigné accueillir comme ses fils tout particuliers les prêtres missionnaires, les frères et les sœurs réunis en congrégations distinctes sous le titre de Serviteurs et Servantes des Pauvres, et les congrégations filiales [...] qui voudraient coopérer à l'œuvre de la Bouchée du Pauvre". Cette "règle" est-elle vraiment celle "dictée à Mélanie" par la T. Ste Vierge ? [...] Est-ce la règle dont parle si souvent J. Gusmano dans ses lettres ? [...] On y découvre plus d'une ressemblance avec l'esprit "cusmanien" ; empreinte fortement mariale, centralité absolue du Christ Crucifié et Eucharistique, esprit de "charité sans limite", union de la contemplation et de l'activité, une exhortation accentuée à l'humilité et à l'obéissance, à une abnégation qui parvienne jusqu'à l'offrande de soi comme victime à Jésus Crucifié, le salut "que Jésus soit aimé de tous les cœurs", le zèle pour la diffusion de l'Évangile... (M. T. Falzone, *Cuaderni di spiritualita cusmaniana*, 6, Palerme, 1976, p. 19-20).

temps (dont il partage l'attente avec le père Jordan, fondateur des Salvatoriens). Ses congrégations comptent maintenant 315 religieux et 650 religieuses, avec Mélanie pour cofondatrice.

> Mélanie aima beaucoup la communauté naissante de religieuses dites *Filles du Divin Zèle du Cœur de Jésus*, [...] en particulier pour la mission à laquelle elles se sentent consacrées par un quatrième vœu, à savoir de prier chaque jour à l'effet d'obtenir de bons ouvriers à la Sainte Église, en réponse au Commandement de Notre-Seigneur Jésus-Christ : « *Rogate ergo Dominum Messis* » [Priez le maître de la moisson qu'il envoie des ouvriers : Lc 10, 2]. L'insigne qu'elles portent sur la poitrine est précisément le Sacré-Cœur avec les paroles « *Rogate...* » [...]
>
> Mélanie voyait dans cette prière le moyen de susciter les apôtres des derniers temps. Un jour elle me dit : « J'appartiens à votre Congrégation » et elle portait sur son cœur, sous son habit, ce saint emblème[1].

Le 5 juillet 1890, Henriette Deluy (mère Saint-Joseph), fondatrice des Sœurs réparatrices de Notre-Dame de La Salette, commence une communauté avec la règle de Mélanie. Poursuivie par les critiques, la nouvelle œuvre se perpétuera néanmoins dans la Somme, en Belgique, puis en Anjou : toute la famille Maritain et Louis Massignon en seront tertiaires. Mais lors de la Seconde Guerre mondiale, une décision de l'Ordinaire ferma la maison de Saint-Lambert-du-Lattay et dispersa sa vingtaine de sœurs. Écrivant à un ami de cette œuvre, le père Laurent, recteur du sanctuaire de La Salette à l'aube du centenaire, écrivait :

> Pour notre chère Salette, les apparentes contradictions qui opposeraient missionnaires tels que nous sommes et missionnaires de la Mère de Dieu ne comptent guère. Il n'y a lieu que ce que la Providence a voulu, et c'est de consoler cette bonne Mère qui pleure, en se dévouant pour elle. Nous ne serons jamais assez nombreux pour cette tâche[2].

II. Esprit et caractère de la règle

a. L'inspiration

Mélanie réfère constamment l'ordre et son esprit à un dessein de Marie qu'elle a reçu mission de faire connaître :

> Ce doit être l'esprit des premiers apôtres. La Sainte Vierge a suffisamment caractérisé cet esprit, soit dans la règle qu'elle m'a donnée, soit dans l'appel aux apôtres des derniers temps qui termine le secret[3].

Annibale di Francia souligne le caractère inspiré de ces lignes :

1. Lettre du chanoine Annibale à l'abbé Radiguet, curé d'Esquay-Notre-Dame, du 17 octobre 1905, ENS.
2. Lettre du père P. Laurent à M. Champion, du 8 juillet 1943 (TEM p. 146).
3. Réponse à l'abbé Bliard, citée au chapitre précédent (JAC p. 145, n° 2).

> Les paroles contenues dans le secret de Mélanie et par lesquelles la Très Sainte Vierge annonce la formation de ce grand ordre religieux n'ont, en vérité, rien de notre humanité ; elles respirent un souffle divin, elles sont la simplicité mise en harmonie avec le sublime [1] !

Il y voit un antidote à la montée de l'Antéchrist et de ses disciples dans ces paroles de la Vierge (secret, rédaction 7 et 8) :

> J'adresse un pressant appel à la terre, j'appelle les vrais disciples du Dieu vivant et régnant dans les cieux, j'appelle les vrais imitateurs du Christ fait homme, le seul et vrai Sauveur des hommes ; j'appelle mes enfants, mes vrais dévots, ceux qui se sont donnés à moi pour que je les conduise à mon Divin Fils, ceux que je porte pour ainsi dire dans mes bras, ceux qui ont vécu de mon esprit (enfant) enfin j'appelle les apôtres des derniers temps, les fidèles disciples de Jésus-Christ qui ont vécu dans un mépris du monde et d'eux-mêmes, dans la pauvreté, et dans l'humilité, dans le mépris et dans le silence, dans l'oraison et la mortification, dans la chasteté et l'union avec Dieu, dans la souffrance et inconnus du monde. Il est temps qu'ils sortent et viennent éclairer la terre ; allez et montrez-vous comme mes enfants chéris. Je suis avec vous et en vous pourvu que votre foi soit la lumière qui vous éclaire dans ces jours de malheurs ; que votre zèle vous rende comme des affamés pour la gloire et l'honneur du Dieu Très Haut, combattez enfants de lumière, vous, petit nombre, qui y voyez, car voici le temps des temps, la fin des fins...

L'appel s'adresse à tous ceux qui sont engagés par une triple relation d'appartenance ; d'abord à « Dieu, vivant et régnant dans les cieux », donc à Jésus : « le Christ fait homme [2], le seul Sauveur », enfin à Marie, chemin vers le Christ, dans l'esprit de sa vie. Mais ils ne seront « apôtres des derniers temps » que s'ils ont mûri cette relation dans le quotidien de la vie consacrée. La triple relation appelle l'entrée dans la vie trinitaire.

Il souligne spécialement leur « humilité », selon l'abaissement du Christ (Col 2,7) et les vertus de sa vie cachée, sa prédication et sa croix. Ce que reflètent les trois poses successives de l'apparition :

> Les trois poses de la Sainte Vierge dans son apparition correspondent symboliquement aux trois degrés ou ascensions de l'âme vers la charité parfaite, indiqués par les docteurs qui ont traité de la théologie mystique. Ces trois degrés, [âges ou voies,] appelés vie purgative, vie illuminative et vie unitive, correspondent eux-mêmes aux trois vertus théologales [foi, espérance, charité] [3].

1. A. di Francia, « Éloge funèbre de Mélanie », dans A. Galli, *La Bergère de Notre-Dame de La Salette...*, Enfants de N.-D de La Salette, 1997, p. 160.
2. *Cf.* 1 Jn 4, 2 : « tout esprit qui confesse Jésus-Christ venu dans la chair est de Dieu ».
3. Léon Bloy, *Le Symbolisme de l'apparition*, Lemercier, 1925, p. 41-42. La Salette évoque-t-elle le Carmel ? « Il est donné à entendre à l'âme qui voudra monter en cette montagne pour y faire de soi-même un autel sur lequel on offre à Dieu un sacrifice de pur amour, de louange et de pure révérence, avant que de monter au haut de la montagne, doit avoir parfaitement accompli ces trois choses » (les trois purifications ordonnées par Jacob à Béthel) (Jean de la Croix, *Montée au Carmel...*, Livre 1, chap. 5).

1. Au premier âge, l'homme pleure avec Marie sur le péché, il choisit de servir le seul vrai Dieu « vivant dans les Cieux » et non dans les erreurs de ce monde (Jn 17, 14). Il brûle les idoles, médite son mystère.

2. Le deuxième âge est celui de l'écoute et de l'imitation du Christ; l'âge de la doctrine et des vertus.

3. Enfin le troisième, c'est la nouvelle Pentecôte de l'Esprit, inséparable de Marie à qui l'on se donne pour être porté à son Fils. De là jaillira la vie apostolique des apôtres des derniers temps et la nouvelle évangélisation.

La réponse aux trois appels de Marie sera une triple confession de l'amour, à l'instar de la triple question de Jésus à Pierre au moment de lui confier ses brebis (Jn 21, 15-17).

La règle consignée par Mélanie explicite la pédagogie de ce dessein. Nombre de ses articles ont une structure ternaire. La Trinité est figurée assez nettement dans ses trois premiers articles. Le terme d'« apôtre des derniers temps » paraît plus loin, enchâssé dans une vie « ordinaire ». La règle illustre les vertus indiquées dans le secret, et autrefois énumérées par Vincent Ferrier : « Ils seront pauvres, simples, doux, humbles, vils à leurs propres yeux; ils s'aimeront entre eux d'une ardente charité » (*Tractatus de vita spirituali*, chap. 21).

b. Résurgence de l'Évangile, et de l'Église primitive

Voici donc la règle que Mélanie a reçue le 19 septembre 1846, sûre que Notre-Dame assistait sa mémoire comme sur le reste. Elle se sent tenue sur ce dernier point par la parole finale de Notre-Dame : « Vous le ferez passer à mon peuple. »

Comme beaucoup de règles inspirées au cours des âges, celle-ci est un retour aux sources simples et profondes de l'Évangile. Elle procède de l'amour, tout commence par là et le reste s'y rattache pour la spiritualité comme pour les formes de la vie religieuse. Tout ramène à la communauté primitive de Jérusalem si bien décrite dans les Actes des apôtres : « Un seul cœur et une seule âme dans le partage communautaire des biens » (Ac 4, 32).

Tout procède de l'intérieur : la vraie vie en Dieu qui vient de Dieu seul. Le don total s'exprime notamment par l'adoration de l'Eucharistie, pendant trois mois de l'année, assortie du jeûne, dans un don total fraternel et communautaire, qui inspire l'évangélisation urgente aux « apôtres des derniers temps ».

c. Simplicité

La règle est constamment simple, évangélique, attentive à la dimension humaine. Si elle insiste sur la pénitence, c'est avec grande largeur d'esprit et grand souci du corps comme de l'âme, sans oublier l'alimentation suffisante de l'un et de l'autre. Cette concision explique comment Léon XIII invita Mélanie à rédiger des constitutions, pour préciser sans équivoque le mode de vie, avec l'aide de la Congrégation des évêques et des réguliers.

Le texte limpide (voir page suivante) n'a cessé d'inspirer la fondation de communautés anciennes et nouvelles. Il reflète la vie de la Vierge Marie, qui « conservait, méditait, confrontait en son cœur » les paroles et les actes du Christ (Lc 2, 19 et 51).

> Est-il une règle d'une si sublime simplicité ? Qui sait la lire est pénétré d'un religieux étonnement; c'est la précision et la profondeur unies à la discrétion. Il y a là une logique, un plan merveilleux qui lient ces trente-trois articles. (P. Gouin, OMD p. 136.)

Mélanie, comme Maximin, considérait les paroles de la Vierge, dans la limite des mots humains, comme une musique pour l'âme (ci-dessus p. 18), et en même temps comme une nourriture amère et douce, un baume thérapeutique pour les pécheurs.

d. Ordre et progression

La règle progresse harmonieusement en trois étapes :

1. La première partie commence par l'amour nouveau révélé par le Christ, qu'il s'agit de vivre dans le cadre communautaire, selon les trois règles universelles (Art. 1-3) et les trois conseils évangéliques (4-7). Ils sont liés par une parfaite unité fraternelle, qui constitue moins un quatrième vœu que la résultante et le témoignage des trois conseils bien vécus.
2. La deuxième partie (9-18) invite supérieurs et membres au même amour attentif, inspirateur des vertus nécessaires à la vie commune et apostolique, toujours dans l'union à Dieu centrée sur l'Eucharistie.
3. La troisième partie (20-25) concerne la formation et la finalité apostolique dans la même perspective d'union communautaire.

Les derniers articles (16-33) précisent l'essentiel au quotidien : vie communautaire (26), unité des cœurs dans la prière, comme dans la nourriture prise en commun et souci des malades (28). L'avant-dernier article témoigne des sources locales où Mélanie a été formée à la vie religieuse : « Office quotidien comme les Sœurs de Corenc » (32). La règle finit sur cette croix que Marie portait et apportait lors de l'apparition du 19 septembre 1846, et que porteront tous les membres de la communauté avec le Christ crucifié et Marie crucifiée en esprit par sa souffrance par et pour nos péchés.

Voici ce texte[1], avec ses constantes références à l'Évangile. Pour illustrer le texte ou éclairer certaines expressions, on consigne en note des citations concordantes. La règle de vie inspirée à Mélanie récapitule en effet la doctrine spirituelle de l'Église.

1. D'après l'autographe de Mélanie photographié aux archives de la Congrégation des religieux (ENS, fonds de l'abbé Gouin), étudié par Dom Huerre, abbé de la Pierre-qui-Vire, et publié avec l'imprimatur de Sens en date du 26 octobre 1952. *NB* : les titres des ouvrages cités de manière simplifiée dans ce commentaire sont en petites majuscules.

III. Texte authentique de la règle

Mélanie, ce que je vais vous dire à présent ne sera pas secret; c'est la règle que vous ferez suivre exactement à mes filles qui seront ici lorsque la règle sera approuvée par les supérieurs. Mes missionnaires suivront la même règle.

1. Les membres de l'ordre de la Mère de Dieu aimeront Dieu pardessus toutes choses et leur prochain comme eux-mêmes pour le pur amour de Dieu[1]. [Mt 22, 36-40; Mc 12, 28-34; Lc 10, 25-28; Jn, 13, 34; 15, 12; 15, 19; 17, 23; 1 Jn 4, 8 et 16, Dt 6, 5; Lev 19, 18...]

2. L'esprit de cet Ordre n'est pas autre que l'esprit de Jésus-Christ en soi et l'esprit de Jésus-Christ dans les âmes[2]. [*cf.* Gal 2, 20; Ph 1, 20; Rm 8, 9.]

3. Les membres de cet ordre s'appliqueront à étudier Jésus-Christ et à l'imiter, et plus Jésus sera connu, plus ils s'humilieront à la vue de leur néant, de leur faiblesse, de leur incapacité à faire un bien réel dans les âmes sans la grâce divine[3]. [Jn 15, 5; 1 Co 1, Phil 3, 8; Jn 3, 20]

4. Ils seront d'une obéissance parfaite en tout et partout[4]. [Ph 2, 8]

1. « L'amour de Dieu est le premier commandé, l'amour du prochain est le premier pratiqué » (Augustin, *Traité 17 sur l'Évangile de Jean*).

« Le plus petit acte de pur amour est plus utile à l'Église entière que toutes les plus grandes œuvres réunies sans l'amour » (Thérèse de Lisieux, reprenant Jean de la Croix).

« Cette Mère de la belle dilection ôtera de votre cœur tout scrupule et toute crainte servile déréglée; elle l'ouvrira et l'élargira pour courir dans les commandements de son Fils, avec la sainte liberté des enfants de Dieu, et pour y introduire le pur amour, dont elle a le trésor » (L.-M. Grignion de Montfort, *Traité de la vraie dévotion*, n° 215).

2. « Il vous suffira, il me semble, de dire que les apôtres des d[erniers] temps n'ont pas d'obligations plus grandes, pas de perfection plus étendue que celles des apôtres de la primitive Église, après la descente du Saint-Esprit. L'esprit, c'est l'esprit de Jésus-Christ en soi et pour les âmes; la vraie charité est l'âme de ce Corps religieux; la totale pauvreté en est les ailes, et tout cela non en paroles mais en œuvres » (Mélanie, *Lettre du 22 octobre* 1881; PS IV p. 70).

« ... Voulant être à Jésus-Christ, nous devons demeurer en lui... c'est à dire vivre de son Esprit [...] marcher comme Jésus-Christ a marché lui-même, vivre comme il a vécu sur la terre, penser et agir comme lui » (Jean-Baptiste Delaveyne, *Règle de vie des Sœurs de la charité de Nevers*, Nevers, 1992, p. 1-11).

3. Vatican II, constitution *Dei Verbum*, n° 25 : « ... le saint Concile exhorte de façon insistante et spéciale tous les chrétiens, et notamment les membres des ordres religieux, à apprendre, par la lecture fréquente des divines Écritures, "la science éminente de Jésus-Christ" » (Ph 3, 8).

– L'humilité de la connaissance de soi est inséparable de celle de Dieu : « Que je te connaisse, que je me connaisse ! » Augustin, « *Soliloquia* », L 2, chap. 1).

« J'ai senti que l'unique chose nécessaire était de m'unir de plus en plus à Jésus et que le reste me serait donné par surcroît. [...] De loin, cela paraît tout rose de faire du bien aux âmes, de leur faire aimer Dieu davantage, de les modeler d'après ses vues et ses pensées personnelles. De près, au contraire, le rose a disparu... on sent que faire du bien, c'est chose aussi impossible sans le secours du bon Dieu que de faire briller le soleil dans la nuit... » (Thérèse de l'Enfant Jésus, *Manuscrits autobiographiques*, Lisieux, 1957, p. 275-276).

4. « En quelque domaine où, avec la charité, peut s'étendre l'obéissance, nous devons être attentifs à sa voix comme à celle du Christ Notre-Seigneur. De fait nous la prêtons à sa place, et pour son amour et respect; et nous devons laisser incomplète toute syllabe ou autre chose que nous ayons commencée, dirigeant toute notre intention et toutes nos forces vers le Seigneur de tous, afin que la sainte obéissance soit parfaite toujours et en toute chose » (Ignace de Loyola, *Constitutions*, n° 547).

5. Chacun d'eux se conservera dans une grande chasteté de corps et d'esprit afin que Jésus-Christ fasse sa demeure en eux[1]. [Jn 14, 23]

6. Les membres de cet ordre n'auront qu'un cœur et qu'une âme en l'amour de Jésus-Christ[2]. [Jn 17, 11; 21-22; Ph 2, 2, et Ac 4, 32]

7. Aucun n'aura rien en propre pour soi mais que tout soit en commun, sans ambitionner la moindre des choses passagères; je veux que mes enfants soient nus, dépouillés de tout[3]. [Ac 4, 32, Mt 6, 25-26; *cf.* Mt 8, 20]

8. Ils auront une grande charité, sans bornes; ils souffriront tout de tout le monde, à l'exemple de leur divin maître, et ne feront souffrir personne[4]. [Jr 11, 19; Mt 5, 38-48; 1 Co 13, 7]

9. Les membres de l'ordre obéiront à leurs supérieurs et leur rendront l'honneur et le respect qui leur sont dus avec une grande simplicité de cœur[5]. [2 Co 2, 9; 1 P 1, 14; Lc 10, 16; Sir 2, 15]

10. La supérieure veillera avec douceur à l'observance de la règle. De temps en temps, elle se consultera avec le père missionnaire qui aura soin de vos âmes, afin d'être aidée dans le bon gouvernement de la maison. Elle sera la plus humble et sera plus sévère pour elle que pour les autres. Elle corrigera les fautes de ses filles avec une grande douceur et prudence. Elle élèvera toujours son âme à Dieu avant de faire une correction[6]. [Mt 20, 35-38; Mc 9, 33-35; Jn 13, 13-16; Jc 5, 19]

11. Il y aura dans le sanctuaire le Saint-Sacrement exposé le jour et la

1. « Je compris que, chez les consacrés, la pureté de l'esprit est la gardienne de la pureté du corps, qu'il n'y a pas de chasteté du corps en l'absence de la constante pureté de l'esprit, et que l'esprit et les sens ne garderont pas leur pureté s'ils ne sont pas crucifiés avec Jésus-Christ » (*Enfance* de Mélanie, ENF p. 61).

2. « La première chose pour laquelle vous êtes réunis est de vivre unanimes dans la maison de Dieu, et d'avoir un seul cœur et une seule âme tendus vers Dieu » (Augustin, *Règle*, chap. 2); « Le principal lien réciproque pour l'union des membres entre eux et avec leur chef est l'amour de Dieu Notre-Seigneur » (Ignace de Loyola, *Constitutions*, n° 671).

3. « Tu ne diras pas que quelque chose t'appartient en propre car, si vous possédez en commun les biens impérissables, combien plus les biens périssables » (*Lettre* du pseudo-Barnabé, 19, 8).

« Mien et tien, que ces mots, origine de tous les malheurs, soient tout à fait bannis parmi vous. Entre vous, tout doit être commun, de façon que personne ne puisse revendiquer quoique ce soit pour son bien particulier » (Jean Eudes, *Règle de la Ste Vierge Marie pour la Congrégation de Jésus et Marie...* Paris, 1964, p. 110).

Jean de La Croix parle de la « sainte nudité » et des dommages de l'âme qui ne chemine pas « en nudité de tout ». (*Montée au Carmel*, L 2, chap. 18.) Pour trouver Dieu, l'âme « se dépouille et se dénude dans la nuit des sens puis de l'esprit, ne gardant que la foi pure » (*Nuit obscure*, L 1, chap. 11).

4. « La mesure d'aimer, c'est d'aimer sans mesure », dit saint Bernard.

5. « Qu'on obéisse à la supérieure comme à une mère, avec l'honneur dû, pour ne pas offenser Dieu en sa personne » (Augustin, *Règle*, chap. 7).

« Écoutez donc leur voix comme la voix de Dieu, et soyez toujours prêts à agir pour le bien, obéissant à leur voix dans la simplicité de votre cœur; vous agirez ainsi dans l'intention de plaire à Dieu, non aux hommes, faisant la volonté de Dieu au fond du cœur en toute bonne volonté » (Jean Eudes, *Règle, op. cit.*, p. 131).

6. La Supérieure véritable, c'est Notre-Dame, qui donne la règle et dit peu avant « Je veux » (art. 6). « Qui vous préside ne s'estime pas heureux parce qu'il domine avec le pouvoir, mais sert par la charité. Qu'il soit honoré de vous, mais qu'il se prosterne à vos pieds dans la crainte de Dieu » (Augustin, *Règle*, chap. 7).

« C'est dans l'oraison et l'union à Dieu que sœur Thérèse puisait cette prudence et ce discernement des âmes [...] je crus qu'elle avait le don de lire dans mon âme. Je lui en fis la remarque et elle me répondit : "Je n'ai pas du tout ce don. Mais voici mon secret je ne fais jamais une observation sans invoquer la Sainte Vierge. Je lui demande de m'inspirer ce qui nuit, pendant les mois de septembre, de février et mai, où les membres de l'ordre se feront un bonheur de passer d'heureuses heures quand la charité ou le salut des âmes ne les retiendront pas[1]. [Mt 26, 26-28; 1 Co 11, 23-26; Ac 4; 1 P 1, 8-9]

12. Ils mèneront une vie intérieure, quoique laborieuse, unissant la vie contemplative à la vie active; ils se sacrifieront et se feront tous victimes de Jésus et de Jésus crucifié[2]. [1 Co 2, 2; 1 Jn 2, 2 et 4, 10; 1 Rm 12, 1]

13. Ils recevront tous les jours, avec une vraie piété, le pain de vie; vous pourrez cependant retrancher la communion à quelques membres quand vous verrez qu'ils ne suivent pas les traces de Jésus crucifié[3]. [Jn 6, 35-51; 1 Co 11, 27]

14. Outre les jeûnes commandés par l'Église, ils jeûneront encore pendant les mois de septembre, février et mai, ils se serviront de quelques instruments de pénitence; ceux qui seront trop faibles et ne pourront pas faire les œuvres d'expiation offriront avec humilité et douceur leur infirmité à Jésus-Christ[4]. [Mc 9, 29; Ac 13, 2-3; 14, 23]

15. Ils jeûneront tous les vendredis et feront quelque pénitence. Toutes ces œuvres seront offertes pour les âmes du purgatoire, en faveur de la conversion des pécheurs et pour leur propre avancement dans l'amour de Dieu[5]. [Jn 15, 13]

doit vous faire le plus de bien" » (Sœur Marie de la Trinité, *Procès apostolique de Thérèse Martin*, 2347).

1. *Directoire pour le ministère et la vie des prêtres*, n° 50; « La centralité de l'Eucharistie devra apparaître non seulement dans une célébration vivante et digne du Sacrifice, mais encore dans une adoration fréquente du Saint-Sacrement. »

Les trois mois indiqués sont liés à Marie et ses apparitions (11 février, première apparition de Lourdes, peu après la fête de la Présentation; 13 mai, première apparition de Fatima, dans le mois marial de la Visitation; 19 septembre, La Salette, après la Nativité de la Vierge, et après Notre-Dame-des-Douleurs).

« Ce n'est point quitter Dieu que de quitter Dieu pour Dieu, c'est-à-dire une œuvre de Dieu pour une autre, ou de plus grande obligation, ou de plus grand mérite. Vous quittez l'oraison ou la lecture, ou vous perdez le silence pour assister un pauvre; oh! sachez, mes filles, que faire tout cela, c'est Le servir... La charité est par-dessus toutes les règles, et il faut que toutes se rapportent à celle-là » (Vincent de Paul, *Office du 27 septembre*).

2. « Afin de vivre dans un acte de parfait Amour, je m'offre comme victime d'holocauste à votre amour miséricordieux, vous suppliant de me consumer sans cesse, laissant déborder en mon âme, les flots de tendresse infinie qui sont renfermés en vous et qu'ainsi je devienne Martyre de votre Amour, ô mon Dieu!... » (Thérèse de Lisieux, *Acte d'offrande* du 9 juin 1895).

3. Jean Paul II, Encyclique *Redemptor Hominis*, n° 20 : « L'engagement essentiel et, par-dessus tout, la grâce visible et jaillissante de la force surnaturelle de l'Église comme peuple de Dieu, consiste à persévérer et à progresser constamment dans la vie eucharistique. »

« Une communion au Corps de Jésus-Christ doit être jointe à l'amour et à la pratique de la vie selon le véritable sens des paroles de Notre-Seigneur : "faites ceci en mémoire de moi", ce qui n'est pas un simple souvenir de la pensée stérile... mais une mémoire d'action et une conformité de mœurs, d'inclination et de volonté avec lui » (Jean-Baptiste Delaveyne, *Règle...* p. 17).

« Il m'est très pénible de voir les âmes des religieux s'approcher du sacrement d'amour uniquement par habitude [...] il vaudrait mieux qu'elles ne me reçoivent pas » (sœur Faustine Kovalska, *Petit Journal...*, p. 423).

Au temps de Mélanie, la communion quotidienne était inusitée. Le dernier texte de la règle, écrit par Mélanie le 3 novembre 1904, a omis la partie de l'article mise entre crochets.

4. Les ordres religieux avaient leur jeûne propre (de la Toussaint à Noël et de l'Épiphanie à Pâques chez les franciscains). Naguère, on jeûne trois jours aux « Quatre-Temps », entre autre à l'intention des ordinands. Les mortifications ne sont plus de mode, mais on les trouve jusque chez les enfants de Fatima, comme une leçon pour les adultes.

5. « Il faut connaître quel bien c'est que de convertir un pécheur ou de délivrer une âme du

16. Les membres de l'ordre seront très humbles et très doux avec les séculiers et les recevront avec une grande bonté; ceux qui seront les plus humbles auront la première place dans le cœur de Jésus ainsi que dans le mien[1]. [Mt 25, 35; Lc 15, 1; Rm 15, 7 : Mt 11, 29]

17. Les membres n'auront qu'un cœur et qu'une âme : aucun ne tiendra à sa propre volonté[2]. [Ac 4, 32, *cf.* Mc 14, 36]

8. Ils seront d'une pureté angélique, ils observeront une grande modestie en tout et partout[3]. [Mt 12, 25]

19. Tous garderont un grand silence, évitant avec soin les conversations inutiles avec les étrangers[4]. [Lc 2, 19 et 51]

20. Les sujets qui voudront être reçus seront dans la disposition bien sincère de se donner à Dieu entièrement et de se sacrifier pour son amour. Ils s'attacheront bien à l'obéissance, qui les conduira au ciel[5]. [Jn 15, 13; Lc 9, 23-24; Ac 20, 35]

21. Ils ne seront admis au nombre des postulants qu'après avoir fait une retraite de douze jours, pendant laquelle ils feront une confession générale au père missionnaire, confesseur de la communauté. S'ils sont disposés à travailler de toutes leurs forces à se sanctifier et à acquérir les vertus propres d'une victime qui veut s'immoler chaque jour pour le Dieu du ciel et de la terre, ils seront reçus au noviciat et seront trois mois avant de prendre le costume de l'ordre. Et ils se rappelleront bien qu'ils n'ont été reçus dans la maison de la Mère de Dieu que pour travailler à leur sanctification par la prière, par la pénitence et par toutes les œuvres

purgatoire; bien infini, qui est plus grand que de créer le ciel ou la terre, puisqu'on donne à une âme la possession de Dieu. Il faut remarquer que nos bonnes œuvres, passant par les mains de Marie, reçoivent une augmentation de pureté et par conséquent de mérite et de valeur satisfactoire et impétratoire; c'est pourquoi elles deviennent beaucoup plus capables de soulager les âmes et de convertir les pécheurs » (saint Louis-Marie de Montfort, *Traité de la vraie dévotion*, n° 172. *Cf.* Saint Augustin, *Traité 72 sur l'Évangile de Jean*).

1. C'est un ministère de la vie monastique (*cf.* Benoît, *Règle*, chap. 23 : l'accueil des hôtes). Les constitutions de Mélanie parlent des « monastères » de l'ordre, ce qui en souligne le caractère semi-contemplatif. Les séculiers, ce sont les prêtres et les laïcs dans le « siècle ».

2. « La volonté qui est morte à soi-même pour vivre en celle de Dieu, est sans aucun vouloir particulier, demeurant non seulement conforme et sujette, mais tout anéantie en elle-même et convertie en celle de Dieu; comme on dirait d'un petit enfant qui n'a encore point l'usage de sa volonté, pour vouloir ni aimer chose quelconque que le sein et le visage de sa mère » (saint François de Sales, *Traité de l'Amour de Dieu*, L. IX, chap. 13).

« À partir d'aujourd'hui, ma volonté propre n'existe plus [...] j'accomplis la volonté de Dieu, partout, toujours, en tout » (Sœur Faustine, *Petit Journal*, p. 168).

3. « Ce qui regarde le vœu de la chasteté n'a pas besoin d'être expliqué, puisque le mode parfait de l'observer est lui-même évident, à savoir de s'efforcer d'imiter en ce domaine la pureté angélique, par l'intégrité ou la chasteté du corps et de l'âme... » (Ignace de Loyola, *Constitutions*, VI, 1).

« Dans votre marche, dans votre attitude, dans vos vêtements [...] que tout respire la décence convenable et la sainteté de votre état » (Augustin, *Lettre* 211, n° 10-11).

4. « On les appelle "moines" [du grec *monos*], parce qu'ils s'unifient eux-mêmes par un saint recueillement qui exclut toute division, de façon à tendre vers la perfection de l'amour divin » (Thomas d'Aquin, II-II Q. 184 a. 5 ad. 1).

« Pour le reste du temps, bien que le silence n'ait pas à être gardé aussi rigoureusement, vous éviterez cependant avec grand soin de parler beaucoup.... » (*Règle* du Carmel, chap. 16).

5. « Il en est, ma fille, qui ont mis tout leur effort à attiser en eux ce doux feu d'amour pour cette obéissance, en même temps que la haine pour leur propre sensualité... Amour et haine ont grandi à ce point qu'ils [...] veulent encore s'imposer une obéissance particulière qui les mène droit à la perfection » (Catherine de Sienne, *Dialogue*, chap. 1, 57).

qui regardent la gloire de Dieu et le salut des âmes[1]. [Is 53; Lc 14, 26; Jn 1, 29, 36]

22. Mes missionnaires seront les apôtres des derniers temps; ils prêcheront l'Évangile de Jésus-Christ dans toute sa pureté par toute la terre[2]. [Mt 28, 18-20; Ac 1, 8; *cf.* Mc 16, 15-20]

23. Ils auront un zèle infatigable, ils prêcheront la réforme des cœurs, la pénitence et l'observation de la loi de Dieu, ils prêcheront sur la nécessité de la prière, sur le mépris des choses de la terre, sur la mort, le jugement, le paradis et l'enfer, sur la vie, la mort et la résurrection de Jésus-Christ. ils fortifieront les hommes dans la foi, afin que lorsque le démon viendra, un grand nombre ne soit pas trompé[3]. [Mt 3, 2; Mc 16, 16; Mc 13, 22]

24. On formera bien les nouveaux sujets aux vertus chrétiennes et aux pratiques de l'humilité, de charité, de renoncement et de douceur[4]. [Mt 16, 24]

25. Le noviciat sera de six ans; ceux qui auront donné la preuve des solides vertus et qui voudront se ranger au nombre des combattants de Jésus-Christ dans cet ordre, demanderont cette grâce à genoux à la supérieure, et après que vous leur aurez fait connaître leurs obligations à la règle que je vous donne, s'ils vous promettent de l'observer fidèlement, vous les recevrez[5]. [Lc 14, 28; 1 Tm 6, 12]

26. L'oraison se fera en commun dans le sanctuaire, à l'heure qui sera convenable et qui sera établie[6]. [Ac 1, 14; 2, 42; 3, 1]

27. On mangera au réfectoire commun ce qui sera nécessaire pour soutenir la vie et pour travailler à la gloire de Dieu; en même temps que l'on

1. « La vocation religieuse comprend deux éléments distincts; la vocation divine antérieure à l'appel du supérieur, et l'appel canonique. Le premier consiste dans un ensemble de grâces intérieures ou extérieures qui suggèrent à la personne de se diriger vers la vie religieuse; il s'accomplit par l'appel du supérieur de l'Institut » (P. Gouin, OMD, p. 156). Le salut des âmes est le but premier de l'Église : Code de droit canonique, c. 1752.

2. « Il faut absolument conserver dans les Instituts religieux l'esprit missionnaire [...] pour que l'Évangile soit prêché efficacement parmi tous les peuples. [...] Que tous les religieux [...] répandent la Bonne Nouvelle du Christ dans l'univers entier » (Vatican II, décret *Perfectae Caritatis*, n°s 20 et 25).

« Ce seront des apôtres véritables des derniers temps [...] enseignant la voie étroite de Dieu dans la pure vérité, selon le saint Évangile, et non selon les maximes du monde, sans se mettre en peine ni faire acception de personne » (Grignion de Montfort, *Traité de la vraie dévotion*, n°s 58-59).

3. François d'Assise a aussi inclus dans sa règle (chap. 21) les principales exhortations que ses frères adresseraient dans leurs missions.

4. « Je retrouve les mêmes exigences simples de Dieu; la douceur, l'humilité, la charité, la simplicité intérieure; on ne me demande rien d'autre [...] par elles le cœur devient habitable à Dieu et au prochain d'une manière intime et permanente. Elles font une cellule agréable. La dureté, l'orgueil heurtent, la complexité inquiète. Mais l'humilité et la douceur accueillent, et la simplicité rassure. Ces vertus "passives" ont un caractère éminemment social » (Raïssa Maritain, *Journal*, p. 65).

5. On ne précise pas les subdivisions des années de formation, « noviciat » au sens large.

Tout chrétien est confirmé en « soldat du Christ » (pas seulement avec Ignace de Loyola dans sa « Compagnie » de Jésus, ou Grignion de Montfort et sa « Compagnie » de Marie).

6. « Priez aux heures et temps marqués » (Augustin, *Règle*, chap. 1).

Directoire pour le ministère et la vie des prêtres, n° 50 : « La foi et l'amour envers l'Eucharistie ne peuvent permettre que la présence du Christ dans le tabernacle demeure solitaire » (*cf. Catéchisme de l'Église catholique*, n°s 1379-1380).

donnera au corps ce qui lui convient, l'âme se fortifiera par une sainte lecture qui se fera pendant le repas[1]. [*cf.* Mt 4, 4]

28. On aura le plus grand soin des membres infirmes et malades[2]. [Mt 25, 36]

29. Si un membre offensait un autre membre par quelque parole ou autre acte, qu'il répare sa faute le plus tôt possible[3]. [Mt 5, 23-24]

30. Tous les membres de cet ordre feront la génuflexion chaque fois qu'ils passeront devant le tabernacle où est Jésus-Christ[4]. [Mt 2, 11; 4, 10]

31. Chaque fois que les sujets se rencontreront, l'un dira : « que Jésus soit aimé de tous les cœurs ! » ; l'autre répondra : « ainsi soit-il »[5]. [Jn 17, 21-22; *cf.* Col 3, 15-17]

32. Les religieuses diront l'office comme les religieuses de Corenc près de Grenoble; les chapitres et autres pratiques se feront de même[6]. [1 Th 5, 17]

33. Tous les membres porteront une croix comme la mienne[7]. [Jn 19, 25; Lc 14, 27]

1. « Néanmoins vous prendrez dans un réfectoire commun la nourriture qu'on vous aura donnée, écoutant ensemble la lecture de quelque passage de la Sainte Écriture, lorsque cela pourra se faire commodément » (*Règle* du Carmel, chap. 4).

2. « Avant et par-dessus tout, on prendra soin des malades, et on les servira comme s'ils étaient le Christ en personne » (*Règle* de saint Benoît, chap. 36).

3. « Quand une sœur en aura offensé une autre par injure, par médisance ou par une fausse accusation, elle doit, le plus promptement possible, chercher à la satisfaire » (Augustin, *Règle*, chap. 6).

4. « Une pause de véritable adoration a plus de valeur et de fécondité spirituelle que l'activité la plus intense, fût-elle apostolique » (Jean-Paul II, *Allocution* du 24 novembre 1978).

5. Mélanie introduisait ses lettres par cette formule. Grignion de Montfort commençait les siennes par : « Le pur amour de Dieu règne dans nos cœurs ! ». « Le pur amour de Dieu » apparaît au début de la règle, et le vœu que ce règne s'étende à tous, à la fin.

6. Vatican II, *Constitution Sacrosanctum Concilium*, n° 85 : « Tous ceux qui assurent cette charge accomplissent l'Office de l'Église, et, en même temps, participent de l'honneur suprême de l'Épouse du Christ, parce qu'en acquittant les louanges divines, ils se tiennent devant le trône de Dieu au nom de la Mère Église. » Dans une version italienne de la règle, elle a écrit ce qui lui semblait plus important : « Les sœurs diront l'Office de la Sainte Vierge, et diront leur coulpes une fois par semaine. » La règle, d'abord spirituelle, reporte tout simplement aux usages en vigueur.

7. « Se dire que sa propre exaltation coïncide avec l'abaissement d'un Dieu [...] quelle douloureuse pensée pour la Mère de Dieu. » (P. Chardon) [...] « L'amour de la T.S. Vierge est donc tout imprégné de douleurs, comme sa douleur est tout imprégnée d'amour [...] Son union crucifiée est le modèle de la nôtre. Ne soyons pas surpris qu'elle nous dise : "Tous les membres porteront une croix comme la mienne" » (P. Gouin, OMD, p. 162).

Conclusion

Suite aux découvertes de Michel Corteville aux archives du Vatican et d'ailleurs, le présent ouvrage a tenté de faire le point sur les principales questions, obscurcies par des polémiques sans issue, faute de documents essentiels aujourd'hui exhumés. Essayons un bref bilan.

Lumière sur les secrets

C'est sur les secrets de La Salette que les ombres étaient les plus épaisses. On en discutait par hypothèse et conjectures, à défaut des deux premières rédactions officielles, certifiées par l'évêque et transmises au pape. Or celles-ci ont décidé Mgr de Bruillard à reconnaître l'apparition pour le cinquième anniversaire, le 19 septembre 1851. Et c'est après réception du secret que le pape Pie IX autorisa Mgr de Bruillard, à reconnaître l'apparition, et encouragea Mgr Ginoulhiac son successeur à en confirmer l'authenticité, en réfutant les critiques d'un de ses prêtres contestataires. Ensuite cet évêque, plus proche du gouvernement que des voyants, lança lapidairement le mouvement critique et durable qui tenta de les marginaliser, malgré la mission reçue de la Vierge : « Vous le ferez passer à tout mon peuple ! »

Un large courant de pensée théologique (des prêtres, des évêques, des cardinaux), culturel (Bloy, Maritain) ou populaire, avait réagi ; d'où une grave polémique, neutralisée par le décret du Saint-Office en date du 21 décembre 1915, qui interdit (jusqu'aux réformes conciliaires) de parler du secret. L'ouverture des archives de la Congrégation de la foi a marqué la fin de ce silence contraint.

Nouvelles lumières sur les voyants

Les réticences de Mgr Ginoulhiac se durcirent car la révélation des secrets demandée par lui aux voyants annonçait la chute de Napoléon III, qui avait poussé sa promotion à l'épiscopat contre la secrétairerie d'État pontificale, effrayée de son gallicanisme. Mgr Ginoulhiac était écartelé entre les influences contraires de l'empereur et du pape. Il n'y avait qu'une solution politiquement correcte, c'était de dissocier les voyants et leur secret de l'apparition et du pèlerinage, dont il fallait cultiver les fruits, selon l'approbation de Mgr de Bruillard encouragée par Rome.

Mélanie

La comtesse Pauline de Nicolay, pseudo-mystique chaleureusement recommandée à l'évêque par le supérieur du sanctuaire, vient à son aide : « Pauvre Mélanie [...], il y a en elle de l'illusion et quelquefois hélas, pire que l'illusion. [...] Sa *mission* a *fini* quand la vôtre *commençait* » (lettre du 1er juin 1854, EG 9).

Appuyé par quelques autres, Mgr Ginoulhiac consacre ce principe dans son sermon anniversaire du 19 septembre 1855 :

« La *mission* des bergers est *finie*, celle de l'Église *commence.* »

On a dit Mélanie influencée par des groupuscules mystico-politiques. Cela n'est vrai que des propos de la comtesse à l'évêque. « Inspirée » de dénoncer Mélanie pour prendre sa place à La Salette, faisant adroitement chorus avec ses détracteurs, elle lui a fourni littéralement la formule qui résout l'antagonisme du religieux et du politique, du pèlerinage à sauver et des voyants à abandonner. Mais l'autorité spirituelle au nom de laquelle elle voulait s'imposer, Mgr Gori va la disqualifier par une lettre :

> C'était une dame capricieuse, bien connue de moi, qui ne savait rien supporter, et qui était la croix de ses servantes, lesquelles étaient continuellement tourmentées de diverses façons, ce qui faisait qu'après l'avoir servie pendant quelque temps, elles étaient obligées de s'en aller, amères et affligées par les mauvais traitements. Elle avait une langue qui ne pardonnait pas aux personnes constituées dans les plus hautes dignités de la hiérarchie ecclésiastique, et j'en suis témoin. Ses stigmates aussi (qui durèrent d'après ses canonisateurs jusqu'au départ de feu Bonaventure de Solero, ex-Custode, chose mystérieuse) étaient en gomme arabique, comme il me fut raconté par sa servante Angelina (19 octobre 1869) [1].

1. ACDF, St. St. C, 4-0, n° 43 : « *De falsa sanctitate [adversus] comitissam Paulinam Nicolay* » (Rapport sur la fausse sainteté de la comtesse Pauline de Nicolay).

Ainsi Mélanie fut-elle progressivement et définitivement écartée de La Salette. Envoyée en Angleterre, tolérée à Marseille, puis exilée en Italie, grâce à la confiance de Mgr Petagna, évêque de Castellammare, où elle retrouve enfin de manière stable ses libertés chrétiennes, puis l'estime des évêques et du pape Léon XIII, et de fondateurs béatifiés : Annibale Maria di Francia et Jacques Cusmano, ainsi que d'autres « serviteurs de Dieu ».

Mélanie, avancée dans les voies spirituelles (de manière analogue à Bernadette de Lourdes), stigmatisée dès l'enfance, était vouée par Marie, sous le signe de ses larmes et de la Croix du Christ, à porter sa croix avec Lui « pour son corps qui est l'Église » (Col 1, 24). Ses épreuves de toutes sortes, elle les offrait en particulier pour les prêtres. Le père Giraud, puis Mgr Petagna l'aidèrent dans sa vocation d'âme victime, plus fréquente qu'on ne le croit, austère et privilégiée, mais propre à susciter incompréhensions et discrédits.

Certes Mélanie a ses hésitations, ses désarrois dans ses épreuves peu ordinaires. Elle a des épithètes sévères et même violentes contre « les ennemis du Christ » et ceux qu'elle juge tels dans « son zèle pour la maison de Dieu », comme l'explique Maritain. Sa défense de la foi est allergique au compromis libéral. Par contre son cœur est ouvert à toute rencontre personnelle. À Castellammare, elle dialogue volontiers avec les incrédules. Ses conseils à des prêtres, religieux ou laïcs sont compréhensifs, pénétrants, stimulants, réconfortants. Le fond est clair et souvent inspiré comme l'appréciait tant le bienheureux Annibale (voir p. 226).

Au-delà d'hypothèses factices aujourd'hui dépassées, et de préventions que nombre de serviteurs ou servantes de Dieu connaissent, une documentation plus complète invite à reconnaître en Mélanie une vie mystique de haut niveau, héroïque dans la pénitence, la patience et la persévérance, attestée par l'expression originale d'expériences rares, qui affleurent dans son langage ordinaire.

Maximin

Sans accéder à ce niveau, Maximin a vécu loyalement une destinée pareillement exclue, contrariée et semée de déceptions, mais fidèle à Notre-Dame, à son message et à la loi du Seigneur. Écarté d'un petit séminaire par l'intervention de Mgr Ginoulhiac, il rebondit jusqu'au grand séminaire de Dax et d'Aire, qu'il quitta au bout de deux ans, sa condition de voyant étant mal assortie avec l'état ecclésiastique. Après deux ans d'études de médecine pour devenir officier de santé, il mesura grâce à un professeur l'ambiguïté de se retrouver un jour médecin-voyant.

Dans ces conditions difficiles, il ne fit point mauvaise figure dans ses études, non point brillantes mais correctes, et sut obéir sans discussion aux conseils dissuasifs de ses professeurs. Empêché de bien réussir par sa turbulence naturelle et la précarité matérielle, il persévéra dans sa vie chrétienne avec un grand abandon à Dieu et une fidélité sans réserve au message profondément gravé dans son cœur. Atteint par la maladie après la ruine de ses parents adoptifs, il crut saisir une bonne occasion d'éviter la clochardisation en commercialisant cet élixir qu'on lui reprocha vivement... Il fut d'ailleurs trahi par l'aigrefin qui ne cherchait qu'à achalander son commerce sous le nom du voyant.

La dimension universelle de la sainteté

Nous avons déjà répondu (p. 83-112) à la question ouverte : Maximin et Mélanie sont-ils de pauvres hères illuminés, versatiles et déséquilibrés, ou même déviants ?

Point de déviance chez eux dans leur fidélité inébranlable à leur foi, à leur mission reçue dans la brève apparition, chargée d'un si lourd et complexe message, pour Mélanie surtout. Leur mission fut entravée par leur exclusion, et ils assumèrent leur rôle marginal et occasionnel, non sans regrets intimes.

L'apôtre Paul qualifie globalement de « saints » les correspondants des premières communautés chrétiennes du fait que tous reçoivent la sainteté par le baptême et le don de l'Esprit, et s'efforcent de vivre la vraie vie en Dieu. De ce point de vue, il est clair, malgré la calomnie, que Maximin et Mélanie ne sont pas à ranger avec l'incestueux de Corinthe (1 Co 5) ou d'autres qu'on excommuniait sans retard pour ne pas ternir la sainteté de la communauté. Ils ne la déshonorent pas, mais l'honorent, chacun à sa façon et à son niveau. Les saints (y compris canonisés) ne sont pas fabriqués par l'Esprit-Saint dans un même moule. Ce dernier les guide de l'intérieur, dans une extraordinaire diversité, selon leur vocation personnelle irremplaçable. Rien de plus divers que les saints : le Paraclet les éveille, avec leur libre et active coopération, au meilleur d'eux-mêmes en les identifiant à Jésus-Christ... non comme des clones ou des sosies, mais comme des reflets diversifiés de l'Amour divin, à l'image des trois Personnes de la Trinité. Elles ont une seule vie, un seul acte, un seul être, mais sont de vraies personnes, différentes : « opposées » d'une opposition de relation, dit saint Thomas. Elles ont trois personnalités différentes dans l'identité ontologique car elles ne sont pas des individus, mais relations purement altruistes, car Dieu est Amour (1 Jn 4, 7). À leur image, chaque chrétien garde son tempérament, sa marque de fabrique régionale, familiale et personnelle. Et tous, nous sommes invités à reconvertir notre désir individualiste, souvent égoïste, en pur altruisme, à Leur image, pour réaliser la prière du Christ : « Qu'ils soient un comme nous sommes un (par l'amour) Vous en moi et moi en vous, comme le Père est en moi et moi en Lui » (Jn 17, 21-22; *cf.* 10, 30). C'est dans cette voie que l'Esprit-Saint conduit chacun à sa perfection.

Les deux voyants de La Salette ont poursuivi, sincèrement, différemment, à divers degrés, l'exigence austère de leur destinée chrétienne avec un rayonnement dont bénéficièrent nombre de chrétiens de la base et de haut niveau culturel ou hiérarchique, comme nous l'avons vu.

Oui, les voyants sont singuliers, mais le Christ l'a été aussi. Il l'est devenu en se faisant homme, car il n'était point individu comme Personne divine. Il l'est devenu en devenant cet homme, de souche lointainement royale mais d'humble condition villageoise, charpentier de son métier, contesté. Sa famille voulait le ramener à son atelier d'artisan en le détournant de sa folle idée de « faire le prophète ». Il fut exclu et condamné par les chefs religieux du Peuple de Dieu jusqu'à la mort.

Les oppositions diverses que subirent les voyants comme tels ne les désolidarisent pas du Christ, bien au contraire, si différents soient-ils. Jésus fut méprisé pour sa condition marginale : à leur humble niveau, ils sont en bonne compagnie et solidarité. Avec lui, ils manifestent, par leur personnalité même, que l'universel humain n'existe que dans le particulier ; chacun garde fidèlement ses racines, ses singularités essentielles, sa personnalité propre, unique, irremplaçable aux yeux de Dieu Créateur. Plus encore, de manière transcendante, Jésus-Christ, Personne de la Sainte Trinité, Dieu fait homme : le plus universel de tous les hommes, le plus radicalement intérieur à la solidarité humaine, par son Amour altruiste créateur et sauveur. Il fut aussi le plus contesté des hommes, le plus exclu, et cela le rapproche aussi des voyants. C'est une des leçons de ce livre. Puisse-t-il apprendre aux historiens, surtout chrétiens, le respect des personnes et du sacré : un discernement intérieur qui pénètre l'universel dans le singulier, l'amour et ses fruits dans le cœur des humbles, Dieu dans l'humain, l'Amour immanent dans la faiblesse des hommes.

La sainteté des pauvres

À l'heure où l'on redécouvre le sens de l'appellation universelle « les saints », selon l'apôtre Paul ; à l'heure où l'on souhaite promouvoir les saintetés méconnues et méprisées par le système élitiste et la domination de l'intelligence rationaliste, technique et critique, beaucoup souhaitent voir plus largement manifestée la sainteté du peuple de Dieu : pas seulement les docteurs ou fondateurs, rois ou hiérarques, pas seulement ceux qui ont les finances nécessaires pour mener à bien un procès de canonisation, mais la sainteté des enfants pour laquelle milite Daniel Ange... Celle aussi des mères ou pères de famille, des minables ou des exclus, à la suite de saint Benoît Labre. Ce pauvre des bas-fonds fut canonisé d'abord par acclamation, au moment même de sa mort, par la pègre des mendiants qui criait dans Rome : « *Il santo è morto !* »

L'Église assuma la voix des pauvres.

J'ignorais Mélanie et Maximin, sinon la mauvaise réputation politico-névrotique que leur a faite notre modernité, critique et réductrice. Nombre d'exégètes, historiens et théologiens ont ainsi réduit le « Jésus de l'histoire » à un prophète de village inconscient de sa divinité, et Marie à une femme ignorante et soumise. L'étude approfondie, durant plus d'un demi-siècle, du Christ et de la Vierge, m'a conduit à les comprendre et les défendre avec une admiration insondable qui me dépasse de plus en plus. C'est au même titre que j'ai appris, grâce aux découvertes et au regard neuf de Michel Corteville, Mélanie et Maximin, si différents, si attachants : l'homme du peuple, droit dans ses sabots, liant et provocant, mais humble, et Mélanie, discrète et contemplative, plus fine et plus intérieure, de souche non moins paysanne et alpestre. Je les ai découverts en direct, grâce à une documentation exceptionnelle. J'admire l'œuvre de Dieu en ces sacrifiés, depuis longtemps reconnus par tant de grands esprits, de grands spirituels, de hiérarques et de saints.

Selon la même méthode, ouverte largement à toutes les réalités et à toutes les convergences, selon une critique instauratrice, et non désintégrante, j'ai été progressivement saisi d'une admiration fraternelle pour les deux bergers de La Salette, chacun à son niveau dans leur humanité simple et différente, car ils s'estimaient mais ne se fréquentaient pas. Mélanie évitait Maximin, quand il fut placé avec elle dans la classe élémentaire des filles, pour le rattrapage de leur analphabétisme. Chacun suivit sa ligne en référence à l'apparition de Notre-Dame. Ils ne se sont jamais concertés ni influencés.

Ce que j'aime chez lui, c'est sa nature robuste, son goût de la rencontre, ses réactions franches et parfois provocantes, son franc-parler, mais aussi sa réceptivité, son obéissance, sa capacité de rebondir dans les impasses successives de sa vie. C'est surtout sa fidélité à son éducation chrétienne, à sa rencontre avec la Vierge, à sa mission qu'il servit de toutes ses forces et de tout son cœur... envers et contre tout. C'est son héroïsme dans le célibat qu'il garda toute sa vie, après l'échec de sa vocation. Sociable et généreux, il se montra prêt à donner sa vie, pour l'Église comme zouave pontifical et sut accepter sans amertume tous les rejets.

En Mélanie, limpide et contemplative, malmenée au possible par les hommes et les démons, j'ai rencontré non seulement une intelligence prompte à se réadapter aux pays, aux langues, aux milieux où elle s'est trouvée projetée, mais, surtout, une grande mystique. Car elle a su s'exprimer authentiquement, sans littérature, mais avec un cachet propre et une frappe qui ne trompe pas : ses notes d'élection (p. 263) et ses écrits spirituels sont révélateurs d'un haut niveau mystique. Elle évoque ses épreuves insolites que sa relation « amoureuse » au Christ, l'expression limpide de sa vertigineuse union à Dieu ne trompe pas (p. 74-79, 132-133).

Documents

Ces textes, pour la plupart inédits, permettront aux lecteurs de prendre contact avec les voyants tels qu'ils sont : leur authenticité paysanne, leur style (car ils ont du style), leur modestie, et les dimensions mystiques de Mélanie.

I. Maximin

1. Maximin à Mgr de Bruillard : lettre inédite du 31 décembre 1851[1]

Monseigneur

Je demande bien pardon à votre Grandeur si je prends la liberté de lui écrire. Mais comme elle n'a pas dédaigné de faire mon bonheur, et qu'elle m'a choisi parmi tant d'autres auxquels elle aurait pu faire la même faveur, et qui en auraient été plus dignes, c'est pour moi un devoir de reconnaissance de lui exprimer ma vive reconnaissance pour les bienfaits dont elle m'a comblé.

Vous avez daigné, Monseigneur, distinguer dans votre troupeau la dernière de vos brebis que jusqu'ici vous avez eu tant de peine à garder. Votre zèle et votre charité ne se sont pas lassés à la poursuivre ; vous l'avez toujours ramenée au bercail ; et puis encore, vous la gâtez comme les bergers gâtent les brebis qu'ils aiment plus que les autres. Ô bon pasteur, ô mon père, cette brebis vous promet de ne plus s'enfuir, et d'écouter toujours votre voix.

Permettez, Monseigneur, que j'adresse à Dieu cette prière : mon Dieu, accordez au bon pasteur une année bienheureuse. Faites, pour le bien de son troupeau, qu'il vive encore longtemps et que son Diocèse lui donne les consolations que lui méritent son amour, sa générosité, son dévouement.

1. ACDF, LS 100.

Daignez, Monseigneur, bénir l'enfant que vous avez bien voulu adopter, et recevoir l'expression sincère de son respect et de sa reconnaissance.
Maximin Giraud
Le 31 X[bre] 51 petit séminaire de la Côte.

2. Maximin à Henry Le Chauff de Kerguennec, son meilleur compagnon d'armes chez les zouaves pontificaux [1]

Carpineto, le 8 septembre 1865.

Mon cher Henry,

Depuis que tu es parti, il s'est passé bien des choses, du moins pour moi, sinon pour tout lc bataillon.

La cinquième compagnie a été envoyée en détachement, et Dieu sait dans quel pays ! J'ai été désigné d'abord sur ma demande, puis par mon numéro et comme étant le dernier passé au bataillon, dans la première compagnie ; par conséquent je n'ai pu faire tes commissions auprès des braves et dignes zouaves dont tu me parles dans ton aimable petite lettre ; je ne l'ai reçue que le 7 au matin, quoique datée du 23 août. Je vais te faire une petite narration qui t'intéressera sans doute ; vu ton amour pour tout ce qui se rattache au bataillon, le moindre fait est pour toi une source de plaisir ou de peine, suivant que les choses vont bien ou mal !

Nous sommes partis le 26 juillet, vers les deux heures du matin. Pour la première fois je mettais mon sac au dos tout au complet, il m'a paru un peu lourd les trois ou quatre premiers milles, mais après je m'y suis fait. Nous sommes venus ainsi jusqu'à la gare d'Albano, et de là nous avons pris le chemin de fer jusqu'à Segni ; à cette gare, sans avoir rien mangé, il a fallu avaler une côte raide, de huit à neuf milles, par une chaleur affreuse. Nous ne sommes arrivés, ou plutôt le détachement, car quelques-uns et moi sommes arrivés environ une heure ou une heure et demie avant, que vers les deux heures de l'après-midi, et l'on n'a mangé pour la première fois que vers les quatre heures. Le détachement est resté là pour passer la nuit ; Jouin, Vergnaud et moi avons été envoyés deux heures plus loin, à travers les forêts, broussailles et rochers, pour nous rendre à Monte-Lanico au-devant des bagages et en avant-garde ! Nous sommes restés dans ce village jusque vers les trois heures du matin, puis, ne voyant rien venir, nous avons cheminé avec un guide jusqu'à la ville de Carpineto ; nous n'y sommes entrés que vers les six heures du matin, toujours sac au dos et avec tout notre armement ; nous n'avons cessé de gravir, car nous étions au milieu de hautes montagnes qui ressemblent beaucoup à celles de mon Dauphiné. Tu vas me demander très naturellement ce que nous venions faire ici et aussi loin de Rome et de Frascati ; c'est pour chasser les brigands qui font ici un ravage épouvantable, car vers le 5 septembre ils sont entrés dans une petite ville appelée Maenza, à cinq heures de Carpineto, et là, après s'être bien gobergés, ils se sont livrés à toutes sortes d'orgies, ils ont tué trois personnes, deux hommes et une femme, et plus loin onze autres personnes, ce qui a mis une terreur dans

1. H. Le Chauff de Kerguennec, *Souvenirs des zouaves pontificaux, 1864, 1865, 1866,* Oudin et Leday, Paris, 1891, p. 251-254.

le pays, et aucun homme n'a osé s'opposer à cela. Ce châtiment donné par les brigands vient, dit-on, de ce que les personnes de ce village leur ont envoyé des vivres empoisonnés.

Quant à nous, nous faisons toujours des patrouilles, mais elles sont très fatigantes. Il n'y a pas un seul chemin plat, toujours monter sur des rochers et cailloux coupants, aussi les sous-pieds et les souliers font faire un gain épouvantable au gouvernement, tous les jours il faut renouveler.

Pour l'œil, Carpineto est de toute beauté, les points de vue sont délicieux, mais la ville intérieurement est affreuse ; les cochons, les chiens, les chats, les chevaux, plutôt les mulets et ânes sont pêle-mêle dans les maisons, avec les habitants ; les rues n'en sont pas, ce sont des escaliers, aussi on ne trouve aucun instrument à roue.

Quant à la nourriture, elle est très mauvaise, le vin est absolument du vinaigre, mais cela n'empêche point d'en boire ; cependant les fatigues, les vivres, la chaleur et cet air vif des montagnes nous ont donné beaucoup de malades. J'ai été constitué infirmier, je l'ai fait d'abord par charité et ai donné ma démission quand l'on a voulu me payer ; aussi en ce moment j'ai repris mon service et en suis fort content, parce que l'on poursuit le vent dans les montagnes au lieu des brigands ; cependant l'on en voit quelques-uns de temps en temps. Il est besoin que je termine, quoiqu'ayant encore beaucoup de choses à te dire de cette ville et de ses habitants ; mais on ne trouve ni papiers à lettres ni enveloppes ; il faut que je t'écrive de dessus mon sac, et encore avec du mauvais papier et une plume qui ne marque pas ; mon encre est du cirage délayé avec de l'eau ; cependant nous sommes casernés dans un couvent.

Adieu, mon cher Henry ; je t'en prie, ménage bien ta santé. Je prie la très sainte Vierge de La Salette qu'elle te guérisse, car si tu veux t'en aller au ciel plus tôt, d'autres te veulent retenir sur la terre, entre autres moi.

Adieu donc, je t'embrasse de tout mon cœur.

Ton ami dévoué,

Maximin Giraud, de La S.

3. Lettre inédite de Maximin à Félicie Bérot, d'Aire-sur-Adour[1]

Corps le 7 janvier 1872

Ma bonne petite sœur,

J'ai reçu votre très aimable lettre la veille du 1er de l'an, par conséquent je commence par vous souhaiter une bonne et très excellente année ainsi qu'à mon bon ami Léon : vous me dites qu'il m'aime toujours beaucoup, il est payé de retour et je pense qu'il n'aura pas à se plaindre de cela car je pense très souvent à lui, souvent encore ici à la Ste Montagne de La Salette, je prie pour lui et son bonheur ; il va sans dire que la petite sœur de Maximin n'est pas oubliée, quand celui-ci dit quelque chose à N.-D. de La Salette pour son cher Léon, car je pense que vous formez toujours la plus grosse part de son bonheur.

Vous me faites beaucoup de questions mais vous savez parfaitement que je ne puis pas toujours répondre même indirectement. Vous me par-

1. Recueil de lettres photographiées : Solesmes, fonds P. Gouin.

lez de Paris, mais il n'a eu qu'un petit avertissement, et malgré qu'il a paru grand à beaucoup d'honnêtes gens, il n'a point ouvert les yeux ni à nos gouvernants ni à l'impiété et même l'on dirait que ce coup manqué par la Divine Providence n'a fait qu'exaspérer nos démolisseurs de principes et de vertus dont Paris est le foyer. Pour votre cousine, je ne sais trop quoi lui conseiller. Paris aura encore beaucoup de misères mais en prenant les précautions on pourra en sortir à temps, en priant beaucoup Dieu on pourra encore échapper aux châtiments car Dieu n'abandonne point ceux qui ont confiance en Lui ; mais Paris est surtout pernicieux pour les jeunes gens et surtout ceux qui ont fait des études. C'est ce qu'il y a de plus terrible et de plus à plaindre, il n'est pas rare de voir des jeunes gens de 16-17 ans insulter leurs mères, les quitter et ne plus vouloir les revoir. Voilà surtout ce qu'il y a de plus à craindre dans Paris. Paris sera détruit un jour ou l'autre mais cela ne doit pas empêcher votre cousine [...] d'aller dans l'intérêt de ses enfants.

L'Europe est encore menacée par des nuages terribles bien noirs, je crains encore pour notre pauvre France mais la Prusse est sur le point de payer ses dettes ainsi que l'Italie ! !

Revenons à vous et laissons là les événements, ayant confiance en Dieu et la prière et nous serons protégés. Ma bonne petite sœur je vous aime toujours bien, j'aime toujours beaucoup mon cher Léon, je pense à vos charmants enfants que je n'ai pas l'honneur de connaître, je pense, je pense puis je suis en train de penser, devinez à quoi ? Ah ! je n'ose vous le dire, faut-il que je lâche le mot ! ! encore une fois, je n'ose, tant pis, Eh ! bien je pense aux bonnes cuisses d'oie que j'ai mangées dans vos pays, conservées dans des terrines ; et si ce n'était pas si loin, de nous en envoyer une ou deux pour faire voir ici, la manière dont cela est arrangé, depuis que j'ai quitté Aire j'en ai jamais plus mangé [1] ! Je laisse la gastronomie sur ce point, je vous salue et vous dis un gros bonsoir, c'est le soir en ce moment, bonsoir à mon cher Léon, Je vous salue avec profond respect tous les deux

Votre frère dévoué,

Maximin Giraud

4. Mémoires de Maximin (1865) [2]

Lettre dédicace à Mme Jourdain, sa mère adoptive

Bien chère et très excellente Mère,

Vous seule à mes yeux méritez ce doux nom. Je l'ai prodigué souvent

1. Ce qui ressemblerait à de la gourmandise cache la pénurie du voyant et de ses parents adoptifs.

2. Publiées par A. Le Baillif dans : *Triomphe de Notre-Dame de La Salette dans l'un de ses témoins, Maximin peint par lui-même,* Clavel-Ballivet, Nîmes, 1881, p. 10, 44-45, 55-74, 84-86. (Ne pas confondre ces « Mémoires » avec l'*Histoire monumentale* inédite de l'abbé Champon – archives MSG –, inspirée par les souvenirs de Maximin). L'auteur commence son livre en entrecoupant de ses propos les Mémoires de Maximim : deux cahiers perdus, écrits en 1863 à Paris, puis à Rome, chez les Camaldules, pendant son engagement de zouave pontifical, en 1865. Nous en reproduisons la première moitié, en regrettant d'omettre les autres épisodes pittoresques. Notons que Maximin (ou É. Le Baillif ?) reformule en bon français et dans un style élégant les souvenirs de son enfance, ou les mots et faits déjà rapportés dans des livres.

pour quelques misérables secours qui, par la suite et bien des fois, m'ont été reprochés.

Déjà depuis près de trois ans, ma chère Mère, je suis comblé de vos bienfaits; et jamais vous ne m'avez fait sentir que je suis pour vous un étranger et que vous faites pour moi d'énormes sacrifices, afin de ne pas me laisser livré à la merci de quiconque est curieux, avide de savoir des choses extraordinaires et des personnes fort nombreuses dans le monde qui s'imaginent que, parce que l'on a eu une faveur de la Reine des Anges, l'on doit vivre pareil aux anges et opérer surtout en leur présence des miracles, et ne craignent pas de vous en demander comme fit Hérode quand NOTRE SEIGNEUR JÉSUS-CHRIST était devant lui, et n'hésitent point à sa façon, si leur attente est déçue, à vous traiter de fou.

Merci, mille fois merci, ma bonne maman de tout ce que vous faites pour moi.

Je n'ai jamais su apprécier ce qu'est une mère, ayant perdu la mienne au berceau. Mais depuis que j'ai l'honneur de vous connaître, de vivre près de vous dans l'intimité de M. Jourdain, un père, une mère, une famille, une affection, tout a été nouveau pour moi chez vous.

Hélas! qu'on est malheureux d'être seul ou en des mains étrangères! La vie n'a aucun charme. La foi même y perd beaucoup et l'on ne croit guère à tous les liens sacrés que Dieu a mis en l'homme pour l'attacher à sa religion, à sa Patrie, à sa famille. L'on est dans un vide complet. L'on ne veut ni ne désire rien. L'on est indifférent à tout quand l'on n'est pas pire.

Telle était ou à peu près mon existence avant d'entrer chez vous. Telle est celle de beaucoup de jeunes gens qui ont toujours été loin de leurs parents.

Je n'avais pas l'ombre du bonheur que j'éprouve, avant de connaître l'intérieur une famille chrétienne et d'être moi-même l'enfant chéri d'une mère qui a bien voulu m'aimer, me regarder, m'adopter de cœur comme son propre fils.

À ce titre, vous me demandez de vous raconter toute ma vie sans réticence aucune et de retracer mon histoire d'aussi loin que ma mémoire se le rappelle, même mes plus tendres années.

N'ayant rien à vous refuser, ni ne le devant ni ne le pouvant pas à cause de toutes vos bontés, je cède, quoique ce soit une tâche fort rude de parler de soi.

Ce qui est rude et pénible pour tout autre l'est davantage encore pour moi, d'autant plus que vous êtes fort pieuse et que l'événement qui m'a rendu à jamais célèbre aux yeux des personnes pieuses, me force à parler de moi sans ostentation ni bassesse, tout simplement, et à ne dire que la vérité sans ombre d'altération, la pure vérité, selon ces paroles deux fois répétées de Notre-Dame de La Salette : « Faites-la passer à tout mon peuple! » Aujourd'hui, bonne Mère, je vous la ferai passer par écrit comme, enfant, je l'ai fait passer de vive voix.

Telle est ma mission. Oui, aujourd'hui que j'ai plus d'instruction, je rends hommage à Marie et je désire continuer de le faire devant tout son peuple!...

[L'apparition]

Jamais nous n'avions vu des rayons multicolores jaillir d'une dame de feu, s'épanouir et prendre la forme de roses blanches, rouges et bleues dont elle nous apparaissait le front couronné. Le plus splendide des diadèmes surmontait sa coiffure toute d'or et d'argent, transparente, haute et arrondie au sommet, et légèrement inclinée en avant. De tous côtés s'élevaient de petites fleurs d'or, du milieu desquelles dardaient des flammes. Entre chaque branche de fleurs se trouvait une branche de douze brillants. Ces branches formaient des tiges, des paillettes ou des étoiles. Rien de plus resplendissant.

La coiffure de l'apparition descendait assez pour cacher entièrement les cheveux et les oreilles. Le léger et blanc tissu qui, orné de guirlandes lumineuses, recouvrait sa poitrine et ses épaules, et se nouait par les deux extrémités, en entourant le corps comme d'une ceinture, ce fichu, assez semblable au voile huméral des prêtres à l'autel, et la robe dont elle était revêtue, montaient très haut et cachaient le cou autant que possible, avec un charme de modestie qui n'appartient qu'à nos pauvres, humbles et chastes religieuses.

Sous un scapulaire uni ou tablier, le long duquel coulaient les larmes de l'apparition, et presque de la même couleur que la robe, d'un tissu léger et tout brillant que seule peut faire la main des anges, ressortait une robe étoilée, ayant le chatoiement de mille perles et pierres précieuses, et d'une éclatante blancheur.

Il n'était pas jusqu'à la chaussure immaculée qui ne fût surmontée d'une boucle d'or, comme le sont les souliers des évêques, et qui ne fût ornée aussi de roses incomparables aux couleurs variées, mais plus petites que les roses de la couronne.

Du calice de toutes les fleurs de sa mystérieuse parure sortait une espèce de flamme de lumière et d'or, qui s'élevait comme l'encens et se mêlait à la rayonnante lumière dont elle était environnée.

Une grande chaîne tout étincelante, de la largeur de trois doigts, telle que le galon d'or qui borde la chasuble sacerdotale, descendait le long de la guirlande de roses, taudis qu'à une chaîne plus petite, en forme d'anneaux, pendait un crucifix en or, dont l'extraordinaire éclat se détachait de celui de la croix, et où l'on voyait à droite des tenailles, et à gauche un marteau, qui semblaient ne tenir à rien.

Sa lumière si splendide, dans laquelle l'immaculée Mère de Dieu nous attire et nous tient enveloppés si près d'elle, qu'une personne n'aurait pu passer entre elle et nous, ni ne nous éblouit, ni ne nous fatigue, ni ne nous aveugle, mais nous est au contraire infiniment douce et agréable. Marie le permet ainsi pour nous montrer combien il est doux et agréable d'être ainsi aimé d'elle. Nous, en particulier, petits pâtres si ignorants et si rustres que nous puissions être, combien n'avons-nous pas sujet d'aimer plus que tout la Vierge Marie, qui se fait à notre égard aimable de tant de manières !

Elle est bien aimable de nous être apparue de préférence, sans se laisser voir des quarante autres pâtres qui, étant placés à droite et à gauche du petit ravin, vers la source de la Sézia, à quatre ou cinq cents mètres en amont sur le Gargas, auraient été à portée de voir un personnage d'une extrême singularité, sur un plateau qui n'a jamais produit un seul arbre, pas même de chétifs arbustes.

[Premières confidences]

J'en parle le premier à la vieille mère Pra, maîtresse de Mélanie, qui n'avait encore ouvert la bouche absolument à personne et rentrait elle-même ses vaches à l'étable pour les traire. Les mots de dame en feu, de second soleil, lui firent croire que j'avais perdu la tête. Elle me prie de lui raconter ce que j'ai vu et entendu; ce qui la surprend beaucoup. Et moi-même, je suis tout surpris de ce qu'elle n'a point vu comme moi cette lumière si éclatante, placée au sommet de la sainte montagne, et devant être par conséquent visible à une très grande distance.

Je ne pouvais me figurer avoir reçu une grâce particulière. Je n'en éprouvais qu'un plus intime et plus tendre élan d'amour pour la Dame de l'apparition. Il en était de même de la bonne vieille, dans les yeux noirs et vifs de laquelle je vis briller de grosses larmes, et qui, bien que j'eusse cessé de parler, m'écoutait encore, toute suspendue à mes lèvres, oubliant, accroupie auprès de son feu, le repas du soir qu'elle était en train de préparer.

Prenant son attitude, son air, ses larmes pour du doute, je me hâtai de lui dire, en l'appelant par son petit nom ou sobriquet de mère Carron : « Très certainement, j'ai vu et entendu tout ce que je viens de vous rapporter. Et si vous ne me croyez pas, Mélanie, votre bergère, qui était avec moi, vous racontera la même chose ! »

Puis, je sors promptement pour me rendre chez mon maître, où je remarque un couvert de plus qu'à l'ordinaire et tous les yeux dirigés de mon côté, car déjà, quelques bergers s'étaient demandé ce que j'avais voulu leur dire à la descente, et la mère Carron ne gardait pas le silence. Invité fort poliment par Pierre Selme à m'asseoir à côté de lui, après qu'il m'eut offert ce qu'il y eut de meilleur à table, avec toute la déférence possible, le repas terminé je le vois découvrir sa tête blanche comme neige devant ses enfants, ses serviteurs et ses voisins avidement curieux, qui déjà remplissaient la maison, pour me dire de narrer ce dont j'avais été témoin là-haut, avec Mélanie. Tous écoutent avec la plus profonde attention, sinon avec le même respect et la même émotion, le récit que je leur fais avec estime, douceur et dignité (et nullement avec volubilité). Le père, la mère et le fils de sept ans, sans savoir quelle était la merveille dont je leur parlais, dirent eux aussi : « Cela doit être la très sainte Vierge ou quelque grande sainte. Que tu es heureux, cher enfant ! » Et ils semblaient sous je ne sais quelle impression de bonheur et de piété, qui nous fait appartenir au ciel plutôt qu'à la terre, par l'âme, la pensée et le sentiment. Ils avaient pleuré au récit des malheurs qui allaient atteindre les récoltes, tandis que le reste de l'auditoire, souriant malicieusement par derrière, me supposait avoir été dupe de quelque sorcière ou de quelque revenant.

Le père Selme reprend sévèrement ses fils : « Vous vous êtes mis à rire en écoutant de si graves paroles. Cela n'est pas bien, car en riant vous n'avez point réfléchi à ce que vous écoutiez, et vous n'en avez point compris toute la portée. Vous vous moquez de ce que dit ce pauvre innocent, comme s'il était capable de nous tromper et d'inventer d'aussi belles paroles. Vous dites que c'est un revenant qui demandait des prières. L'apparition nous soutient et nous prouve le contraire par les prières que sans cesse elle fait elle-même, afin de retenir le bras de son Fils, et par la conversion qu'elle exige de nous, si nous voulons obtenir d'abondantes récoltes. Elle recommande à ses deux petits témoins de bien faire leur prière chaque jour. Et si elle souffre beaucoup, elle n'ajoute point que c'est en purgatoire et qu'il faut prier à son intention. Elle n'est donc ni un revenant qui demande des prières, ni encore moins une sorcière qui veut nous tromper et se jouer de nous. Les sorcières ne brillent point comme le soleil à midi et ne s'élèvent point au plus haut des cieux. Ce sont des personnes comme nous qui, loin de nous prêcher, de nous convertir, ne cherchent qu'à nous éloigner de Dieu et de la Religion, et ne font jamais que le mal en jetant des sorts sur les personnes et sur les animaux. L'apparition n'a rien dit ni rien fait de tout cela, si vous en croyez le petit Mémin. »

Pierre Selme croyait en Mémin, à l'égard duquel il se servait d'une abréviation comme la tendresse des mères en fait quelquefois subir au nom de leurs enfants, abréviation qui est familière à mes compatriotes dans leur patois. Il croyait tout simplement, ce vieillard plein de droiture et de bon sens, qui était pris souvent pour arbitre dans son village ; et, comme lui, une mère chrétienne, une jeune fille au cœur pur, s'empressent de rendre hommage à l'apparition qui les pénétrait d'amour et de reconnaissance.

Le lendemain matin se reproduisit la scène de la veille chez M. le curé de La Salette où, s'étant concertés dans la nuit, le maître de Mélanie et le mien nous envoyèrent dès avant six heures du matin, afin de s'assurer que nous ne pourrions être ni trompeurs, ni trompés.

Chemin faisant et sans du tout rencontrer le garde champêtre, nous nous demandons à quoi bon aller au presbytère, d'où le globe de feu avait dû être aperçu, ainsi que du reste de l'univers, tant il était lumineux. Nous y trouvons la servante assise sur ses talons, les genoux en terre devant le feu de son âtre qu'elle souffle et tisonne.

– Que voulez-vous à M. le Curé ?

– Lui parler ! repliqué-je à deux reprises, sans songer si elle était ou non indiscrète. La bonne Perpétue reprend alors d'un air un peu mécontent :

– Allons, allons ! on me raconte tout d'abord à moi, et puis je le dis à M. le Curé, à moins que ce ne soient de grosses sottises, et encore !

Puisque telle était la loi ou l'usage à l'entendre, nous fîmes comme elle l'exigeait. Elle nous écoute avec tout l'intérêt d'une personne pieuse encore plus que discrète. Elle est émerveillée, attendrie jusqu'aux larmes du récit que je fais seul, ma trop timide compagne m'ayant laissé la parole tout le temps. Et la voilà qui demeure sans mouvement et sans voix, toute stupéfaite et ravie.

Alors, au moment où j'allais finir, M. le curé, qui avait entrouvert la porte de sa chambre et prêté une oreille attentive, accourt vers nous en levant les bras au ciel et, les yeux mouillés de larmes, il s'écrie : « Oh ! que vous êtes heureux, mes enfants ! Vous avez vu la Très Sainte Vierge ! » Et il se prit à pleurer encore davantage, se demandant quelle action avait mérité à sa paroisse une si insigne faveur. Aussitôt Mélanie de se tourner et de me dire avec vivacité : « N'avais-je pas raison de croire que c'était le bon Dieu ou la Très Sainte Vierge ? »

Sans faire attention à notre échange de réflexions, tant il était absorbé par ce qu'il venait d'entendre, nouveau Siméon, le bon curé chante son *Nunc dimittis* : « Ah ! que de malheurs pour les nations, si elles ne se tournent franchement vers Dieu ! La Reine des cieux est descendue sur la terre pour la ruine d'un grand nombre, comme pour le salut de plusieurs. Je quitte à regret ma paroisse, mais j'espère que Dieu bénira le peu de bien que j'y ai pu faire ! »

M. J. Perrin, octogénaire, qui venait d'être nommé dans un poste de repos et d'honneur aux environs de Lyon, nous bénit en nous exhortant à ne jamais oublier l'immense faveur que la Très Sainte Vierge avait daigné nous accorder. Et nous retournons aux Ablandins, absorbés nous aussi par la méditation des si religieuses exhortations du saint prêtre, non moins que par le fait de l'apparition, dont le récit provoque dans les âmes simples et croyantes un si filial et si reconnaissant amour envers la Très Sainte Vierge, surtout quand, au milieu des sanglots qui couvraient sa voix, le curé de La Salette annonce au prône une si grande nouvelle.

[La conversion du charron Giraud]

En arrivant chez mon père, à la sortie de la grande messe de Corps, nous ne trouvons que ma belle-mère, appelée dans le patois du pays marâtre, mais sans du tout signifier mauvaise mère. La preuve que celle-ci était une croyante assez bonne chrétienne, c'est l'étonnement, l'effarement qu'elle éprouve, en entendant mon maître lui redire deux fois le bonheur et la gloire dont j'avais été favorisé de Marie. « Oui, je puis vous le certifier, votre enfant a eu, avec la fille de Mathieu Calvat, en service chez Baptiste Pra, que vous connaissez parfaitement et chez qui a été Angélique, la sœur de Maximin, votre enfant a eu la gloire et le bonheur de voir la Très Sainte Vierge. D'ailleurs le voilà. Interrogez-le. Il vous fera le récit comme à nous hier soir en mangeant la soupe ! » Et il sort pour rejoindre mon père au cabaret où les affaires se traitent d'ordinaire avec les clients.

Pendant que je raconte ce que j'ai vu et entendu la veille, ma chère marâtre réfléchit et me regarde attentivement comme une personne qui veut croire, qui croit même, mais à qui le fait semble tellement surprenant, qu'elle voudrait voir en moi un miracle à l'appui de mes paroles. Le récit terminé, elle m'embrasse, elle pleure, elle me conduit chez ma grand'mère maternelle. Mais déjà, aussi rapide que l'éclair, la nouvelle s'est propagée à travers la bourgade, qui est en émoi.

À peine ai-je franchi le seuil de la maison paternelle que femmes et enfants, tous me désignant du doigt, saluent en moi le privilégié de Marie, et non sans me regarder avec une sorte de respect. De plusieurs fenêtres, j'entends des voix dire : « Voilà le petit Mémin qui passe avec sa mère ! » Et même, il se forme un groupe qui me suit. Je ne suis plus, ce me semble, aux yeux de la foule, le même enfant que huit jours auparavant. À ma vue, ma grand'mère, qui me reçoit du haut d'un escalier en marbre noir, commun dans le pays, et qui lui sert de perron, s'écrie : « Eh bien, on en dit de belles par tout Corps ! Tu aurais vu la Très Sainte Vierge ! Pour moi, je n'en crois rien. C'est plutôt ta pauvre mère qui serait venue solliciter des prières ou te rappeler d'être plus sage que tu n'es. Qu'en pensez-vous, Marie ? » « Oh ! c'est bien, allez, répond ma marâtre, c'est bien la très sainte Vierge ou quelque sainte du ciel. Certes, ce n'est point notre fille ni d'autres défunts qui sont venus l'entretenir de la sorte ! » Puis, se tournant vers moi, elle m'ordonne de recommencer mon récit. C'était en présence d'une multitude de personnes, dont le nombre grossissait à chaque instant.

Lors de ce premier sermon en plein air, ai-je fait des convertis, des partisans de Notre-Dame de La Salette ? Oui ; j'en suis convaincu. Oui, trois fois oui ! Car j'ai vu des yeux se remplir de larmes et des poitrines se gonfler de soupirs. J'ai entendu se produire des aveux publics du genre de ceux-ci : « C'est bien vrai, nous ne pratiquons plus notre sainte religion. Nous sommes des impies ! »

Je ne sais si de ma bouche il sortait comme une lumière céleste qui rayonne dans les esprits dociles, comme un souffle divin qui ébranle les cœurs, leur imprime un mouvement mystérieux et les entraîne dans un courant nouveau ; d'autant plus qu'en leur répétant du discours la partie française, que la plupart comprenaient à peine et que je n'aurais pas comprise huit jours auparavant, je ne pus à leurs yeux que renouveler le prodige de l'ânesse de Balaam, parlant et prophétisant, et l'instant d'après faisant une crotte de même nature que les précédentes.

Ma prédication ou mission finie, toujours le même, j'accepte avec empressement les friandises de ma bonne grand'mère, auxquelles je ne pense pas avoir été moins sensible qu'aux caresses dont elle les accompagna. Et je me dispose à rejoindre mes camarades de jeu. Mais eux ne m'accueillent pas comme d'ordinaire. Loin de me quereller, comme c'était leur détestable habitude, loin de se faire plutôt arracher les yeux que de céder une bille ou une toupie de quelque prix, ils me les offrent même en pur don. Tout confus de leur respectueuse et cordiale camaraderie, je ne suis plus le fameux Mémin qu'on redoutait tant jadis. Leurs mille bontés me rendent bon pour eux, et même pour les esprits forts de l'endroit et nos docteurs de village qui viennent me relancer et me traitent ironiquement d'enfant de la très sainte Vierge, de petit Jésus.

Haussant les épaules, je leur réplique avec placidité : « Dites et faites tout ce qu'il vous plaira. Celle que j'ai vue et entendue, est-ce la très sainte Vierge ? Elle ne m'a point dit son nom. Elle ne m'a point chargé de vous le faire croire ! » Et je leur tournai les talons, sans m'offenser, ni en vouloir à personne.

De retour, le soir et après souper, je demande à ma belle-mère de m'apprendre comment l'on prie. La veille, quand je fus envoyé au lit, moi qui n'aurais jamais songé à prier seul, j'avais voulu dire au moins le *Pater* et l'*Ave* que nous avait tant conseillés l'apparition ; mais ne sachant par où commencer et ne pouvant que balbutier des mots sans suite, je m'étais mis à pleurer, en me couchant toutefois avec un bon signe de croix, qui n'aura pas été sans mérite ni désagréable au cœur de nos Père et Mère des cieux. Le dimanche matin j'en fis autant, faute de mieux ; mais le soir, comme je me sentais le cœur envahi d'un amour toujours plus grand pour la Belle Dame, en qui mon cœur ne cesse de trouver le plus parfait objet de ses désirs, je demande à ma marâtre qu'elle fasse la prière avec moi. Elle la fait, et qui sait si jamais, sans la recommandation de la très sainte Vierge, je me serais appliqué d'aussi bon cœur à prier Dieu ! Je n'aurais probablement été pas plus religieux que mon père.

Lui, je ne l'avais pas encore vu de toute la journée, ni depuis la semaine dernière. Je m'étais endormi sous l'empire de la plus douce, de la plus radieuse vision, dans les bras de celle qui se montrait, aujourd'hui comme hier, si aimable pour moi et les miens, lorsque mon père rentre enfin sur les dix heures du soir et va droit à mon lit, me secouer d'importance avec une croissante fureur qu'avaient fait naître en lui l'annonce de Pierre Selme, les fumées alcooliques et le reste.

Effectivement, lors de leur entrevue au cabaret, après échange de politesses, Selme fait part à Giraud du grand bonheur arrivé à son fils. Aux mille suppositions de mon père, qui est loin de deviner, mon maître lui répond toujours : « Et mieux que cela ! » et finit par lui avouer le fait de l'apparition.

Mon père le regardant, presque en colère, lui dit :

– Gros animal, est-ce que tu crois à ces sornettes ? Ne vois-tu pas que c'est quelque servante de curé qui, d'accord avec son maître, a voulu tromper mon enfant, ou quelque vieille sorcière de dévote qui abuse de l'innocence et de l'ignorance de mon petit par des jongleries ? Et toi, à qui je l'ai confié, tu laisses faire de la sorte ! Et tu viens, avec un imperturbable sérieux, me raconter cela à moi, le charron de Corps ! Tiens, bois un coup et ne dis plus rien !

– Le charron, reprit d'un ton sec notre excellent Pierre Selme, vous le connaissez, Messieurs, il est aussi fou que toujours. Mais moi, je vous affirme que la chose est très vraie, l'enfant gardait mon troupeau sur la montagne et il ne s'est guère éloigné de moi que pour le faire boire là, près de la fontaine, il a vu avec la petite bergère Mélanie une Dame tellement belle et brillante que nous l'aurions vue, moi et d'autres personnes qui étions aux environs, si réellement elle n'avait été qu'une femme ordinaire. Voilà ce que j'ai à te dire, mon vieux charron.

– Fais comme bon te semblera avec tes enfants ; le père Giraud ne se prête point à ces choses-là. Il a été honnête jusqu'à ce jour, et honnête homme il restera !

Et, sans plus de cérémonie, revenant à ses épithètes de niais et d'imbécile, et autres aménités de même acabit, il signifie à Selme avec colère, au nom de l'amitié qui les lie, de n'en plus souffler mot devant lui. Il lui défend même d'en parler à qui que ce soit, et les voilà qui se mettent à parler affaires et à boire.

Cependant mon père, qui n'avait rien oublié de cette scène, me fait impitoyablement lever, malgré les observations de ma marâtre. Et me tenant entre ses jambes, pieds nus, *in albis*, à demi endormi, il me force à lui répéter le discours sur la montagne.

Il fait d'abord le jovial aux dépens de cette Vierge qui, selon lui, ne savait que faire pour venir se montrer à un gamin tel que moi. Roulant trente-six idées dans sa tête, il ne s'aperçoit pas que le gamin ne parle qu'en français.

À l'endroit de la récolte qui se gâte, furieux, il m'interrompt et me repousse de ses jambes, se lève et me dit, en marchant à grands pas et en qualifiant la Dame de l'apparition d'épithètes que la pudeur et le respect ne me permettent point de consigner ici : « Quelle est cette dame qui en huit jours t'apprend une aussi longue leçon, tandis que moi en huit années je n'ai pu t'apprendre un *Pater* et un *Ave* ? Tu as une mémoire de lièvre. Tu reviens dix fois sans te souvenir des commissions de tabac ou de clous que je t'envoie faire. La Dame, elle, n'a pas perdu son temps !

Quel dommage que je ne la connaisse point, je t'enverrais à son école ! Va te coucher, et surtout ne t'avise plus de redire de pareilles bourdes et balivernes à qui que ce soit. Sinon... entends-tu ? »

Et il fit de l'œil un signe des plus significatifs qui me rendit tout tremblant, plus encore de frayeur que de froid, en retournant à mon lit. Le lendemain, lundi, des visiteurs ou curieux de la localité viennent à notre atelier de charronnage où j'étais, me posent quelques questions et me font raconter la grande merveille pendant que mon père travaillait. Il ne dit trop rien en leur présence ; mais après leur départ il me gronde et m'ordonne de la façon la plus formelle de n'en plus parler et même de déclarer, à qui m'interrogera, que je n'ai absolument rien vu.

Les visites succèdent aux visites. Interrogeant mon père du regard, je ne vois rien sur sa physionomie qui m'interdise de répondre aux sollicitations, et je me mets en devoir de tout faire passer au peuple, sans trop avoir conscience de ma mission. Pour récompense, une fois les gens sortis de l'atelier, je reçois de bonnes taloches additionnées des qualificatifs de polisson, d'insubordonné, de la part de mon père, disant qu'il ne voulait point que sa famille, si respectable de père en fils, vînt aujourd'hui tromper le public en faisant jouer à son enfant un rôle si indigne. Et il s'emporte au point de passer dehors les nouveaux venus en les traitant de gros niais, en jurant et blasphémant, et finalement en me consignant à la maison avec ordre de n'en plus sortir.

Là, ma marâtre, qui était moins farouche, qui ne me battait ni me grondait, et qui laissait les choses aller leur train, ne se refuse point à ce que l'on m'interroge, quoique singulièrement étonnée de l'affluence des visiteurs du bourg et d'au-delà.

Le soir du 21, après le souper, tracassé par les visites du jour et peut-être un peu par la Dame du 19 septembre, mon père me demande de lui faire de nouveau le récit, mais évidemment avec l'intention bien arrêtée de découvrir, soit dans les paroles, soit dans les circonstances de l'apparition, quelque trace de supercherie.

Il n'est pas plus calme que la veille à l'endroit des récoltes qui se gâtent. Ma marâtre veut s'opposer à ses menaces ; il la maltraite en l'appelant folle de la séquelle des curés, et prompte à croire la première bêtise venue. Je me dérobe avec cette pauvre belle-mère qui veut bien encore, sur ma demande, me faire la prière. Le père Giraud ne remarque point que son fils naguère si maussade, dès qu'il s'agissait de prier, n'ose plus se coucher ou se lever sans dire *Notre Père* et *Je vous salue Marie*, qu'il demande lui-même à faire sa prière et qu'il est devenu pieux ; pas plus qu'il ne remarque qu'il parle français, et qu'il répond aux difficultés, qu'on lui adresse en français, contre le discours de La Salette. Tout le monde crie au miracle de ce que je parle tout d'un coup une langue qui m'était littéralement inconnue. Mais ses préventions l'aveuglent à l'excès, à tel point que le mardi il me tenait caché et faisait bonne garde à sa porte, et qu'il fallut user de stratagème pour se ménager une entrevue avec le témoin de la Très Sainte Vierge.

L'huissier, notre voisin, Ambroise Pélissier, homme droit, juste et d'une grande bonté, prenant en pitié même les étrangers qui arrivaient de toutes parts pour me voir, venait chez son ami causer et boire, et, sous un prétexte quelconque, priait mon père d'envoyer Mémin parler à Mme Pélissier.

Une fois dans sa maison, je répondais aux croyants qui désiraient plus de détails sur l'événement, et je pulvérisais souvent d'un mot les objections des curieux investigateurs, plus ou moins incrédules, qui auraient souhaité m'embarrasser et me couvrir de ridicule.

Il se faisait un concours de jour en jour plus considérable, contre lequel les subterfuges ne suffisaient plus et contre lequel aussi mon père ne pouvait perpétuellement lutter. Sa conversion néanmoins, il ne la devra point au bon et généreux Pélissier, ni à l'intervention du curé de Corps, ni à aucune influence extérieure. Elle devait être le propre d'une grâce spéciale de la Très Sainte Vierge.

Me questionnant tous les jours, au souper, sur le discours de la belle Dame, aussitôt que j'étais parvenu aux récoltes, comme devant une infranchissable barrière, il m'arrêtait soudain, et furieux, me faisait filer prestement dans ma chambre.

Un soir pourtant qu'il me paraît mieux disposé, je lui dis que ce n'était pas fini. Et tout en grommelant très grossièrement, il me permit de continuer. Je le fis dans notre patois parlé par la Vierge Marie.

Mais quand j'en vins à la terre du Coin, où je réponds n'avoir point vu de blé gâté, pour me reprendre ensuite sur les observations qui me sont faites par l'apparition et convenir que je ne me souvenais pas, le père Giraud fut tout frappé de stupeur et comme foudroyé. Sa figure change d'expression et aussi son langage qui, de grossier, devient d'une politesse charmante. « Voici quelque chose d'extraordinaire, s'écrie-t-il. Tu as trop peu de mémoire pour t'être rappelé l'histoire du Coin, qui date de plus de deux ans, et pour te la rappeler, il n'y avait à cette heure de la nuit, en un pareil endroit, absolument personne, ni âme qui vive. C'est tout de même étonnant. Il faudra que moi-même je gravisse la montagne et examine tout cela de près et au sérieux. Et si c'est bien comme on dit, la Très Sainte Vierge, elle n'aura qu'à me guérir l'asthme qui me fait souffrir depuis des années, et je promets de ne plus t'empêcher de publier ses bontés pour toi et pour nous. »

Jamais je ne me suis couché avec plus de contentement. N'avais-je pas enfin découvert que l'auteur de mes jours avait gardé, malgré son tour de France, dont je l'avais souvent ouï parler, un secret attachement à Celle qui m'avait apparu si divinement aimable et belle et qui est par excellence, après Dieu, beauté, amour, bonheur ?

La conviction s'était faite entièrement dans son esprit dès le soir de notre premier pèlerinage, le 26, lorsque à toutes ses questions sa femme fit cette réponse : Il n'y a là-haut qu'un immense tapis de verdure, où ne s'aperçoit à plus de mille mètres à la ronde, ni un arbuste, ni un rocher, ni une proéminence quelconque. Impossible de se dérober aux yeux des enfants et, par là même, de les avoir trompés, pendant qu'ils gardaient leurs troupeaux le long de ces vastes pâturages rampants, où atteignait seul le pied de l'obscur chevrier.

Quinze jours venaient à peine de s'écouler depuis l'apparition que la croyance avait déjà gagné tous les cantons des environs. De Grenoble, de Gap et d'autres villes, l'on se portait en foule au pèlerinage, où j'allais pendant plus d'un mois jusqu'à trois fois par jour expliquer le fait, et où j'ai vu, avec les plus surprenantes guérisons, s'opérer les plus extraordinaires conversions. Celle de mon père n'était pas faite encore.

Toutefois il ne me grondait plus, il me battait encore moins. Il ne m'empêchait plus de voir, d'accompagner les étrangers. C'est que, sans être guéri, son asthme allait de mieux en mieux, depuis sa promesse de ne me plus faire obstacle. Et même, sur mes observations, il me fit une petite croix d'un mètre cinquante, en bois blanc, pour ma chère Montagne, en disant de prier M. le Curé de la bénir, afin que les pèlerins ne se mettent point à genoux devant un simple morceau de bois. « Plus tard, ajouta-t-il, quand j'aurai du bois à acheter ou des travaux à faire au village de La Salette, je monterai jusque sur cette montagne ! »

C'était le 22 octobre. Il faisait froid et le temps était à la neige. Mais, pour les deux petits camarades que j'ai pris avec moi, pour de petits montagnards tels que nous, cela importe peu. Et il n'y avait pas de chemin assez court pour nous, tant nous étions impatients d'arriver et de planter le signe du salut, le premier qui ait été planté sur ces âpres sommets, au lieu où la belle Dame s'éleva de terre ! La croix que Mélanie, prise d'une sainte émulation, fit faire à son père Mathieu, charpentier à l'occasion, et qui était haute de deux mètres cinquante, ne fut plantée au bord de la fontaine qu'au moment où elle quitta le service de Pra pour entrer à l'école de Corps, non sans voir, dit-on, le garde champêtre verbaliser et le maire de La Salette citer Mathieu Calvat devant le juge de paix.

Enfin, quinze jours après notre plantation de croix, mon père, ayant quelque affaire à régler à Dorcières, y monte avec deux ou trois camarades, et de là, sur le Planeau. Avant d'y arriver, ils riaient et se moquaient à qui mieux mieux. N'apercevant rien que la petite croix de l'Assomption, ils tombent comme malgré eux à genoux. Et ces hommes, qui avaient encore moins de foi que mon père et qui ne se souvenaient plus même du *Pater* en entier, essaient de le réciter à haute voix.

L'un commence : « Notre Père, qui êtes aux Cieux » et s'arrête. Un autre croit se rappeler la suite : « Pleine de grâce, le Seigneur »... et s'arrête à son tour. Le troisième reprend : « Donnez-nous notre pain ! » « Priez pour nous, pauvres pécheurs. Mais délivrez-nous du mal. Ainsi soit-il ! »

Après cette prière informe, ils pleurent et promettent de se convertir. Et, de la croix, allant à la fontaine, ils boivent, et de nouveaux pleurs coulent de leurs yeux, et fidélité est une fois jurée à Dieu et à sa très sainte Mère, dans la pratique de notre divine religion.

Quant à mon père, rentré à dix heures du soir, son asthme totalement guéri, il annonce à sa femme qu'il va de suite trouver M. le curé Mélin et se confesser. Et sous le regard ébahi, inquisiteur de ma belle-mère, qui le croit pris de vin, il répète gravement : « Oui, ce soir, et pas plus tard ! » Mais sur les instances de sa femme qui lui fait comprendre qu'il était réellement trop tard, il cède, fait sa prière et se couche. Le lendemain matin il tient parole. Lui qui ne s'était pas approché de la sainte table depuis plus de vingt ans, il le fait le dimanche publiquement. Et depuis, jamais je ne l'ai plus entendu prononcer en vain le nom de Dieu, qu'il sacrait à tous mots. Il assiste à la messe chaque dimanche et aussi tous les jours de la semaine pour remplacer, dit-il, les dimanches qu'il n'y est point allé et pour toutes les autres fois qu'il aurait dû y aller, qu'il n'y a point envoyé ses ouvriers, ou qu'il les a empêchés de s'y rendre.

Ne sachant pas lire, il récite son chapelet et, s'il lui arrive de le recommencer à la fin du dernier Évangile, il continue, et bien que je lui fasse observer que la messe est finie, il me donne une forte poussée en me montrant ce qu'il lui reste de dizaines à réciter. Et, si en sortant de l'Église je ne me signe pas bien avec l'eau bénite, il m'administre une tape et s'empare de ma main pour me faire faire le signe de la croix avec tout le respect qui convient.

Dans toutes les affaires qu'il traite à l'auberge ou sur la place, on remarque qu'il est doux et bien plus affable qu'auparavant. Il va même jusqu'à inspirer le respect pour sa personne et ses paroles, aussi bien dans la vie privée que dans la vie publique.

On dirait depuis sa conversion que son cœur de chrétien et de père est devenu semblable au cœur de la Très Sainte Vierge. Il veille, autant qu'il dépend de lui, à ce que je me prépare bien à la première communion. Son vœu le plus cher est qu'elle soit bien faite et qu'il puisse y assister.

[Confessions]

Pour ma part, hélas ! je n'étais pas sans défauts ; dès l'âge de sept ou huit ans où, dérobant des fruits que je n'aimais pourtant pas, je cédais à l'entraînement, au respect humain qui me portaient à faire comme mes petits camarades.

Nul n'était plus étourdi que moi. Si bien qu'un jour mon père m'ayant donné une chèvre et une brebis à garder, afin de jouer plus à l'aise, j'attachai la brebis qui cherchait continuellement à rejoindre les siens, sur le bord d'un précipice, sans prévoir qu'il lui arriverait malheur. De retour, je la vois suspendue au-dessus de l'abîme, et au lieu de l'attirer ou de couper la corde, je m'enfuis avec la chèvre vers la maison, et dans ma frayeur, je grimpe me blottir au grenier, d'où j'allais marauder la nuit, plutôt que de confesser simplement la faute commise à mon père, qui me découvre au bout de trois jours de recherches et d'alarmes.

Quand je conduisais mes vaches au pâturage, était-ce encore manque de prévoyance ou gourmandise ? Je commençais, chemin faisant, par manger toutes les provisions du jour, desquelles je donnais à mon roquet une large part, répondant quand on me faisait observer qu'il ne me restait plus rien pour toute la journée : « Mais je n'ai pas faim ! », sans voir plus loin. Et tel, m'était-il prédit alors, je devais être toute ma vie.

Ne me suis-je pas montré grossier pendant l'apparition elle-même, et par ma tenue et par mes réflexions très impolies à l'égard de la belle Dame ? Ainsi, peiné de lui entendre dire que la principale nourriture de mon père et de ma famille allait manquer, je ne pus m'empêcher de m'écrier avec une vivacité plus que naïve, inconvenante même, qui aurait dû me faire rappeler à l'ordre : « Ah, non, Madame, ce n'est pas vrai ! » Plus insolente était l'expression que la pensée. Je voulais dire que les pommes de terre ne manqueraient pas toutes, qu'on en trouverait bien encore quelques-unes. Et si plus loin j'ai fait un mensonge devant la Très Sainte Vierge, en lui affirmant que je n'ai jamais vu de blé gâté, on ne peut s'en prendre qu'à mon ingrate mémoire. Seulement à ma place, un enfant mieux élevé que moi aurait commencé par dire : « Je ne me rappelle pas. »

N'étant pas dressé à la politesse, je m'étais avancé le chapeau sur la tête. Puis, quand je l'eus ôté, c'était pour le faire tourner sur mon bâton. Puis l'ayant remis sur ma tête, c'était par distraction, machinalement. Puis encore, le temps que la belle Dame parlait à Mélanie, je faisais rouler avec mon bâton des pierres jusqu'auprès de ses pieds, mais sans les toucher. Cela me fait extrêmement honte depuis que l'a dit Mélanie qui, tout de même, aurait pu s'en dispenser. Heureusement pour moi que la Sainte Vierge est incomparablement plus indulgente que le monde et qu'elle ne s'est pas même fâchée lorsque, dans mon impertinente et tout enfantine tendresse, je m'élançai d'un bond pour dérober une rose de ses pieds.

Après un petit bout de causerie sur ce que nous venons de voir et d'entendre, je proposais à Mélanie, avec la légèreté si naturelle à l'enfance, de recommencer notre jeu de la veille, qui consistait à enfoncer un couteau dans le gazon, à découper une motte de gazon et à la faire porter par celui des deux qui n'avait pas eu l'adresse ou le bonheur d'enfoncer davantage le couteau en terre et à obliger le vaincu à courber l'échine et à s'avancer à quatre pattes vers le but désigné.

Véritable mouvement perpétuel, dont la pétulance ne fait que croître au lieu de diminuer, on dirait qu'il m'est impossible de demeurer en repos, d'avoir la moindre contenance, soit quand on m'interroge, soit quand on m'instruit.

Si je suis au milieu d'un cercle de nombreux interlocuteurs, c'est ma pauvre coiffure qui a d'ordinaire le plus à souffrir, et que je ne cesse de faire tournoyer entre mes mains, comme je faisais sous les regards de la Très Sainte Vierge.

Si nous sommes sous la tonnelle du Couvent [de Corps], je me balance sur une corde, ou je me renverse sur une chaise, ou je dors assis sur mon siège, surtout s'il est à ressort comme ceux de l'évêché, ou faute de siège, quand je suis sur le gazon de la montagne. Je m'y assois, je me traîne sur les genoux. Je m'y roule même sans que m'arrête la présence de qui que ce soit, l'importance ou la dignité du personnage qui m'examine. Je visite sans permission les effets du pèlerin qui m'admet dans sa chambre, ou je touche un peu sans façon ce qui me plaît, ou bien j'adresse à mon tour d'indiscrètes questions.

Encore, si ma turbulence ne s'en tenait que là. Que de tours pendables ne m'est-il pas arrivé de jouer aux bons pèlerins que je promettais d'accompagner à La Salette ! Je les plante à mi-chemin pour m'amuser à chercher des nids à travers bois, taillis, champs et genêts.

Un jour, le muletier avait beau affirmer au chanoine d'Évreux, le premier historien de La Salette, M. Bez, que je parviendrai au Planeau avant eux, je les fis attendre quatre heures. M. le chanoine m'aurait, disait-il, s'il m'avait pu soupçonner capable d'une pareille incartade, attaché à la queue du mulet. Aussi quand la faim me fit sortir du bois pour les rejoindre, il me prit par les oreilles, mais contre mon attente, très amicalement et il me donna de son pain ; et pour m'épargner une verte correction de la Supérieure, vers qui je revenais tout penaud, ma culotte fendue en deux et maculée de jaune d'œuf, et découvrant la nature dans son état le plus primitif, (nonobstant mon raccommodage avec des écorces d'arbres), le débonnaire M. Bez se mit en mesure d'acheter un pantalon neuf à notre retour.

Telle qu'une foule d'autres pèlerins pour le moins aussi bienveillants, aussi indulgents que la Très Sainte Vierge, il me dit en redescendant :

– Je ne sais pourquoi la Mère du Ciel t'a choisi. Il lui fallait sans doute un bon étourdi comme Maximin, qui ne vît rien dans l'Événement du 19 septembre et qui ne s'[en] aperçût pas lui-même. Elle t'a laissé tous tes défauts pour faire bien voir que c'était bien elle et elle seule qui agit dans cette sublime Apparition, et que tu n'es ni un visionnaire, ni un illuminé, ni un mystique toujours en prière. »

5. Maximin en 1869 : extraits de lettres [1]

À ses parents adoptifs. 1er août 1869.

... Mgr est à Paris. Il doit revenir vers le 5 août et la chose sera faite incontinent. Car les chanoines se présenteront tous avec moi pour appuyer ma demande de pension alimentaire. Tous m'assurent que cette fois je l'obtiendrai ; je pars demain pour aller chercher à La Salette le P. Giraud afin qu'il se joigne aux chanoines.

Après leur avoir exposé mon dénuement, je leur ai dit que sans Mgr, je serai forcé de rester à Corps ou à La Salette et de mendier mon pain aux pèlerins. Mais ce qui les émeut le plus, ce sont mes larmes continuelles. Je ne puis plus les retenir. Le vide est en moi et partout où vous n'êtes pas. Oh ! que je souffre ! Chaque jour est un coup de poignard pour mon cœur.

10 août 1869

... Je ne compte quitter la sainte montagne que pour aller voir Mgr et régler positivement quelque chose. Les Pères sont pour moi. Mais ils sont très difficiles à délier leur bourse. Ils ne la délieront qu'à une condition, celle de me faire Père de La Salette avec eux. Tous les jours je fais moi-même le récit à la Fontaine en présence d'un nombreux auditoire, ce dont sont on ne peut plus heureux tous les pèlerins. Je fais en ce moment une neuvaine bien fervente à la Très Sainte Vierge pour savoir si je dois rester dans le monde, oui ou non. Me veut-elle prêtre et missionnaire libre, apostolique, comme M. Combalot ? J'incline à le croire, si la personne qui m'a promis de liquider mes deux ou trois mille francs de dettes et de payer mon grand séminaire, tient parole, ou si Mgr et les Chartreux, qui semblent disposés en ma faveur, m'assurent une pension de deux mille francs. Alors au mois de novembre, pour être plus près de vous à Paris, pour ne plus vous quitter, j'entre à Saint-Sulpice. Je sens que je ferai un très grand bien aux âmes. Oh ! comme je prie ardemment la Très Sainte Vierge de la Montagne !

20 août 1869

– Je suis toujours là-haut. J'y pleure sans cesse. La matin on me fait lever dès cinq heures. Je répète mon récit plusieurs fois par jour. Souvent vers minuit je suis encore à signer des images. Aussi je suis mort de fatigue. Comme je n'ai pas un sou, je ne sais que faire. M. Auvergne m'écrit d'attendre Mgr et le P. Giraud, qui doivent venir en pèlerinage ici à la fin d'août. Les Pères sont contents de moi. Mais ils ne peuvent, me disent-ils, qu'appuyer ma demande auprès de sa Grandeur. Ils me pro-

1. *Maximin peint par lui-même*, p. 466-468 (ENS, manuscrit de l'abbé Le Baillif, f° 93-94).

mettent de l'argent pour retourner à Paris. Ils préféraient me voir rester au pays, à Grenoble, ou entrer en pension dans un couvent à leur charge. Beaucoup de pèlerins m'ont offert de l'argent. Mon refus a produit le meilleur effet. Car on connaît ma position précaire. Voyez, dis-je aux Pères, j'attends tout de vous et des autres. Je prie les pèlerins de vous remettre ce qu'ils me destinent, afin que vous veniez vous-mêmes à mon aide

18 septembre 1869

– Je sais parfaitement tout ce que vous souffrez. Je le sais par moi-même. Si j'ai mis tant de temps à vous répondre, c'est que je n'ai rien de nouveau. Mgr de Grenoble est ici. Je vais demander à lui parler. Car je ne puis rester infiniment sur la sainte montagne.

Afin d'être bien sûr que la Très Sainte Vierge me veut prêtre et missionnaire, pour prêcher partout où je serais appelé et composer chez vous ou sur la montagne de La Salette, dans mes moments de loisirs, de petits ouvrages tout à sa gloire, bien qu'elle ne m'ait point parlé de cette sublime vocation le 19 septembre 1846 et que je n'en aie jamais bien eu l'idée, je lui demande un miracle, celui d'un bienfaiteur qui paie toutes mes dettes et assure une modeste aisance à mes parents adoptifs que je ne dois pas délaisser dans la vieillesse. Si elle me veut à ce prix, je suis tout prêt à me donner à elle, à me consacrer complètement à son service, non en missionnaire laïque, mais en prêtre ou en religieux. Les Pères et tous nos amis se réunissent autour de Mgr pour plaider notre cause. Mais j'ai peur que nous ne réussissions ni les uns ni les autres. Car c'est dur et très dur de donner de l'argent. Demain je vous écrirai et vous saurez tout.

Oh ! comme je prie la Très Sainte Vierge Marie, pour qu'elle ne vous abandonne pas ! Les pèlerins affluent. Ils sont de deux à trois mille. Ils m'accablent de questions. Ils me font signer quantité d'images. Ils me touchent mes habits par derrière. Il faut donner des poignées de main à droite et à gauche. Je n'ai pas une minute à moi.

mardi 26 octobre 1869

– Je ne puis encore trop vous fixer le jour de mon prochain départ de la sainte montagne et de Grenoble. Je vous mets sous ce pli le dernier mot de mon cher et tendre évêque. Les missionnaires de N.-D. de La Salette, le père Giraud en tête, ont été admirables pour moi et pour vous. Ils sont allés se jeter aux pieds de Mgr et le supplier de nous venir en aide. Son cœur d'évêque a été aussi dur et froid que la glace. Il m'a désespéré ainsi que ces bien-aimés et très excellents Pères. Je ne demande plus rien à Sa Grandeur. [Qu'il reste lui, son administration et son or, où il est.][1] Je crois lui avoir témoigné toute ma plus respectueuse déférence pour son caractère épiscopal. Néanmoins dorénavant je ne puis plus recourir à lui. Entre lui et moi, c'est fini. Quant aux bons Pères de N.-D. de La Salette, ma reconnaissance leur est acquise.

Effectivement[2], ils ont pour Maximin fait l'impossible auprès de

1. Ms f° 95 : texte biffé et non imprimé.
2. Commentaire de É. Le Baillif.

l'évêque de Grenoble qui a refusé, aussi bien l'aumône d'un nécessiteux, que le salaire d'un domestique et surtout que la part d'un petit benjamin. N'est-ce pas dans ce sens que le 4 novembre 1878 nous écrivait sœur Sainte-Valérie :

> ... Les R.P. de La Salette n'avaient peut-être pas tous les torts. Plusieurs fois ils ont offert auprès d'eux un asile à Maximin qui, n'ayant nul attrait pour la vie de communautaire, le refusait toujours. Alors ils le laissaient un peu livré à ses propres forces. Puis, je dois ajouter que les Pères ne peuvent que fort peu de chose. Ils ne sont que les dépositaires des dons de La Salette et ne peuvent en disposer sans l'approbation de l'évêque diocésain. Voilà une des communications que nous avons cru devoir vous faire. Puisque vous ne demandez qu'à être clair, je pense que vous en serez bien aise. Comme vous écrivez son histoire et une histoire importante, il est nécessaire qu'on la trouve vraie.

II. Mélanie

1. Lettre à « mère Carron », épouse de Baptiste Pra, sa patronne aux Ablandins [1]

Correnc, 23 février 1851

Ma bien chère mère Carron,

Je ne puis pas vous dire la grande joie que j'éprouve à vous écrire pour vous exprimer ma reconnaissance de toutes les bontés que vous avez eues pour moi. Je prie le Seigneur pour vous, Lui qui a tout et qui peut tout; Il vous récompensera à ma place. Je Le prie aussi afin qu'Il vous accorde une longue et heureuse vieillesse, à vous et à toute votre famille; c'est ce que mon cœur souhaite.

Ma chère mère, si je suis partie de Corps sans aller vous voir, ce n'est pas sans regrets, croyez-le bien; mais, pour remplacer la longue conversation que j'aurais faite avec vous si j'étais allée vous dire adieu, je vous écris une longue lettre.

Il me tarde beaucoup de vous voir; vous savez que, lorsque j'étais à Corps, tous les jeudis je demandais de vos nouvelles. Encore, si j'étais un oiseau, je volerais vite pendant un instant de récréation; mais je ne le puis pas. Ô Dieu! faites que l'on me donne vite l'habit de Religieuse, afin que j'aille bientôt à La Salette, pour voir et embrasser de tout mon cœur ma bonne mère Carron. Oh! c'est ce jour-là que je remplacerai ce que je n'ai pas fait avant de partir.

Ma chère mère, je me recommande bien aux prières de toute la maison. Oui, priez pour moi, afin que je sois une bonne, une sainte Religieuse; je veux plutôt mourir que de ne pas être une bonne Religieuse. Vous savez que j'avais toujours l'idée d'aller à l'étranger pour convertir et baptiser les pauvres sauvages qui ne connaissent pas le bon Dieu. C'est

1. L.M.U. Similien, *Le Pèlerinage de La Salette*, Barassé, Angers, 1853 (en fait, 1854), p. 312-314. Il s'agit de la patronne de Mélanie aux Ablandins, femme de Baptiste Pra.

pour cela que je yeux être une bonne Religieuse, afin qu'avec le secours de mon Dieu, je puisse bien Lui gagner des âmes et les envoyer dans notre patrie, le ciel, qui nous a été destiné depuis le commencement du monde. Oh ! si nous savions un peu ce que c'est que le ciel, nous n'hésiterions pas à faire la volonté de Dieu.

Ma bonne mère Carron, vous êtes peut-être étonnée de voir que je veuille aller si loin, et m'exposer ainsi à mourir, à chaque instant. Mais pensez-vous bien qu'après avoir vu la Reine des reines venir sur cette misérable terre pour pleurer les péchés des hommes, Mélanie ne se mette pas en peine de consoler sa bonne Mère ? Oh ! si, si !... je veux tout faire pour lui plaire, et j'espère que vous ferez de même, et que vous ne permettrez jamais que vos fils souillent leurs mains en travaillant le dimanche. Oui, ma chère mère, souvenez-vous toujours que la Sainte Vierge a dit que c'était le travail du dimanche qui appesantissait tant le bras de son Fils, et que, si l'on continuait, Elle le laisserait tomber. Eh bien ! tenons-nous toujours prêts à mourir, afin que, lorsque Dieu nous donnera la mort, ce soit pour toujours vivre dans le ciel. Inspirez bien l'amour de Dieu aux petits enfants de Baptiste Pra, afin qu'ils croissent plus en sagesse qu'en âge, et pour qu'un jour je puisse tous vous voir dans le ciel. Oh ! que nous serons contents quand nous serons dans le ciel, surtout lorsque nous penserons que c'est pour toujours jouir, toujours jouir.

Lorsque vous aurez le bonheur d'aller sur la montagne de la Sainte Vierge, je vous prie de prier pour moi.

Adieu, ma bonne mère Carron, je vous embrasse tous de tout mon cœur, et je suis votre très-soumise et très-affectionnée

petite fille,
MÉLANIE MATHIEU,
Bergère de La Salette, postulante au couvent de la Providence.

2. *Lettre inédite à Maximin* [1]

J.M.J.
Corenc, 16 mars 1851

Cher Maximin

Ta lettre m'a fait bien plaisir, surtout lorsque j'ai vu la résolution que tu as prise ; Oh ! ! que je suis contente. J'ai remercié la Ste Vierge ; je me suis vite dépêchée à commencer la neuvaine que tu me dis ; oui cher Maximin si tu le veux tu seras bien sage, tu passeras bien ton examen, aie confiance, prie le bon Dieu qui peut tout ; puis si toutefois tu n'as point de paix, et que tu aies fait tout ce que tu auras pu, remercies le bon Dieu, parce que ça voudra dire que si tu en avais tu aurais eu de l'amour sale ; [2] et puis pense que Dieu te réserve un plus beau prix dans le Ciel ; Oh ! réjouissons-nous d'avance de ce qu'un jour nous irons dans la maison de

1. BMG, R 9670, 61. Orthographe légèrement revue.

2. C'est-à-dire contraire au « pur amour » dont parlera sa règle de vie religieuse. Mélanie veut dire que le vrai amour ne s'apaise pas : quoi qu'on ait déjà fait, on n'arrive pas à le satisfaire.

notre Père celeste ! Là nous l'aimerons bien, nous le bénirons !... Oh ! bon Maximin, qu'il fait bon penser que nous irons voir l'Enfant-Jésus, nous l'aimerons toujours, toujours ! ! Oh ! que cette pensée me fait du bien à l'âme : nous sommes que pour un temps ici-bas, travaillons pour le ciel; aime bien à souffrir, bon Maximin, que ce soit ta consolation ici-bas car je crois qu'il n'y en a pas d'autres.

Fais bien ta Méditation tous les jours et fais toutes tes actions pour plaire à la Ste Vierge, notre bonne Maman Mère, là-haut nous la verrons toujours, ô ! bonheur des bonheurs.

En attendant, faisons tout pour lui plaire bon Maximin, et tâchons de nous voir un jour bien élevés dans le ciel, mais pour cela, faisons tous les sacrifices qui se présentent. Je prierai pour toi et pour Victor Long.

Adieu bon Maximin.

Je suis dans les sacrés Cœurs de Jésus et de Marie ta sœur en N[otre] S[eigneur]

Mélanie Mathieu Postulante

Le 19 tu ne prendras pas la peine de venir me voir à Correnc, je n'y serai pas; tu pourras me voir à une heure de l'après-midi chez ma sœur St. Louis à Grenoble.

Corenc 16 Mars 1851

J.M.J.

3. Lettre inédite à ses parents [1]

J.M.J.

Corenc, 13 avril 1851

Chers parents,

J'ai reçu votre lettre avec b[eaucou]p de plaisir mais je n'ai pas tout reçu avec plaisir, je ne vous ai pas fait des reproches, pour vous fâcher, mais pour que vous les mettiez à profit. Croyez-vous, que j'ai du plaisir à entendre dire que vous n'avez point fait le jubilé ? Cert[ainemen]t non, cela me déchire l'âme, je ne goûte vraiment pas une heure de plaisir ici-bas, tout me tombe dessus, si je veux quitter la France pour aller en Chine, ce n'est pas sans raison, croyez-le bien. Je crois que Dieu ne tardera pas à laisser tomber sa colère sur certains pays, et s'il arrive q[uel]q[ue] chose à Corps, je croirai que c'est la colère de Dieu; comment chers parents après toutes les grâces que vous avez reçues, vous ne faites point de jubilé ? oh ! Dieu venez-moi cacher !

Chers parents, que vous a fait Dieu pour que vous ayez de la haine contre lui ? Ne savez-vous pas que Dieu a dit : « tout ce que vous ferez au moindre des miens c'est à moi-même que vous le faites »; la sainte Vierge a apparu, un jour à une personne; et lui a dit « ce qui appesantit tant les mains de mon fils, c'est le blasphème, le travail du dim[anche] et les inimitiés » etc.[2] Vous voyez, chers parents, combien la haine du prochain déplaît à Dieu; N.-S. a pardonné à ses bourreaux et n'a point eu de

1. Copie conservée : BMG R. 9670, 60.

2. Où le message parle-t-il d'inimitiés ? Vers le début du secret qu'elle publiera (1879) on lit : « Dieu permettra au vieux serpent de mettre des divisions [...] dans toutes les familles ».

haine contre personne; faites comme lui si vous voulez aller jouir du repos éternel : ah ! si vous saviez ce que c'est que le Ciel, vous ne chercheriez pas à vous attirer l'estime, mais vous voudriez être méprisé à l'exemple de N[otre] S[eigneur] J[ésus] C[hrist].

Chers parents, voulez-vous enfin me faire un grand plaisir ? Eh bien, voici bientôt le 19 septembre, g[ran]de fête de la Ste V[ierge]. Allez vous confesser et faites la Com[munion] car je crois que Dieu veut punir le monde, et si vous veniez à mourir subit[emen]t où iriez-vous ? Puis personne n'a de haine contre vous, vous vous l'imaginez, voilà tout, n'en ayez point vous-même, parce que Dieu ne vous demandera pas ce que font les autres mais il demandera ce que vous avez fait pour mériter le Ciel. Tenez-vous prêts à mourir et penser au jug[emen]t, au paradis, à l'enfer[1], et faites que dès aujourd'hui votre conduite montre dans lequel de ces 2 lieux vous voulez aller prendre votre éternité.

Je vous prie, si vous le voulez, demander à M. le Maire un arbre pour faire une croix pour mettre sur la montagne de La Salette, là où la Ste V[ierge] a parlé.

Aimons bien la Ste Vierge. Oh ! que nous sommes heureux d'avoir dans le ciel une si bonne Mère qui prend si bien soin de nous, que serait devenu, et que deviendrait le monde si nous n'avions eu une Marie pour implorer auprès de son fils le pardon du monde entier qui sans elle n'existerait sûrement plus, Oh ! demandons-lui tous les jours, de prier son fils de retarder encore les maux qu'il a en vue d'échopper [?] sur les hommes ingrats. Oh ! ne faisons jamais de la peine à Marie

Je fais tout ce que je peux pour pouvoir prendre l'habit religieux dans deux mois afin d'être tout à fait pour la dévotion de Dieu et pour n'avoir plus aucune com[municati]on avec le monde.

Méla[nie]

Corenc 13 avril 1851

Aimons bien la Ste V[ierge] n'est-ce pas; afin qu'elle nous mène au Ciel. Oh quel[le] bonté !

Gloire à M[ari]e notre mère !

4. Description de la Vierge écrite durant son noviciat[2]

Corenc, 26 juin 1853.

Monsieur,

C'est sur l'ordre de notre Mère Supérieure que je me fais l'honneur de vous écrire quelques lignes, pour vous parler de Marie, notre mère et notre Protectrice; mais que dirai-je ?... moi, qui l'aimais si peu avant qu'elle se montrât à moi sur la montagne privilégiée, et qui l'aime encore si peu ! Hélas ! je suis la plus misérable des créatures !...

J'ai le désir de dire quelque chose de Notre-Dame de La Salette; mais je ne peux que répéter ce que vous avez déjà vu dans les livres; cependant je pourrai ajouter quelques détails qui ne sont peut-être pas écrits.

I. La très sainte Vierge était entourée par deux clartés des plus intenses. Je ne sais pas quel nom donner à la couleur de la première

1. Énumération présente dans la règle pour les apôtres des derniers temps.
2. Publiée par l'abbé Gobert, *Un pélerinage à La Salette*, Lefort, Lille, 1854, p. 104.

clarté, que nous voyions, et qui s'étendait à un ou deux mètres autour de notre Mère; et ainsi, dans cette lumière, qui était immobile, les deux malotrus petits bergers étaient enveloppés : puis une autre clarté émanait de notre bonne Mère, très belle et brillante, qui nous atteignait, se mouvait et formait des rayons. Je ne pouvais pas la regarder longtemps sans que mes yeux ne se remplissent de larmes; cependant à ce moment je me sentis plus forte pour la supporter, car, si tout n'avait pas été surnaturel, même à l'approche de cette première lumière, j'aurais été réduite en cendre, et nous étions si proches de la Très Sainte Vierge qu'une personne n'aurait pas pu passer entre nous.

II. La Très Sainte Vierge avait des roses autour du châle sur ses épaules, et autour de ses chaussures il y avait des roses blanches, bleues et rouges[1]; du centre de ces roses il sortait une espèce de flamme qui s'élevait comme l'encens et se mélangeait avec la lumière qui entourait notre Protectrice. Bref, il est plus que possible que Dieu, sans nous le faire savoir, ait changé nos yeux, afin que nous restions aussi longtemps comme si ce fut dans un soleil. Au moment où la Sainte Vierge parla, le soleil que nous avons sur la terre ne paraissait plus qu'une ombre légère; c'est pourquoi je ne suis pas étonnée que mes yeux regardent le soleil comme s'il n'était plus aussi brillant maintenant qu'il ne me semblait avant l'apparition.

III. Pendant que la Très Sainte Vierge nous parlait elle pleurait, et versa beaucoup de larmes. Oh, Monsieur, qui ne pleurerait pas en voyant sa mère pleurer? Et notre Mère pleure encore sur l'ingratitude de ses enfants. Les larmes de notre bonne Mère étaient brillantes, elles ne tombaient pas sur la terre, elles disparaissaient comme des étincelles de feu. Les traits de Marie étaient blancs et allongés; ses yeux étaient très doux; son regard était si aimable, si affable, qu'elle attirait à elle malgré soi. Oh oui ! Il faut être mort pour ne pas aimer Marie. Il faut être plus que cela ! Il faut ne jamais avoir existé pour ne pas aimer Marie ! Et pour ne pas la faire aimer ! Ah... Si je pouvais me faire entendre de tout l'univers, je pourrai assouvir alors le désir que j'ai de la faire aimer.

Jésus et Marie, soyez connus et aimés de tous les cœurs[2] : tel est toujours mon premier cri quand je me réveille.

Ayez la grande bonté, Monsieur, de ne pas m'oublier dans vos prières; et bien qu'inutile, je prierai pour vous.

Acceptez l'hommage du profond respect avec lequel je suis, Monsieur, votre très humble servante.

Sœur Marie de la Croix

La dernière des Religieuses.

5. *Prière autographe de Mélanie (inédite)*[3]

CHAPELET À NOTRE-DAME DE LA SALETTE

Il se dit sur le chapelet ordinaire

1. Mélanie et Maximin mentionnent ces trois couleurs... vues, par Catherine Labouré, pendues au calvaire devant être élevé à Paris (cf. R. Laurentin et C. Roche, *Catherine Labouré et la Médaille miraculeuse*, Lethielleux, Paris, 1976). Les couleurs du Mexique (vert, blanc, orange) se retrouvent sur les ailes de l'ange de la Vierge de Guadalupe.
2. Mélanie simplifie, adopte cet en-tête à partir du 28 mai 1854.
3. EG 70.

Offrande du Chapelet
Mon doux Jésus miséricorde ! Et Vous bonne Vierge de La Salette, recevez le chapelet que nous vous adressons pour vous aider à soutenir le bras si lourd de votre divin Fils.
Sur les gros grains :
Les actes de Foi, d'Espérance et de Charité.
Sur les petits grains :
Notre-Dame Réconciliatrice de La Salette,
Priez pour nous qui avons recours à vous !
Conclusion :
Ô Vierge Sainte de La Salette, voyez notre foi
en votre Apparition, notre confiance en vous et
notre regret d'avoir offensé votre divin Fils;
Obtenez-nous de lui miséricorde et couvrez-nous
à jamais de votre puissante protection.

Dites plus, Bon Père[1], en moins de mots, afin de le faire plus court encore.

6. Lettre à sa mère et aux habitants de Corps[2]

Le 19 juillet, Napoléon III a déclaré la guerre. Le 2 septembre, il capitule à Sedan. Mélanie en tire les leçons selon le message de La Salette :

Le 11 septembre 1870

Ma chère et bien-aimée mère, que Jésus soit dans tous les cœurs !

Cette lettre est non seulement pour vous, mais aussi pour tous les habitants de Corps et des environs.

Voyant que ses enfants oubliaient leurs devoirs, qu'ils s'écartaient de la loi que Dieu leur a donnée, qu'ils devenaient ingrats, le Seigneur résolut de les punir sévèrement. L'épouse du père de famille demanda grâce, et en même temps elle se rendit auprès des deux plus jeunes enfants du père de famille, c'est-à-dire des deux plus faibles, plus ignorants de toute la famille. L'Épouse, qui ne peut pas pleurer dans la maison de son Époux, qui est le ciel, trouva dans les champs de ses misérables enfants des larmes abondantes : elle dit ses plaintes et ses menaces; car l'on ne revient pas, on n'embrasse pas la voie de la piété et l'on n'observe pas la loi du divin Maître – Le petit, le bien petit nombre embrasse la réforme du cœur et s'attache à l'observance de la sainte loi du Père de famille; mais, hélas ! le plus grand nombre reste dans le crime et enfonce encore plus. Alors le Père de famille envoie ses châtiments pour les punir et les retirer de cet endurcissement. [...]

Vous l'avez compris, chère Mère et chers habitants de Corps. Le Père de famille, c'est Dieu. Nous sommes ses enfants. Ni vous ni moi ne

1. L'expression indique sans doute le père spirituel de Mélanie : elle l'emploie ailleurs à l'intention du père Sibillat.

2. Publiée par F. Delbreil, *Le Nouveau Sinaï, Menaces et Promesses de N.-D. de La Salette*, Victor Palmé, Paris, 1873 p. 214. Lettre largement diffusée et traduite en italien par Don Bosco.

l'avons aimé comme nous l'aurions dû : nous n'avons pas observé ses commandements comme il faut. Maintenant le bon Dieu nous punit. Nous avons un grand nombre de soldats qui meurent, un grand nombre de familles et de villes réduites à la misère ; et ce n'est pas fini si l'on ne se tourne vers Dieu. Paris est coupable, et bien coupable, parce qu'il a récompensé un méchant homme qui a écrit contre la divinité de Jésus Christ (l'impie Renan). Les hommes n'ont qu'un temps pour se livrer au péché ; mais Dieu, qui est éternel, châtie les méchants. [...]

Il faut : 1 – que la France reconnaisse que cette guerre est purement l'effet de la main de Dieu ; 2 – qu'elle s'humilie ; et 3 – demande de grand cœur à observer ses commandements sans respect humain. Il y a des personnes qui prient et demandent au bon Dieu le succès de nos soldats français. Ce n'est pas cela que le bon Dieu veut : il veut la conversion des Français. La Sainte Vierge est venue en France..... Et la France n'est pas convertie. Elle est plus coupable que les autres nations. Elle ne s'humilie pas devant le bon Dieu, elle sera grandement humiliée : et Paris, foyer de vanité et d'orgueil, qui pourra l'empêcher de périr si des prières ferventes ne montent vers le cœur du divin Maître ? [...]

Oui, prions, prions : faites vos processions comme vous les faisiez en l'année 1846-1847. Croyez que Dieu vous écoutera. Il écoute toujours. Prions beaucoup. Je n'ai jamais aimé Napoléon, parce que j'ai dans ma mémoire son histoire entière. Puisse le divin Sauveur lui pardonner tout le mal qu'il a fait et qu'il fera encore. Rappelons-nous que nous sommes créés pour aimer et servir Dieu, et que hors de là il n'y a point de vrai bonheur. Que les mères élèvent chrétiennement leurs enfants, car le temps des tribulations n'est pas fini. Si je vous en déroulais le nombre et les qualités vous resteriez étourdis ; mais je ne veux pas vous effrayer. Ayez confiance en Dieu qui vous aime et vous aime tous. Prions, prions ! Et la douce, la bonne et tendre Marie sera toujours avec nous. La prière désarme la colère de Dieu ; la prière est la clef du paradis. Prions pour nos pauvres soldats ; prions pour toutes les mères désolées de la perte de leurs fils, et consacrons-nous à notre sainte Mère du ciel. Prions, prions pour ces aveugles qui ne voient pas que c'est la main de Dieu qui poursuit la France dans ce moment. Prions beaucoup et faisons pénitence. Je vous recommande d'être attachés à la sainte Vierge et à notre Saint-Père le Pape, qui est le Chef visible de l'Église de Jésus-Christ sur la terre. Dans vos processions, dans vos pénitences, priez surtout beaucoup pour lui. Enfin, soyez tous en paix. Aimez-vous comme des frères. Ne vous mettez point dans les embrouilles de la république. Demandez un roi chrétien au bon Dieu, et promettez-lui d'observer ses commandements. Observez-les exactement et saintement. J'espère alors que par la miséricorde divine vous serez heureux, et vous ferez une bonne et sainte mort, que je vous souhaite à tous, en vous mettant sous la protection de l'auguste et sainte Marie. Je vous laisse, ma bien chère Mère, dans les Saints Cœurs de Jésus et de Marie, et je vous embrasse bien tendrement.

Marie de la Croix, Victime de Jésus

Mon salut est dans la croix.

L'œil de Dieu veille sur moi.

7. « Comment j'ai perçu les secrets » : lettres de Mélanie à l'abbé Félicien Bliard[1]

Mélanie confie comment elle a perçu le message de Marie sur la montagne, le 19 juillet 1846. « Cette lettre et les suivantes sont remarquables : elles ne seraient pas désavouées par les mystiques les plus difficiles, pour le fond et pour la forme », écrit E. Millon, chapelain et historien de La Salette. (MIL V, p. 35.)

La Sainte Vierge prononçait toutes les paroles, soit des secrets, soit des règles, seulement j'aurais pu deviner ou pénétrer le reste de ce qu'elle disait en paroles : un grand voile était levé, les événements se découvraient à mes yeux et à mon imagination à mesure qu'elle prononçait toutes les paroles et un grand espace se déroulait devant moi ; je voyais les événements, les changements d'opération de la terre, et Dieu immuable dans sa gloire regardait la Vierge qui s'abaissait à parler à deux pâtres. [...]

Il y a des personnes qui voudraient que la Sainte Vierge n'eût pas tant parlé. C'est dommage qu'elles soient si avares envers une pauvre bergère qui désirerait de tout son cœur que le monde entier eût vu et entendu tout ce qu'elle a vu et entendu pendant une demi-heure, parce que tout le monde se serait converti... Et ces personnes qui disent que la Ste Vierge ne parle pas autant, auraient bien compris et mieux compris que ce qu'enseignent les livres, s'il y en a qui l'enseignent, que les paroles du ciel ne sont pas seulement des paroles : c'est-à-dire que la personne qui écoute ne s'arrête pas à la lettre, à la parole ; mais chaque parole se développe, et l'action future a lieu dans le moment, et l'on voit mille et mille fois plus de choses que ce que les oreilles entendent. On s'élève à une hauteur qui n'est pas le ciel, et peut-être même on ne change pas de place ; mais on voit et l'on entend tout, on comprend sans rien dire, et l'on s'oublie soi-même entièrement. Et, sans le vouloir, on entre dans l'esprit des tableaux qui sont exposés : c'est-à-dire, que si c'est un tableau triste, on est triste, si c'est joyeux, on en ressent de la joie[2]. On voit des complots qui se font ; on voit les rois de la terre, lesquels ont chacun plusieurs anges gardiens : on les voit s'agiter, faire, défaire ; on voit la jalousie des uns, l'ambition des autres, etc., etc. : et tout cela dans une seule parole qui s'échappe des lèvres de Celle qui fait trembler l'enfer, la Vierge Marie. Oui, si ces personnes avaient vu une seule fois quelqu'un du Paradis, elles ne diraient plus que l'esprit qui leur a parlé, n'a pas tant dit de choses ; mais elles diraient plutôt qu'il leur est impossible de dire tout ce qu'elles savent. Je suis une grande ignorante ; mais si j'étais une lettrée des plus savante, je ne pourrais rien écrire des choses d'en-haut, parce que les expressions des plus grands savants n'arrivent pas à l'ombre de la vérité des expressions dont on se sert là-haut pour se

1. Extraits d'une lettre du 26 décembre 1870 et d'une lettre suivante, publiés par F. Bliard dans *Lettres à un ami sur le secret de La Salette*, Naples, Ancora, 1873, p. 34-37.

2. La vision prophétique semble transporter le voyant au milieu de la scène. À propos de sa vision des cataclysmes de la Martinique, l'abbé Combe lui demande : « Vous avez bien vu l'éruption ? Parlez donc ? – Eh ! mon père, j'étais au milieu » (JAC, p. 131).

parler. Le langage d'en-haut est un mouvement de l'âme, des souhaits de l'âme, des élans de l'âme ; et les yeux vifs de l'âme se comprennent.

Donc, je crois que si, ici-bas, nous voulions expliquer cela, nous n'y arriverions pas. Et moi surtout, pauvre vile poussière, je suis encore à naître pour parler de ces choses-là. Aimons le bon Dieu de tout notre cœur : voilà notre science et notre richesse. Oh ! il faut être fou de l'amour de Celui qui a été, le premier, Fou d'amour pour nous... [...]

Je trouve très difficile de pouvoir rendre une chose qui n'a pas de comparaison. Si, par exemple, je voulais expliquer comment je voyais la très Sainte Vierge, j'entendais ses paroles, je voyais s'exécuter ce qu'elle disait en paroles, je voyais le monde entier, je voyais l'œil de l'Éternel ; c'était un tableau en action : je voyais le sang de ceux qui étaient mis à mort, et le sang des martyrs ; mais l'amour de cette douce Vierge s'étendait sur moi, il prenait la place de tout le reste, il me faisait fondre ; je ne pensais plus, je n'avais pas le pouvoir de faire une réflexion ; j'étais bien savante alors, je parlais, mais je ne parlais pas avec des paroles ; et quand la douce Vierge marchait, elle n'eut pas besoin de me dire de la suivre, certes non ; je ne savais pas que j'étais, je ne pensais pas que j'avais des pieds pour marcher ; j'étais attirée ; j'étais collée à cette beauté ravissante : Marie !... Si je voulais, dis-je, expliquer tout cela, jamais, jamais je n'arriverais à dire la vérité...

8. Litanies de l'amour de la sainte Vierge composées par Mélanie[1]

Seigneur, *ayez pitié de nous !*
Jésus-Christ,
Seigneur,
Dieu le Père, océan d'amour,
Dieu le Fils, victime de paix,
Dieu le Saint-Esprit, source de lumière,
Marie, mère et vierge, *je vous aime !*
Marie ma chère mère,
Marie, reine des vierges,
Marie, ma tendresse,
Marie, ma souveraine,
Marie, mon guide[2],
Marie, mon espérance,
Parce que vous êtes le chef-d'œuvre de la Sainte Trinité,
Parce que vous avez été conçue sans péché,
Parce que vous êtes l'épouse du Saint-Esprit,
Parce que vous êtes la mère des pauvres,
Parce que vous aurez soin de mes parents,
Parce que vous récompenserez mes bienfaiteurs,
Parce que vous obtiendrez miséricorde,

1. Publiées par l'abbé Radiguet (Timothée Philalèthe) : *Notre-Dame de La Salette et ses deux élus, Mélanie Calvat peinte par elle-même en 160 lettres...*, Imp. Domain, Caen, 1906, p. 348.
2. Mélanie a mis « ma gouvernante ». C'est d'ailleurs le titre d'une icône russe.

Parce que vous êtes pleine de grâces,
Parce que vous êtes mon amie fidèle,
Parce que vous m'aimez
Parce que vous me protégerez,
Parce que vous priez votre Fils pour moi.
Parce que je vous prends pour tous mes biens,
Parce que je vous ai tout donné.
Parce que vous viendrez à ma mort.
Parce que vous avez partagé les souffrances de J.-C.
Parce que votre cœur a été percé pour moi,
Parce que vous êtes la plus grande après Dieu,
Parce que vous êtes l'amie de ceux qui n'en ont pas,
Parce que vous êtes miséricordieuse,
Parce que vous protégez les malades,
Parce que vous consolez les affligés,
Parce que vous êtes avec ceux qui sont persécutés,
Parce que vous ramenez les pécheurs à Dieu,
Parce que vous êtes le Ciel du Ciel,
Parce que vous êtes une mine d'or,
Parce que vous êtes la gloire de la Sainte Trinité,
Parce que vous sauverez la France,
Priez pour nous, ô sainte Mère de Dieu, afin que nous vous voyions tous un jour dans le Ciel.

9. Prière à Notre-Seigneur Jésus-Christ dans un temps d'affliction [1]

Très cher et très adorable Jésus, qui êtes le seul Sauveur du genre humain, je vous prie de regarder avec miséricorde la grande famille chrétienne dans la désolation, et dans la crainte de votre justice. Votre miséricorde, Seigneur, a toujours vaincu l'ingratitude des hommes : faites-la triompher sur notre endurcissement, glorifiez-la en nous pardonnant, en nous donnant une vraie et sincère douleur de nos péchés, en nous délivrant de nos tribulations et en nous mettant dans la voie de votre loi sainte. Exaucez-moi, Seigneur, par la soif que vous avez souffert pour nous sur la Croix; vous qui êtes la fontaine d'eau vive, pourriez-vous voir vos créatures, rachetées par votre précieux sang, réduites à tant d'afflictions? Si nos cœurs sont durs comme la pierre, vous pouvez les ramollir, Vous, ô mon Jésus à qui rien n'est impossible. Si l'aimant attire le fer à soi, comment votre clémence n'attirerait-elle pas nos cœurs à vous, et à l'observance de votre Loi? Hâtez-vous, Seigneur, de sécher nos larmes; je vous le demande par vos cinq plaies ouvertes, qui, comme cinq puissantes voix, demandent miséricorde pour le genre humain : elles sont pour nous comme l'arc-en-ciel du Nouveau Testament, et l'objet de notre espérance. Amen [2]!

1. L'une des six prières envoyées par Mélanie à Joseph de Brandt le 1er mai 1884 (PS IV p. 103).

2. Ce passage évoque-t-il l'annonce du Christ à sœur Faustine de la Miséricorde? « Avant de venir en juste Juge, je viens comme Roi de miséricorde. Avant que vienne le jour de la justice, il sera donné aux hommes ce signe dans le ciel : toute lumière s'éteindra dans les cieux et

III. Jacques Maritain

Le philosophe, qui était avant tout un spirituel, a perçu et analysé avec les moyens du bord la valeur profonde de Mélanie. Ce fut un axe important de sa vie.

10. Lettre à Dom Delatte, abbé de Solesmes, en réponse à un propos sur Mélanie[1]

Versailles, 16 rue de l'Orangerie

Mardi 2 mars 1912

Cher Révérendissime Père,

Permettez-moi, je vous en prie de répondre à votre lettre : elle m'a causé une peine très profonde, mais je vous remercie de m'avoir écrit ce que vous pensez et de me témoigner ainsi, une fois de plus votre paternelle affection. Pour moi je ne suis qu'un laïc, un ignorant, un pauvre philosophe; il me semble toutefois que je dois vous exposer les raisons de ma vénération pour Mélanie, non par esprit d'obstination mais par amour pour la vérité et en vous suppliant de ne voir en cette lettre qu'une preuve d'humble et confiante affection. Si j'ai l'air pédant ou outrecuidant, pardonnez-moi à l'avance; je ne puis faire autrement que de vous soumettre, tels quels, les arguments par lesquels je me prouve à moi-même ma conviction.

Je ne peux pas imaginer un instant que Mélanie invente ce qu'elle écrit :

1. Parce qu'elle écrit par obéissance et sous le sceau de la confession.
2. Parce que la note caractéristique de son récit, la disposition d'esprit qui se manifeste à chaque ligne, c'est une passion exclusive pour la vérité, une quasi-incapacité de concevoir le mensonge et la ruse (voy. p. 59, p. 91, 93-94 etc. etc.). Impossible que cela soit joué : la sincérité a un accent qui ne trompe pas. D'ailleurs si j'étudie l'histoire de Mélanie, je trouve toujours et partout *l'horreur du mensonge*; toutes ses actions portent la marque de la sincérité, de la naïveté même : c'est ainsi que par exemple, quand Mgr Fava lui offrit à Rome pour la tenter, un billet de 100 francs « pour ses menus plaisirs », elle garda de cette proposition un souvenir indigne sans soupçonner un moment qu'il pût s'agir là d'une simple épreuve. Quant à ses années d'enfance, rien de plus décisif que les relations de Mlle des Brulais. Et puis sa vie entière n'est-elle pas le meilleur témoignage? Est-ce qu'on s'expose, pour le plaisir de soutenir un mensonge, à l'abandon, à l'exil, aux calomnies les plus atroces, aux pires souffrances? *Filii matris mea pugnaverunt contra me [Ct 1, 5]* tel fut son

il y aura une grande obscurité sur toute la terre. Alors apparaîtra dans le ciel le signe de la Croix. Des trous où furent cloués les pieds et les mains du Sauveur, sortiront de grandes lumières qui illumineront quelque temps la terre. Ceci arrivera peu de temps avant le dernier jour » (Faustine Kovalska, *Petit Journal*, Marquain, Hovine, 1985 p. 65).

1. Manuscrit aux archives de l'abbaye de Solesmes. J.-L. Barré en a publié un extrait dans *Jacques et Raïssa Maritain, les Mendiants du Ciel,* Stock, 1995, p. 179-180.

lot jusqu'à la mort. Notre-Seigneur, en la laissant participante de sa déréliction, a lui-même signé sa vie : cette marque est infaillible. Tous ceux qui l'ont connue, ses ennemis eux-mêmes – j'en ai vu à La Salette – constataient sa fidélité à Notre-Dame et son invincible foi en sa mission : c'est l'évidence même, pour quiconque se donne la peine d'étudier la question.

3. Parce que la véracité de Mélanie m'est garantie par la Sainte Vierge et par l'Église. Cette histoire de son enfance, qu'elle a écrite à l'âge de 69 ans pour son confesseur, elle en avait déjà indiqué les traits principaux dans un récit rédigé en 1852, quand elle avait 21 ans (récit au R.P. Sibillat). Si tout cela est faux, elle est une comédienne éhontée, capable de soutenir pendant cinquante ans la même imposture. Or Notre-Dame aura choisi cette comédienne, cette enfant de mensonge, pour faire passer à son peuple un message solennel, le 19 septembre 1846 ! Ici en effet l'Église s'est prononcée. Et je croirai avec l'Église que Mélanie dit vrai pour l'apparition de La Salette, et je croirai qu'elle est une menteuse tous les autres jours de sa vie, une menteuse devant Dieu, une menteuse en confession ? Est-ce conforme aux mœurs divines, de choisir un menteur pour messager, ou de nous demander d'ajouter foi au témoignage d'un apostat ? Est-ce que la Sainte choisit de travers, ou ne sait pas garder ce qu'elle a choisi, ou n'a plus de part dans la prédestination des âmes ? L'honneur de Notre-Dame est engagé. Cela me suffit.

Et après cela qui jugera une âme, qui la déclarera menteuse ou vertueuse, moi, ou les prêtres qui l'ont dirigée ? Or tous ont rendu hommage à sa sainteté : aussi bien le prêtre français qui a communiqué cette biographie à Léon Bloy, que Mgr Zola, évêque de Lecce, qui a donné son imprimatur au secret; Mgr Cecchini, actuellement archevêque de Tarente, qui l'a eue pour pénitente pendant ses dernières années et qui a fait exhumer son corps qu'on a trouvé intact; le chanoine de France, qui le jour de ses funérailles, a prononcé un panégyrique dans la cathédrale de Messine.

Si Mélanie ne ment pas, comment pourrait-elle être une personne qui se fait ouvertement un piédestal et qui est à l'aise pour inventer *quidquid site in mentem venerit* ?

Ou alors elle est folle (folle continuellement pendant plus de cinquante ans !). Je ne peux le croire :

1. À cause de son récit lui-même, qui dénote à l'évidence un auteur en pleine possession de sa raison;

2. à cause de tout le restant de sa vie, où il n'y a pas trace de déséquilibre et où brillent les vertus et l'esprit de prière;

3. à cause du témoignage de ses confesseurs;

4. à cause de l'honneur de Notre-Dame.

Ou enfin tous les faits sont vrais, mais d'origine diabolique. Je ne peux le croire :

1. à cause des faits eux-mêmes, où tout porte à Dieu et éloigne du mal;

2. à cause de la vie sainte de Mélanie, à cause de la prière et la pénitence, que le démon ne peut pas promouvoir, sinon en les dénaturant (or Mélanie a toujours été discrète et soumise à ses confesseurs);

3. à cause de l'honneur de Notre-Dame.

Et puis il y a des signes peut-être plus frappants que tout cela :

[1] En premier lieu, le caractère extraordinairement *théologique* et *doctrinal* de ses visions. Je n'ai qu'à relire cette histoire de son enfance pour me convaincre de cela. Notre-Seigneur lui donne constamment une *instruction* théologique et doctrinale parfois même philosophique (voy. p. 99); elle est si remplie des vérités de la foi que dès qu'elle commence à en parler, elle a tendance à prêcher et ne s'arrête que par des « etc., etc. ». Elle est mieux instruite que beaucoup d'apologistes modernes sur la foi et sur son motif formel (voy. p. 72). Elle a sur les mystères, sur la sainte Trinité, sur les attributs de Dieu, sur l'Incarnation, sur la Rédemption, une instruction théologique précise et développée. Et sur la Grâce ! Elle parle en thomiste (voy. p. 46, p. 240-243). Et elle se repaît de ces vérités, elles sont sa joie (voy. p. 107, etc. etc.), elles sont aussi le ressort de sa vie spirituelle (voy. p. 36, p. 73, etc. etc.)

Ah ! non, ce n'est pas la note pieuse ! C'est la marque catholique, la note de lumière intellectuelle, que ni le caprice ni le rêve ni le démon ne sont capables d'imiter. J'ai beau ignorer bien des choses, il me semble que chez les saints les plus élevés en grâce, le caractère même de leur sainteté, c'est qu'ils vivent de la *Vérité,* et c'est leur joie de la Vérité; il me semble que l'imagination exaltée, les réactions inconscientes de la nature, la fantaisie pieuse ne peuvent pas donner cela; qu'elles peuvent nourrir l'âme d'images : jamais de doctrine; que le caprice n'a jamais pu produire l'ordre. En m'abandonnant à tout ce qui me passera dans l'esprit, est-ce que je vais inventer le symbole de saint Athanase ? Même si je suis lettré, des réminiscences toujours plus ou moins « subconscientes » auront toujours le décousu du rêve, et des erreurs s'y mêleront forcément, à moins que mon « subconscient » ne soit la théologie cristallisée ! Et en tout cas cela restera à la surface de moi-même : je n'en vivrai pas; Si quelqu'un fait croire par des inventions à une telle vie de vérité et de doctrine, il faut qu'il mente consciemment et volontairement, et il faut que cet imposteur soit un docteur très-savant, d'une intelligence rare. Et cela même suffirait-il ? Les vérités théologiques ne sont-elles pas si délicates que pour parler seulement d'une manière convenable à leur sujet, l'assistance de la grâce est nécessaire ? Quoi qu'il en soit, Mélanie était absolument ignorante, absolument inculte. Pas de fait historique mieux constaté. Or toute sa vie spirituelle respire la doctrine, la vérité surnaturelle; donc cette vie ne peut pas être le fruit de l'illusion, du caprice ou du rêve.

Et non seulement cette pauvresse ignorante devrait, si elle inventait ce qu'elle raconte, être un savant théologien. Il faudrait aussi qu'elle fût un poète extraordinaire; il est vrai qu'ici le criterium a quelque chose de subjectif. Mais pour moi je ne connais, hors la liturgie et les révélations des autres grands contemplatifs, rien d'aussi beau que certaines pages de cette autobiographie.

[2] Je suis aussi frappé par un autre second signe : c'est la parfaite conformité de cette vie avec tout ce que je connais, dans ma faible expérience de la science spirituelle et des enseignements des Saints sur l'oraison. C'est aussi la parfaite conformité des descriptions que Mélanie fait ici de certaines visions avec la description qu'elle a donnée de l'apparition de La Salette, Apparition reconnue par l'Église. Si les premières sont inventées, comment croirai-je à la seconde ?

[3] Troisième signe enfin, essentiel à mes yeux : si la vie de Mélanie

est mensongère, alors sa mission est illusoire ; et alors le sens de l'apparition de La Salette disparaît. Notre-Dame en venant pleurer en France, n'est pas venue pour rappeler les chrétiens et surtout les prêtres à l'absolu de leur vocation, et pour avertir ses enfants de l'approche des temps de désolation. En face de l'avilissement des vérités, de l'oubli général des exigences de la vie surnaturelle, et surtout de la cause du mal : la médiocrité du clergé, non seulement Dieu s'est tu : mais encore il a permis que la vie de Mélanie et le secret de La Salette, – ce grand témoignage et cette grande revendication de sa souveraineté – ne fussent en réalité qu'une illusion et une duperie. Illusion, la mission de Mélanie, de souffrir pour le clergé et de le rappeler à l'intégrité surnaturelle commandée par Notre-Seigneur, et de manifester en même temps pour le caractère sacerdotal l'estime la plus éminente et une obéissance jamais en défaut.

Illusion, ces paroles de Mélanie : « Je compris que dans le Clergé, la pureté de l'esprit est la gardienne de la pureté du corps, qu'il n'y a pas de chasteté du corps en l'absence de la constante pureté de l'esprit, et que l'esprit et les sens ne garderont pas leur pureté s'ils ne sont crucifiés avec Jésus-Christ. » Illusion, ces paroles de Notre-Seigneur à Mélanie : « Ma fille, regardez votre Jésus crucifié de nouveau par ses amis choisis, mes ministres, ceux qui sont mes voies auprès de mon peuple. » Puis le divin crucifié ajouta : « Offrez à mon Père éternel le grand sacrifice de Jésus-Christ, le prêtre éternel » (p. 35). Illusion, cet appel de Notre-Dame, dans le secret : « J'adresse un pressant appel à la terre, j'appelle les vrais disciples du Dieu vivant et régnant dans les cieux ; j'appelle les vrais imitateurs du Christ fait homme, le seul et vrai Sauveur des hommes ; j'appelle mes enfants, mes vrais dévots, ceux qui se sont donnés à moi pour que je les conduise à mon divin Fils, ceux que je porte pour ainsi dire dans mes bras, ceux qui ont vécu de mon esprit ; enfin j'appelle les apôtres des derniers temps, les fidèles disciples de Jésus-Christ, qui ont vécu dans le mépris du monde et d'eux-mêmes : dans la pauvreté et dans l'humilité, dans le mépris et dans le silence, dans l'oraison et dans la mortification, dans la chasteté et dans l'union avec Dieu, dans la souffrance et inconnus du monde. Il est temps qu'ils sortent et viennent éclairer la terre... Combattez, enfants de lumière, vous petit nombre qui y voyez, car voici le temps des temps, la fin des fins. »

Cher et Révérendissime Père, quand un livre me montre une fidélité admirable aux vérités qui me sont le plus chères, aux vérités de la doctrine catholique, comme de la vie mystique, comme de ce que mes yeux eux-mêmes voient dans ce monde, comment mon cœur résisterait-il ? Est-ce que je n'ai pas en moi par le saint Baptême, une Vérité, qui se reconnaît dans la vérité qu'on me présente, et qui bondit à sa rencontre ?

Permettez-moi, cher et révérendissime Père, de vous dire toute ma pensée. Mélanie parle (p. 106) d'un *préservatif* que Notre-Seigneur lui a laissé, sous forme de petites épines sans racine à la surface de son âme. Selon moi, il s'agit de certaines imperfections et de certaines apparences revêches qui la rendaient désagréable au prochain, et que Notre-Seigneur lui a laissées pour qu'elle soit toujours traitée avec rudesse et mépris. Ce préservatif n'était pas seulement dans sa personne, mais aussi dans les événements de sa vie et dans les circonstances de sa mission : ainsi les imprudences, parfois les excès de ses partisans. Ainsi à un certain point de vue la manière dont Léon Bloy a présenté son livre, et même le ton de son introduction, qui doit rebuter parfois ceux qui ne connaissent pas Bloy pour ce qu'il est : « l'apôtre de la canaille »... Mais c'est toujours le préservatif, c'est la coquille de la noix. Si on parcourt ce livre rapidement, on n'aperçoit que cela. Mais je crois de tout mon cœur qu'il y a autre chose ! Sinon, adieu toute certitude morale.

Assurément il y a dans toute cette vie un grand déploiement de merveilleux physique. Mais je me dis que Dieu est bien libre, lui qui n'a besoin d'aucun de nos biens, d'employer à profusion s'il lui plaît, les formes inférieures des phénomènes mystiques ; que c'est là sans doute une manière d'humilier notre sagesse, manière conforme au choix qu'il fait d'une « balayure » de ce monde pour nous transmettre ses messages ; que dans maintes vies reconnues par l'Église, dans des vies modernes surtout, il y a cette note de *sensible* : et que je ne rejette pas pour cela la Bse Marguerite-Marie, ni Gérard Majella, ni sœur Labouré, ni tant d'autres. Et surtout je me dis que dans la vie de Mélanie, ce merveilleux physique est encore plus merveilleusement mis à sa vraie place, qu'il s'accompagne des grâces les plus pures et les plus hautes de la plénitude de la vie surnaturelle d'une contemplation, d'une paix, d'une lumière qui me forcent à penser aux plus grands saints.

Je vous ai ouvert mon cœur, cher Révérendissime Père, et je ne pouvais pas ne pas le faire. J'espère n'avoir rien dit qui ne convienne pas à mon état de pauvre, ignorant indigne chrétien. *Adolescentulus sum ego*, je le sens d'une manière fort dure. Mais que pourrais-je devenir si je ne disais pas sincèrement ce que je pense – et à vous surtout, cher et Révérendissime Père, à qui je dois tant de biens. Je prie saint Benoît d'intercéder pour moi, et de vous faire agréer, avec cette lettre, l'expression de ma plus respectueuse et plus dévouée affection.

Jacques Maritain.

11. Le secret de Mélanie est-il inspiré[1] *?*

J'avais répondu à Benoît XV, dans cette audience d'avril 1918, que je croyais que les paroles rapportées par Mélanie étaient vraies à la lettre.

Quarante-six ans plus tard, tandis que j'écris ces pages, voilà que je m'interroge. Est-ce que, en étant pareillement sincère avec moi-même, je ferais maintenant la même réponse ? Il me semble que ma réponse serait formulée un peu autrement, – notons bien que je ne parle plus seulement ici du secret de La Salette en particulier (aussi bien me suis-je interdit de le discuter dans ce chapitre), je parle en général de tout message quel qu'il soit portant des jugements sur des personnes ou annonçant des événements, et transmis comme venant de quelqu'un de l'autre monde.

À supposer (comme c'est du reste le cas si on m'interrogeait encore sur Mélanie) que je croie à l'entière véracité du témoin, – excluant ainsi l'hypothèse d'une exagération même involontaire de sa part – j'aimerais mieux dire ; « *je crois à la pleine authenticité des paroles rapportées* » ; sans impliquer, pour autant, que tout ce qui est dit là doive être pris « à la

1. J. Maritain, *Carnet de notes*, DDB, 1965, p. 126-129. C'est nous qui donnons ce titre à l'extrait.

lettre » selon le sens courant de cette expression, c'est-à-dire quant à la mesure ou à la modalité essentiellement humaines que nos mots comportent dans le commun usage terrestre. Pendant quarante-six ans on a le temps de réfléchir un peu à la transcendance infinie des perspectives du ciel par rapport à celles de la terre. Non seulement c'est dans l'éternité que les saints du ciel voient les événements de la terre, en sorte que s'ils parlent des choses futures à quelqu'un d'ici-bas ce n'est point à la succession du temps (à laquelle se porte naturellement notre intérêt à nous) qu'ils s'intéressent, – les périodes mentionnées peuvent être en réalité très éloignées les unes des autres et se trouver plus ou moins télescopées dans ce qui est dit, et l'ordre chronologique peut n'y être pas respecté; mais d'une façon plus générale encore il est clair que pour être un peu compris des hommes il faut bien que les gens du ciel emploient le langage humain, lequel ne peut justement pas signifier purement et simplement « à la lettre » ce qu'eux ils veulent dire; le sens littéral de ce qu'ils nous disent déborde nos mots et reste donc essentiellement chargé de mystère, tandis qu'une espèce de démesure – en « trop » *(overstatement)* ou en « pas assez » *(understatement)* – s'introduit dans nos mots tels qu'ils les emploient. Les voix de Jeanne d'Arc dans sa prison lui annonçaient qu'elle allait être délivrée; – c'est-à-dire, « à la lettre », qu'elle allait échapper à ses ennemis ? Allons donc ! Ça voulait dire monter sur le bûcher, et être de cette façon-là délivrée des Anglais et de leurs prélats, et aussi délivrée de cette chair périssable, et *délivrée du mal,* et libre de voir son Dieu...

Bien plus, le terme *langage* ne se rapporte pas seulement aux mots que nous employons, il couvre aussi tout ce qui nous sert à nous faire comprendre, et donc toute l'imagerie dont nous usons et qui est celle des hommes auxquels nous parlons, à tel moment du temps et en tel point de la terre. (À supposer que par quelque téléphone à travers la durée nous puissions dire à un contemporain de Jules César quelque chose qui concerne notre époque, pourrions-nous lui parler d'avions et de machines électroniques, du Parlement britannique, ou du Praesidium du parti communiste ? L'autre ne comprendrait rien, il faudrait bien nous servir de l'imagerie fournie par son type de culture à lui, comme de ses mots et de sa syntaxe à lui.)

On peut encore aller plus loin. Nous savons qu'au ciel les bienheureux n'usent pas de mots et de paroles pour converser entre eux. D'autre part nous savons aussi que Dieu se sert instrumentalement de ce qui est dans l'esprit du prophète. Supposons maintenant qu'un bienheureux parlant à quelqu'un de la terre n'émette pas lui-même, comme nous autres le faisons, des sons passant physiquement dans l'air; en sorte que les mots entendus par le témoin d'ici-bas, au lieu d'être portés par des ondes sonores, résultent au-dedans de lui d'une activation divine exercée sur les facultés de son âme. Autrement dit, supposons qu'une personne céleste qui apparaît et qui parle ne profère pas des mots sonores, mais *lise* plutôt, – en remuant les lèvres comme nous le faisons parfois –, dans l'âme du messager, et à l'instant même de leur production, les mots qu'elle y produit elle-même par l'action divine usant instrumentalement des facultés humaines du messager[1]. On peut penser que des paroles venant du ciel,

1. Ainsi a-t-elle l'air de parler comme nous – et vraiment elle parle, mais pas comme nous.

et réellement entendues, et authentiquement transmises ont passé par l'instrumentalité mentale type des perspectives « archétypiques [1] » présentes dans l'inconscient de l'esprit du messager, sans qu'aient été altérés pour cela le sens ni la lettre du message tels qu'on a voulu d'en-haut qu'ils nous arrivent.

Quand quelqu'un du ciel parle à quelque pauvre enfant d'ici-bas, il n'y a qu'à accepter tels quels les mots qu'il lui fait entendre, mais il faut les comprendre (comprendre leur « sens littéral ») selon l'esprit de celui qui fait entendre ces mots et dont l'intention n'est pas de nous dire la bonne aventure ni de nous *informer* comme ferait un agent secret, mais, comme c'est le cas pour toute révélation sous la Loi Nouvelle, d'attirer notre attention, par de grands signaux capables de remuer partout les cœurs, sur des choses qui importent à notre action, et que, de nous-mêmes, nous voyons plus ou moins mal, – manquements trop réels, espoirs ou menaces dont les temps sont chargés, desseins de Dieu qui lorsqu'ils seront réalisés apparaîtront sans doute très différents de l'image que nous pouvions nous en faire, tout cela désigné en termes essentiellement mystérieux qui, même rapportés tels exactement qu'ils ont été entendus, sont vrais « à la lettre » quant au sens pratique général qu'on veut nous communiquer, mais non pas quant aux perspectives mentales particulières ni à l'imagerie particulière ni aux mots pris selon la mesure humaine par le moyen desquels une pensée transcendante nous est signifiée.

IV. Réputation de sainteté

Malgré la critique rigoureuse de Mélanie, sa réputation de sainteté est vivante et reconnue en Italie, jusque dans la hiérarchie, qui envisage d'introduire sa cause de béatification.

12. Lettre du R.P. Garrigou-Lagrange à F. Corteville

+ Carmel de Vienne Isère 1er Septembre 1957

Cher Monsieur,

en arrivant à Vienne où je suis jusqu'au 8 sept. j'ai trouvé tout ce que vous m'avez envoyé. J'ai cru reconnaître dans *La Vie de Sœur Marie de la Croix, Bergère de La Salette,* ce que m'avait déjà communiqué M. le curé d'Avoise, l'abbé Gouin.

J'ai lu pas mal de publications sur ce sujet et j'incline à penser que Mélanie a conservé sa mission jusqu'à sa mort.

1. Je ne crois pas, comme Jung semble le faire, à une hérédité psychologique grâce à laquelle des représentations archétypiques seraient transmises à notre inconscient. Je ne crois pas non plus à un Inconscient collectif comme entité supra-individuelle à laquelle chacun participerait. Je pense plutôt que chacun de nous, tout au cours de sa vie mais plus particulièrement pendant son enfance, subit l'influence ou la « contagion », dans ce que j'appelle l'inconscient de l'esprit, de ce qui travaille consciemment ou inconsciemment la mentalité de ses contemporains, et qui s'exprime par des signes dont l'impact peut du reste être tout à fait fugitif et imperceptible [...].

J'ai bien connu un frère convers dominicain qui lui portait son très frugal repas de midi peu avant sa mort ; ce frère était au service de Mgr Cecchini Évêque dominicain d'Altamura où elle mourut. Elle annonça le jour et l'heure de sa mort à ce frère convers qui vérifia cette prédiction. [...]

Fr. Rég[inald] Garrigou-Lagrange O.P.

13. Lettre de S.E. Mgr Paciello, évêque d'Altamura (Italie), où mourut Mélanie, au postulateur de sa cause de béatification, R.P. Ciro Quaranta

[...] Le Père Michel Corteville m'a parlé de l'opportunité que vous lui avez suggéré de constituer un COMITÉ PERMANENT DES AMIS DE MÉLANIE CALVAT, BERGÈRE DE LA SALETTE, ayant pour but de connaître et de faire connaître, à travers les recherches de documents, d'actes, de témoignages, de publications, la figure et l'œuvre de Mélanie Calvat, morte à Altamura après seulement six mois de séjour dans cette ville.

En ce qui me concerne, je ne vois aucune difficulté à ce que l'on constitue ce comité, et que mon archiviste, en devenant membre, puisse collaborer à sa tâche.

Je ne suis dans ce diocèse que depuis un an, mais j'ai eu l'impression de la grande estime des fidèles envers Mélanie. Si le comité réussit dans son propos, il pourra donner à l'Église des éléments utiles à son jugement autorisé.

C'est pourquoi je bénis l'initiative, et tous ceux qui y contribueront. [...]

Altamura, 27 octobre 1998,

+ Mario Paciello, évêque

14. Lettre du T.R.P. Georges Nalin, Supérieur général des Rogationnistes, à M. Corteville, à la lecture de documents collectés pour sa thèse [1]

Envoie, Seigneur, des apôtres Saints à ton Église !

27 juillet 1999

T.R. Père,

Je désire vous remercier vivement pour le recueil de documents sur Mélanie Calvat que j'ai lu, avec un vrai plaisir, pour mon édification.

J'ai été particulièrement frappé par la deuxième partie relative aux rapports de Mélanie avec notre bienheureux Fondateur, [Annibale di Francia] qui se sont intensifiés durant l'année de son séjour à Messine comme guide de nos Sœurs.

Sa personnalité profondément spirituelle et sage émerge nettement des nombreuses lettres qu'elle échangeait avec le Père Annibale. J'ai eu la confirmation ultérieure de la profonde estime et vénération que le Père

1. Lettre traduite de l'italien. Le père général donne son opinion sur un nouveau recueil exhaustif (et inédit) des écrits italiens de Mélanie.

nourrissait pour la voyante de La Salette au point de s'employer, après sa mort, à la reconnaissance de son extraordinaire expérience spirituelle. [...]

P. Georges Nalin.

15. Circulaire du père Ciro Quaranta, postulateur auprès de la Congrégation pour la cause des Saints

Rome, 5 août 1999

Cher frère et sœur dans le Christ :

Je suis prêtre de la congrégation des Rogationnistes ; nous avons été fondés par le bienheureux Annibale Maria di Francia qui invita Mélanie à diriger sa fondation de Sœurs, puis désira introduire lui-même la cause de sa béatification. En accord avec l'évêque d'Altamura où repose le corps de la Bergère de La Salette, je travaille aujourd'hui à cette cause.

J'ai su que vous désirez vivement que l'Église reconnaisse les vertus héroïques de Mélanie. Or les nombreuses études requises par l'Église sont laissées à la charge des fidèles intéressés. C'est donc pour pouvoir entreprendre le premier examen de la cause que j'ose faire appel à votre participation.

Dans l'espoir que votre aide permettra la prompte ouverture du procès de béatification de la Bergère de Notre-Dame de La Salette, croyez à l'expression de ma prière fraternelle, et de ma gratitude.

Père Ciro Quaranta.

P.S. : Pour plus d'informations, vous pouvez nous adresser votre offrande éventuelle à l'Association des Enfants de N.-D. de La Salette, 12, avenue du Grain-d'Or, 49 600 Beaupréau.

16. Prière à la Sainte Trinité, pour la béatification de Mélanie (approuvée par l'évêque d'Altamura en 1995)

Ô ! Sainte Trinité, Père, Fils, et Saint-Esprit, source de toute sainteté,
nous reconnaissons et nous remercions ton immense amour envers nous, pauvres pécheurs,
lorsque dans l'apparition de la Très Sainte Vierge Marie, sur la montagne de La Salette,
à Mélanie et à Maximin,
tu as appelé les hommes à ne pas offenser ton nom par de vils blasphèmes,
et à ne pas profaner le jour du Seigneur,
en nous invitant à la prière et à la réparation.
Nous t'en prions, Seigneur, après avoir choisi Mélanie, la bergère de La Salette,
pour porter ton message de conversion et de réparation,
en la retenant digne de contempler le visage en pleurs de la Mère de ton Fils, Jésus,

si tel est ton dessein, exalte-la dans ton Église comme un modèle de foi et de vertu,
Amen!

(Formuler une intention particulière, puis prier trois Gloria à la T.S. Trinité, et un Ave Maria à N.-D. de La Salette, Réconciliatrice des pécheurs.)

+ *Agostino Superbo*
Évêque d'Altamura, Gravina et Acquaviva,
8 février 1995

L'hypothèse de la béatification de Mélanie posera le problème de l'évolution des mentalités, tant le XIXe siècle diffère des suivants.

La question s'est posée avec la béatification de Pie IX, dont le Syllabus condamnait ceux qui voulaient « réconcilier le Pontife romain avec le progrès » : ce qu'ont tenté de faire, dans une autre perspective, Jean XXIII (béatifié avec lui) et Vatican II. Fidèle à l'optique de Pie IX, Mélanie ne transigeait pas.

Ce qui importera, c'est de discerner ce que sa sainteté et sa foi intrépide dans le sillage de Pie IX apporteront à notre relativisme. « L'avocat du diable » manifestera selon sa mission les objections et les limites : l'Église jugera.

Chronologie[1]

1818	
février	Trois feuilles d'avertissements prophétiques imprimées à Avignon, saisies sur un colporteur. On note des ressemblances avec le message de La Salette[2].
1825	
30 novembre	Mariage civil des parents de Mélanie, Julie Barnaud et Pierre Calvat, surnommé Mathieu (fils naturel d'Anne Roulet), à Séchiliennes, Isère.
1827	
11 janvier	Naissance de Pierre Calvat, premier frère de Mélanie[3].
1828	
28 janvier	Mariage (religieux) de Jean-Maximin Giraud et d'Anne-Marie Templier, parents de Maximin.
12 avril	Naissance d'Henriette Rosalie Calvat, sœur de Mélanie, morte en bas âge.
1829	
3 mai	Naissance de Joseph Calvat, frère de Mélanie.
13 novembre	Naissance de Marie Angélique Giraud, sœur de Maximin.
1831	
7 novembre	Naissance de Mélanie à Corps.
13 novembre	Naissance de Marguerite Giraud, sœur de Maximin.
1834	
3 février	Mariage religieux des parents de Mélanie, Julie Barnaud et Pierre Calvat.
27 juillet	Naissance d'Henri Joseph Calvat, frère de Mélanie.
vers 1834	Le père de Mélanie lui montre un crucifix et lui parle de l'amour de Jésus... Emmenée aux soirées et fêtes, elle crie et exaspère enfin sa mère. Elle choisit de se réfugier en silence dans un coin de la maison, contemplant le crucifix. Mise un jour à la porte, elle se perd et erre dans le bois. Un enfant qui se dit son « petit frère » lui apparaît, la console, l'instruit spirituellement et enfin lui fait retrouver la route de la maison. Mélanie tombe gravement malade, pendant cinq ou six mois.

1. Nous avons limité les références aux faits les moins connus... Quelques dates restent discutées.
2. *Cf.* JS I, p. 385-388. Ci-dessus p. 37.
3. Nous ne signalons que les dates de naissance, pas celles de décès.

1835

vers 1835 — Rétablie, elle est encore chassée par sa mère et s'endort dans une charrette qui l'emmène. Le charretier la découvre au passage du Drac et l'abandonne. Le « frère » lui apparaît. Elle lui demande de souffrir comme le Christ du Crucifix, et ressent alors d'intenses douleurs. L'enfant la ramène, sa tante la recueille chez elle deux ou trois ans. (*Abrégé* de sa vie pour son directeur spirituel du 3 septembre 1852, *Autobiographies* italienne et française pour ses derniers directeurs, A. di Francia et E. Combe, 1897-1900)

La stigmatisation de Mélanie commence vers l'âge de 4 ans, selon son aveu à son confesseur, Annibale di Francia, qui commente : « Une stigmatisation à un âge aussi tendre est une chose bien rare et digne de grande admiration » (*Brèves Nouvelles... sur Mélanie...,* écrits du fondateur des Rogationnistes, vol. 59, p. 38)

27 août — Naissance de Maximin à Corps.

1836

16 octobre — Naissance d'Eugène Joseph Calvat, frère de Mélanie.

1836-1837

La tante Calvat envoie Mélanie à l'école.

1837

11 janvier — Décès d'Anne-Marie Templier, mère de Maximin.

Carême — Vision d'Henriette Deluy-Fabry; « tu seras fondatrice-coopératrice d'un ordre religieux » (les Sœurs de La Salette).

12 avril — Remariage de Jean-Maximin Giraud, père de Maximin, avec Marie-Madeleine Court.

1838 — À sept ans, Mélanie est placée. « Mes parents étaient pauvres. Ma mère m'avait mise dans une famille pour avoir soin d'une petite enfant » (Curriculum de Mélanie, 26 avril 1899).

9 juin — Naissance de Jean-François Giraud, demi-frère de Maximin.

24 décembre — Le curé de Corps, l'abbé Viollet, est frappé d'interdit. Un pro-curé assume sa charge.

1839

28 mai — Naissance et baptême de Marie Marguerite Calvat.

1840 — Au printemps, pour les mêmes maîtres, Mélanie commence à garder les brebis. À la saison des neiges, elle revient chez elle. C'est cette année-là que la maîtresse d'école la coiffe plus gentiment. Mais sa mère lui coupe les cheveux avec des menaces. Le père menace de quitter sa femme.

1841-1842 — Mélanie est placée par sa mère au service « d'une famille qui habitait une maison isolée dans la montagne de la commune de St.-Jean-des-Vertus ».

1841

20 décembre — Naissance de Barthélemy Auguste Mathieu, huitième enfant des Calvat, baptisé le lendemain.

fin décembre — Colère de Pierre Calvat contre son épouse, à propos de chemises où manquent des boutons. Mélanie s'interpose.

1842 — « Il me vint un jour l'idée de me faire une ceinture de clous; je l'ai portée quatorze ans environ. » (Autobiographie italienne, 1898)

fin 1842 — Pierre Calvat chasse son épouse. Mélanie lui porte des provisions mais en reçoit une formidable gifle.

En 1903, on essaiera de faire dire à Mélanie les mauvais traitements de sa mère. Elle répond seulement : « C'est que j'avais mauvais caractère.

Ma maman était si gaie qu'elle a dansé l'année de sa mort, à 90 ans. » (JAC p. 169)
Mélanie est placée en service à Sainte-Luce.

1844 Grâce au zèle de l'abbé Mélin, ses parents reprennent leurs devoirs religieux. Mélanie retourne au catéchisme, sans mémoire pour le par-cœur.
Sa mère lui achète des souliers vernis bleus pour qu'elle l'accompagne au bal. Au petit matin, « la Sauvage » disparaît dans la nature et ne revient qu'au lendemain. (Autobiographie française, 1900)

1er avril Naissance de Julie Calvat, sœur de Mélanie.

24 juin Vision de Mélanie ; elle reçoit l'anneau mystique. « Aujourd'hui nous nous sommes unis ; vous aimerez ce que j'aime, vous éprouverez ce que j'ai éprouvé », lui dit Jésus. (Autobiographie française)

1845 « Je fus mise en service à Quet-en-Beaumont » chez le terrible « Moine ». Elle y fut maltraitée.

1846 « Je fus mise en service chez Baptiste Pra dans le village des Ablandins, commune de La Salette » (Mémorandum, 1893).
Sa mère l'envoie ramasser le bois même les jours de catéchisme. Elle manque trop pour faire sa communion (Autobiographie française).

début septembre Une lumière mystérieuse guide Mélanie dans la nuit, depuis la chapelle Saint-Sébastien jusqu'à la maison de ses maîtres aux Ablandins. (Le fait, noté le 13 avril 1847, sera discuté par la commission d'enquête.)

17 septembre Maximin vient aux Ablandins remplacer pour huit jours un berger malade. Il garde sa chèvre et quatre vaches au champ Babou. Le soir, il aperçoit Mélanie.

vendredi 18 Il obtient qu'ils gardent leurs huit vaches ensemble, sur le versant méridional du Planeau, dans les prés de leurs maîtres et au mont Sous-les-Baisses.

19 septembre Unique apparition, dans la combe de la Sézia, au mont Sous-les-Baisses, dominant toute la vallée de La Salette. Ils la racontent à leurs maîtres respectifs, Baptiste Pra et Pierre Selme. Le jour même (ou le lendemain), Mélanie casse son bâton et en fait une croix qu'elle plante là où la Vierge s'est élevée dans le ciel.

21 septembre Interrogatoire de Maximin à Corps par Pierre Peytard, maire de La Salette. Il sera suivi de nombreux autres.

5 octobre Mgr de Bruillard, évêque de Grenoble (81 ans), est averti par lettre de l'archiprêtre de Corps, Pierre Mélin.

9 octobre L'évêque interdit de parler en chaire de la présumée apparition. Il s'informe de son retentissement.

22 octobre Découverte d'une « Sainte Face » sur un morceau de la pierre où la Vierge s'était assise.

8 novembre Le père de Maximin, converti, communie.

24 novembre Procession de la paroisse de Corps au lieu de l'apparition, avec Maximin et Mélanie.

fin novembre Maximin est admis comme externe à l'école des Sœurs de la Providence à Corps. Désireux d'apprendre, il avait forcé la porte de mère Sainte-Thècle, un abécédaire à la main, pour la supplier de lui apprendre à lire immédiatement. Sa soif de culture ne se démentira pas.

2 décembre Les deux bergers sont admis au pensionnat des Sœurs de la Providence à Corps. Maximin adopte pour « tantes » l'inflexible mère Sainte-Thècle et la jeune sœur Sainte-Valérie.

1847 Premiers accomplissements des prophéties du message public de l'apparition : maladie des enfants, mauvaises récoltes.

février Première brochure sur l'apparition, éditée à Paris. Les voyants sont interrogés par l'abbé François Lagier qui parle bien patois. L'affluence grandit.

24 février[1] Maximin perd son demi-frère, François, « celui qui me donnait du pain quand ma belle-mère ne m'en donnait pas ».

1 mars Maximin affirme, devant le curé de Corps : « Je n'ai jamais dit mon secret à Mélanie. »

mars-avril Maximin est atteint de la petite vérole. On craint pour lui. « Il ne mourra pas de cette maladie », déclare Mélanie sans le voir.

16 avril Première guérison reconnue : sœur Saint-Charles, d'Avignon.

22 mai Le parquet de Grenoble fait interroger les enfants.

29 mai L'abbé Lambert, de Beaucaire, interroge séparément les deux voyants devant six témoins. Il obtient les mêmes réponses.

31 mai 5 000 pèlerins sont réunis sur la montagne. On plante un chemin de croix sur le parcours de l'apparition.

26 juin La « Confrérie réparatrice du blasphème et de la profanation du dimanche », de Saint-Dizier, inspirée du message de La Salette, est approuvée par l'évêque de Langres.

15 juillet Mgr de Bruillard désigne deux prêtres, les chanoines Orcel, supérieur du grand séminaire, et Rousselot, un des professeurs, pour discerner sur l'apparition.

22 juillet Mgr Clément Villecourt, évêque de La Rochelle, arrive à Corps en pèlerin. Il tient à gravir la montagne de La Salette à pied. Il fait monter les voyants sur la monture préparée. Maximin embrasse maintes fois sa croix pectorale et met son anneau. Au retour, il monte au clocher de La Salette avec un caillou pour carillonner. Mais le sonneur empoigne la corde : Maximin saute à califourchon sur la cloche pour ne pas être précipité.

15 août Guérison de Mélanie Gamon : deuxième miracle reconnu.

vers le 3 septembre Maximin, impressionné par une représentation de la Passion à Corps, affirme y avoir vu « quelque chose de son secret ».

19 septembre Malgré le mauvais temps, plus de 50 000 pèlerins montent au lieu de l'apparition pour le premier anniversaire.

4 novembre Le rapport est soumis à une commission de seize prêtres de Grenoble. Après huit séances, au moins douze sont favorables.

Fin novembre Le cardinal de Bonald fait opposition. L'évêque suspend le jugement qu'il avait promis au terme de l'enquête

1848

24 janvier[2] Décès de Marie-Madeleine Court, « belle-mère » de Maximin (seconde épouse de Pierre Giraud).

4 mai Bénédiction du « deuxième » sanctuaire de La Salette à Morlaix, sous le vocable de Notre-Dame Réparatrice.

7 mai Première *communion* de Mélanie, dix-sept ans, et Maximin, treize ans.

10 mai Mgr de Bruillard approuve la *Confrérie de Marie Réconciliatrice*, fondée à La Salette par les deux abbés Perrin.

26 juin Naissance de Casimir, dixième et dernier enfant de la famille Calvat.

Août Publication du rapport de la commission épiscopale par le chanoine Rousselot : *La Vérité sur l'événement de La Salette*.

1849

23 février Mort de Jean-Maximin Giraud, père de Maximin. L'oncle Louis Templier devient son tuteur.

18 mars Mort du petit Casimir Calvat.

1. Date du décès selon H. Dion, *Dictionnaire de La Salette*, inédit (6 mars d'après JS I p. 354).
2. D'après JS II p. 240. Date de H. Dion : février 1848.

23-27 octobre	Séjour des voyants à la Grande Chartreuse. Au retour, Mélanie parle à B. Dausse de la ruine de Paris. « Nous étions tous trois seuls. Je leur dis que j'allais bientôt retourner à Paris où m'appelait mon devoir. Aussitôt Mélanie [...] prit un air et un ton d'autorité extraordinaire pour m'empêcher d'y aller : "Non [...] n'y allez pas, je vous prie, car il arrivera de grands malheurs à Paris." Maximin alors dit : "Oh ! voilà Mélanie qui dit son secret." » (A. Bossan, *Notes pour l'histoire de La Salette*, 1871, n° 244, 12°, MSG A 36). Mgr de Bruillard achète le terrain de l'apparition.
30 novembre	Dans l'esprit du message, l'abbé Marche fonde les Sœurs réparatrices de Saint-Dizier, premières à desservir le pèlerinage.
1850	
31 mai	Mélanie rédige son élection d'un état de vie : « Rester dans le monde, c'est s'exposer à se perdre, cependant j'aurais plus de mérite dans le monde ! [...] il faut que je prenne le moyen le plus sûr, [...] chez mes parents il n'y a pas cette tranquillité, cette paix qui est si jolie. [...] Enfin c'est convenu je veux être religieuse, mais maintenant il y a plusieurs ordres de religieuses, lequel faut-il que je choisisse ? [...] l'Ordre des religieuses cloîtrées je l'aimerais tout de même. [...] Mais ! *Ma mission qui m'a été donnée s'accomplira-t-elle ?* Hélas non !.... [...] enfin je renonce à cet ordre. Je ne veux pas non plus soigner les malades, parce que souvent je me trouverais toute seule avec un malade inspiré[1] et j'aurais peur, je renonce encore à celui-là. Pour l'Ordre de la Providence [...] je l'aimerais un peu [...] si Dieu voulait me donner le courage, [...] je me dévouerais là. [...] Je crois, que voici l'Ordre qui me plaît le plus ! Aller dans l'étranger ! convertir les infidèles ! Baptiser les enfants ! Et même les grandes personnes, leur faire connaître le bon Dieu ! la Ste Vierge » (*Réflexions de Mélanie avant que de se faire religieuse*, 1850, EG 70 : orthographe revue).
25 juin	Confirmation des deux voyants, par Mgr Depéry, de Gap.
12 août	Mélanie confie à sa mère qu'elle veut être missionnaire : – Mais tu te feras manger par les sauvages ou souffrir des outrages ? – Si je souffre [c'est que] Dieu le veut. – Tu ne nous aimes donc pas ? – Dieu sait combien je vous aime. – Celles qui vont à l'étranger les supérieures les envoient par punition. Là on [...] leur fait souffrir le martyre, on les coupe en morceaux. – Plus vous me dites « on les fait souffrir » plus j'ai envie d'y aller. Quel bien si je pouvais souffrir le martyre ! – Et s'il n'y avait pas de paradis, tu serais bien attrapée, ah ! prends garde à toi ! – Et vous maman ne seriez-vous pas plus attrapée que moi, s'il y avait un enfer et que vous n'eussiez pas bien vécu ? Le bon Dieu qui est juste saura bien nous placer tous » (suite du texte précédent). Le père se fâche davantage ; il enferme sa fille chez lui. Elle cherchait « le moment favorable pour prendre la fuite, mais [...] le père, fusil au bras veillait », risquant même de la tuer (*Note complémentaire par les religieuses de Corenc*). Un créancier de Pierre Calvat, M. de Brayer, « négocie » la liberté de Mélanie.
1er septembre	L'abbé Pierre Mélin, de Corps, blâme la « conduite répréhensible » des parents de Mélanie.
25 septembre	Maximin est conduit par des pèlerins auprès du Curé d'Ars. Ils se comprennent mal, le saint prend les réponses abruptes de Maximin

1. Dément.

	pour une rétractation. L'abbé Raymond, son vicaire, fait connaître le retournement du curé. La polémique est relancée.
27 septembre	À Lyon, Maximin salue le « baron de Richemont », faux Louis XVII. On le conduit ensuite chez les Maristes d'Écully, où l'accueille leur fondateur.
10 octobre	Mélanie est admise au postulat de la Providence à Corenc.
23 octobre	Recommandé par Mgr de Bruillard, « l'enfant de Marie », Maximin, entre au petit séminaire du Rondeau. L'année suivante, il continuera à la Côte-Saint-André.
5 décembre	Le Curé d'Ars écrit à Mgr de Bruillard : « Si ce fait est l'ouvrage de Dieu, l'homme ne le détruira pas. »
16 décembre	L'abbé Raymond, vicaire d'Ars, communique la prétendue rétractation de Maximin au cardinal de Bonald, qui l'annonce dans la cathédrale de Lyon.
1851	
23 mars	L'abbé Auvergne interroge les enfants : écriront-ils leur secret pour le pape ? Maximin dit oui, Mélanie ne veut pas répondre, non sans crainte d'être « séparée de l'Église ».
27 mars	Mélanie soudain pacifiée annonce à M. Rousselot qu'elle écrira son secret.
20 juin	Le cardinal de Bonald prie Mgr de Bruillard de demander aux voyants les secrets qu'il a mission de transmettre au pape.
3 juillet	Mélanie rédige son secret chez les Sœurs de Corenc et le scelle à 10 heures. Elle a refusé qu'on le communique au cardinal de Bonald. Maximin écrit le sien à l'évêché ; Mgr de Bruillard le lit avant de le cacheter, à 17 heures.
6 juillet	Mélanie le réécrit « parce qu'elle n'avait assigné qu'une date pour ce qui doit arriver à deux villes, tandis qu'il en faut deux différentes » (B. Dausse). L'évêque le lit : il pleure. La première rédaction fut sans doute détruite. À 10 heures, départ pour Rome des chanoines Gerin et Rousselot. Ils emportent les deux plis scellés, dans des enveloppes contresignées. Notez le soin et la hâte.
7 juillet	Les deux voyants se « communiquent longuement » leurs secrets[1].
12 juillet	Maximin communique oralement son secret à Benjamin Dausse.
14 juillet	Le cardinal de Bonald interroge séparément les voyants, sans obtenir les secrets.
18 juillet	Pie IX lit les deux rédactions du secret devant les envoyés de Mgr de Bruillard et leur exprime son émotion. Il les transmettra ensuite au préfet des Rites.
11 août	Le cardinal de Bonald écrit à Pie IX (par le nonce) pour le mettre en garde contre le secret ; ce serait l'élucubration d'un groupe politique royaliste accueilli hâtivement par un évêque de 86 ans. Maximin rédige son secret pour son ami Benjamin Dausse. Il séjourne ensuite à la Chartreuse.
19 septembre	Date officielle du mandement où Mgr de Bruillard conclut : l'apparition « portant en elle-même tous les caractères de la vérité, est indubitable et certaine ».
6 octobre	Interrogatoire de Maximin par deux évêques et le père général des Chartreux.
7 octobre	Le cardinal Lambruschini, préfet de la S. Congrégation des Rites, approuve « l'édifiante et louable rigueur » du mandement de Mgr de Bruillard reconnaissant l'apparition.

1. D'après les confidences de Maximin à B. Dausse (*cf.* JS III, p. 188).

9 octobre	Mélanie entre au noviciat, elle prend l'habit des Sœurs de la Providence sous le nom de sœur Marie de la Croix, en présence de Maximin. « [Dieu] permit que je ne fus jamais embrassée ni caressée par ma mère. La première fois que je reçus d'elle un baiser, ce fut [...] quand je revêtis l'habit religieux » (Autobiographie en italien, 1898).
9 novembre	Environ un mois après, elle commence à ressentir des troubles de communication (surdité, mutisme); des proches en attesteront l'origine préternaturelle. Mgr de Bruillard fait lire le mandement dans toutes les églises de Grenoble...
16 novembre	... et dans les autres églises du diocèse.
2 décembre	Coup d'État de Charles Louis Napoléon Bonaparte.
1852	Visite de Napoléon à Grenoble. À Corenc, Mélanie proteste : « Oh ! l'ingrat, oh ! le traître, oh ! le persécuteur de la religion ! »
mars	Mélanie a prédit des malheurs et parlé de l'origine de l'Antéchrist. On commence à parler de ses stigmates dans la correspondance du pèlerinage, selon le père Antoine Bossan, qui en a la charge.
1er mai	L'évêque annonce la construction du sanctuaire.
2 mai	Une grâce du mois de Marie : l'abbé Viollet, curé [inamovible] de Corps, interdit depuis quinze ans, se confie au pro-curé Mélin.
25 mai	Mgr de Bruillard pose la première pierre et crée les *Missionnaires de La Salette* pour y exercer le ministère de la réconciliation, finalité de l'apparition.
16 juin	L'abbé Viollet, absous des sanctions, célèbre à nouveau l'Eucharistie.
2 juillet	Mgr de Bruillard, 87 ans, présente sa démission au nonce Garibaldi.
3 septembre	*Abrégé de la vie de Mélanie* : premier écrit autobiographique de la voyante, pour son confesseur, le père Sibillat.
octobre	À cause des trop nombreuses visites, le noviciat de Mélanie est prolongé d'un an.
21 décembre	Mgr Achille Ginoulhiac est nommé évêque de Grenoble. Mgr de Bruillard l'a préconisé à sa succession, après s'être assuré qu'il continuerait La Salette.
1853	
7 mai	Intronisation de Mgr Ginoulhiac.
vers juin	Dans le prolongement du secret, Mélanie a la vision de prêtres célébrant mal l'Eucharistie. « J'en reconnus une dizaine[1]. »
26 juin	Description plus détaillée de l'apparition, écrite à Corenc par Mélanie (et publiée par André Limoisin, Louis Gobert, William Ullathorne...).
5 août	Sur l'ordre de Mgr Ginoulhiac, Maximin rédige à nouveau le secret. L'abbé Champon, devenu son tuteur, l'accueille au presbytère de Seyssins.
12 août	Mélanie cède à son tour et réécrit son secret.
14 août	Elle le rédige une autre fois avec peu de variantes.
octobre	Unanimement élue par la communauté pour faire ses vœux, Mélanie en est exclue par Mgr Ginoulhiac. Pendant que ses consœurs les prononcent, on l'envoie à la Grande Chartreuse.
30 novembre	Apparition à Mélanie d'un mystérieux petit pauvre, (l'Enfant-Jésus ?) dans sa classe, après la sortie des élèves (manuscrit de M.-Thérèse de Maximy).
Noël	Le père Sibillat observe ses stigmates.

1. Lettre du 16 juin 1855 à l'abbé Faure, EG 5.

1854	
janvier	Mélanie, malmenée par le démon (comme il arrive durant cette période), est envoyée par Mgr Ginoulhiac chez les Filles de la Charité de Vienne. Elle s'aperçoit qu'on a voulu l'écarter de Corenc, refuse d'endosser l'habit de cette congrégation rien que *pour la forme*, et se désespère. Ses réactions passent pour des caprices. Elle appelle au secours et jette un billet par la fenêtre pour demander sa liberté, il est porté au curé du lieu.
février	Envoyée à la Providence de Corps, elle est accueillie au sanctuaire de La Salette.
11 mars	Lettre à son directeur spirituel, le père Sibillat : « Je ne suis presque plus tourmentée par messieurs mes ouvriers [les démons] ; il paraît qu'ils se reposent ; mais je ne prends pas modèle sur eux. Je tâche de faire provision pour quand viendra la révolution française. Mes ouvriers font comme les *Prussiens*. Ils veulent un terrain qui ne leur appartient pas. Je ferai comme les Français, j'appellerai les bourgeois du royaume du ciel [les anges], et nous aurons la victoire » (EG 5).
mai	À Paris, les frères de Saint-Vincent-de-Paul transfèrent leur orphelinat dans le quartier du haut Vaugirard. La troisième guérison obtenue par Notre-Dame de La Salette entraîne la construction du sanctuaire de la rue de Danzig. Jean-Pierre Cartellier, curé de Saint-Joseph de Grenoble, commence la rédaction d'un Mémoire contre La Salette. Mélanie redescend à la Providence de Corps. Maximin est renvoyé du petit séminaire par Mgr Ginoulhiac, sous la charge de « mensonges volontaires ». Son esprit rêveur et « raconteur de coups » permet de le discréditer.
9 mai	Rapport de Mgr Ginoulhiac au ministre des Cultes sur l'inanité des secrets de La Salette.
1er juin	La comtesse Pauline de Nicolay abonde dans le sens de Mgr Ginoulhiac et convainc le supérieur de La Salette de « l'illusion » de Mélanie (« Sa mission a fini, quand la vôtre commençait »).
6 juillet	L'abbé Antoine Cartellier remet au cardinal de Bonald son mémoire, contresigné par une cinquantaine de prêtres. Il en informe à sa demande Mgr Ginoulhiac. Avec son accord, le cardinal de Bonald transmet le *Mémoire* au pape.
7 août	Le *Mémoire* est publié sans autorisation. Mgr Ginoulhiac dénonce à Pie IX les abus de l'auteur et défend l'apparition.
11 août	Mgr de Bruillard appuie Mgr Ginoulhiac pour rassurer le pape sur les derniers fruits de l'apparition.
30 août	Pie IX invite Mgr Ginoulhiac à sanctionner les auteurs de la publication, et à confirmer le jugement de son prédécesseur.
20 septembre	Mgr Ginoulhiac, aidé par le père Burnoud, « laisse partir » Mélanie pour un exil qu'il prolongera *sine die*, contrairement à sa parole (« Il m'a dit que je n'allais en Angleterre que pour quelque temps et qu'il me rappellerait bientôt[1] »). Elle est hôte du Carmel et de son aumônier. Des Anglais veulent fonder la communauté dont elle a reçu la règle.
septembre	Louis-Marie Similien emmène Maximin à Rome. L'évêché de Grenoble regrette ce voyage et prévient Pie IX.
3 novembre	B. Dausse prend copie de la *Règle* révélée par Mélanie en 1853, et conservée après examen à la Chartreuse.

1. Lettre de Mélanie à M. Mélin du 4 octobre 1854 (MIL V p. 16).

4 novembre	« Lettre pastorale » de Mgr Ginoulhiac à son clergé. Il confirme la dévotion à N.-D. de La Salette et condamne par « mandement » le livre de J.-P. Cartellier. Mais il dénonce l'indiscrétion et la « fatuité » de Maximin, avec « l'attachement à son propre sens » et « les singularités » de Mélanie, désormais en Angleterre.
5 novembre	Le chancelier Auvergne envoie à Mgr Ginoulhiac une première lettre de Mélanie, détournée par ses soins : « Je joins encore ici la lettre présente de Mélanie *qu'on n'a pas laissé arriver à son adresse*, et qui, si elle dit vrai, indiquerait que cette fille est plus flattée que jamais [sa fondation se préparant]. Peut-être sera-t-il utile, Monseigneur, que vous voudriez avoir eu connaissance de cet état de choses, avant de quitter Rome et les Prélats que vous pourriez y trouver » (EG 7).
8 décembre	Pie IX proclame le dogme de l'Immaculée Conception : « Marie a été préservée du péché originel en prévision des mérites du Christ. »
1855	
9 février	L'abbé Antoine Cartellier se soumet, mais n'en pense pas moins.
23 février	Mélanie prend l'habit de carmélite, à Darlington. Ses stigmates ont réapparu et saignent.
2 mai	Mlle de La Merlière est déboutée de sa plainte contre les abbés Cartellier et Déléon.
23 mai	Le cardinal Donnet couronne Notre-Dame-du-Laus, tandis que le prédicateur omet à dessein de mentionner La Salette parmi les sanctuaires marials. Mgr Ginoulhiac confie au cardinal qu'il ne croit pas à La Salette, sans pouvoir désavouer Mgr de Bruillard. Le cardinal le répète de retour à Bordeaux. Mgr Ginoulhiac dément enfin la rumeur, qui le met ainsi en cause.
vers juillet	Mgr Ginoulhiac ordonne *sous peine d'interdit* à l'abbé Faure, ancien confesseur de Mélanie, de lui remettre des lettres de la voyante[1].
5 juillet	« La supérieure des Carmélites de Darlington a écrit, il y a quelques jours, à un prêtre du Mans, que Mélanie a très assurément les stigmates, et qu'elle a vraiment été guérie de cécité par le contact de la main d'une excellente sœur Brigitte qui venait de mourir » (Lettre du chanoine Sebaux, de l'évêché du Mans).
19 septembre	À La Salette, Mgr Ginoulhiac prêche à la foule : « La mission des bergers est finie, celle de l'Église commence. »
1856	Les parents de Mélanie avouent à Amédée Nicolas les mauvais traitements qui lui ont été infligés durant son enfance. Pierre Calvat apostrophe son épouse : « Tu crois qu'on ignore ces choses ! Tu vois qu'on les sait[2]. »
24 février	Mélanie fait ses vœux au Carmel de Darlington, avec une restriction mentale sur la clôture ; elle veut rester disponible pour l'heure où Marie lui ferait dévoiler tout le secret (version longue).
fin mars	Maximin entre au grand séminaire de Dax où le frère de l'abbé Champon, jésuite, est professeur.
novembre	Le séminaire de Dax est transféré à Aire-sur-Adour.
1857	
6 mai	En appel, la cour impériale de Grenoble confirme le jugement déboutant Mlle de La Merlière de sa plainte contre les abbés Cartellier

1. « Les quatre lettres que j'avais reçues de Mélanie me furent demandées par l'évêque sous peine d'interdit ; il monta lui-même à La Salette exprès, pour cela, Mélanie ne disait pas du bien de lui en révélant son secret » (Lettre de l'abbé Faure à C.R. Girard du 6 février 1873, EG).

2. Lettre de A. Nicolas à l'abbé Le Baillif du 20 mai 1880, ENS.

	et Déléon (qui l'accusaient d'avoir monté l'apparition). Les opposants à La Salette triomphent.
1858	
11 fév.-16 juil.	Apparitions de Lourdes...
été 1858	Sur le conseil de ses professeurs, Maximin quitte le séminaire de Dax. Il passe par La Tronche, chez son précepteur l'abbé Champon.
3 septembre	Mélanie envoie sa version intégrale du secret à Pie IX, par l'intermédiaire de Mgr Hogarth, qui écrit : « Sœur Marie de la Croix m'a informé qu'une partie du secret qui lui a été remis par Notre-Dame à La Salette, devait être réservée jusqu'à la présente *année*. Elle a par conséquent écrit une lettre à Sa Sainteté lui remettant le reste du secret. » Cette rédaction n'a pas été retrouvée.
12 octobre	Le Curé d'Ars affirme sa foi en l'apparition. Le cardinal de Bonald cesse son opposition.
1859	
début 1859	Maximin vit à Paris sans logis, malgré les intempéries. En détresse, il est secouru à Saint-Sulpice, aux pieds de la statue de Saint-Joseph. Le premier sanctuaire de Notre-Dame de La Salette est bâti hors d'Europe, à Saint-Leu (île de la Réunion).
25 août	Maximin est employé à l'hospice du Vésinet.
1860	
mars	Il entre pour un an au collège de Tonnerre.
juillet	Marie, sœur de Mélanie, lui rend visite à Darlington. Elle lui apprend la séparation des parents.
18 septembre	Défaite de l'armée pontificale à Castelfidardo.
19 septembre	Mélanie, appelée par sa mission, veut quitter le Carmel où on la retient. Après avoir jeté des billets par-dessus le mur du couvent pour demander sa liberté, elle obtient enfin de l'évêque d'Exham la permission de revenir en France, à Marseille. Après huit jours dans la famille Geille, qui a recueilli sa mère, grâce au père Calage, leur confident, elle est reçue par le père Barthès chez les Sœurs de la Compassion.
octobre	Elle rencontre Mgr Petagna, évêque exilé de Castellammare di Stabia près de Naples, qui devient son directeur spirituel. À La Salette, l'Eucharistie est célébrée dans le nouveau sanctuaire.
1860-1861	Mélanie rédige de nouveau le secret pour quelques supérieurs (*cf.* brouillon de cinq pages, photographié par l'abbé Paul Gouin : rédaction 7).
1861	
fin septembre	Maximin, retour du Havre, arrive malade à Paris. Soigné à l'hôpital Saint-Louis, il prend goût à la médecine et commence ses études, avec examens en 1861 et 1862. Mais un professeur l'écarte de cette voie : « Vos clients ne s'adresseront pas à vous comme médecin, mais comme voyant-guérisseur. » Il est adopté par les époux Jourdain.
21 novembre	Accompagnée de l'assistante de la Communauté de la Compassion, mère Présentation, Mélanie est envoyée dans l'île de Céphalonie (Grèce) pour redresser un orphelinat.
1863	
28 juillet	Mélanie revient à Marseille. Elle séjourne quelques mois au Carmel, puis rejoint la Compassion.
1865	
printemps	Maximin rend visite au comte de Chambord, à Froshdorff, et le dissuade de vouloir être roi de France.
24 avril	Il s'engage dans les zouaves pontificaux pour défendre le pape contre Garibaldi...

11 mai	Un zouave, Le Chauff de Kerguennec, découvre son identité dans le registre d'inscription.
23 octobre	Après six mois, Maximin ne renouvelle pas son engagement, les troupes n'étant occupées qu'à la poursuite de brigands, dans un climat qui ne l'édifie pas.
1866	
1866	Maximin publie son récit de l'apparition, suivi de ses réponses aux principales objections et des documents officiels, sous le titre de *Ma profession de foi sur l'apparition de N.-D. de La Salette, ou réponse aux attaques dirigées contre la croyance des témoins*..., Charpentier, Paris, 1866 (extraits ci-dessus p. 13).
22 juillet	Pie IX encourage le projet de la fondatrice des Sœurs de La Salette, Henriette Deluy-Fabry.
1867	
13 avril	Mélanie quitte la Compassion pour Grenoble puis La Salette, avec mère Présentation.
16 avril	À La Salette, mère Présentation révèle aux pères la vie mystique de Mélanie; persécutions diaboliques, extases, stigmates « qu'elle a pu constater régulièrement pendant sept ans, soit aux mains, soit aux pieds, soit à la tête » (ci-dessus, p. 114). Elle sont accueillies durant un mois à la Visitation de Voiron.
21 mai	Mélanie et mère Présentation quittent la France pour Naples, puis Castellammare, où Mgr Petagna, évêque du lieu, les accueille. La voyante y séjourne dix-sept ans.
27 mai[1]	Pierre Calvat, le père de Mélanie, meurt à Corps.
1868	Pie IX confirme à Mgr Petagna l'exclaustration de la voyante. Ce dernier lui propose l'abbé Zola, futur évêque de Lecce, comme confesseur extraordinaire. Mélanie et sa « supérieure » ouvrent une école à Castellammare.
4 décembre	Maximin, reçu en audience par Mgr Darboy, archevêque de Paris, lui prédit qu'il sera fusillé[2].
1869	
3 mai	M. Orcel bénit la chapelle des compagnes de Mlle Henriette Deluy-Fabry, futures Sœurs Réparatrices de La Salette.
août	Maximin revient à La Salette.
1870	
fin janvier	À Castellammare, Mélanie révèle à F. Bliard la rédaction longue du secret. Elle recopie à sa demande le feuillet de Marseille, rédigé en 1860-1861.
21 mai	Au concile du Vatican, Mgr Petagna défend la proclamation de l'infaillibilité pontificale, contrairement à Mgr Ginoulhiac.
19 juillet	Napoléon III déclare la guerre à la Prusse.
28 août	Mélanie envoie au père Giraud, supérieur à La Salette, la rédaction longue du secret.
6 septembre	Mgr Paulinier, successeur de Mgr Ginoulhiac promu à Lyon, est intronisé.
19 septembre	Vingt-quatrième anniversaire de l'apparition. Début du siège de Paris. La maison de Maximin et des Jourdain à Jouy-en-Josas est saccagée. Réfugiés à Corps, les parents adoptifs du voyant se retrouvent à court de ressources.

1. Ou 21 mai ?
2. Maximin a raconté cette entrevue (*cf.* MIL III, p. 30...). Son récit est conforté par les témoignages d'Amédée Nicolas et de l'abbé Déprimoz.

	Pie IX érige à Rome l'archiconfrérie de Notre-Dame de La Salette.
20 septembre	Le pape capitule devant les Piémontais.
3 octobre	Maximin est mobilisé dans la garde nationale. On lui refuse le poste d'infirmier.
fin 1870	Premières éditions du secret de Mélanie par V. de Stenay et par l'abbé Curicque.
1871	
18 mars	Début de la Commune.
21 avril	Maximin atteste : « Je crois fermement, même au prix de mon sang, à la céleste apparition de la très sainte Vierge sur la montagne de La Salette, le 19 septembre 1846 : apparition que j'ai défendue par paroles, par écrits et par souffrances. »
24 mai	Mgr Darboy est fusillé.
1871-1874	C. R. Girard, directeur de « l'Œuvre d'Orient » et de la revue *La Terre sainte*, publie à Grenoble la rédaction longue du secret, qu'il commente avec l'aide de l'abbé Antoine Bossan. Il lui consacre cinq opuscules.
1872	
juin	Mgr Ginoulhiac refuse d'aider Maximin. Pour sortir de la misère, il s'associe avec Alfred Vivier, liquoriste de Varces (Isère), pour vendre un élixir de plantes. Le sanctuaire blâme son initiative ; son associé le trahit.
15 juillet	Mélanie est invitée à Naples par la fondatrice des Sœurs de *Stella Matutina* : Louise de Jésus.
15 août	Premier *pèlerinage national*, à La Salette.
1874	
4 septembre	Maximin fait son dernier pèlerinage à La Salette.
novembre	Le père Giraud rend visite à Mélanie.
1875	
23 septembre	Mgr Fava est nommé évêque de Grenoble.
1er mars	Maximin meurt pieusement à Corps, dans la misère. Son cœur est extrait par un chirurgien pour être emmuré dans la basilique du sanctuaire, comme celui de Mgr de Bruillard.
3 mars	Obsèques de Maximin à Corps.
18 novembre	Armand Joseph Fava évêque de Grenoble.
1876	
26 novembre	Mélanie communique sa vision des *apôtres des derniers temps* à l'abbé F. Bliard, en répondant à son questionnaire. Étudiée par deux évêques et deux théologiens, la *Règle* de Notre-Dame de La Salette est « reconnue digne de l'origine qu'on lui attribuait[1] ». Mélanie commence une fondation à Castellammare avec le père A. Fusco.
1878	
3 mars	Léon XIII est élu pape.
21 novembre	Elle finit d'écrire son récit complet de l'apparition.
24 novembre	Mgr Fava et le père H. Berthier rendent visite à Mélanie.
fin novembre	Le cardinal Ferrieri, préfet de la Congrégation des évêques et réguliers, propose à Mgr Fava la *Règle* de Mélanie : sans succès.
3 décembre	Léon XIII reçoit Mélanie en audience privée. Il lui demande de se rendre à Grenoble et d'y mettre en œuvre la règle reçue. Mélanie objecte l'opposition de Mgr Fava ; la lettre où le cardinal Guidi l'expli-

1. Lettre de Mgr Fava à Mgr Bianchi du 26 novembre 1878, ASV.

quait ayant été détournée. Le pape bénit le père Fusco et mère Présentation.
Quinze jours avant de mourir, Mgr Petagna écrit au cardinal Guidi que Mélanie n'a pas été influencée dans ses écrits de Castellammare. Elle n'avait pas été habituée ailleurs à tant de liberté, indique-t-il.

4 décembre — Mélanie reste à Rome, chez les Visitandines, pour écrire les *constitutions de l'Ordre de la Mère de Dieu* dont elle demande la fondation.

1879

5 janvier — Mélanie achève ses écrits.

4 janvier — Elle « restera tranquille dans un couvent de la Ville éternelle » (lettre de l'abbé Carra, secrétaire à l'évêché de Grenoble).

8 mars — Mélanie annonce le décès du cardinal Guidi, qui avait lu le premier les *constitutions*.

5 mai — Mélanie, qui dépérit, doit malgré tout quitter la clôture de la Visitation de Rome pour se rétablir à Castellammare. Mais une mystérieuse lettre lui interdit de quitter le diocèse plus de huit jours, et de se rendre en France.

27 mai — Le père Daum, du Séminaire français, achève son rapport sur les *constitutions* de Mélanie et celles qu'a présentées l'évêque de Grenoble. Il préconise l'essai des premières chez les Ordinaires intéressés, et le *décret de louange* pour les secondes, pourvu qu'on y retranche toute mention de l'apparition. Il suggère à Mgr Fava d'intégrer des éléments de la *Règle* de Mélanie. Ses conclusions sont approuvées par la Sacrée Congrégation des évêques et des réguliers.

16 juin — Mélanie envoie à Léon XIII copie des écrits remis au cardinal Ferrieri : « Je n'ai pas eu d'autre pensée et d'autre but, en remettant à Votre Sainteté, la règle que m'a donnée la Vierge Marie le 19 septembre 1846 sur la montagne de La Salette, et ce qu'elle me fit voir dans sa pure miséricorde par rapport à cet Ordre, que de concourir aux vouloirs et desseins de Dieu [...] afin que Votre Sainteté, si elle le croira opportun, fasse commencer à observer lesdites règles par des hommes de bonne volonté. De plus, la vue des bien tristes événements, des châtiments et des fléaux qui se développent et se développeront partout en ont été la seconde cause. Car ces hommes apostoliques appelés à faire partie de ce nouvel Ordre que la Vierge Marie veut dans l'Église de son Fils, armés de très vive foi, de zèle et de charité, seront prêts à combattre sous la bannière de la Mère de Dieu, les combats du Seigneur, même au prix de leur propre vie, pour calmer la juste indignation de Dieu » (EG 105). Le pape retient deux ans les documents au Vatican.

20-21 août — Consécration de la basilique de Notre-Dame de La Salette, et couronnement (d'une ébauche) de la nouvelle statue.

15 novembre — Mélanie publie à Lecce, avec l'imprimatur de la curie de Mgr Zola, le récit de complet de l'apparition, secret compris.

1880

29 janvier — Le commissaire du Saint-Office écrit au patriarche de Venise au sujet de la traduction italienne de la brochure de Lecce : « Votre Excellence peut faire examiner l'opuscule par un ecclésiastique prudent, ou bien en écrire à l'évêque de Grenoble pour savoir la vérité de son contenu. »

février — Mélanie est gravement malade.

26 février — Sur intervention du cardinal Bartolini, le Saint-Office commande à Mgr Zola de retirer la brochure de Mélanie, et lui demande de rendre compte de son autorisation. Par lettre à Mgr Sarnelli, le cardinal Caterini interdit à Mélanie de commenter son secret.

9 mars — Le R.P. Semenenko, supérieur du Séminaire polonais, consulteur au

	Saint-Office « expertise » le secret ; « je le tiens dans sa substance comme véritable ». Il fait la part des exagérations du genre littéraire. Son opinion, celle de Mgr Zola, feront école jusqu'à Benoît XV.
10 mars	Les cardinaux inquisiteurs supplient le pape de leur communiquer le manuscrit du secret qu'il a reçu du cardinal Consolini, pour le comparer avec l'opuscule et en examiner la vérité.
28 mars	Le cardinal Ledochowski, qui avait revu le secret avant son édition, reçoit l'avocat Amédée Nicolas au Vatican, et lui demande d'en publier une explication.
30 mai	Mgr Sarnelli écrit au cardinal Caterini : « De France me parviennent de vives et douloureuses réclamations sur [...] l'opuscule de sœur Marie de la Croix qui a rempli d'alarme et d'épouvante le clergé déjà tant éprouvé de cette nation[1] ».
13 juin	Interpellé par l'évêque de Troyes sur la brochure de Lecce, la Congrégation de l'Index se déclare incompétente au bénéfice du Saint-Office : « C'est une question de fait [et non de doctrine] de savoir si oui ou non le clergé et les ordres religieux sont aussi corrompus »... Mélanie reste cinq jours à Palerme dans la fondation du bienheureux Jacques Cusmano.
juillet	Rapport de deux consulteurs sur le *secret*. Le père Smith se prononce contre son orthodoxie ; le doyen de la Rote, pour.
14 août	Première « lettre privée » du cardinal Caterini, secrétaire du Saint-Office. Il déplore la diffusion du secret, et demande qu'on le retire si possible des mains des fidèles (à cause des reproches faits au clergé).
1881	
28 février	Mélanie est menacée d'excommunication par le Saint-Office si elle *parle* du secret. Mgr Sarnelli exprime le doute de la voyante sur l'assentiment du Saint-Père à cette décision.
12 septembre	Le cardinal Ferrieri consulte Mgr Fava sur la requête de Mélanie (16 juin 1879) regardant la fondation liée à l'apparition.
1882	
1882	Après le décès du cardinal Caterini, nouvelles affectations au Saint-Office (dont le cardinal Ledochowski).
28 juin	Mgr Sarnelli mentionne la Commission cardinalice convoquée par le pape au sujet de Mélanie.
26 juillet	L'évêque de Castellammare mentionne les excuses faites par la Suprême Congrégation à Mgr Zola. Il ne veut plus paraître l'ennemi de la Sainte Vierge en entravant la liberté de Mélanie.
1884	
21 août	Avec l'accord du pape, Mélanie entre en France pour soigner sa mère. Toutes deux s'installent à Cannes, puis au Cannet.
1888	
1er janvier	Mgr Bernard, préfet apostolique émérite de Norvège, rend visite à Mélanie. Il désire que les Missionnaires (dont il fait partie) adoptent la règle de Notre-Dame de La Salette.
14 mars	Mort du bienheureux Jacques Cusmano, compagnon de Mélanie pour sa fondation sicilienne.
1889	
1er décembre	Mort de Julie Calvat (née Barnaud le 29 août 1803). Mélanie s'installe à Marseille chez sa sœur.

1. ACDF, LS 22.

1890

5 juillet	Henriette Deluy (mère Saint-Joseph), avec mère Saint-Jean (première supérieure au sanctuaire), quitte sa fondation pour adopter la *Règle* de Mélanie.

1892

22 août	L'évêque de Marseille menace Mélanie d'interdit si elle ne cède pas le legs de l'abbé Ronjon (donné pour sa fondation religieuse) à l'Ordinaire d'Autun, Mgr Perraud.
12 septembre	Invitée par Mgr Zola, Mélanie s'installe à Galatina.

1893

mai-juillet	Mélanie se fait donner les clefs de la propriété léguée par l'abbé Ronjon à la Citadelle de Châlon-sur-Saône. L'évêque d'Autun l'excommunie dans son diocèse.
9 juin	Un exemplaire du secret de Mélanie commenté, déféré à l'Inquisition, est retenu personnellement par Léon XIII. L'édition n'est pas inquiétée [1].

1895

mai	Mélanie, menacée d'excommunication jusqu'à Galatina, en appelle à Rome et n'est plus inquiétée, mais elle perd son procès en appel contre les exécuteurs testamentaires de l'abbé Ronjon, soutenus par Mgr Perraud.
20 août-3 sept.	Le médecin l'envoie à Gallipoli pour une cure balnéaire.
27 septembre	Jean-Baptiste Berthier, missionnaire de La Salette, fonde en Hollande les Missionnaires de la Sainte Famille.

1896

19 mai	Mélanie fait un pèlerinage à La Salette avec trois prêtres.

1897

18 août	À la demande du bienheureux Annibale di Francia, Mélanie prend la direction de la communauté des Sœurs du Divin Zèle, dont elle devient co-fondatrice, et de leur orphelinat, à Messine. Elle reçoit l'ordre d'écrire son autobiographie. Elle la rédige en italien.

1898

2 octobre	L'abbé Combe, curé de Diou, l'invite à se rendre en France. Elle s'arrête à Moncalieri, près de Turin.

1899

20 mai	Mélanie vient rencontrer l'abbé Combe.
juin	Elle s'établit à Saint-Pourçain, près de Diou.

1900

11 juin	Elle s'installe à Diou, et refait en français, sur l'ordre du curé, l'autobiographie italienne.

1902

19 septembre	Les chapelains séculiers de La Salette accueillent Mélanie avec enthousiasme. Elle fait son récit sur les lieux de l'apparition ; on y lit des extraits de son secret. En privé, elle leur parle de la *Règle*, puis rend visite à l'abbé Rigaux d'Argœuves.

1903

24 février	Mélanie, qui vit seule, se remet d'un grave malaise. Marie Janin lui dit : « Voyez-vous ça si vous mourriez et qu'on ne le sache pas même ! Ne vous voyant plus, on enfoncerait votre porte et on vous trouverait

1. « *Messagio di Dio agli uomini... commento di un amico della verità* », Tip. Mariano, Galatina, 1893 (MC p. 289).

	morte ! – C'est comme cela que je mourrai : on me trouvera morte, mais pas ici. M. le curé [Combe] croyait que je mourrais ici ; je ne mourrai pas ici, je mourrai en Italie, dans un pays que je ne connais pas, où je ne connais personne, pays presque sauvage, mais où l'on ne jure pas et ou l'on aime bien le bon Dieu. Je serai seule ; un beau matin on verra mes volets fermés ; on ouvrira de force la porte et on me trouvera morte » (JAC p. 168).
20 juillet	Mort de Léon XIII.
28 juillet	Nouveau pèlerinage à La Salette. Mélanie s'installe ensuite à Cusset.
1904	
13 juin	Désireuse de mourir en Italie où elle est invitée par Mgr Cecchini, Mélanie part seule pour Altamura, près de Bari. Ne trouvant pas l'évêque, elle descend près de la gare dans une maison mal famée. Enfin on lui trouve un logement à louer.
18 octobre	Mélanie écrit à M. de la Rive : « Je vous suis très reconnaissante de ce que, en ces temps de morte foi, vous avez osé publier le secret dans *La France chrétienne,* tel que je l'avais publié en 1879 avec l'imprimatur de Mgr Zola, évêque de Lecce (Italie) et que je l'ai fait réimprimer cette année à Lyon avant de quitter la France. Je proteste hautement contre un texte différent qu'on oserait publier après ma mort. Je proteste encore contre les très faux dires de tous ceux qui ont osé dire et écrire : 1. que j'ai brodé le secret 2. contre ceux qui affirment que la Reine de la Sagesse n'a pas dit de "faire passer" le secret à tout son peuple. »
14-15 décembre	Mort de Mélanie, à soixante-douze ans. Le soir, bien qu'elle vive seule, des voisins entendent des chants en chœur. Le lendemain, on ne la voit pas à la messe matinale où elle ne manque pas. On force sa porte et on la retrouve gisant sur le sol, selon sa prédiction du 24 février 1903.
16 décembre	Funérailles solennelles à la cathédrale, présidées par Mgr Cecchini o.p.
14 décembre	Service anniversaire à la cathédrale d'Altamura. Annibale di Francia fait l'éloge funèbre de Mélanie.
1905	
juin	Dans le caveau de la famille Gianuzzi où il a été déposé, le corps de Mélanie est trouvé intact par des ouvriers.
1908	
5 mai	Mgr Cecchini demande des offrandes pour construire au quartier du Mont-Calvaire le monastère et l'église où reposeront les restes de Mélanie. Léon Bloy publie *Celle qui pleure.*
1912	Il publie l'autobiographie de Mélanie écrite à Diou.
1915	
21 décembre	Un décret du Saint-Office interdit tout commentaire public du secret de Mélanie.
1916	
17 décembre	Mort de Mgr Cecchini, devenu archevêque de Tarente.
1918	
2 avril	Benoît XV reçoit les époux Maritain en audience privée, au sujet de La Salette et du secret de Mélanie.
19 septembre	À Altamura, douze religieuses, Filles du Divin Zèle du Cœur de Jésus, transportent le cercueil de Mélanie du cimetière à la chapelle de leur nouvel orphelinat, au quartier du Mont-Calvaire. Reconnaissance canonique des restes, et ensevelissement provisoire.

1919

5 septembre — Ouverture du tombeau temporaire, nettoyage et recomposition du squelette de Mélanie. Les os paraissent imbibés de sang, recueilli sur de la ouate.

2 octobre — La dépouille de Mélanie, vêtue en Fille du Divin Zèle, est enterrée solennellement dans un monument en marbre représentant Mélanie et la Vierge, dans la chapelle des Sœurs du Divin Zèle. (Vers 1980, lors de la modernisation de l'édifice, la tombe sera transférée dans un oratoire latéral.)

4 février — En Sicile, Paolina Bianchi, Fille du Divin Zèle, déclare sa guérison à l'article de la mort, par l'apparition de Mélanie. Sa déposition et celle des sœurs, recueillie par le chanoine di Francia (environ vingt pages) sont accompagnées de certificats médicaux.

1922

6 juin — La *Prière à la T. Ste Trinité pour la glorification de son humble servante Mélanie Calvat, bergère de La Salette*, est approuvée au Vatican.

1923

juin — Le bienheureux Annibale, en tant que postulateur, demande à Mgr Verrienti, évêque d'Altamura, « l'ouverture du procès informatif » de la cause de béatification de Mélanie, sa « vraie compagne de fondation [...] retenue cofondatrice des Filles du Divin Zèle du Cœur de Jésus ».

1927

30 mai — Annibale di Francia voit la Vierge Marie.

1er juin — Mort du bienheureux Annibale di Francia.

1944

26 janvier — Arrestation à Solesmes, à la sortie de la messe, de Marguerite Aron, co-auteur de la vie de Mélanie (achevée par l'abbé Gouin en 1954). Dom Cozien, abbé de Solesmes, tente de la faire libérer à Drancy. Elle est tuée à Auschwitz peu après son arrivée, vers le 13 février 1944.

1946

15 août — Angelo Roncalli, futur Jean XXIII, préside la fête de l'Assomption au sanctuaire de La Salette en l'année centenaire de l'apparition.

26 août — Maritain, ambassadeur près du Saint-Siège, met en garde Mgr Montini (futur Paul VI) contre un livre de Jean Jaouen, missionnaire de La Salette, paru pour le centenaire : *La Grâce de La Salette*. En déclarant Mélanie « hystérique », l'auteur relançait les polémiques.

2-8 septembre — Congrès marial à Grenoble

1947

26 janvier — Averti par Pie XII des doutes soulevés contre La Salette, Maritain remet à Mgr Montini une note défendant Mélanie et l'apparition. Il met à la disposition du pape son mémoire de 1918, qui sera transmis au Saint-Office.

1954

15 décembre — Cinquantenaire de la mort de Mélanie ; à la demande de Maritain, Mgr Baron, recteur de Saint-Louis-des-Français, accomplit la « douce mission » de célébrer une messe près de sa tombe. « L'heure de Mélanie viendra lorsque la Vierge le voudra », conclut-on à l'évêché d'Altamura.

1996

19 septembre — Jean-Paul II, en visite sur la tombe de saint Louis-Marie Grignion de Montfort à la basilique de Saint-Laurent-sur-Sèvre, évoque l'apparition de La Salette le jour du cent cinquantième anniversaire.

1999

3 octobre — Découverte des secrets perdus, aux archives de la Sacrée Congrégation pour la Doctrine de la foi.

Q

R

S

T

U

V

W

Y

Z

Index thématique

Table des matières

Achevé d'imprimer en novembre 2003
par la Sté TIRAGE sur presse numérique
www.cogetefi.com

35-57-1483-03/3
Dépôt légal : novembre 2003
N° d'édition : 41575 - N° d'impression : 110005
ISBN : 2-213-61283-8
Imprimé en France